蓟门法学

第⑧辑

主　编

刘大炜（中国政法大学法学院分党委书记兼副院长　教授）
陈维厚（中国政法大学法学院研究生工作办公室主任　副教授）

编委会

刘大炜　陈维厚　刘一瑾　张佳琪　高　雅　高　峥　徐　芃
郑子秋　唐　逸　齐皓月　周晓珂　孙　瑜

中国政法大学出版社

2020·北京

声 明　1. 版权所有，侵权必究。
　　　　2. 如有缺页、倒装问题，由出版社负责退换。

图书在版编目（CIP）数据

蓟门法学. 第八辑/刘大炜，陈维厚主编. —北京：中国政法大学出版社，2020.5
ISBN 978-7-5620-9445-6

Ⅰ.①蓟… Ⅱ.①刘… ②陈… Ⅲ.①法学—文集 Ⅳ.①D90-53

中国版本图书馆CIP数据核字(2020)第017326号

书　名	蓟门法学（第八辑） JIMEN FAXUE DIBAJI
出版者	中国政法大学出版社
地　址	北京市海淀区西土城路 25 号
邮　箱	fadapress@163.com
网　址	http://www.cuplpress.com（网络实名：中国政法大学出版社）
电　话	010-58908466(第七编辑部) 010-58908334(邮购部)
承　印	保定市中画美凯印刷有限公司
开　本	720mm×960mm　1/16
印　张	23.25
字　数	370 千字
版　次	2020 年 5 月第 1 版
印　次	2020 年 5 月第 1 次印刷
定　价	88.00 元

序　言

时光荏苒，岁月如梭。距离2012年3月31日第一届"蓟门法学"研究生学术论文大赛正式启动，已过去八年的光阴。七辑《蓟门法学》学术论文集，见证了我们不负韶华的激昂岁月，一批批法学院优秀学子也伴随着这一年一度的学术赛事逐渐成长。经过又一年的酝酿积蓄，法学院学子秉持"路漫漫其修远兮，吾将上下而求索"的信念，积极努力、笔耕不辍，经过评委老师的斟酌筛选，《蓟门法学》第八辑得以顺利集结出版，如期付梓。

第八辑《蓟门法学》学术论文集，共收录论文25篇，囊括法学理论、军事法学、法制史、宪法学以及行政法学五个学科门类。与往年不同的是，今年的论文题材更为广泛、形式更为多样、内容也更为丰富。侧重于理论探讨、价值评价的论文有之；取材于现实实践、具体操作的论文亦有之；论文作者对工具分析、对比分析等多种论文写作方法的运用也轻车熟路、可圈可点。字里行间，可以感受到学子们对新知的强烈渴望，对疑惑的追根究底，对学术的坚定执着，这都是在一步步践行着先贤们的学术信条——独立之精神、自由之思想。虽然有些文章和观点还略显稚嫩，存在不足，却依旧可以使我们得到启发。

诚然，论文大赛的圆满成功，离不开许多人的支持和帮助。在此，我们由衷地感谢法学院全体老师和同学们的包容与信任，由衷地感谢在百忙之中抽出时间为大赛义务评审论文的各专业的评委老师，由衷地感谢积极投稿参加论文大赛的蓟门学子们。学院研究生会特别是学术部的同学在大赛过程中承担了大量的事务性工作,在此道一声"辛苦了"!

"桐花万里丹山路,雏凤清于老凤声。"相信我们会胼手胝足、砥砺前行,青出于蓝,而胜于蓝,相信我们会在学校的呵护下,健康成长!

目 录

第一部分　法学理论

权利的概念及价值　　　　　　　　　　　　　　　　张泽键 / 3

共同善与做错事之权利　　　　　　　　　　　　　　朱慎独 / 18

论个人信息的权利属性　　　　　　　　　　　　　　温　薇 / 33

第二部分　军事法

军民融合发展基金的设立模式及法律规制研究　　　　罗金丹 / 55

第三部分　法制史

"春秋决狱"与英国衡平法之比较　　　　　　　　　徐　苋 / 71

明代匠籍分产文书探析

　　——以《张氏预嘱碑》为中心　　　　　　　　　刘伟杰 / 93

浅析孙中山"国父"尊号的由来　　　　　　　　　　张成飞 / 106

第四部分　宪法学

立法游说：理解中国立法过程的新视角　　　　　　　黄圆胜 / 119

"基本法"概念考　　　　　　　　　　　　　　　　张升升 / 133

农地"三权分置"研究之宪法学再思考　　　　　　　詹小弦 / 142

第五部分　行政法学

规范性文件制定程序的司法审查问题
　　——基于对《行诉解释》相关规定的解读　　张佳琪 / 159
党和国家机构改革背景下的行政复议体制变革　　刘晓宇 / 174
行政裁量基准的逸脱：正当性、制度现状与规则重塑　　王　杰 / 189
行政诉讼履行法定职责实体性判决研究　　朱士琳 / 204
信息公开诉讼中"政府信息不存在"的问题研究　　陈佳宁 / 216
"政府信息不存在"案件中的举证与说明
　　——基于指导案例101号的展开　　石海波 / 229
论政府信息公开中的商业秘密审查标准　　王　宾 / 242
实观重大行政决策中的公众参与
　　——以S市L口岸及其东部过境通道为例　　蔡　瑶 / 255
行政复议申请人资格之探讨
　　——基于"冯书军案"的分析　　郑子秋 / 270
行政协议识别标准的共识
　　——从民事与行政双角度切入　　周　璇 / 284
行政附带民事诉讼的"附带性"研究
　　——兼评最高人民检察院第29号指导案例　　梁　哲 / 297
法经济学视角下的行政优益权规制研究　　曲俊朋 / 309
息诉罢访协议可诉性之证成　　李羿旳 / 323
行政黑名单的内涵、性质及合法性控制
　　——基于27部行政规范文件的分析　　徐　浩 / 335
资讯类媒体算法推荐的行政法规制　　梁新意 / 349

第一部分

法学理论

权利的概念及价值

张泽键 *

【摘 要】 主张权是权利的标准概念。对此的论证涉及两个任务：一是证明主张权的概念在逻辑上是可能的，二是证明该概念能确保权利的独特价值。借助霍菲尔德对法律权利的分析，主张权可以被清晰地界定为：权利可以被用来主张他人负有不干涉的义务，但不意味着行为人没有义务不做该行为。由于干涉可以区别于单纯由道德错误所引起的批评，所以主张权的概念在逻辑上可以成立。在价值论证方面，主张权体现了权利作为促进自治的构成性条件这一独特价值。另外，虽然自治并不支持任意的选择，但基于权利在实践中保护选择的独特方式，做错事的权利有其存在的空间，因而坚持主张权作为权利的概念是必要的。

【关键词】 主张权　干涉　自治　做错事的权利

引论：一个悖论

近年来，关于"做错事的权利"这一议题已经进入了中国学者的眼中。[1]这一议题所要讨论的是：存不存在做错事的权利。这个问题起源于一个令人

---

* 张泽键，中国政法大学2017级法理学专业硕士。

[1] 参见刘舒杨："做错事的权利"，载《沈阳师范大学学报（社会科学版）》2013年第3期；范立波："权利的内在道德与做错事的权利"，载《华东政法大学学报》2016年第3期；陈景辉："存在做错事的权利吗？"，载《法律科学（西北政法大学学报）》2018年第2期。

迷惑的悖论：权利能够为我们的行动提供道德辩护，这意味着受权利保护的行动是道德上许可的，而如果说做某件事在道德上是错的，说明该行动在道德上不可被辩护，所以承认做错事的权利就会导致一个互相矛盾的观点，当行使该权利时，行为人的行为在道德上既可被辩护又不可被辩护。显然，如果承认存在该权利，就需要对此进行证成。当然，理论家不会为了证成该权利而去证成，或者说，不会盲目地去解决悖论。这一问题之所以值得被讨论，是因为它关系到我们对权利的认识。例如拉兹就认为，我们不需要权利去做对的事情……只需要权利去做我们不应当做的事情……因为权利的目的是要保护和促进个人自治，它使人们有资格自己决定对错，但是除非人们可以选择错的事情，否则自治就无法实现。[1]

但是，如果承认做错事的权利，那要如何解决上述的悖论呢？现在已经达成的共识是，所谓做错事的权利只是一种主张权。[2]主张权的概念指的是承认存在实施某个行为的权利，并不意味着行为人有作出该行动的自由，仅仅意味着行为人可以主张别人不得干涉其行为。如果主张权的概念可以成立，那么上述的悖论就可以得到很好的解决：承认做错事的权利并不意味着该行为在道德上是许可的，也即行为人仍旧不应当实施该行为（在道德上不可被辩护），但同时行为人可以反对别人的干涉（可被辩护）。显然，认为该悖论确实存在的理论家对权利持有另外一种概念，即存在某项权利意味着权利所保护的行为是在道德上许可的，也就是说，权利人有做或不做该行为的自由，无论做什么选择，在道德上都是恰当的。[3]我们可以将其称之为自由权。所以，做错事的权利的存在以主张权的成立为前提。但这一概念的成立并非理所当然。最明显的问题就在于，论者还需要同时说明，干涉和道德错误的关系。[4]因为自由权概念的合理之处在于抓住了我们的一个道德直觉，即如果一个行为在道德上是错的，那么就应当受到干涉，一个应当受到干涉的行为不可能受权利所保护。因此，为主张权的概念做辩护就应当说明为何干涉和

---

［1］ See Joseph Raz, *The Authority of Law: Essays on Law and Morality*, Oxford University Press, 2009, pp. 266-267.

［2］ 参见范立波："权利的内在道德与做错事的权利"，载《华东政法大学学报》2016年第3期。

［3］ See William A. Edmundson, *An Introduction to Rights*, Cambridge University Press, 2004, p. 134.

［4］ See William A. Edmundson, *An Introduction to Rights*, Cambridge University Press, 2004, p. 137.

道德错误之间是可以被切断的。

本文的目的就在于：为主张权概念提供一个辩护。为一个概念做辩护包括两个层面，其一是在逻辑上阐明该概念的可能性，其二是证成该概念所保护的价值。本文将围绕这两个层面展开。在第一部分，我首先将借用霍菲尔德对法律权利的分析，为主张权的概念做一个清晰的界定。如上所述，主张权的概念要成立，需要处理干涉和道德错误的关系，这构成了第二部分的内容。已有论者指出，道德错误必然意味着批评的正当性，[1]因此，这一部分的核心论证是干涉和批评的区别。如果该概念在逻辑上是可以成立的，那么接下来的任务是证成权利的价值。我将在第三部分证明，权利的功能在于保护选择，这体现了自治的价值，为此，我们只能将权利理解为主张权，而非自由权，否则权利将丧失该功能。然而，即使承认权利的价值在于自治，是否有必要承认做错事的权利亦是一个问题，而如果没有必要承认做错事的权利，也就没有必要坚持没有自由的主张权这一概念了，我在第四部分将证明，基于权利保护选择的实践特性，做错事的权利有其存在的空间，因而坚持主张权这一概念也是必要的。

一、什么是主张权

如前所述，如果采取主张权的概念，意味着：主张一项权利就等于权利人可以主张别人不干涉其行为，但并不意味着权利人有实施该行为的自由。霍菲尔德对于"主张""自由"的概念做了精妙的分析，有助于我们进一步把握该概念。当然，"干涉"也是需要进一步解释的，但如前所述，"干涉"不仅关系到主张权概念的澄清，也关系到该概念在逻辑上的成立，因而我将单独讨论之。

（一）霍菲尔德式主张权

霍菲尔德一开始是借用"权利"一词来讨论主张权的。[2]对这一概念的

---

[1] 陈景辉："存在做错事的权利吗？"，载《法律科学（西北政法大学学报）》2018年第2期。

[2] 霍菲尔德在讨论了权利的定义之后，说了这么一句话："如欲——似乎也理应如此——为权利这一术语在其狭义、本义上寻找同一个词的话，则'请求权'（claim）最为相宜。"从这里可以看出，在这句话之前讨论权利的内容，就是指主张权（claim）。参见［美］霍菲尔德：《基本法律概念》，张书友译，中国法制出版社2009年版，第32页。

讨论肇始于"权利"一词在法律实践中被用来表达不同的含义，因此需要探讨该词最严格的意义，限定该词的使用，以免难以领略表达者要传达的意思。而无论我们如何借用"权利"一词来表达观点，都会认为它和"义务"相关。霍菲尔德采用了一位法官对义务的界定："义务或法律上之债务表达某人所当为与不当为者。"[1] 所谓相关，意思是说，当权利人拥有某项主张权，则他人对权利人负担一定义务。比如，某甲拥有令某乙不得进入其房屋的权利，这意味着某乙对某甲负担不进入该房屋的义务。对此，我们可以引入一个表达式：

> 甲拥有乙应当做 φ 的主张权意味着乙对甲负担做 φ 的义务。

（二）什么是自由

依据霍菲尔德的关系表，自由（特权）与义务相反，[2] 因而，自由（特权）是对义务的否定。比如，某甲拥有进入其房屋的特权，意味着某甲不负担不进入该房屋的义务，既然甲进入该房屋的行为并不违反任何义务，甲的行为就是受许可的。对此，我们可以引入一个表达式：

> 甲拥有做 φ 的自由（特权）意味着甲没有义务不做 φ。

在霍菲尔德看来，主张权和自由（特权）存在本质区别。二者并不是包含关系，存在主张权并不意味着存在自由，存在自由并不意味着存在主张权，即拥有主张权的人可以主张别人不得做 φ，同时自己也有义务不做 φ；拥有自由的人也有可能相对于某些人而言没有义务做 φ，同时不得主张另一些人有义务不干涉。[3] 在此我们起码可以说，主张权和自由（特权）是相互独立的。

应当注意的是，与本文的目的不同，霍菲尔德并非旨在提出一个关于权

---

[1]［美］霍菲尔德：《基本法律概念》，张书友译，中国法制出版社 2009 年版，第 31 页。
[2] 参见［美］霍菲尔德：《基本法律概念》，张书友译，中国法制出版社 2009 年版，第 28 页。
[3] 参见［美］霍菲尔德：《基本法律概念》，张书友译，中国法制出版社 2009 年版，第 36~38 页。Kramer 在其一篇文章中对主张和自由之间的关系作了更为细致的解释，参见 Kramer M., Simmonds N., and Steiner H., *A Debate over Rights: Philosophical Enquiries*, Oxford University Press, 1998, pp. 9-20。

利的标准概念，而是意图分析权利的内在结构，这些要素结合起来将构成一个复杂的权利，如同分子由许许多多的原子组成。[1]所以我们显然不能借由霍菲尔德的理论直接得出哪种关于权利的标准概念更优。[2]然而我们确实可以借助霍菲尔德的分析细致化概念的界定。依据上述分析，主张权概念对权利的界定是，权利意味着权利人可以主张他人有义务不干涉其行为，但同时权利人有可能有义务不做该行为（没有自由）。

主张权作为权利的一般性概念，与霍菲尔德关于主张权的分析之区别在于，霍菲尔德对主张权没有添加任何具体内容，即权利人可能主张他人做出形形色色的行为。而作为权利的标准概念，主张权特指主张他人负担不干涉权利人之行为的义务。然而依据定义，权利人可能同时有义务不做该行为。那么为什么即使做了有义务不去做的行为仍旧可以反对被人的干涉呢？"有义务不去做"如果不是意味着做了就会招致干涉，又意味着什么？

二、什么是干涉

如前所述，主张权在概念上否认了道德错误（做了有义务不去做的事情）并不蕴含着干涉的正当性，如果这一概念在逻辑上要成立，就必须对其进行论证。对此，理论上存在两种路径：其一，否认道德错误和任何反应（reaction）之间存在联系，即道德错误并不能引起什么后果；其二，证明道德错误确实会引起道德许可的反应，但这些反应不同于干涉。[3]

显然，第二种路径包含两个论证要点：其一，证明道德错误会引起某些道德许可的反应；其二，这些反应不同于干涉。如果第一点能得到证明，上述第一种路径也就不攻自破了。因而我不会处理第一种路径，而是直接围绕两个论证要点展开。面对第一个要点，我将证明，道德错误会正当化批评；面对第二个要点，我将证明，干涉和批评有本质的不同，干涉具有规范性，而批评不必然具有规范性，批评一旦具有规范性，就是干涉的一种表现，而

---

[1] Leif Wenar, "Rights", *The Stanford Encyclopedia of Philosophy* (Fall 2015 Edition), Edward N. Zalta (ed.), URL = <https://plato.stanford.edu/archives/fall2015/entries/rights/>, last visit: 6th June, 2018.

[2] See William A. Edmundson, *An Introduction to Rights*, Cambridge University Press, 2004, pp.136-137.

[3] See William A. Edmundson, *An Introduction to Rights*, Cambridge University Press, 2004, p.137.

不具有规范性的批评类似于建议。

(一) 道德错误与批评

抛开道德的实质性内容不谈,道德总是被人们用作评价他人行为的依据,以及正当化自己的行为的依据。这说明"道德具有评价性功能"。[1]符合道德的行为会被认为是"好的""对的",与道德相悖的行为则会被认为是"恶的""错的"。尽管道德判断会有对错之分,但这并不会否定道德判断自身的存在,而且也说明了,进行道德判断一般会有两种结果,道德上对的和道德上错的,即肯定性评价和否定性评价。

如果把批评理解为一种对否定性评价表达的话,接下来的问题是,道德上的评价需要被表达吗?在某些情况下,似乎这种道德判断不能直接被表达出来,因为它可能给整个社会,或当时的环境产生很多不同的效果:它可能扰乱图书馆里的平静,也能将一个人的位置暴露给敌方的士兵。也就是说,我们可以在"一个道德判断是否应当被表达"与"该道德判断本身的正确性"之间作出区分。[2]即使道德判断不被表达出来,道德的评价性功能依然可以得到发挥,比如我虽然对他人的错误行为不发表意见,但是仍旧可以持一种"反思性的姿态",即提醒自己不要像他人那样做出错误的行为;此外,我也可以在事后与他人进行交谈,道德的评价性功能依然在起作用。

然而,道德判断显然不能仅发生在主体的自我独白之中,因为这违背了道德作为一种处理人与人之间各种关系的规范的性质。道德的这一性质显示出了道德的重要性——促进人与人之间的相处。他人遵守道德与否会影响到相处的稳定性,这种稳定性又会影响到我自己的生活。很难想象道德的这种重要性仅通过个人的反思性姿态就能发挥出来。为了能和谐共处,我们需要互相监督,即有相互指向的道德判断的活动。通过这种活动,我们互相指出各自行为的不足,他人和自己才能不断地改善自己的行为,使各自的行为更加符合道德。如果道德判断不被表达出来,道德的重要性就不存在了。

那么,为什么我们有时候会觉得道德评价不应当被表达出来呢?确实会

---

[1] 陈景辉:"存在做错事的权利吗?",载《法律科学(西北政法大学学报)》2018年第2期。
[2] 参见 [美] 沃尔德伦:"做错事的权利",朱万润译,载《世界哲学》2012年第4期。

存在这种情况,但是这只是"道德判断应当以怎样的方式被表达"的问题。[1]如果对道德判断的表达会影响到图书馆的平静,这不意味着说表达本身是错的,而是说表达者没有采取正确的表达方式。"我也可以在事后与他人进行交谈"的例子就恰恰说明了这一点,如果表达本身是不需要的,我在事中不会表达自己的评价,在事后表达出来也是不合理的。所以,并不是说我们不应当表达对他人的道德评价,而是说我们应当以正确的方式表达出来。因此,道德错误必然正当化批评。[2]

（二）干涉与批评的区别

如果一个行为在道德上是错的,批评就是被允许的,那么批评和干涉在概念上有区别吗？如果没有概念上的区别,说明面对道德错误的行为,干涉也是被允许的,那么主张权就无法成立了。因为如前所述,主张权的概念在逻辑上要成立,就必须证明道德错误不能正当化干涉的行为。

一个不成功的回应是,"对行为性质的道德评价,与是否应该对某些行动进行干涉,并不完全是一回事"。[3]这个回应忽略了"表达否定性评价（批评）"的存在,而是直接讨论道德错误和干涉的关系。然而如前所述,首先应该要讨论的是,道德错误与该道德判断应不应当被表达的问题。我们已经证明了二者之间存在必然联系。因而该回应会引起一个反驳：虽然我们对某些行动进行干涉要考虑后果,但这只是关系到"采取什么样的方式进行干涉才是正当的",而非"干涉与道德评价是否相关"。

因而我们需要直接处理批评和干涉的区别。对此仍存在不成功的回应,即认为干涉与批评的区别在于干涉除了同意否定性的道德评价,还必须施行主动的行动。[4]在回应者看来,干涉会产生阻止该行动的效果,而除非施行

---

[1] See Gerhard Øverland, "The Right to Do Wrong", *Law and Philosophy*, Vol. 26, No. 4, 2007, pp. 377-404.

[2] Edmundson 也有同样的观点。See William A. Edmundson, *An Introduction to Rights*, Cambridge University Press, 2004, p. 168.

[3] 范立波："权利的内在道德与做错事的权利",载《华东政法大学学报》2016 年第 3 期。

[4] 参见 [美] 沃尔德伦："做错事的权利",朱万润译,载《世界哲学》2012 年第 4 期。范立波亦有此观点,他主张："干涉不只是对某个行动作出价值判断,也不只是通过说服与论证来影响他人行动,还包括对他人采取行动。"参见范立波："权利的内在道德与做错事的权利",载《华东政法大学学报》2016 年第 3 期。

某些主动行动，就不能产生阻止的效果，所以"主动施行某些行动"就成了干涉区别于批评的因素。如果真是如此，我们就能理解为什么下述情形是可能的，即批评他人的行为在道德上是错的，同时不得干涉之（对方可以主张其行为不受干涉）。然而有时候批评也可以造成"阻止行动"的效果。[1]因为批评本身会带来一种外在压力，促使行为人反思自己的行为，更加审慎地进行行动选择，这种压力还有可能直接导致行为人出于意志薄弱或不自信等原因改变或克制自己的行为。所以，并非只有"施加主动行动才能产生阻止效果"。这种回应并不能成功区分批评与干涉。

然而，我们需要注意到，虽然批评也会产生阻止的效果，但是不同场合下，批评所产生的"阻止效果"是明显不同的，请比较以下两个例子：

例1：某甲最近痴迷于一种游戏，因而经常通宵玩，导致白天精神萎靡。某甲的女朋友因此批评他，指出他这种生活方式有损身体健康，应该改正。某甲不想让女朋友生气，因此而改正了熬夜的行为。

例2：某小孩从他的妹妹手里抢来了一个玩具，从而把他的妹妹弄哭了，父亲见到这一情景，斥责该小孩不应该欺负他的妹妹，并要求他将玩具让给妹妹玩。该小孩听从了他父亲的话。

显然，这两个例子中，女朋友和父亲的批评都产生了阻止的效果，然而我们会发现这两种效果是不一样的，某甲可以接受也可以不接受其女朋友的批评，这种接受不以其女朋友的意志为前提。也就是说，即使他的女朋友希望给某甲造成压力，促使他克制自己，但要不要听从女朋友的建议完全由甲自己决定，甲也可以选择不接受。然而，在第二个例子中，当父亲斥责该小孩时，父亲的批评就产生了一种力量，这种力量使得小孩不得不把玩具让给他的妹妹。当然，实际上，小孩有可能不听从他父亲的意见，但这时候我们会评价说小孩的行为是"错的""不应当的"。

仔细分析这两个案例，我们会发现女朋友和父亲的角色是不一样的。我们会说"小孩子应当听他父亲的话"，却不会说"某甲应当听他女朋友的

---

[1] 参见陈景辉："存在做错事的权利吗?"，载《法律科学（西北政法大学学报）》2018年第2期。

话"。换句话说，出于角色的原因，父亲拥有了一种规范性力量，可以阻止小孩做出某些行为，而该小孩应当听从他父亲的话，因而，父亲的批评实际上就构成了一种干涉，而女朋友的批评虽然也能产生阻止的效果，但是由于这种阻止的效果并不是产生自她的意志，而仅凭某甲自己的判断，所以并不能被认为是干涉，她的批评仅相当于建议。[1]

换句话说，干涉的特殊之处并不在于是否产生阻止的效果，更不在于是否有主动的行动，而是实施干涉行动的人具有规范性地位。正如霍菲尔德关于主张权的分析一样，与主张权相关的是他人的义务。主张他人不得干涉自己的行为，意味着他人负有不干涉的义务，因而他人的批评缺乏了一种规范性力量，即使他人意图通过批评等手段对行为人施加压力，但是行为人并不一定要顺从这种压力，尽管行为人可能实际上会这么做，此时的批评在行为人看来只不过是一种语词激烈的建议。如果批评者采取强制性力量强制行为人改正，我们会说这是不正当的干涉。批评如果要成为一种干涉，那么批评者必须具有相对于行为人的规范性地位，这种地位使得行为人对批评者负有责任，即应当听从其指令的责任。

道德错误虽然会使得批评在道德上受到许可，但不会使得批评者具备这种地位。因为道德错误仅仅指向行为人行为之对错，但并不会对他人的规范性地位产生任何影响。[2]因而，我们就可以在干涉和受道德错误所保护的批评之间作出清晰的区分。主张权作为权利的标准概念，在逻辑上是可以成立的。借助这部分的讨论，我们可以进一步清晰地解释主张权的含义：存在做某事权利不必然意味着行为人的行为在道德上是允许的，当行为人的行为属于道德错误时，会引来他人的批评；存在做某事的权利仅仅意味着，他人有义务不得干涉其行为，这又意味着我们对他人并不负有听从其指令的责任；此时他人的批评并不是一种干涉，而仅仅是一种语词激烈的建议。

---

[1] 我们可以通过一阶理由和二阶理由的区分来进一步说明父亲的批评和女朋友的批评之间的差别。由于父亲对于孩子而言是权威，他的批评具有命令的性质，对小孩构成了一个排他性的二阶理由；而女朋友的批评对于某甲而言只是一个一阶理由。限于篇幅，本文无法对一阶理由和二阶理由的概念作出解释，此处的目的是指出两种批评的区别。相关论证可见 Joseph Raz, *Practical Reason and Norms*, Oxford University Press, 1999。

[2] 关于何种事实或规范可以造成规范性地位的变化属于另一个问题，在此不予讨论。

三、权利的功能及其价值

前面已经从逻辑上阐明了主张权在概念上成立的可能性,从这一部分开始,我将转向对权利的价值的讨论。我将证明,只有将权利理解为主张权,才能体现权利的独特价值,相反,将权利理解为自由权将取消权利的重要性,因而相对于自由权,主张权为权利提供了一个较佳的理解。权利的价值在于实现自治的构成性条件。本部分将处理这一问题。然而,有论者主张,即使认可权利的价值在于保护自主,也不能因此而证成做错事的权利,这为主张权能否作为权利的标准概念提出了挑战。我将在第四部分处理它。

讨论权利的价值不能违背一个基本的预设,即权利具有独特的重要性。如果最终的结论导致权利是多余的,那么该权利理论就是失败的。接下来,我将分别检视自由权和主张权为权利提供的价值辩护,并且采用这一标准来衡量该辩护是否成功。由于权利的价值取决于权利的功能,所以讨论会首先从权利的功能开始。

(一)自由权:个人尊严

依据自由权的概念,权利承担的功能是识别功能,即识别个人或团体的价值。[1]具体而言,自由权主张权利所保护的行动是受道德许可的。所以追求某项权利的存在,也就是追求该事项获得道德认可。这样一来,与该事项相关的主体就因此能确认自己的道德地位。举个例子,同性运动会把追求同性权利作为说服社会承认其生活方式和性爱好的方式,换句话说,他们并不是在追求一种做错事的权利,而是做大多数人错以为是错误的行为的权利。[2]他们要求大多数人承认同性权利,就是要求大多数人承认他们之前关于同性的一些观念是错误的。所以权利被用来识别同性恋者个人价值。在这里,权利的价值就是尊重个人尊严。因为权利被用来确认某些群体或个人的利益是正当的,应当和其他人一样得到尊重。

然而,这一价值并不能体现权利的重要性。因为我们只是借助权利一词来承认个人或团体拥有某些利益,它使得权利的独特内容变得不重要了,权

---

[1] See William A. Edmundson, *An Introduction to Rights*, Cambridge University Press, 2004, p.139.
[2] See William A. Edmundson, *An Introduction to Rights*, Cambridge University Press, 2004, p.139.

利在此只起到修饰的作用，即使抛去权利这一概念，该价值也能得到很好的实现。比如在分蛋糕时，我们可以说每个人都应当获得与他人等额的分量，这样才能体现平等尊重。这时候完全不需要借助权利这一概念。

究其原因，是因为自由权预设了权利保护的对象是受道德许可的行动。但是如果一个行动是受道德许可的，行为人不需要借助权利也可以作出。权利的独特性在于它为行为人提供了选择的空间，但是自由权的概念排除了选择的可能。一旦排除了权利的核心要素，权利的独特性也就不存在了。

(二) 主张权：个人自治

既然提供选择空间是权利的独特性所在，那么一种关于权利的一般性概念就应该吸纳之，同时权利所能起到的价值也离不开它。否则，权利就无法维持其独特价值。显然，主张权在概念上就满足了这一要求。依据主张权的概念，拥有某项权利意味着可以主张别人不得干涉其行为，但是它不要求行为人的行为是受道德许可的。所以，权利可以独立于行为对错的道德评价，而对行为提供保护。[1]这就为行为选择留下了空间。由此也可以看出，权利的功能在于限制他人的反应。[2]想象一下一个人彩票中奖，获得一百万元的奖金，却不肯哪怕拿出其中的千分之一捐赠给贫困的人，虽然他的行为是不为人所称道的，但是权利为他提供了保护，即限制了他人干涉他行为的可能性。

权利的这一功能体现了权利保护个人的选择，即权利人可以自主决定选择如何行动而不受他人干涉。那么为什么权利要保护个人的选择呢？这就涉及个人选择的重要性问题，而个人选择的重要性与我们的社会形式有关。现代社会是一个支持自主的社会，因此，以一种自主选择的方式生活是提升个人福祉的重要方式。[3]进一步而言，个人的选择对其自我建构具有重要性。在某些领域内，个人的选择决定了他要走什么样的道路，成为什么样的人。虽然在个人的生活中，的确存在某些选择比另一些选择更优，但是也有一些特殊类型的选择，尤其在涉及自我建构时，相比其内容，由行为人自己作决

---

[1] 参见范立波："权利的内在道德与做错事的权利"，载《华东政法大学学报》2016年第3期。

[2] See William A. Edmundson, *An Introduction to Rights*, Cambridge University Press, 2004, p. 140.

[3] See Joseph Chan, "Raz on Liberal Rights and Common Goods", *Oxford Journal of Legal Studies*, Vol. 15, No. 4, 1995, pp. 19-21.

定意义更加重大。[1]通过保护个人选择促进行为人的自我建构，不仅关系到行为人的人格整全性，还传达了这样一种观念：应该由行为人自己来判断哪种生活是值得过的。这就是自治的理想——"作为一种道德理想，自治是关于个人选择、希望和接受他们自己的道德法典的必要性和可欲性"。[2]所以，权利通过保护个人选择，促进了个人自治。另一方面，由于自治认为个人的选择才是重要的，因而为了实现自治，必须引入权利保护个人选择，换句话说，不仅权利可以促进自治，而且自治也只能通过权利来实现，所以权利的价值在于它是实现自治的构成性条件。这显示了权利的独特性。

四、自治与做错事的权利

尽管我们已经证成主张权是理解权利的较佳概念，而且权利的价值在于它是实现自治的构成性条件。但是关于自治的理想还存在一个待解决的问题，如果自治的价值在于让人们过上好生活，显然自治就要求人们不得凭借权利作出不利于好生活的选择，那么似乎权利就不应该保护这些选择，这样一来没有必要坚持主张权作为权利的标准概念了，而如果权利不保护这些选择，权利的独特性还存在吗？这个问题实际上涉及"是否存在做错事的权利"的问题，但正如我们所看到的，它实际上关系到权利的独特性与主张权作为权利的标准概念之间的关系因而需要认真对待。我将通过考察权利的实践结构提出，在实践中，权利保护选择的独特方式为做错事的权利提供了存在的空间，因此，坚持主张权作为权利的标准概念仍旧有其必要性。

面对这个问题，已有论者指出，即使权利不保护那些不利于好生活的选择（道德上错误的事情显然是不利于好生活的），并不意味着权利就没有意义了，权利在那些与道德无关的广泛空间内仍对实现个人的自我建构发挥着重要作用，因此也不存在做错事的权利。论者主要提出了两点论证：[3]

第一，自治并不允许随意选择。自治不意味着行为人可以不受外在干预，依照自己的意愿行事，否则自治也只不过是自由的另一种说法。与自由不一

---

[1] [美]沃尔德伦："做错事的权利"，朱万润译，载《世界哲学》2012年第4期。
[2] 陈景辉："存在做错事的权利吗？"，载《法律科学（西北政法大学学报）》2018年第2期。
[3] 参见陈景辉："存在做错事的权利吗？"，载《法律科学（西北政法大学学报）》2018年第2期。

样，自治首先是一个道德概念，所以它以善为目标，具体而言，就是促进人们过上好生活，因而，自治在承诺给予人们充分的选择空间的同时，也要求人们不得作出不利于好生活的选择。自治的道德属性决定了自治不会支持这些选择。

第二，权利发挥作用的空间是与道德无关的事情。[1]自治的价值通过权利来实现，但是既然自治不会支持那些不利于好生活的选择，因而人们不能在权利的范围内做道德错误的事情，也即不存在做错事的权利。承接上文关于"不需要借助权利来保护受道德许可的事情"的结论，权利发挥作用的空间是与道德无关的事情，[2]但是这不会导致权利变得"贫乏而琐碎"。因为还存在很多重要却又不可通约的选择，比如选择做律师还是做法官，自己组织的群体要吸纳什么样的人进来，等等，这些选择对于个人的自我建构来讲无疑具有非常重要的作用，而且它的选项都是"道德既不要求也不禁止的"，因而权利仍有发挥作用的空间。

但是论者对做错事的权利的否定可能误解了"错误"的含义。"错误"不仅是指选项的对与错，有时还是指行为人作出选择的理由。如果行为人基于一个错误的理由而作出一个道德不禁止的行为，有可能行为人还是犯错了，比如现在有一次捐衣活动，某甲和某乙均有闲置的衣服却不肯捐赠出去，某甲的理由是，该衣服是友人捐赠的，具有纪念意义，因而不能赠送；某乙却是出于吝啬而不肯捐赠，这时候我们会同意某乙的行为具有可谴责性，而某甲却不会受到谴责。但是某乙的行为和某甲的行为一样受到权利保护。为了理解这一点，我们需要考察权利的实践结构，即权利以怎样的方式保护选择。

其实前面已提到相关内容，和道德不一样，权利对选择的保护独立于对该行为的价值判断。权利独立地保护选择使得行为人自己决定对错成了可能，

---

[1] Galston 亦有此结论，See William A. Galston, "On the Alleged Right to Do Wrong: A Response to Waldron", *Ethics*, Vol. 93, No. 2, 1983, pp. 320-384; Herstein 对此观点提出了反驳，See Ori J. Herstein, "Defending the Right to Do Wrong", *Law and Philosophy*, Vol. 31, No. 3, 2012, pp. 354-357。

[2] 这里借用了沃尔德伦对选项的分类，即道德上被要求的、道德上被禁止的或道德上无关的。有论者指出沃尔德伦的分类犯了严重的逻辑错误，因而他忽视了"道德上既不要求也不禁止，但确实与道德有关的选项"。即使这一批评是对的，也不影响我的论证，所以我在正文中不处理这一反驳。参见［美］沃尔德伦："做错事的权利"，朱万润译，载《世界哲学》2012 年第 4 期；对沃尔德伦的批评参见陈景辉："存在做错事的权利吗？"，载《法律科学（西北政法大学学报）》2018 年第 2 期。

同时权利对行为的保护又不能以评估行为人自主决定的理由为基础,否则就是变相地以他人的价值剥夺其权利。换句话说,虽然权利是为了促进自治,而自治是为了让人们自己决定好的生活,但是权利对行为的保护却不要求人们证成其行为有利于过上好的生活,因而这会在权利实践内部留下一个规范性缝隙,[1]即选择跟权利的证成理由之间存在距离。这一规范性缝隙就是做错事的权利存在的空间,也即,行为人可能没有很好的理由证成其行为满足了自治的要求,但是权利仍旧会为其提供保护。就此,我们也可以很好地定位做错事的权利。它并不因其自身而得到辩护,做错事的权利是权利为促进自治而必然会导致的后果。因为虽然权利不是为了激励别人做错事,但是如果行为人没有做错事的机会,他就不能自主地作出选择。正如在文章开头所引的拉兹的话:除非人们可以选择错的事情,否则自治就无法实现。在这个意义上,我们也可以说,权利保护任意选择。

我们也因此可以理解为什么主张权这一概念对于权利而言是重要的。主张权的核心概念在于干涉,而正如前面所讨论的,干涉并不能仅仅基于道德错误而被正当化,还需要有规范性力量的来源,所以主张权并不要求权利人的行为是受道德许可的,自然,主张权也不承诺权利人有做出该行为的自由,它只是承诺权利人可以以此反对别人仅仅基于价值判断而干涉其行为。但是,这对于权利发挥其独特功能,已经足够。

结　论

正如本文开头所指出的,"做错事的权利"这一话题的意义是超过该话题本身的,因为它关系到我们对权利的认识。本文由"做错事的权利"所引起的悖论开始,提出对权利存在两种理解,即主张权和自由权。本文试图主张,我们最好将权利理解为主张权,否则权利的独特性就无法受到保障。为了达到这个论证目标,本文首先借助霍菲尔德关于法律权利的分析,对主张权作出了清晰的界定,所谓主张权是指权利可以被用来主张他人负有不干涉的义务,但不意味着行为人没有义务不做该行为。但这会面临一个批评,即由于道德错误会引起批评,而批评与干涉在概念上没有质的区别,所以主张权的

---

[1] 参见范立波:"权利的内在道德与做错事的权利",载《华东政法大学学报》2016年第3期。

概念是自相矛盾的。所以我随后处理了批评和干涉之间的区别。我通过两个例子的比较，说明由道德错误所引起的批评不具有规范性力量，被批评者并没有服从批评者的指令的责任，所以这种批评与干涉不同，它对于被批评者而言只是语词激烈的建议。一旦区分了干涉和批评，主张权的概念就在逻辑上是可能的。接着我着手处理权利的实质价值部分，由于如果将权利理解为自由权，权利就会丧失重要性，而将权利理解为主张权，就能够很好地回应权利的独特价值，权利的价值在于它是促进自治的构成性要件，因而采用主张权的概念在价值上更佳。但是由于自治以善为目标，所以自治内在地不支持道德错误的行为选择，而且排除道德错误的范围也不会导致权利变得贫乏，所以是否有必要坚持"权利是没有自由的主张权"就受到质疑。我通过说明权利保护选择的独特方式，说明做错事的权利有其存在空间，因此坚持将权利理解为主张权是必要的。

共同善与做错事之权利

朱慎独 *

【摘　要】 做错事之权利的证成,涉及对自主价值之论证。沃尔德伦对该价值的辩护过度关注自主选择的重要性,而忽略了选择内容之价值评价的重要性,落入一种错误的关于道德与权利的分工理论。拉兹的权利利益理论为判断自主之价值提供了更好的基础。如果将自主的价值视为工具的,那么做错事之权利必然诉诸自主与共同善的联系;如果将自主的价值视为内在的,那么做错事之权利仍然需要在共同善的基础上予以理解。个人福祉与共同善的双重和谐关系决定了后者的决定性地位,也为权利理论的诸多难题提供了理解方向。

【关键词】 做错事之权利　利益理论　自主之价值　共同善

一、问题的提出

我们经常做在道德上被公认为错误的事情,[1]并且认为自己有足够的道

---

* 朱慎独,中国政法大学2018级法学实验班硕士。

〔1〕"做错事的权利"不是指"做存在道德争议之事的权利"。因为道德争议意味着不存在充分的道德理由支持任何一种行为是正确的,每个人当然可以按照自己的理由权衡行动,并拒绝他人干预。因此,做错事的权利是指"做在道德上公认为错误之事的权利",如出于嫉妒投票给不适合的人、蓄意不做举手之劳、纯为浪费烧毁财产等,因此这也同时区别于"做道德上为恶之事的权利"。

德权利反对他人的干预。[1]然而承认这样一种道德权利会对所有权利理论提出严峻的挑战：一方面，如果存在做错事之权利，那么这种表面上似乎无价值的权利似乎难以得到独立的证成；另一方面，如果不存在做错事之权利，那么只能做正确之事的权利可能会被道德要求吸收，从而使权利显得不必要。由此可见，做错事之权利涉及权利的独立性与权利的实践意义等重要问题，对该权利的分析是对任何一种权利理论是否成功的检测。回答是否存在做错事之权利不仅需要提出一些重要的价值命题，更要展示这些可能的辩护对理解权利具有的深刻含义，即这些价值命题如何说明在特定社会文化中的权利现象。与之相关的诸多严肃考虑被国际学者反复检验，[2]但是在国内研究的角度而言，这种检验尚不能说已经完成。[3]

本文试图在现有研究的基础上进行批判式的工作，不会过多介绍学科背景式的内容，但会说明由既有研究可得出的重要思考路径。同时，尽管主题是做错事之权利，但本文的目标仍然是在权利的一般理论层面上提出可能的思考。首先，本文将简要地展示关于做错事之权利的两种具有典型性的进路，它们分别表现出对权利的某些重要特征的捕捉，因此能够有效地说明该问题的重要性，也可以为我们的批判性工作提供足够的指导、标准。随后本文将结合权利的实践特征，展示一种拉兹理论可能给出的回应，国内研究的重要成果会在这一阶段被有选择地分析。最终本文将指出，不可能在脱离共同善的基础上为做错事之权利提供详尽的说明，权利与共同善之间的双重和谐关系（doubly harmonious relation）为做错事之权利提供了基础。尽管存在诉诸自主价值的不同方式，但对共同善的主张是这些理论均应接受的。

---

[1] 如果将做错事的权利理解为"合取论"的权利，那么做错事之权利会面对"不融贯批评"。也不存在任何有分量的观点认为做错事的权利能够将道德上错误之事变为正确。相关讨论参见范立波："权利的内在道德与做错事的权利"，载《华东政法大学学报》2016年第3期。

[2] See Jeremy Waldron, "A Right to Do Wrong", *Ethics*, Vol. 92, No. 1 (Oct., 1981), pp. 21-39. Also See William A. Galston, "On the Alleged Right to Do Wrong: A Response to Waldron", *Ethics*, Vol. 93, No. 2 (Jan., 1983), pp. 320-324; Gerhard Øverland, "The Rights to Do Wrong", *Law and Philosophy*, Vol. 26, No. 4 (Jul., 2007), pp. 377-404; Ori J. Herstein, "Defending the Right to Do Wrong", 31 *Law and Philosophy*, 2012, pp. 343-346.

[3] 国内研究参见范立波："权利的内在道德与做错事的权利"，载《华东政法大学学报》2016年第3期；陈景辉："存在做错事的权利吗？"，载《法律科学（西北政法大学学报）》2018年第2期。

二、选择的重要性

如果要对权利之不对称性提供说明，一个最可能的，也事实上被最多援引的就是"自主之价值"，亦即个人选择的独特价值。在详细地阐述自主之价值与权利的关系之前，可以基于"选择的重要性"这一标准对权利理论进行简单的分类与介绍。

（一）沃尔德伦的权利选择理论

"选择"在权利理论中的重要性为沃尔德伦所支持，他认为做错事之权利可以通过对个人生活的重要性得到辩护，"存在特定类型的选择、特定领域内的关键决定，对个人的整全性（integrity）与自我构建（self-constitution）有特殊的重要性"，[1]个人选择在一定程度上决定了一个人如何成为自己生活的作者。

这一基本理论关切主导了沃尔德伦对权利的理解。由于将"选择"本身而非内容的好坏视为对个人具有最重要的价值，沃尔德伦自然地会认为将做错事排除在权利对象之外，会导致选择失去重要性。因为如果排除错事，权利所保护的至多只是道德所要求的或与道德无关的。主张我有权利做某事，不过是主张我不能做任何道德否定的事，这似乎使得"选择"的观念失去意义。学者将此称为"选择不可能论题"。另外还要注意到，在否认做错事之权利的情况下，即使将权利对象限制在"与道德无关的事项上"以避免权利被道德要求吸收，问题仍然无法被解决。或者先确定道德要求的事项，再将其他事项交给权利保护，导致权利保护的只是人类生活中琐碎而无关紧要的部分；或者先确定权利保护的部分，再由道德处理剩下的内容，这又会导致"道德对于一些重要行为领域不起作用"这一不符合道德常识的结论。这被称为"两难困境论题"。[2]

对权利的说明必须同时避免上述两个问题，这就意味着必须在承认道德在适用领域广泛性的前提下，仍然为权利提供独立的规范性地位。沃尔德伦诉诸权利与道德的功能分工，即权利的功能是保护选择，而道德的功能则是

---

[1] See Jeremy Waldron, "A Right to Do Wrong", *Ethics*, Vol. 92, No. 1 (Oct., 1981), p. 34.

[2] 关于这两个论题的提出和分析，参见范立波："权利的内在道德与做错事的权利"，载《华东政法大学学报》2016年第3期。

指引选择。权利起保护功能,并不提供内在的道德指引,但同样不排斥道德评价。一个被权利保护的选择仍然可能因为内容上的不道德遭到批判,这基本符合"虽然我认为你做了不道德的事,但我仍然无权干涉你"这种常识性认知。

然而该理论存在严重的困难,沃尔德伦的功能分工理论内在承诺了如下内容:权利保护的选择是任意的。但是这一结论与沃尔德伦的出发点存在严重的不一致,因为权利与道德的功能分工是为了保护选择的重要性,后者对自我身份的道德建构具有重要利益。但是"自我身份的构建"作为道德概念包含了非任意性。并不是任何选择都有助于自我身份的构建的,作出错误的,或在道德上只有消极价值的选择并不会使个人的身份构建变得更好。选择虽然重要,但它的重要性至少部分来自"选择内容之价值"。除非沃尔德伦能够进一步主张"选择本身可以创造完全独立于选择内容的价值",否则自我建构就无法通过任意选择被促进。

因此,强调选择本身的重要性似乎面临另一矛盾。权利之自我建构要求保护某些有价值的选择,而不是任意选择。但按照沃尔德伦的功能分工理论,权利并不提供选择的指引,这导致在权利应当保护哪些选择这一问题上仍然需要诉诸外部道德评价。权利又会变成保护道德支持之选择的工具,从而失去独立性,做错事的权利也仍不能在其中找到合适的位置。

(二)拉兹的权利利益理论

对沃尔德伦的介绍表明,强调选择之价值可能导致的诸多困难,那么强调选择内容之价值能否避免这些困难?拉兹的权利利益理论为我们理解另一种路径提供了参照。拉兹将权利理解为主张义务的规范性基础,权利的特殊性在于其个人来源与主张义务的能力。因此,拉兹提出了下述命题:当且仅当 X 能够拥有权利,且其他事情相等,X 的福祉(well-being)的某个方面,是将他人置于某个义务之下的充分理由时,X 拥有某个权利。[1]这就在权利的证成与特定内容对个人福祉的贡献间建立起内在联系,对何种对象能成为权利提供了实质性指引。可以说,拉兹的权利概念是内在包含指引性功能的。

---

[1] Joseph Raz, *The Morality of Freedom*, Oxford University Press, 1986, p. 166. Also See Joseph Raz, *Ethics in the Public Domain: Essays in the Morality of Law and Politics*, Oxford University Press, 1994, pp. 44-59.

但是利益理论的立场也使拉兹的权利概念面临缺乏独立性的立场。由于权利的证成立足于特定内容是否对个人福祉作出贡献，该内容的重要性与权利主张的有效性之间就是可传递的。假设我的利益足够施加义务，主张"我有特定利益，该利益是他人义务之基础"即可；假设利益不足以施加义务，权利根本不可能被证成。无论是否主张权利都不会为这种利益基础增加更多的分量。拉兹对权利的独立性可能会提出一些辩护，相关内容不在此展开。

总体上，拉兹的权利概念并不强调选择本身的价值。甚至可以说，在他对权利的所有论述中，选择都没有体现出如沃尔德伦主张的那般重要的分量。正如国内学者批判的，"拉兹的权利命题隐藏了一些重要内容，使其看上去更像一项义务命题而非权利命题，似乎我们只要证成了一项义务，权利就变成了一个附随的结论"。[1] 而重视权利内容的价值虽然与促进个人福祉、自我道德构建等更加协调，却也似乎遗漏了权利在共同文化中的一些重要意义——我们不只希望过一种有价值的生活，还希望我们是自己生活的作者。权利在共享自由文化等社会中不仅是一种实现个人福祉的工具，也表达了一种特殊的生活态度和生活方式。因此，一种重视利益的理论仍须说明"权利何以是独立的"与"选择的重要性如何体现"两个难题。

三、如何容纳做错事之权利：自主的工具利益

对沃尔德伦和拉兹的介绍表明，权利实践存在两项基本特征——重视选择的重要性，但也重视选择内容之价值。经验性的事实表明，在他人无理由地毁弃财产、谩骂他人时，我们确实认为自己不应当干预。在这个意义上，做错事的权利作为现象真实地存在。这为我们的思考提供了一个有效的起点——我们为什么不应当干预他人错误的选择？最符合直觉的回答仍然是沃尔德伦式的，因为我们要尊重他人的自我构建。但这种回答是不够根本的，问题仍然存在，比如"为什么要尊重他人的自我建构的权利"，或者说"为什么自我建构的利益能够主张他人不得干预"，本文主要关注后者。

拉兹的理论为我们回答这一问题提供了起点，权利总是基于权利人个人福祉的某一方面，应当从自我构建对于个人福祉的意义着手。换言之，应当

---

[1] 范立波："权利的内在道德与做错事的权利"，载《华东政法大学学报》2016年第3期。

从讨论自主对于个人福祉之价值开始讨论。这一思路具有直觉上的吸引力，但是进一步的思考却会揭示两种截然不同的路径。在拉兹那里，"价值"被反复地区分为"内在价值"与"工具价值"而使用。工具价值意味着，X 的价值源于（derive from）其后果的价值，或 X 可能被用于产生的后果的价值；内在价值则意味着相反的陈述。[1]如果自主具有内在价值，亦即自主是个人福祉的构成性要素，那么自主选择本身就是好的，拥有权利就必然包含一项特定的道德立场，该种主张容后详述，在此先集中于另一种可能性，即自主的价值是工具的，包括第四节在内的论证均在此前提下展开。

首先，必须指出的一点是，拉兹对工具价值的定义并未表明它只能取决于对特定对象的后果。工具只是要求，X 所带来的积极后果能够总体上超过消极后果，而不限定后果的具体内容及指向。[2]因此，个人福祉中的自主价值可能在三个方向上证成权利：(1) 自主对个人的重要性；(2) 自主对相对人的重要性；(3) 自主对第三人（共同善）的重要性。其中（1）与（3）均具有重要的道德意义。一方面，自主对个人经常具有工具价值，由个人在缔结契约、选择职业、加入社团等重大选择上拥有判断权总能产生好的结果。比如个人总是被假定拥有最佳的信息和动机进行选择，或者至少有动机寻找最佳的理论权威；另一方面，个人自主可以促进一种自由文化，这种文化经常被认为对个人福祉有基础性影响。但对两种主张的具体内容及彼此之间的关系均需要谨慎地分析，本文先处理前者。

诉诸自主对个人的工具价值，将使权利处于不确定状态，也无法解释权利的不对称。[3]正如在对沃尔德伦的分析中指出的，并不是每一种选择都会促进个人福祉，承认这一点会使权利的有无取决于个人运用自主的能力。可能的反驳观点会指出自主对个人的工具价值应该是总体性的，重要的是个人

---

[1] Joseph Raz, *The Morality of Freedom*, Oxford University Press, 1986, p. 177.

[2] Joseph Raz, *The Morality of Freedom*, Oxford University Press, 1986, pp. 178-180. 该观点认为，某种事物具有工具价值，包括该事物的价值可能产生对于特定人的、相对人的，甚至第三人的积极后果。

[3] Joseph Raz, *Ethics in the Public Domain: Essays in the Morality of Law and Politics*, Oxford University Press, 1994, p. 45. 权利的不对称性主要指，某一权利的价值、该权利被给予的重要性，或权利应被遵守的严格程度，与权利对于个别权利人的价值不匹配。比如我们认为财产权是重要的，一件旧衬衫的财产权与一栋大楼的财产权在重要性、分量上是同等的，但一件旧衬衫的权利对我可能没有什么价值。

自主对于该人而言总体上有更好的后果，而不是个案地判断。但这只是回避问题，无论这种衡量是否可能，它都不能解释权利不对称性的矛盾。自主对每个人福祉的贡献都是不同程度的，然而每个人权利的内容、它被赋予的重要性却是同等的，我们并没有赋予自主意识更高的人更多或更重要的权利。如果自主对个人的工具价值是可靠的，就应当将这种由个人差异导致的自主价值的差别在道德权利中反映出来，但现实显然不是如此。因此，坚持自主对个人的工具价值是他人不得干预的基础，就无法解释为什么赋予不同的个人以内容确定的权利，更不能解释为什么这些权利还具有同等的重要性。

如果上述论证还有进一步探讨的余地，那么另一种批判可能是原则性的——无论自主对个人的工具价值有多重要，主张个别人的自主价值对其个人福祉的重要性能够产生权利都是不具有说服力的，权利所享有的高度保护，以及这种保护所带来的对多数人福利的重大牺牲不可能通过个人福祉证成。当人们被要求在某个人的权利下作出实质的牺牲时，主张这种牺牲的理由是因为该人福祉之自主的重要性优越于多数人的利益是难以被支持的。[1]换言之，自主对个人的工具价值不足以施加一项不得干涉的义务，至少在我们的共同文化层面上这一主张得不到支持。当然这一判断是具有风险的，因为一种普遍的关于权利的观点恰恰认为个人福祉与共同善或他人道德主张的冲突是理解权利的关键，这种观点倾向于赋予个人福祉极端程度的重要性，并支持在个人福祉与其他价值、利益考虑冲突时应当具有优先地位。对这种普遍观点的分析不适合在此展开，但本文将通过指出权利与共同善之间的关系同时说明这一观点的错误。

四、自主、权利与共同善

让我们转向工具价值的另一种可能，也就是自主对共同善的工具价值。毫无疑问，权利与个人福祉具有内在关联。权利总是指向对权利者的福祉有利益或价值的内容，人们通常不会认为一个人有被监禁、被处罚的权利，或者为这样一种权利辩护至少需要证明它能为个人福祉带来哪些积极作用。这种现象并不是偶然的，在我们的文化中对权利的标准辩护均以这种方式呈现。

---

[1] 类似的思考方式也被拉兹采用，See Joseph Raz, *Ethics in the Public Domain: Essays in the Morality of Law and Politics*, Oxford University Press, 1994, p. 53。

因此，一个自然的解释是，某种权利存在的理由在一定程度上是它能够服务于个人福祉，个人福祉也因此影响着权利的重要性。但是这并不表明它是唯一的因素，也就是说，权利的基础不一定仅仅依赖于个人福祉，也就不一定仅仅依赖于某些价值对个人福祉的促进作用。这与拉兹的权利理论是相容的。[1]

拉兹正确地注意到，许多权利并非仅由个人福祉证成的，而是考虑了服务该个人福祉能够实现的他人福祉。如孕妇的不被行刑权，父母的津贴权。他进一步指出，在这种权利关系中还存在另一种重要特征——双重和谐。不仅是婴儿、孩子从孕妇权、津贴权中获益，孕妇和父母也从自己的权利能够增进他人福祉中获益。这是因为权利者与特定他人之间存在一种依赖性关系，这种关系是一种有价值的关系，拥有一种能够帮助构建、实现这种依赖性关系的权利增进了权利者的福祉。父母的津贴权使孩子获益，而使孩子获益本身极大地发展了父母与孩子之间的依赖性关系，满足了亲子关系的内在要求，提升了父母的福祉，权利因此有效地以双重和谐的方式辅助于这种道德关系。[2] 拉兹采取了一种后果主义道德的进路，尽管他本人并未对此作太多说明，但他似乎认为如果赋予一项权利——也就是赋予个人福祉特殊的保护——能够带来某种重要的、有稳定联系的后果，那么这些后果就应当被考虑，最直接的后果就是应当将这些后果反映在我们对权利重要性的评价之中。[3] 但这种"反映"并不只是在评价上增加分量，拉兹进一步认为，如果用权利保护个人福祉能够带来的后果比个别权利人的福祉更加重要，那么这种后果就应当反映在权利的证成中，对这种后果的促进应当是权利基础的一部分，甚至是主要部分。

回到自主对共同善的工具价值，本文认为是共同善——而不是自主对个人福祉的贡献——证成了其作为权利内容的正当性。拉兹对共同善的界定主

---

[1] Joseph Raz, *Ethics in the Public Domain: Essays in the Morality of Law and Politics*, Oxford University Press, 1994, pp. 149-151.

[2] Joseph Raz, *Ethics in the Public Domain: Essays in the Morality of Law and Politics*, Oxford University Press, 1994, pp. 50-51.

[3] Joseph Raz, *Ethics in the Public Domain: Essays in the Morality of Law and Politics*, Oxford University Press, 1994, pp. 149-150. 但是拉兹本人并未就其后果主义道德的立场进行深入地说明，他对于权利与后果主义道德的论证并不让人满意。

要来自菲尼斯,他并不区分共同善(common good)、普遍利益(general interest)、共同利益(common interest)、普遍善(general good),其概念是指"在一个特定共同体中,能够以不冲突(non-conflict)、非独占(non-exclusive)、非排他(non-excludable)的方式普遍地服务于人们利益的那些善"。[1]因此本文主张,当我们被施加一项不得干涉他人的义务时,这并非是因为特定权利人的自主之重要性优越于多数人的利益,而是通过保护该人之自主能够促进一种自由文化之共同善,并从而服务于多数人的福祉。这一论证包括两个阶段,第一阶段是,以权利保护自主能够促进共同善;第二阶段是,自主与共同善是双重和谐的,而后者比个人享有自主更加重要。

首先,必须注意权利是一种普遍性的实践,保护某个人的权利意味着保护所有人在该方面的福祉。因此保护个人自主就意味着保护所有人的自主,这就形成了一种自主的环境,并在一定程度上构成了自由文化的基础。由于这部分的讨论是在将自主视为工具价值的前提下展开的,在此自主的环境或自由文化均不会被视为内在价值,亦即我暂时不会主张生活在一种自主的环境或自由文化中本身就是好的,我所主张的是——这种环境会服务于其他共同善。自主的工具价值体现在权利人可以选择自己认为有价值的实践,这在最大程度上容许了众多共同善的繁荣。考虑我们通常认为重要的那些共同善,比如自由市场、自由婚姻、自由职业、自由言论,自主使得这些共同善成为可能。如果缺乏自主,被强制的交易、被干涉的婚姻、被决定的职业、被限制的言论都难以以同样的方式促进个人福祉的实现,尽管它们仍然可能在其他方面构成共同善,但至少在被自由文化认为重要的方面它们无法成为共同善。更进一步地说,自主的环境通过影响各种事业、目标、关系的进入方式,改变了它们的性质、内容、结构与重要性,缺乏自主环境的存在,众多选择的内涵都将不同。在这个意义上,以权利的方式保护个人自主就是保护一个自主的环境,使得人们可以选择各种有价值的实践,使多元的共同善的形成和维持成为可能。

其次,但也是更重要的是,共同善的存在比个人享有自主更加重要。尽管对个人福祉这一概念存在众多的争议,但是至少在这一点上能够达成共识——

---

[1] J. M. Finnis, *Natural Law and Natural Rights*, Oxford University Press, 1980, pp. 154-156. Also see Joseph Raz, *The Morality of Freedom*, Oxford University Press, 1986, pp. 198-203.

个人良善生活的实现是依赖于诸多条件的。拉兹将个人福祉的核心构成理解为"全心全意（whole-hearted）在有价值的事业上实现成功的诉求",[1]这一定义自然地表明个人福祉的实现立足于"足够有价值的选择"。类似地，一种自主的个人福祉观的实现也需要诸多条件，至少要求存在足够的、有价值的选择和去除强制的环境。但是任何个人的诉求都不足以赋予社会、其他成员向之提供选择的义务。因为选择的存在不完全是人为控制的，在极大程度上一个社会存在何种选择是受到习惯、观念、经济等各方面情况决定的。在这个意义上，共同善是个人福祉的先决条件，一方面，共同善决定了个人可以拥有何种选择；另一方面，共同善决定了那些定义个人福祉的途径。[2]尽管共同善与个人福祉存在偶然的冲突，但是在概念上它们更是相互支持的。通过权利保护自主可以促进诸多共同善，而个人能够从自己的权利与共同善的关系中获得更加重要的利益，共同善使得共同体中的每个成员福祉的实现有所依托。换言之，个人自主与共同善是双重和谐的。缺乏这些共同善的存在，即使个人自主也无法实现任何个人福祉；缺乏共同善的存在，个人无法得到足够丰富的、有价值的选择，自主的工具价值也就失去了内在价值的依托，因此在这种和谐关系中，共同善更为重要。

以上的讨论意在说明，在只考虑自主的工具价值的前提下，保护自主的理由主要在于其能够贡献于共同善，从而真正为自主的个人福祉的实现提供必要的条件，而不是仅仅考虑自主对个人的价值。但有一点需要澄清，自主的价值不会作为一种独立的权利被证成，而是和其他对个人福祉有重大价值的事项一起证成特定权利。比如存在合同自由权、婚姻自由权、职业自由权等，但不存在一种独立的"自主权"。这与自主的工具价值是一致的，工具价值本就是一种因为其后果能够促进其他价值而有价值的，缺乏后果的寄托工具价值就不再有价值了。因此，无论在一般的权利实践中还是做错事之权利的问题上，都不存在一个纯粹的侵犯自主的情境，涉及的总是侵犯某种具有自主要素的权利。因此虽然上文的论证以"自主——自主的环境——其他共

---

[1] Joseph Raz, *The Morality of Freedom*, Oxford University Press, 1986, pp. 288-313. Also See Joseph Raz, *Ethics in the Public Domain: Essays in the Morality of Law and Politics*, p. 3.

[2] Joseph Raz, *Ethics in the Public Domain: Essays in the Morality of Law and Politics*, Oxford University Press, 1994, p. 59.

同善"的方式进行,但这主要是为了论证的清晰。这不意味着本文主张存在一种独立的自主权,该权利能够以其促进其他共同善的价值来得到证成,而是表明包含自主要素的权利能够以独特的方式促进共同善。比如合同自由权能够促进自由市场,婚姻自由权能够促进婚姻文化等。因此更准确的说法是,保护"某种特定内容的自主"的理由主要是其对共同善的贡献,共同善是权利(尤其是自由权)的部分基础。

权利与共同善的关系为做错事之权利提供了基础。拉兹的权利利益理论正确地捕捉到了权利与个人福祉的关系,只有个人福祉的重要方面才能够成为权利的内容,而做错事之权利本身不是一种独立的福祉,自始至终它都不可能作为一种独立的权利而存在。做错事的权利必然是一种寄生性的权利,共同善是该基础最可能的也是唯一可能的解释。做错事之权利之所以存在,在于权利总是部分地以共同善为基础,我们尊重他人做错事之选择不是因为尊重他作为个体的福祉,更不是因为他的个人福祉比我们更重要,而是因为保护这种权利是促进共同善的重要部分。个人福祉的实现需要自由权,因为个人福祉需要多元的共同善才能被实现,而保护自由权又是维持和发展共同善的重要方式。自然的,保护自由权必须采取尊重自主的方式,允许这些权利被自主地行使才能够促进共同善,这不限于维持和发展自由市场、自由信息交换、自由婚姻等较为传统的共同善,还包括发现那些还在形成中的、争议中的、潜在的共同善的观念。个人福祉本身是不断变化的概念,它不仅需要共同善的支持,还需要共同善以不断进化的形式予以支持。自主是实现这一目标的重要工具,或者至少被我们的社会文化认为是重要工具。因此,即使个人对权利的行使存在滥用或不能物尽其用的情况,但为了保护自主以促进共同善,这类行为仍然能在一定限度内被保护。这一限度并非固定,而是受到不同文化观念、习惯的影响,但由于它在概念上的必然性,做错事之权利必然存在,它以寄生性的方式存在于我们对共同善的需求中。

五、检视自主的内在价值

至此,对于做错事之权利的回答是依赖于自主的工具价值的,它依赖于自主对共同善的促进作用。这并不否认还存在另一种进路,即从自主的内在价值出发,回答做错事之权利何以存在。不检视这种可能性,任何观点都不能说是完整的、可靠的。在正式分析之前,需要先说明若干要点:其一,一种价值不可能既是内在的又是工具的,因此不同的出发点得出的论证在整体上是相互排斥的。其二,在拉兹理论的背景下,两种论证仍然存在一些可以共享的部分。比如做错事之权利缺乏普遍重要性而不得不以寄生性的方式存在,因此它总是需要一个足以依附的内在价值。其三,从相同的起点中可以延伸出众多论证路线,对于下文将要分析的内在价值理论,本文只是检视其中涉及自主与做错事之权利的部分,不会展示所有理论细节。

首先,认为自主具有内在价值,就是支持自主本身具有价值,该价值无需依附于其他价值的存在。当然,对于自主如何是内在价值存在许多不同的观察角度,一种典型观点是将这种价值与个人自尊密切相关,"自主选择在特定的生活方式与行动者之间确定了内在的联系,使得他可以确认自己在何种意义上是其生活的创造者,而这种确认又与个人对自己的价值感、对个人能力和计划的自我肯定、可以正当期待的社会承认关联在一起,构成了个人的自尊和尊严"。[1] 可以说,缺乏自主,自尊就难以建立;而自尊是一种首要善,因此自主的内在价值是重要的。

从这一价值出发点可以产生诸多细致的论证进路将自主的内在价值与权利相关联,此处只是说明一种粗糙的、抽象的联系。这种说明需要先诉诸一项共识——"权利"的存在是追求个人福祉之事业的一部分。无论在细节上存在何种争议,既然权利是个人福祉之事业的部分,而自主又是个人福祉的构成性价值,那就有理由认为自主之内在价值应当被反映在权利理论中。进一步地说,由于权利本身预设了一种特殊的道德立场,一种尊重以自主为核心的个人福祉观的道德立场,缺乏自主会使得权利变得无法理解。这一点在自由权上体现得较为明显,缺乏自主似乎会使我们无法理解何为合同权、婚姻权、职业权,至少会使我们无法理解它们的一些特定政治含义。既然自主对理解权利如此重要,既然去除这一要素会使得权利无法被解释,那么自主就不仅是权利外部的道德原则,还应当将其视为权利的构成性原则,自主应当是权利概念的核心部分。而承认这一点会使得承认一项权利的存在与自主必然具有内在关联性,因为自主是权利的构成部分,承认他人拥有权利就是

---

〔1〕 参见范立波:"权利的内在道德与做错事的权利",载《华东政法大学学报》2016年第3期。

承认自主的存在，义务人由此就与权利人共享了一种终极的道德判断——尊重以自主为核心的个人福祉之终极地位。这一终极判断赋予了权利人的选择以独立的规范性地位。

本文的目的不是要对这样一种观点进行实质检视。一方面，此处展示的只是一种抽象意义上的论证，不同的法哲学家会提出差异极大的细致论证，即使对这种抽象论证大加批判也不能表明每一种细致论证都会失败；其次，可能存在两套完全合理的权利理论从不同的角度分析做错事之权利，其理论差异并非来自推理过程，而是价值论层面的预设。也就是说，从对自主之价值究竟为工具的还是内在的分歧中，也许可以延伸截然不同的理论，而每一种理论都有足够分量的理由予以支持。在这种情况下，确定何者为真必须诉诸价值论基础的判断，但这显然不是本文的任务。

然而这不意味着基于自主的内在价值或工具价值得出的结论不会存在任何共同结论。本文曾经反复表明权利的性质、结构、特征等必须在特定的共同文化中才能被理解，支持自主的内在价值者也承认并非所有社会文化都会支持以自主为核心的个人福祉观的，这是由个人福祉与共同善的关系得出的。个人福祉是由成功地参与有价值的事业、关系来实现的，个人福祉天然地依赖于这些价值实践，而不是孤立的。因此个人福祉具有依赖性，它依赖于其他价值实践的支持，而一个社会提供何种价值实践、价值观念深受共同善的影响。这不仅是说实现个人福祉的选择需要共同善的支持，还表明"哪些价值构成个人福祉的内容"也需要共同善的支持，在这个意义上才能说共同善决定了那些定义个人福祉的路径。自主的个人福祉观也需要被如此理解，并不是所有社会都会尊重以自主为核心的个人福祉观，即使在同样有权利的社会中，对自主理解之不同也会使权利的概念产生差异。福利国家中也可能产生众多"福利性权利"，但这类权利显然与我们对权利的主要认识相差甚远，津贴权和合同自由权的文化意义是不同的。缺乏共同善的支持，无论是自主在个人福祉中的地位还是在权利中的地位都不会如此重要，甚至我们也许会支持以非自主的方式促进个人福祉。

这一系列的主张并不是为了表明自主的内在价值理论有实质缺陷，这里所要提出的主张是相当保守的、能为这些内在价值论者所共享的，那就是对自主价值以及其与权利关系的任何主张，都必须通过其对共同善的贡献才能在客观上被理解。这并不是对自主的内在价值理论的实质反驳。完全有可能的是,当被要求基于他人的权利负担义务作出牺牲时,我们不会认为这是为了促进其他公共善,亦即不会认为这是为了实现自主对共同善的工具价值;相反,我们可能认为这是在尊重特定个人的自主之福祉。尽管本文支持自主的工具价值论,但也不否认自主的内在价值论同样是有可能的。本文实际主张的是,即使内在价值是可能的,即使在主观意图上,保护权利是为了尊重特定个人的自主。这种实践也必须在客观层面上得到支持,而这种客观层面的支持就来自权利与共同善的双重和谐关系。一方面,"保护权利是尊重个人自主之内在价值"这一信念的存在和维持,均依赖于共同善的支持;而另一方面,这些自由权的行使又不断贡献于重视自主的自由文化,使得这类共同善能够延续,从而确保"自主之内在价值"能够始终成为共同文化中的重要信念。这一过程未必会被所有人在开展权利实践时意识到,但它是客观存在的。尽管可以说自主之价值不取决于它的后果,但必须承认其价值不能孤立于共同善而存在,脱离它我们根本无法意识到尊重他人的自主是一项需要被共享的道德判断。因此,自主的工具价值和内在价值理论共享如下这一主张:自主的价值必须在与共同善的关系中被理解,对于做错事之权利的证成必须基于包含自主要素之诸权利与共同善的双重和谐关系才能得以实现。做错事之权利始终寄生性地存在于我们的个人福祉对共同善的需求中。

六、余 论

对于做错事之权利的讨论已经揭示了诸多关于权利的难题。它首先表明权利不可能只保护道德许可的事项,也不可能保护任意选择。其次,它还证明权利与共同善之间存在双重和谐的关系,任何对于权利独立性的论证都必须在这一关系内寻求一定程度的支撑。本文有意选择了拉兹的权利利益理论进行讨论,因为利益理论正确地意识到权利与重大利益的联系,从而去除了权利的任意性,又为权利的独立性提供了潜在的规范空间。本文支持将自主视为权利结构内的一种独特的工具利益,这多少是因为任何个人福祉观都或多或少地表达出对"有价值之事业"的关切与渴望,自主地追求无价值的,甚至极端消极的价值事业会使个人福祉变得更加糟糕。认为权利的重要性只是排除干预、保护自主,而不需要对权利者如何行使权利进行指引与限制的观点——是不值得信服的。因此，做错事之权利只是我们肯定自主之价值产生的、不可避免的副产品，它是寄生性的。最后，任何对于做错事之权利的讨论都不能忘记这只是探究权利理论道路上的一部分，真正重要的并非做错事之权利本身，而是如何理解权利在特定社会中的角色、性质与重要性，诉诸共同善是这一研究必然需要面对的进路。

论个人信息的权利属性

温 薇[*]

【摘　要】 大数据时代的到来赋予个人信息独特价值，同时也给个人信息保护带来了挑战。个人信息内涵的丰富性和数据利用的复杂性使得学界对个人信息的权利属性这一问题众说纷纭；当前我国个人信息保护规范已散见于诸多立法中，但尚未明确个人信息权能，司法实践中对个人信息保护路径亦不尽相同，没有对该权利属性的实质判断。虽颇似烟笼寒水月笼沙，但是在分析学说观点、具体规范倾向以及判决说理意涵的基础上，在现有权利体系架构中，个人信息权利宜被定性为一般人格权，其区别于我国法律中的隐私权，同时也蕴含着财产利益。

【关键词】 个人信息　权利属性　人格权　隐私权　财产利益

引　言

这是一个最好的时代，也是一个最坏的时代。数十年间，互联网渗透到经济、政治、文化的方方面面，社会变化迅速、广泛而深刻，造就的黄金时代令人目眩神迷，却也再难平静。截至2018年12月，我国网民规模已经高

---

[*] 温薇，中国政法大学2017级宪法学与行政法学专业硕士。

达 8.29 亿。[1]以微信使用为例，据《2018 微信年度数据报告》统计，2018年每天有 10.1 亿用户登录微信，日发送微信消息 450 亿条。[2]中国已经进入信息时代。伴随着大数据与人工智能的不断发展，信息交流几乎不受时空限制，个人活动轨迹被信息化，成为"数据"被固定下来，成为大数据挖掘和利用的宝藏。这些信息的整合，便能形成一个人的"数字身份或数字人格"（digital identity/computer personal）。[3]就是在个人信息蕴含的价值陡然升高，体现出重要的行政性、经济性、社会性利益之时，其面临的风险也日益加剧，而信息的流动、收集、处理与再呈现的复杂，使得对个人信息背后真正个体的法律保护，对经济发展中各方的利益平衡成为难题。

　　法律无法回避这样的挑战，几十年来世界各国和国际组织积极的立法回应也蔚为壮观，[4]近些年我国已逐步在相关法律中肯定了个人信息具备权益，学界围绕相关问题的讨论也如火如荼，司法实践中个人信息权益已经得到客观确认和积极保护；但我国尚未出台统一的个人信息保护法，对于个人信息权之内涵、权利属性、保护模式等基础问题尚未达成共识。囿于个人信息权利属性的含混状态，司法实践为当事人提供救济存在认定的先困境。个人信息权利属性的明晰是进行个人信息保护的逻辑前提，本文从界清法律意义上的个人信息内涵出发，针对当前学界关于个人信息权利法律属性的主要学说进行分析，结合我国立法、司法实践，认为宜将个人信息权利定性为一般人格权，以区别于隐私权，并且承认其具有财产利益，但需要区别个人信息赋权保护与个人信息数据库的价值利用。

---

　　[1]　中国互联网络信息中心：“第 43 次中国互联网网络发展状况统计报告”，载 http://cnnic.cn/hlwfzyj/hlwxzbg/hlwtjbg/201902/t20190228_70645.htm，最后访问时间：2019 年 5 月 1 日。
　　[2]　中国新闻网：“2018 微信年度数据报告：每天 10.1 亿用户登陆微信”，载 http://www.xinhuanet.com/zgjx/2019-01/10/c_137732668.htm，最后访问时间：2019 年 5 月 1 日。
　　[3]　张里安、韩旭至：“大数据时代下个人信息权的私法属性”，载《法学论坛》2016 年第 3 期。
　　[4]　针对个人信息泄露和滥用带来的个人权利损害和社会危害，世界各主要国家和国际组织积极开展立法实践以期提供保护和进行规范，如 1974 年《美国隐私法》，1984 年《英国资料保护法》，1990 年《联邦德国个人资料保护法》，2001 年《日本个人情报保护法》，1880 年《经济合作与发展组织关于隐私保护个人资料跨国流通的指针的建议》，1990 年《联合国关于自动资料档案中个人信息指南》，1995 年《欧盟关于个人资料处理及自由流通个人保护指令》，2004 年《亚太经济合作组织 APEC 隐私保护框架》。

一、个人信息内涵

当前世界各主要国家立法对个人信息的称谓不尽一致，对其定义的模式也不尽相同，但目前我国学界主流观点较为一致，基本采用识别型定义模式，当前我国立法亦明确了个人信息的概念，并以不完全列举方式说明了其内涵。

（一）滥觞与发展：个人信息与相关概念

1968年联合国"国际人权会议"首提"资料保护"理念，个人信息概念自此进入研究视野。[1]此后，各国在立法上采用了不同称谓，我国学者的用语也不尽相同，[2]比较典型、异于"信息"称谓的有"隐私""资料""数据""情报"等。笔者认为出现上述概念在使用上的交叉与混乱，原因是多方面的，一是各国法律传统与保护路径的不一致，如美国惯常使用"隐私"；二是研究的切入点与认识的不同导致多个概念的内涵外延确有差别，如《日本个人信息保护法》中区分了"个人数据"与"个人信息"，[3]但在讨论确切问题时显然会注意到此种差别，并不因其含义影响致使问题脱离讨论范围；三是翻译的不统一或者学者自身理解的倾向不同，如"Person Data"，或被译为"个人数据"或被译为"个人资料"。

在诸多概念中，笔者选择使用"个人信息"这一称谓，[4]主要基于以下考

---

[1] 参见齐爱民：《拯救信息社会中的人格——个人信息保护法总论》，北京大学出版社2009年版，第77页。

[2] 据笔者不完全统计，采用个人信息称谓的学者有：王利明、张新宝、齐爱民、刘德良；采用个人数据的学者有：郭瑜、谢永志；采用资料隐私的学者有：孔令杰。参见王利明："论个人信息权的法律保护——以个人信息权与隐私权的界分为中心"，载《现代法学》2013年第4期；张新宝："从隐私到个人信息：利益再衡量的理论与制度安排"，载《中国法学》2015年第3期；齐爱民："个人信息保护法研究"，载《河北法学》2008年第4期；刘德良："个人信息的财产权保护"，载《法学研究》2007年第3期；郭瑜：《个人数据保护法研究》，北京大学出版社2012年版，第225页；谢永志：《个人数据保护法立法研究》，人民法院出版社2013年版，第1页；孔令杰：《个人资料隐私的法律保护》，武汉大学出版社2009年版，第62页。

[3] 《日本个人信息保护法》第2条第1项规定：本法所称的"个人信息"系指，与生存着的个人有关的信息中因包含有姓名、出生年月以及其他内容而可以识别出特定个人的部分（包含可以较容易地与其他信息相比并可以借此识别出特定个人的信息）；第2条第4项规定：本法所称的"个人数据"系指，构成个人数据库等的个人信息。

[4] 需要说明的是，在本文的叙述中，涉及他国立法等内容，尊重其习惯称谓；在观点阐释中，统一使用"个人信息"。

虑，一是相比其他概念，"个人信息"在我国法学研究范围内使用频次最高，[1]尤其是与后续权利保护问题相承之时；二是我国当前立法实践明显接纳"个人信息"，其拥有正式的法律用语地位。同时，笔者注意到，随着个人信息保护这一复杂问题进一步拆分为各个环节，以上提及的诸多概念的客观差别亦会更为明显，如"数据"开始更多地体现为是对原始信息加工处理形成的产物，这进而会影响到理论展开，故相关概念仍需要我们加以区别，对其具体内涵外延进一步界定明晰，如中国语境下的个人信息与个人隐私，后文将详述之。

（二）扩展与限制：我国法律上的个人信息

就法律视域下的个人信息，曾有学者主张关联说，认为"个人信息是指与个人有关联性的全部信息"。[2]笔者认为颇为不妥，就个人信息保护的兴起而言，其无法脱离信息价值激增的大数据时代背景，本质上法律需要在全社会数据流动与信息主体利益保护之间进行价值平衡，如果所有与个体相关的信息都当然地成为法律保护的"个人信息"，必然会严重挤压社会整体信息自由的空间，而最终代价仍是由信息个体承担。就法律自身而言，其重要目标为保护特定价值，作为某种值得保护价值载体的信息亦是如此。对个人信息给予法律上保护的根源在于，其指向了信息主体的人格权益及由此关联的财产权益。就个人信息自身含义而言，世间不变之物唯有变化，作为一种动态发展概念，我们在前置立法中对其定义往往也局限在相当性的标准下的不完全列举；而在后置的司法救济中，对个人信息侵害的判定还需要结合具体案情。

当前我国学者在界定个人信息概念时有所不同，主要体现在列举的内容存在差别。在《个人信息保护法（草案）》的定义中，周汉华教授列明了个人姓名、住址、身份证号码、医疗记录信息，并且以识别特定个人为标准作出归结。[3]齐爱民教授在《中华人民共和国个人信息保护法示范法草案学者

---

[1] 笔者通过中国知网数据库进行检索，检索文献发表时间为1979年1月1日至2019年1月1日，文献目录分类中勾选范围为法学领域，主题为"个人信息"的文献共有9359篇，"个人数据"的文献共有1728篇，"个人资料"的文献共有1029篇。

[2] 范江真微："政府信息公开与个人隐私之保护"，载《法令月刊》2001年第5期。

[3] 参见周汉华：《〈个人信息保护法〉（专家建议稿）及立法研究报告》，法律出版社2006年版，第3页。

建议稿》中以不完全列举的方式指出了包括自然人的姓名、遗传特征、指纹、教育、职业、健康财务情况、社会活动等在内的14项内容。[1]姜明安教授赞同认定应把握特定利益与人身关联的标准，并排除性提出该信息应当与公益无关。[2]王利明教授认为关联性、识别性是重要的判定因素，列举认为身份、职业、家庭、财富、健康等内容当属个人信息。[3]刘德良教授明确个人信息具有直接或者间接的识别性、私有性、与公共利益无直接关联性。[4]郭瑜教授考虑到"在法律概念上，个人数据保护与电脑、网络等信息技术的使用密不可分"，主张采用"个人数据"进行立法更为准确、稳妥，但回避了对个人数据作出明确定义。[5]

学者们的主张虽存在差异，但基本没有脱离"识别"的判断标准，这也与当前各世界主要国家和相关地区的传统倾向相一致。然欧美立法中基于风险防控和数据利用下的个人信息定义趋向新发展值得关注，《欧盟数据保护通用条例》在遵循传统指令"直接或间接识别特定自然人"界定的基础上，对匿名、化名信息及特殊种类的信息等内容也予以规范，《美国消费者隐私权利法案（草案）》则特别关注"关联性"方面，并对排除情形进行大量规定。[6]

实际上，我国当前诸多直接相关的立法规范已经对个人信息的定义加以确认，采用了概念定义加具体列举的混合型模式，大多体现为既有关于"识别"的概括，也有关于一般个人信息与特殊个人信息的列举。《全国人民代表大会常务委员会关于加强网络信息保护的决定》（2012年）中相关的表述为"识别公民个人身份和涉及公民个人隐私的电子信息"。此后2013年出台的《电信和互联网用户个人信息保护规定》《信息安全技术公共及商用服务信息系统个人信息保护指南》就个人信息内容、类别、来源等作出了进一步规范认定。《中华人民共和国网络安全法》（2016年）第76条第5项明确规定："个人信息，是指以电子或者其他方式记录的能够单独或者与其他信息结合识

---

[1] 参见齐爱民："中华人民共和国个人信息保护法示范法草案学者建议稿"，载《河北法学》2005年第6期。
[2] 参见姜明安：《行政程序法典化研究》，法律出版社2016年版，第139页。
[3] 参见王利明：《人格权法研究》，中国人民大学出版社2012年版，第608页。
[4] 参见刘德良：《论个人信息的财产权保护》，人民法院出版社2008年版，第20页。
[5] 参见郭瑜：《个人数据保护法研究》，北京大学出版社2012年版，第128页。
[6] 参见范为："大数据时代个人信息保护的路径重构"，载《环球法律评论》2016年第5期。

别自然人个人身份的各种信息,包括但不限于自然人的姓名、出生日期、身份证件号码、个人生物识别信息、住址、电话号码等。"

故笔者认为,进入法律规范层面的个人信息应当是能够识别特定个人的信息,其最基本的特征是具有识别性,即通过直接或间接,单一或组合信息,据此可以判断出特定个人。此外,个人信息不可与公共利益关切,其保护应受到一定限制;个人信息范围广于个人隐私;个人信息主体应为自然人,兼具人格利益与财产利益。

二、个人信息权利的法律属性之争

虽当前个人信息定义方式取向较为一致,但却无法就定义实现个人信息权利属性的判别,又因个人信息本身牵涉金融、医疗、教育等多个社会领域,其保护需要民法、刑法、行政法等多个法律部门共同规范作用。由此,基于不同立足点和着力点,学界在对个人信息权利的定性研究中形成了诸多观点。

(一)个人信息权的提出

个人信息需要并客观上得到法律承认与保护是不争事实,但是是否需要确立独立的个人信息权仍是争议问题,进一步而言,独立的个人信息权内涵为何?而这一问题也直接与个人信息权利属性确定密切相关。中国民法学研究会在其负责起草的《中华人民共和国民法典·人格权法编专家建议稿(征求意见稿)》中独立启用了个人信息权,并明确与既有具体人格权区分,这致使个人信息权从学理研究进一步推进成为民法典立法中的重要议题。[1] 笔者认为,个人信息多数时候体现为一种载体,通过大量信息的收集、处理产生经济价值,或以个人信息关联至人格要素影响人格利益,那么个人信息权至少应该包括两个层面的意涵,一是积极处理的权利,体现在更改、使用、处分自由,了解数据处理方收集用途,要求获得信息对价等;二是消极防御的权利,体现为受到侵害后得以请求法律保护。

(二)个人信息权利属性的主要学说

虽然法律意义上的个人信息判定有其标准,个人信息权亦日渐成为时兴

---

[1] 参见王心阳:"论个人信息权的法律属性及立法保护思考",载《科技与法律》2016 年第 6 期。

的权利概念,但关于个人信息权利的属性学界仍未达成共识,在信息保护与流动的价值衡平中各国立法亦有偏向,笔者综合其影响力和是否集中展现分歧点,就以下四个观点进行介绍。

1. 基本权利说

基本权利说将个人信息权利理解为一种宪法性权利,周汉华教授便主张这一立场对个人信息权利性质加以阐释。他认为现代隐私权概念的扩张式发展,促使传统隐私权从过去保护不为人所知、不愿为人所知的信息扩展成为保护可以识别出个人的信息,[1]故隐私权由一项民事权利逐步发展成为宪法上的基本人权;并且这种基本人权地位在国际法律文件和多国宪法中被明确规定。在我国立法中,基于个人信息和隐私的同列并举,明确保护个人信息的落脚点在于隐私权保障的情况下,可将个人信息权视为宪法上的权利,并且我国《宪法》第 38 条、第 39 条、第 40 条能提供直接依据。[2]亦有学者认为我国《宪法》第 33 条人权条款和第 38 条人格尊严条款具有张力和空间,积极推演、证成以控制与选择自身信息为核心的信息自决权是我国宪法未列明的基本权利。[3]

2. 人格权说

个人信息展现着自由意志,饱含着人格利益。我国有学者认为,排除他方的干涉和支配情况,个人有权通过个人信息的披露与型塑反映真我。这恰是人格独立、人格自由和人格尊严的要求。[4]而在"人格权说"观点下,存在"一般人格权说"与"具体人格权说"之分野。个人信息的收集、处理或使用过程中易造成对信息主体人格利益的侵犯。如擅自公开未经当事人同意的个人信息可能侵害其隐私权;歪曲加工相关信息导致毁损个人形象降低其社会评价;对众多个人信息进行非法整合利用将侵犯人格尊严。故齐爱民教授认为我国个人信息立法应当对个人信息采取一般人格利益的保护方式。[5]王利明教授则基于立法价值与民法体系建构的角度,指出应将个人信息权落实

---

[1] 参见吕艳滨:"论完善个人信息保护法制的几个问题",载《当代法学》2006 年第 1 期。

[2] 参见周汉华:《〈个人信息保护法〉(专家建议稿)及立法研究报告》,法律出版社 2006 年版,第 51 页。

[3] 参见姚岳绒:"论信息自决权作为一项基本权利在我国的证成",载《政治与法律》2012 年第 4 期。

[4] 参见洪海林:《个人信息的民法保护研究》,法律出版社 2010 年版,第 39~41 页。

[5] 参见齐爱民:"论个人信息的法律属性与构成要素",载《情报理论与实践》2009 年第 10 期。

为一项具体人格权展开保护。[1]

3. 财产权说

财产权说主张个人信息可归属于无体财产。萨缪尔森（Pamela Samuelson）指出，在信息必须依附其载体存在的时代，法律完全可以通过设置财产权，以保护信息有形载体的方式保护信息，但随着互联网时代的跨越式发展，信息不再依附于有形载体，个人信息财产权的赋予成为法律的必要命题。[2]波斯纳（Richard Allen Posner）在其隐私经济学理论中主张个人对自身信息拥有产权，在一定条件下此产权可以流通、剥夺或被再赋予他人。[3]21世纪之初，即有学者发现个人信息蕴含的经济价值和市场化可能，认为"对于资料采集者而言，获得个人资料不是目的而是一种手段，是建立和扩展财产的一种途径"，[4]在遵循法律规范和不违背公益情况下，信息主体均应享有所有权，并可将资料库权利推及收集开发者。我国亦有学者认为对个人信息进行确权，其价值取向应当遵循二分，即维护人格利益和财产利益时，分别给予人格权保护和财产权保护；而个人信息潜在的商业价值在信息时代无法被忽视，纳入财产权保护范畴是应有之义，以此也避免个人信息蕴含的财产价值为数据采集商家独占。[5]这与大数据背景下的信息流动相呼应。

4. 隐私权说

隐私权说认为信息主体对自身信息的控制权是隐私权的主要内容之一，本质而言个人信息与隐私保护之目标一致。[6]另一方面，美国法上"隐私权"的概念不断扩张，推动其已经不再局限于传统的防御性意义，而是发展出具有积极面向意义的"个人信息控制权"理论，即个人自主决定传递自身相关信息的时间、方式、程度等。《中华人民共和国侵权责任法》（以下简称《侵权责任法》）第2条将隐私权列明在保护范围之中，明确了隐私权保护制度，有学者认为其可作为保护个人信息的法律依据和权利基础，通过隐私权

---

[1] 参见王利明："论个人信息权在人格权法中的地位"，载《苏州大学学报（哲学社会科学版）》2012年第6期。

[2] See Pamela Samuelson, "Privacy as Intellectual Property", *Stanford Law Review*, 52, 2000.

[3] 参见马改然：《个人信息犯罪研究》，法律出版社2015年版，第42页。

[4] 汤擎："试论个人资料与相关法律关系"，载《华东政法大学学报》2000年第5期。

[5] 参见刘德良："个人信息的财产权保护"，载《法学研究》2007年第3期。

[6] 参见陈红："个人信息保护的法律问题研究"，载《浙江学刊》2008年第3期。

条款的法律解释的路径吸纳个人信息保护,单独创设个人信息权实非必须。[1]

三、个人信息权利属性分析

个人信息权利法律属性的确定是个人信息保护路径确立前提和逻辑起点,结合上文主要学说的介绍,已然发现这一问题的分歧点之一在于当个人信息兼具人格利益和财产性利益时,对其确权保护如何取舍;与此同时个人信息权在现有法律框架内应居于何种位置,与其他已经明确的权利如何进行区分、协调,亦是需要考虑的方面。下文将结合我国现有法律关于个人信息权利的定位、侵权责任的具体规定以及司法实践中保护个人信息的操作方式,对个人信息权利属性进行剖析。

(一)现有法律规定的意向

我国尚没有在法律规范中直接出现个人信息权的字眼,但在多部法律[2]中都有条款对个人信息权益进行保护,笔者整理了当前我国法律层面涉及个人信息权利法律属性的具体内容(参见表1)。

《中华人民共和国民法总则》(以下简称《民法总则》)第110条第1款规定,自然人享有生命权、身体权……隐私权、婚姻自主权等权利。从体系解释角度将第110条与第111条进行比对分析,我们至少可以理解隐私权不足以囊括个人信息权益,个人信息权利成为与各项具体人身权并列甚至具有更高涵盖意义的权利。而在《中华人民共和国网络安全法》(以下简称《网络安全法》)与《中华人民共和国消费者权益保护法》(以下简称《消费者权益保护法》)中已经将隐私与个人信息并列,将个人尊严、人身自由与个人信息并列,这显然也遵循着个人信息权利为人格权的定位思路。把侵犯公民个人信息罪放置在《中华人民共和国刑法》(以下简称《刑法》)第四章"侵犯公民人身权利、民主权利罪"中亦与此遥相呼应。而对个人信息保密的

---

[1] 参见马特:"个人资料保护之辩",载《苏州大学学报》2012年第6期。
[2] 据笔者不完全统计,除文中所列法律外,在《中华人民共和国民事诉讼法》《中华人民共和国刑事诉讼法》《中华人民共和国护照法》《中华人民共和国身份证法》《中华人民共和国未成年人保护法》《中华人民共和国执业医师法》《中华人民共和国律师法》《中华人民共和国档案法》《中华人民共和国保险法》《中华人民共和国旅游法》等多部法律中均有关于保护公民个人信息的规定。

要求,禁止窃取和非法出售也客观表明个人信息包含着财产性利益。

表 1　法律中涉及个人信息权利属性条款(部分)

法律	章节	条文	内容
《民法总则》2017 年	第五章 民事权利	第 111 条	自然人的个人信息受法律保护。任何组织和个人需要获取他人个人信息的,应当依法取得并确保信息安全,不得非法收集、使用、加工、传输他人个人信息,不得非法买卖、提供或者公开他人个人信息
《刑法》分则 2017 年	第四章 侵犯公民人身权利、民主权利罪	第 253 条之一【侵犯公民个人信息罪】	违反国家有关规定,向他人出售或者提供公民个人信息,情节严重的,处三年以下有期徒刑或者拘役,并处或者单处罚金;情节特别严重的,处三年以上七年以下有期徒刑,并处罚金。违反国家有关规定,将在履行职责或者提供服务过程中获得的公民个人信息,出售或者提供给他人的,依照前款的规定从重处罚。窃取或者以其他方法非法获取公民个人信息的,依照第一款的规定处罚。单位犯前三款罪的,对单位判处罚金,并对其直接负责的主管人员和其他直接责任人员,依照各该款的规定处罚
《网络安全法》2017 年	第四章 网络信息安全	第 44 条	任何个人和组织不得窃取或者以其他非法方式获取个人信息,不得非法出售或者非法向他人提供个人信息
《网络安全法》2017 年	第四章 网络信息安全	第 45 条	依法负有网络安全监督管理职责的部门及其工作人员,必须对在履行职责中知悉的个人信息、隐私和商业秘密严格保密,不得泄露、出售或者非法向他人提供
《消费者权益保护法》2013 年	第二章 消费者的权利	第 14 条	消费者在购买、使用商品和接受服务时,享有人格尊严、民族风俗习惯得到尊重的权利,享有个人信息依法得到保护的权利
《消费者权益保护法》2013 年	第七章 法律责任	第 50 条	经营者侵害消费者的人格尊严、侵犯消费者人身自由或者侵害消费者个人信息依法得到保护的权利的,应当停止侵害、恢复名誉、消除影响、赔礼道歉,并赔偿损失

(二)司法实践中的操作方式

2014 年《最高人民法院关于审理利用信息网络侵害人身权益民事纠纷案

件适用法律若干问题的规定》首次在司法解释中明确了个人信息权益的侵权法保护。该司法解释第12条[1]明确了个人隐私的范围，并直接采用"其他个人信息"的措辞，成为"个人信息"案件审判中的重要指引，个人信息保护案件在2014年后出现明显增长（参见图1[2]），笔者整理了直接引用该条作为判决依据的案例共计11件（参见表2[3]）。

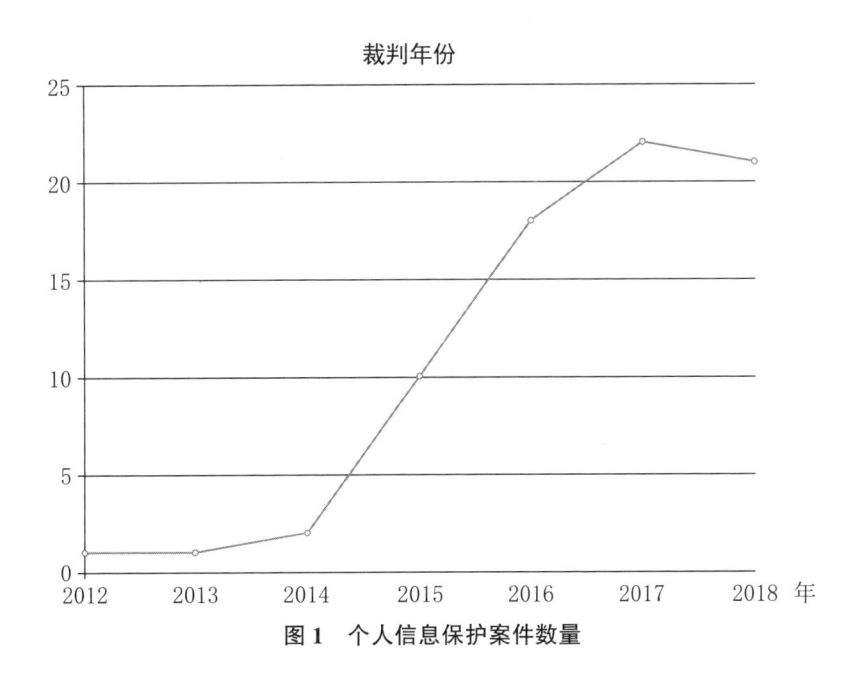

图1 个人信息保护案件数量

---

[1] 《最高人民法院关于审理利用信息网络侵害人身权益民事纠纷案件适用法律若干问题的规定》第12条第1款规定：网络用户或者网络服务提供者利用网络公开自然人基因信息、病历资料、健康检查资料、犯罪记录、家庭住址、私人活动等个人隐私和其他个人信息，造成他人损害，被侵权人请求其承担侵权责任的，人民法院应予支持。但下列情形除外：（一）经自然人书面同意且在约定范围内公开；（二）为促进社会公共利益且在必要范围内；（三）学校、科研机构等基于公共利益为学术研究或者统计的目的，经自然人书面同意，且公开的方式不足以识别特定自然人；（四）自然人自行在网络上公开的信息或者其他已合法公开的个人信息；（五）以合法渠道获取的个人信息；（六）法律或者行政法规另有规定。

[2] 笔者在"无讼"（https://www.itslaw.com）网站中以"个人信息保护"为搜索条件进行案例搜索，搜索结果为判决书75篇，根据案件裁判时间制作图1。

[3] 笔者在"裁判文书大数据平台"和"北大法宝·案例与裁判文书"两个数据库中，以法院判决中直接引用《最高人民法院关于审理利用信息网络侵害人身权益民事纠纷案件适用法律若干问题的规定》第12条为条件进行检索，搜索结果为案例11篇，根据判决书相关内容制作表2。

表 2 利用信息网络侵害人身权益民事纠纷案件（部分）

序号	审判时间	案件号	涉及个人的信息	法院判决侵权类型
1	2017年6月7日	"吴朝伟、陆攀攀一般人格权纠纷案"（2017）浙02民终1527号	姓名、身份证号码、手机号码、工作单位、个人照片	名誉权隐私权
2	2016年10月24日	"徐若瑄与天津河西坤如玛丽妇产医院有限公司肖像权纠纷案"（2016）津0103民初7001号	个人照片	肖像权
3	2016年8月21日	"李霞丽与代浪、张云云名誉权纠纷案"（2016）川10民终470号	个人姓名	名誉权
4	2016年8月3日	"史习敖诉天涯社区网络科技股份有限公司网络侵权责任纠纷案"（2016）浙0105民初2595号	当事人及家属的房产信息、身份证等信息	被告删帖，法院未就原告侵犯隐私权、名誉权诉请进行审理
5	2015年5月6日	"上诉人北京百度网讯科技有限公司与被上诉人朱烨隐私权纠纷案"（2014）宁民终字第5028号	网络用户通过使用搜索引擎形成的检索关键词记录	无（不构成侵犯隐私权）
6	2015年4月14日	"赵虹、赵志平与浙江浪仕威电子商务有限公司、浙江天猫网络有限公司案"（2015）沈和民一初字第00732号	网上购物信息	无（不构成侵犯隐私权）
7	2015年3月11日	"上诉人熊文郁与被上诉人杨婧瑶名誉权纠纷案"（2015）宁民终字第322号	IP地址和部分个人信息（侮辱性散布消息）	名誉权
8	2015年1月15日	"张佳与黄贻名誉权纠纷案"（2014）丰民初字第17655号	身份证号码信息（侮辱性散布消息）	名誉权
9	2014年12月19日	"陈小婷与吴伟国名誉权纠纷案"（2014）佛南法里民一初字第235号	生活照片、工作单位名称、单位地址、单位电话、家庭电话信息（侮辱性散布消息）	肖像权、隐私权、名誉权

续表

序号	审判时间	案件号	涉及个人的信息	法院判决侵权类型
10	2014年12月18日	"戴某某与汤庆名誉权纠纷案"（2014）泰海民初字第1676号	个人身份信息、家庭住址、工作电话、单位电话、住房公积金等信息	隐私权
11	2014年12月11日	"关力立与赵耀名誉权纠纷案"（2014）深中法民终字第3130号	姓名及亲属的犯罪记录信息	名誉权

在此后的四年里，涉及个人信息保护的案件中民事案件占据大多数，并集中于一般侵权。从这11起案件可以看出，法院大多数情况下是通过是否构成隐私权和名誉权侵权的这一曲线方式来保护个人信息，该解释虽客观上有利于发挥个人信息权益保护的实效作用，但第12条表述采用了不完全列举的方式，使得部分个人信息得以明确归入隐私范畴，继而采用除隐私以外的内容来试图界清"其他个人信息"，这导致司法适用中仍无法真正明晰"其他个人信息"的射程，法院难以直接以侵犯个人信息权来认定侵权责任。然而，互联网大数据时代个人信息保护已然是箭在弦上，法院在认定过程中，表现出以传统的具体人格权内涵的扩大方式来探索其他个人信息内涵的曲折，但恰恰体现出个人信息权益是不同于、不限于隐私、名誉等的一种权利或法益的倾向。

除了以隐私权、名誉权等为视点对个人信息进行保护外，我国司法实践中还存在依据一般人格权来实现法益保护的判例。在石某某与上海某公司一般人格权纠纷上诉案[1]中，由于该公司在当事人名下错误登记了其他人的身份证号码这一关键识别性信息，直接导致当事人产生了不良信用记录。《民法通则》第120条列举姓名权、肖像权、名誉权、荣誉权四项具体人格权显然不属于被侵害之列，但法官在本案中认为当事人的人格权受到侵犯，并适用了该条判令该公司向石某某进行赔礼道歉、赔偿损失。此外还有判例采取了新的路径实现个人信息保护。在卢某某诉中行白云支行案[2]中，即便存在生

---

[1] 参见上海市第一中级人民法院（2009）沪一中民一终字第716号民事判决书。
[2] 参见广东省广州市中级人民法院（2010）穗中法民一终字第1946号民事判决书。

效的司法文书，中行白云支行也没有及时向征信服务中心呈报当事人没有因房屋买卖进行抵押贷款的相关信息，导致当事人存在不真实的、对个人信用将产生影响的记录。法院认为银行的不作为行为已经构成侵权。这也体现出当前司法实践对个人信用信息进行独立保护的倾向。

(三) 个人信息权利属性剖析

1. 是否为宪法上基本权利

我国学者关于个人信息权利为基本人权的证成路径离不开现代隐私权内涵扩张从而跃入宪法视野的比照，离不开对宪法条文进行解释以应对权利保护的扩张性需求，而基本权利说由于着眼于宪法视野与国际人权法角度，故不存在与其他学说的直接冲突，[1]然而当前直接将个人信息权明确规定为宪法上的基本权利，笔者认为尚不适时，一方面是个人信息权利自身理论的建构中诸多基本问题尚未形成共识，如自身权能，与其他权利的关系，过于高宣缺乏说服力，需要学理与实践上的进一步探索；另一方面，囿于我国宪法解释与适用方面的诸多难点，仅仅将之定位于宪法的基本权利，不利于权利保护的落地，其欲真正发挥请求权权能，尚需在整体法律框架中进行更细致地嵌入。然个人信息保护绝非仅关涉私法领域，德国学者沃尔夫、施托贝尔等便提出个人信息保护法是行政法，[2]警惕行政机关处理个人信息过程中公权力滥用导致的侵害应当是权利属性确定时需要着重考虑方面。我国学者也对此给予关注，指出"公法领域对国家的不当干预和操控个人信息的行为缺乏警醒"，[3]还有学者提出基于隐私权益与个人信息的特殊性质，传统的司法保护径路存在困境，也应当积极建构公法框架，实现个体对复杂的信息收集方式和信息的不规范流转风险的判断和防范。[4]

在缺乏有效的宪法解释机制的情况下，意图将个人信息权明确定位于宪法基本权利实际更多是基于应然立场，有赖于《宪法》第33条、第38条等

---

[1] 参见张才琴、齐爱民、李仪：《大数据时代个人信息开发利用法律制度研究》，法律出版社2015年版，第10页。

[2] 参见 [德] 汉斯·J. 沃尔夫、奥托·巴霍夫、罗尔夫·施托贝尔：《行政法》，高家伟译，商务印书馆2002年版，第87页。

[3] 赵宏："信息自决权在我国的保护现状及其立法趋势前瞻"，载《中国法律评论》2017年第1期。

[4] 参见丁晓东："个人信息私法保护的困境与出路"，载《法学研究》2018年第6期。

条款的逻辑论证，而此种推演在当前个人信息权利性质存在争议，其他部门立法规范含混甚至阙如的情况下是确有必要的。应当从宪法层面为个人信息提供高位阶的保护，不论民法、刑法、行政法中对个人信息权利进行何种路径的规范，亦有赖于宪法对其定位的辐射，换言之，对个人信息权利属性的理解不可偏颇，如完全将其视为私法保护的对象，将无法回应个人信息流通公共性价值与风险，违背对个人信息权利保护进行体系化建构之初愿，而丧失公民与国家、与日益强大的"权力"组织关系视角下的定性也势必造成权利保护的重大疏漏。

2. 人格权与财产权的抉择

个人信息同时含有人格利益与财产利益，个人信息权利归属于人格权还是财产权，抑或是成为复合属性的新型权利，成为法律属性确定的重要一环。

私以为当前个人信息权利更应认定为人格权，不仅因为这一定性与当前我国立法、司法实践相符合，更基于以下理由：一是财产利益基于人格形成与展现。个人信息权不完全是个人创造产生、类同智力成果的产物，而是基于个体特殊性在与外界交互的成长过程中发展形成的，二者密不可分。二是人格权可潜藏财产利益。个人信息虽然蕴含财产利益，可视为商品在市场上流通，但此种可交易性并不是财产权客体独有的。以美国哈兰实验室公司诉托普斯口香糖公司案[1]为例，联邦最高法院确立肖像具有公开价值，承认其具有经济利益，否则明星们无法通过其公开形象与知名度获取对应经济价值与社会价值，造成了实际的剥夺痛苦。三是个人信息完全财产权化会引发诸多问题，于社会言，巨大体量的信息流动加剧，个人被组织俘获；于个体言，信息主体在进行个别化交易过程中很难获得公正的对价；于学科理论言，人

---

[1] 案件基本情况如下：原告哈兰实验室是一家口香糖生产商，与一些知名棒球运动员签订合同约定在销售及产品方面使用他们的照片。后罗素出版公司独立取得了运动员授权，该出版公司授权被告另一家口香糖生产商托普斯口香糖公司在宣传产品时使用运动员的照片。原告认为被告侵犯其排他使用权，被告认为运动员就其照片除隐私权外没有法律利益，而隐私权的人身性不可转让。美国第二巡回上诉法院法官弗兰克指出，人们尤其是知名人物，附加且独立于其隐私权，有"一种在肖像公开价值之上的权利"，这一权利可以给予许可适用或转让。参见 Hanna Manufacturing Co. v. Hillerich & Bradsbury Co., 78F. 2d 763（5th Cir.），cert denied, 296 U. S. 645（1935）；程合红："商事人格权刍议"，载《中国法学》2000年第5期；郭玉军、向在胜："美国公开权研究"，载《时代法学》2003年第1期；陈龙江："美国公开权理论发展史考察——以经典案例为线索"，载《北方法学》2011年第5期。

格利益和财产利益的区别化体系遭受挑战。

对个人信息权利为人格权的理解，不意味着否认其拥有财产利益，但我们也应该清楚地认识到财产利益与财产权存在差距。财产权内核是经济利益，这项权能在于实现经济价值，而法律形成一个财产权的过程实际起到确定财产权价值大小的定价作用，也界定着财产权的范围，即何人何时如何定价。财产权在法律上的意味从根本说，体现为前端私法自治，后端公法（主要是诉讼法）保障中权利分配，体现着个人权利与公共权力的楚河汉界。当我们将个人信息权利定性为财产权的时候，带有规制性的公法进入之通道就变得狭小。正如前文所言，个人信息遭受强势的信息采集者的威胁，法律不应当去加速某种不公正的倾向，而更应致力于实现价值的衡平。

3. 个人信息权与隐私权的区别

当将个人信息权定位于人格权进行理解后，接踵而至的问题便是其属于一般人格权还是具体人格权，即在何层面理解作为人格权的个人信息权，而它与典型的具体人格权如隐私权之间又是何种关系。

回溯美国法中隐私权概念之源起，沃伦（Samuel Warren）和布兰戴斯（Louis Brandeis）的《隐私权》（*The Right to Privacy*），其所指隐私权体现的是一种独处的权利（the right to be let alone），后"秘密说"主张者理查德·波斯纳（Richard A. Posner）指出隐私至少包含两个层面的利益，其中之一是信息的隐秘性利益，[1]这才与我国传统语境下的"隐私"体现为个人私密有类似之处，但美国隐私权理论经历了从"独处权说"到"有限地接近自我说"再到"个人信息控制权理论"的演变进程，[2]隐私权的内涵不断胀大，目前美国法上肖像、姓名等人格权利益都纳入隐私权的范畴予以保护，其实际扮演了囊括保障个体人格权之角色，而个人信息亦逐步成为隐私权的保护的内容之一。因而有学者认为美国法中隐私权之权利本质应为一般人格权。[3]

囿于立法的局限，我国很长一段时间都通过名誉权对隐私进行保护，《最高人民法院关于确定民事侵权精神损害赔偿责任若干问题的解释》实施之后，从通过名誉权给予间接保护发展到隐私利益得以独立，受到直接保护，而直

---

[1] See Richard A. Posner, *The Economics of Justice*, Harvard University Press, 1981, pp. 272-273.
[2] 参见杨咏婕："个人信息的私法保护研究"，吉林大学2013年博士学位论文。
[3] 参见林建中："隐私权概念初探——从美国法之观点切入"，载《宪政时代》第23卷第1期。

至 2010 年实施的《侵权责任法》才明确提出"隐私权"的概念，使之取得具体人格权的法律地位，但在权利主体、客体和权能属性上依旧存在分歧，更遑论呈现美国法上隐私权丰富内涵。而我国法律制度中隐私权与个人信息权益至少有以下不同，在保护客体的范围上，隐私显然有相当部分可以认定同是个人信息，二者存在交叉但又不至于重合。[1] 在制度内容上，隐私权规范的关键在于个人不欲使他人知道的私密信息得以隐秘，擅自公开他人秘密是侵权构成要件；但个人信息权更侧重信息的控制，收集、利用个人信息也应受到限制。在权利价值上，隐私权更多彰显精神价值，更直接地关联个人自由与尊严，而个人信息权财产价值的一面在大数据时代颇为凸显。在保护方式上，隐私权受到侵害主要采用精神损害赔偿的方式救济，然针对个人信息权的侵害，财产救济途径也是相当有效的。[2]

虽然有学者认为隐私是一个具有开放性的可以不断建构扩充的概念，"是对一大堆价值和权利的一种一般性标签"，[3] 但中美语境下隐私权的内涵差距明显，当前在我国欲以美国制度为借鉴，以隐私权囊括个人信息权益，仍有诸多法律困境，个人信息权无法被掩藏于隐私权这一具体人格权中。

4. 一般人格权抑或是具体人格权

个人信息权之意涵确有别于隐私权这一具体人格权，但尚不足以就此明确其将当然成为一般人格权，将其进一步认定为一项具体人格权，甚至是一种独立的新型权利也是当前民法学界的一种声音。[4]

而必须廓清的重要前提是，宪法视野下的一般人格权和民法语境下的一般人格权的区别与关联。不妨回溯至创制一般人格权概念的德国。德国基本法遵循人的自我确认与自我展开立场，认为"人的形象"是德国公法规范的

---

[1] 参见张新宝："从隐私到个人信息：利益再衡量的理论与制度安排"，载《中国法学》2015 年第 3 期。

[2] 参见王利明："隐私权概念的再界定"，载《法学家》2012 年第 1 期；王利明："论个人信息权的法律保护——以个人信息权与隐私权的界分为中心"，载《现代法学》2013 年第 4 期；洪海林：《个人信息的民法保护研究》，法律出版社 2010 年版，第 34～35 页。

[3] [美] 阿丽塔·L. 艾伦、理查德·C. 托克音顿：《美国隐私法：学说、判例与立法》，冯建妹译，中国民主法制出版社 2004 年版，第 13 页。

[4] 参见叶名怡："论个人信息权的基本范畴"，载《清华法学》2018 年第 5 期；李伟民："'个人信息权'性质之辩与立法模式研究——以互联网新型权利为视角"，载《上海师范大学学报（哲学社会科学版）》2018 年第 3 期。

基本前提，贯之以一般人格权的证立，在 1983 年德国联邦宪法法院审理人口普查案[1]否定了原本个人信息以隐私权进行保护的路径，创设性地提出了"信息自决权"的概念。此种在人格保护判决中发展出的专门权利被视为一般人格权的特别组成部分，即"专门的无名自由权"。[2]德国 1990 年《资料保护法》更明确该法旨在"保护个人人格权在个人信息处理时免受侵害"。

一个受保护的主观公权利无法必然推导出有关联的主观私权利。由于个人和国家的关系与私人之间的关系存在质的不同，同为基本权利的私主体双方之间直接适用宪法上的基本权利存在障碍。从一般人格权的角度观之，个人信息权益之保护也折射着宪法基本权利第三人效力之问题。如何实现宪法与民法在此问题的上衔接与跨越？1954 年德国联邦最高法院通过《德意志联邦共和国基本法》第 1 条和第 2 条将一般人格权作为《德国民法典》第 823 条第 1 款意义上的其他权利，从而使得一般人格权进入民法。宪法与民法上一般人格权"同名而异出"，前者是约束国家权力的基本权利，后者是对抗其他民事主体的私权利，在不同的法规范层面和事实条件下进行保护。[3]更不可忽视二者在形成空间、权能、效力、人格权财产化等维度的差异。

民法更具象化地承载着保护人格发展形成权能的任务。但宪法基本权利价值在其他部门法律中的转换体现出的法律保护与行为自由间的冲突对抗，

---

[1] 1982 年 3 月，德国联邦议会全票表决通过了《联邦人口普查法》。该法案规定次年起（1983 年），在联邦范围内实施包括住址、职业、教育经历等个人信息的全面登记。《人口普查法》颁布后，民众针对国家强制收集个人信息的行为产生了强烈的质疑。后来，100 多位公民以违反《德意志联邦共和国基本法》为由，将该法案诉至联邦宪法法院。法院审理后认为，该法案第 2 条中第 1 项至第 7 项以及第 3 条至第 5 条违反了《基本法》关于"人格的自由发展"的要求，判决违宪部分无效，其余部分经修改后实施。著名的"第二人口普查案"的判决指出，在信息社会中，不可避免地存在个人信息的收集、处理和使用，任何人都有可能成为信息被侵害的对象，因此，个人应享有"信息自决权"以对抗信息侵害。所谓"信息自决"是指信息主体有权决定其私人生活是否公开、公开到何种程度以及公开的时间和方式。宪法法院认为，在信息社会中，个人如果无法评估其信息公开的程度，势必会影响其社会生活中的行为，特别是当其不愿为公众所知的信息有被公开的可能时，则对其自由发展之人格构成威胁。因此，结合《基本法》第 1 条第 1 款"人性尊严不受侵犯"和第 2 条第 1 款"人格发展之自由"，宪法法院将"信息自决权"确认为一般人格权项下的基本权利；但是，判决同时也指出，信息自决权在涉及公共利益和法律特殊规定的情况下应受到限制。这里所称的法律不仅应依据宪法制定，也要符合明确性和适度原则。

[2] 参见周云涛："论德国宪法人格权——以一般行为自由为参照"，载《法学家》2010 年第 6 期。

[3] 参见周云涛：《论宪法人格权和民法人格权——以德国法为中心的考察》，中国人民大学出版社 2010 年版，第 140 页。

非常直白地表明宪法的带有框架性约束的意味不可能整体贯穿至民法体系，范围的框定与受到一定限制是非常重要的。结合前述，个人信息权或可基于宪法解释而进入基本事项保护范畴，将之视为一种"专门的无名自由权"，其又应以何种姿态进入民法人格权保护视野呢？我国《民法总则》对"个人信息"的保护见于第111条，放置在具体人格权之后，立法宣示个人信息受到法律保护，体现出对个人信息权区别于隐私权进行独立构造的倾向，体现出确立个人信息权为一项具体人格权的立法踌躇。有学者对隐私权保护规范与个人信息权保护规范的关联与边界问题进行探讨，建议二者可作为特别条款与一般条款关系。[1]笔者认为，一般人格权与具体人格权关系之理解牵涉其中。民法学界较为主流的观点是将一般人格权视为一种总括性质、涵盖性质、兜底性质的权利，[2]通过提供容纳新出现的人格权益的空间实现保护体系的周延。如切换视角，不囿于在同层面对比具体人格权与一般人格权，而将宪法与民法中关于人格权之保护从纵向层面进行解读，一般人格权中涵盖着明晰化的、与人之为人密切相关的具体人格权，更承载着尚没有，或者难以甚至无法具象化潜在法益。个人信息权当属其列。当前将个人信息权定位于一般人格权易于实现我国人权——宪法上的人格权——民法上的人格权价值输送渠道的畅通，亦没有封闭在其他各部门法上将其进一步具象化的空间，是较为妥帖的。

结　语

互联网技术发展使个人信息性质发生变化，个体信息变得极易获取而富含财产利益，由众多个人信息整合而成的大数据推动着现代商业和政府运作。个人信息权利属性问题作为基本理论问题不可回避，不同性质的权利需要不同的权利保护模式，而特殊新型权利的归类也影响法律体系架构，如何以权利属性的界定体现法律价值取向，实现整体信息流通与个体信息保护的衡平，又如何警惕"老大哥"进行信息收集、整理后，骤然上升的"监控国家"风险，这都伴随个人权利属性的确定而待回答。

---

〔1〕 参见冯源："《民法总则》中新兴权利客体'个人信息'与'数据'的区分"，载《华中科技大学学报（社会科学版）》2018年第3期。

〔2〕 参见王利明、杨立新、姚辉：《人格权法》，法律出版社1997年版，第26页。

在个人信息权利属性的分析中,学术界观点中西合璧且外声夺人,体现在对欧、美两条路径的学习,但关键性问题存在着较大分歧;在立法与司法等实务方面,我国对个人信息保护路径的建构体现着宪法有迹可循,民法传统优势,刑法异军突起,行政法窃窃私语的特点,而尚无统一、专门立法直接导致的结果就是司法判决表述的莫衷一是,所以当前司法实践尚未形成合力性的反向意见与论据支持,个人权利属性的理解多有赖于少数案件的观点演绎和分析探索。

基于前述考虑标准和我国理论与实践现实情况,个人信息权利属性宜认定为一般人格权,同时笔者不否认随着技术发展,个人信息双重属性中某一属性会强化,或是会发生既有方向的偏离,或是逐步明晰为一项民法中的具体人格权。但今时今日论证路径是单向的,在这样推进式的定位方式下,一般人格权的定性在认同个人信息体现出来的人格利益和财产价值基础上,彰显对现今之人以及想成为何种人最大程度的重视与保护,目前我国实务界亦遵循这一权利属性的理解,积极进行了立法实践和司法探索,一般人格权又是连接民法权利与宪法基本权利的关键,这一路径将有利于我国实现对个人信息保护制度的体系化构建,使得对个人信息权利的多源头保护最终统合在宪法的整体秩序之下。

第二部分

军事法

军民融合发展基金的设立模式及法律规制研究

罗金丹 *

【摘　要】 军民融合发展基金作为产业投资基金的重要组成部分，对推动社会资本积极参与国防建设、实现我国军工产业优化升级等具有重要作用。为切实发挥军民融合发展基金的应有效用，我国应及时定位该基金的特征和功效，并在结合现存实践和西方国家有益经验的基础上，进一步探索其设立的基本模式与运作机制。同时也应看到，当前我国军民融合发展基金仍存在着法律规则缺失、入门限制过多、专业管理人才缺乏等问题。为此，我国应建立健全军民融合发展基金的法律保障体系，以明确基金在设立、运行、退出、监管中的各类规则，并进一步强化各级政府的扶持职责，从而为军民融合发展基金健康、有序地运行提供良好的法治环境。

【关键词】 军民融合　产业投资基金　运行模式　法律保障

一、军民融合发展基金的概念与特征

2014年以来，为促进技术与资本的紧密结合，助力中央企业科技创新和新兴产业培育，国资委积极推动设立由国资委投资引导基金、产业发展基金、企业创新基金组成的三层次中央企业创新发展基金系。[1]军民融合发展基金

---

* 罗金丹，中国政法大学2017级军事法学专业硕士。
[1] 云行："军民融合发展基金创立 首期规模302亿元"，载《卫星应用》2016年第9期。

作为中央企业创新发展基金系中成立的第一支产业发展基金,在建设中央企业创新发展基金系的进展中具有重要的里程碑意义。2015年,军民融合发展上升为国家战略,设立军民融合发展基金以引导社会资本投向、促进产融结合的必要性被进一步增强。2015年1月14日,国务院总理李克强主持召开国务院常务会议,决定设立国家新兴产业创业投资引导基金,助力创业创新和产业升级。[1]2016年年底,总规模400亿元的国家新兴产业创业投资引导基金开始正式进入实质性运作阶段,[2]标志着我国正式引入政府性产业创业投资引导基金来孵化和培育面向未来的新兴产业,并且在此基础上进一步推进我国各领域原有产业结构的优化升级和投融资体制的改革创新。中央和地方政府为实现经济建设和国防建设融合发展,先后设立了军民融合发展基金,[3]以更好地利用社会资本,从而为军民融合战略的落实提供充足的资金来源。

军民融合发展基金是指通过政府引导基金注资和市场化募集的形式,形成投资于基础设施领域、先进国防科技工业领域、军民科技协同创新领域、军事人才培养领域、军队保障社会化领域和国防动员这六大领域的母、子基金,母、子基金交由专业的投资管理机构运行并提供经营管理服务,基金分散投资于未上市企业股权或项目,投资人按照约定分享投资收益、承担投资风险的集合投资制度。根据该定义可知,军民融合发展基金在本质上仍属于产业投资基金。它除了具备产业投资基金所具有的共同特征之外,还具有其本身的独特性。首先,军民融合发展基金的投资对象是与军民融合产业密切相关的未上市企业和项目。这些企业和项目往往是各级政府重点扶持的对象,因此其通常具备很强的政策导向性。其次,军民融合发展基金的投资架构是引导基金——母基金——子基金三级结构模式。这种投资架构使得军民融合发展基金能够通过二次融资的形式在更大程度上吸引社会资本进入军工领域。

---

〔1〕 "李克强主持召开国务院常务会议",载中国政府网,http://www.gov.cn/guowuyuan/2015-01/14/content_ 2804136.htm,最后访问时间:2019年4月9日。

〔2〕 徐文舸:"政府性创业投资引导基金的国际镜鉴——基于对以色列、澳大利亚的比较分析",载《金融前沿》2017年第5期。

〔3〕 在国家层面上,我国第一支军民融合发展基金——国华军民融合产业发展基金于2016年9月5日在国务院国资委的指导下正式创立。地方上,2016年4月8日,河北省首支军民融合产业投资基金成立;2016年11月15日,贵州省设立100亿元军民融合产业发展基金;2017年9月11日,西安高新区拟设立规模100亿元的军民融合产业基金,以更好地推动军民融合产业在西安高新区的发展。

最后,军民融合发展基金的设立模式更多地采用较为新颖的有限合伙型模式而非传统的契约型或公司型,极大地提高了基金本身的可信度和灵活性,进而更好地遵循了"政府指导、市场运用、专业管理"的投资原则。[1]

二、军民融合发展基金的设立模式及运作机制考察

明确军民融合发展基金的概念和特征后,仍需进一步探究军民融合发展基金的设立模式及其运作机制,以期能够更加完整地理解与其设立、运行、退出、监管机制相关的法律规则。

(一)军民融合发展基金的设立模式

观察国内外产业投资基金可知,该类基金的设立模式主要包括契约型、公司型和有限合伙型这三大类。公司型产业投资基金与契约型产业投资基金的设立模式较为相似,仅在是否设立基金公司这一环节上存在差异。有限合伙型产业投资基金则另有一套相对独立的模式。军民融合发展基金作为产业投资基金中的重要组成部分,其设立模式受到产业投资基金设立模式的较多影响。结合我国现行军民融合发展基金的运行情况,笔者认为,我国军民融合发展基金主要有以下两种设立模式:

模式一:由政府出资一定的数额发起设立军民融合发展引导基金,通过引导基金注资和市场化募集,实现基金第一次放大,从而成立政府资金与社会资本联合投资的军民融合发展母基金。[2]成立后的军民融合发展母基金采取委托管理的形式,通过与基金管理人订立《基金委托管理协议》,委托专业的基金管理公司管理母基金的日常运行和投资决策。同时,军民融合发展母基金的资产另行交由基金托管机构保管。基金管理人根据委托协议约定的投资领域、投资方向、投资对象等,或者通过参股的方式投资市场化的子基金,或者直接投资相关的军民融合项目,从而实现基金的二次放大,推动技术与资本的进一步融合。在这种模式下,基金管理人往往由政府设立或指定的基金管理机构充当,政府对基金具有较强的控制力和导向性,往往能够更好地迎合各级政府的产业扶持政策,确保军民融合发展基金投资方向的准确性。

---

[1] 耿建扩:"河北首支军民融合产业投资基金成立",载《光明日报》2016年4月11日,第7版。

[2] 黄瑛:"南昌市政府引导基金运作模式研究",江西财经大学2016年硕士学位论文。

但其缺点也较为明显,即该种设立模式过多地强调了政府的主导地位,虽然它也采用了投资人、基金管理人、基金托管人各司其职的三角模式,但其市场化运作程度和专业化管理经验仍有待进一步提升。

模式二:首先由政府出资一定的数额发起设立军民融合发展引导基金,通过引导基金注资和市场化募集,吸引其他社会投资者共同投资。同时,政府通过公开招标的形式,筛选出一批投资经验丰富、社会声誉良好的基金管理机构,经协商由其作为普通合伙人、政府和其他社会投资者作为有限合伙人共同发起设立投资有限合伙企业作为军民融合发展母基金的载体。[1]该母基金不再另行委托其他的基金管理机构运作,而是直接由商定的普通合伙人根据合伙协议负责基金的日常运作和投资决策。母基金的资产则由独立的基金托管机构保管。随后,该普通合伙人按照合伙协议约定的投资领域、投资方向、投资对象,通过参股等方式投资市场化的各项子基金,或者直接以母基金的名义投资相关的军民融合项目。在这种模式下,基金管理机构作为投资有限合伙企业的普通合伙人,对企业债务负有无限连带责任。这使得基金管理机构在作出投资决策时更加谨慎小心,从而在很大程度上保护了投资人利益不被恶意侵害。不同于强制性的条款限制,这种基金管理人的自我约束模式,从根本上将基金管理机构与投资者的利益捆绑起来,促使基金管理人在最大程度上发挥其专业管理能力,全面带动社会资本循环投向政府扶持的军民融合项目。该种模式的缺点在于,整个设立模式过多地依赖于普通合伙人即基金管理机构。一旦没有符合条件的基金管理机构,该种模式将难以组建。这意味着,该模式需要引进一定数量符合条件的外来基金管理公司或中外合资基金管理公司,以利用其成熟的管理投资经验来促进我国有限合伙型军民融合发展基金的成长壮大。[2]这对于我国基金管理机构而言,既是一个难得的机遇,也是一个不小的挑战。

(二)军民融合发展基金的运作机制

综上可知,军民融合发展基金主要有政府主导型和有限合伙型这两种设立模式,两种模式各自存在着优缺点。但无论是哪种模式,其运行均遵循着

---

[1] 黄瑛:"南昌市政府引导基金运作模式研究",江西财经大学2016年硕士学位论文。
[2] 张理化:"外资准入法律制度研究",郑州大学2005年硕士学位论文。

军民融合发展基金"政府指导、市场运作、专业管理"的设立原则，具有其相对固定的运作机制。军民融合发展基金的运作机制，主要包含基金的募集设立、投资项目的调查筛选、投资项目的价值评估、谈判和签订投资协议、投资后参与被投资企业管理、产业投资基金的增值退出这六项。[1]通过该运作机制，军民融合发展基金能够较好地将各类资本与实体经济结合起来，带动社会资本积极投向国家政策所支持的军民融合项目，从而为落实我国军民融合发展战略提供持续、充足、高效的资金支持。

基金的募集设立，是一种融资活动。融资活动要求必须最大限度地吸引各类资本的投资，因此，资本来源多元化是军民融合发展基金运行前必须要考虑的问题。资金募集充足后，发起人就应当按照法定的条件和程序申请设立军民融合发展基金。申请经管理机关核准登记后，该基金正式成立，可以开始日常的投资管理运作；若申请未通过管理机关核准登记，则意味着该基金设立失败，募集的资金应当按约定的本息归还投资人。基金成立后，下一步的工作就是寻找并调查筛选投资项目。选择投资项目必须慎重，因为投资项目的收益和风险将直接影响到军民融合发展基金的保值增值和未来发展，所以基金管理人必须对投资项目进行详尽的调查，以便确定可投资项目的名单。之后，基金管理人应当对名单内的正式入选项目进行详细价值评估，并出具评估报告，作为基金内设投资委员会作出最终决定的重要参考和项目谈判阶段商定投资协议的重要依据。投资决策正式作出后，基金管理人就需要通过谈判与项目负责人商定有关投资的具体协议和财务安排。谈判的最终结果是双方就相关事项达成一致意见，签订具体的投资协议，形成相互之间按合同进行投资运作的行为。[2]投资协议生效后，基金管理人将积极参与到被投资企业的经营管理活动中去，以自身的专业优势向被投资企业提供全面的增值服务，并监管被投资企业的经营活动，促使被投资企业在熟悉行业环境的情况下尽快发展壮大起来。在该过程中，当投资协议约定或法定的条件出现时，军民融合发展基金将退出被投资企业并回收投资本金和增值资本。资本回收后，基金管理人可以再次进行投资，由此形成了持续推动不同企业结

---

[1] 鲁育宗：《产业投资基金导论——国际经验与中国发展战略选择》，复旦大学出版社2008年版，第16~33页。

[2] 薛智胜、焦麦青：《产业投资基金法律问题研究》，知识产权出版社2012年版，第37页。

构优化升级或发展壮大的良性循环。

三、军民融合发展基金运作过程中存在的问题分析

虽然当前我国军民融合发展基金的设立和运作面临着良好的政策环境支持，但相比于市场经济发达的国家而言，其仍处于探索起步阶段，其在运作过程中，依然存在着法律环境缺失、入门限制过多、管理人才缺位等诸多问题。

（一）法律环境缺失引起的设立、运行、退出、监管等规则缺位

我国证券投资基金和产业投资基金的立法工作是同时起步的。1997年11月，为顺利推动我国证券投资基金、产业投资基金、风险投资基金的发展，投资基金立法逐渐提上国务院的议事日程。[1]在该立法工作启动初期，起草小组的目标是制定一部高层级的"投资基金法"。但在随后的起草过程中，由于不同专家对产业投资基金发起成立的资质条件、投资运作以及审批监管等内容存在较大分歧，导致最终只有专业的《证券投资基金法》出台，而产业投资基金的立法就此被搁置下来。在法规规章层面上，由国家发改委牵头起草的《产业投资基金管理暂行办法》自1999年提交国务院后一直处于论证当中，直到2016年国家发改委为进一步规范政府投资基金的设立、运作、退出和监管才出台了《政府出资产业投资基金管理暂行办法》。由此可见，我国产业投资基金法律的滞后性乃至长期缺位是制约我国军民融合发展基金发展的重要因素。

相比产业投资基金发展成熟的国家而言，我国关于产业投资基金的立法则需加快进程。虽然修订后的《公司法》《合伙企业法》以及《政府出资产业投资基金管理暂行办法》在一定程度上为军民融合发展基金的设立与发展扫清了障碍，但其法律保障程度仍不足以系统支撑军民融合发展基金的规范化运行。首先，在设立规则上，未能对发起人资质、合格投资者资质、基金管理人资质等进行规定，也未对申请设立产业基金所需满足的条件、程序进行明确；其次，在运行规则上，没有专门的法律对军民融合发展基金的投资限制、投资决策、投资收益分配等内容进行规定；此外，在退出规则上，军

---

[1] 刘昕：《基金之翼：产业投资基金运作理论与实务》，经济科学出版社2005年版，第15页。

民融合发展基金的退出方式模糊不清，致使基金本身承担着较高的退出风险；最后，在监管规则上，法律既没能明确投资者的监管权利，也缺乏针对基金管理人的信息披露、绩效考核、信用评级、责任承担等内容的设置。因此，要想充分发挥军民融合发展基金的应有效用，必须进一步加快军民融合发展基金立法，通过法律法规的完善，来保障基金能够长期稳定、规范健康的运行。

（二）社会资本顺畅进入融资市场受到一定的限制

我国阻碍社会资本顺畅进入融资市场受到一定的限制，主要体现在两个方面：一方面是我国产权市场严重的地域分割现象阻碍了社会资本顺畅进入全国市场，[1]尤其是对军民融合发展基金的股权转让退出模式产生了巨大的消极影响；另一方面则是我国对于军民融合发展基金的投资人数有上限限制。例如，根据我国《合伙企业法》第61条的规定，合伙企业由2个以上50个以下的合伙人设立。这对于采用有限合伙型设立模式的军民融合发展基金而言较为不利。对合伙人人数的限制，意味着有限合伙型军民融合发展基金的资金筹集能力受到了法律的明文制约，这严重背离了"尽力发挥引导基金杠杆效应"的初衷，使得军民融合发展基金的规模受到了相关法律不合理的限制，最终不利于基金融资功能最大限度的发挥。

（三）合格的军民融合发展基金管理人才缺失

观察整个军民融合发展基金的运行机制可知，基金管理人的选择决定着基金运行的整体效益和发展前景。投资经验丰富、专业知识充沛的基金管理团队，能够带动整个基金不断保值增值，同时还能极大地推动相关领域产业结构的升级调整和被投资企业的发展壮大，如以色列的Yozma基金管理团队就是一个典型的例子；[2]相反，投资经验匮乏、专业能力不足的基金管理团队，往往造成投资的失败和基金的贬值，最终既不能维持基金的正常运作，也无法推动相关领域产业结构的优化升级。我国军民融合发展基金，除了面临法律缺失和融资限制外，还面临着合格的军民融合发展基金管理人才缺失

---

[1] 薛智胜、焦麦青：《产业投资基金法律问题研究》，知识产权出版社2012年版，第142页。

[2] Ronald J. Gilson, "Engineering a Venture Capital Market: Lessons from the American Experience", *Stanford Law Review*, Vol. 55, Issue 4 (2003), p. 1097.

的问题。这一方面和我国严格限制引入国外基金管理团队有关,另一方面则与我国基金管理激励机制缺失、难以吸引专业人才密不可分。因此,如何培育合格的基金管理人才,也已成为现阶段我国发展完善军民融合发展基金所必须重视的一个现实课题。

四、建立健全军民融合发展基金法律保障体系的主要设想

军民融合发展基金作为产业投资基金的重要组成部分,是我国在推进经济建设和国防建设融合发展的现实需求上出现的新生事物。虽然军民融合发展基金在我国刚刚起步,但它的成功与否影响着军民融合发展战略能否真正地由理论转化为实践。由于我国军民融合发展基金起步晚、发展时间短、运行经验匮乏,其在具体运作过程中依然存在着法律规则缺失、融资限制过多、管理人才缺位等一系列问题。为切实解决上述问题,笔者认为,我国应当建立一套符合中国特色的军民融合发展基金法律保障体系。该法律保障体系,既要涉及军民融合发展基金的设立、运行、退出和监管等重要环节,也要注重对各级政府职责的明确,尤其是在激励投资者和基金管理人参与方面,更要发挥其应有的积极效用。

(一) 立法上明确军民融合发展基金的治理规则

建立健全军民融合发展基金法律保障体系,首要任务是在立法上明确该基金的设立、运行、退出规则,从而为基金的规范化、系统化运行提供坚实的法律基础。具体而言,这些规则应当包括以下内容:

1. 军民融合发展基金的发起设立规则

军民融合发展基金的发起设立规则,应当包含投资者资质、出资方式、主管机关、申请条件、申请程序等内容。美国法律对于此类基金投资者的审查较为严格,其采取了"合格投资者"[1]标准来确保各投资者具有一定的经济实力和风险承受能力。由此可见,美国政府十分注重从事先预防的角度对投资

---

[1] 根据1933年《美国证券法》规定,合格投资者是指:①拥有净资产或者与配偶共同拥有资产100万美元以上且个人近两年的年收入超过20万美元(与配偶联合年收入超过30万美元)的个人;②任何资产超过500万美元的非以买卖证券为目的的机构投资者,包括银行、储蓄银行、交易商、注册的经纪人、投资公司、许可的投资公司和信托。1940年,《美国投资公司法》进一步将合格投资者概括为:①拥有至少500万美元投资的公司;②任何拥有2500万美元投资的实体。

者利益进行保障,以避免投资者因投资失败而陷入生活困境。相比而言,我国军民融合发展基金刚处于探索起步阶段,其相关规定较为匮乏。为更好地保护投资者的生存利益,我国也应当适当借鉴"合格投资者"标准对基金发起人和投资者的资质进行相应的限制。笔者认为,军民融合发展基金的投资者应当符合下列标准:①拥有净资产50万元以上且个人近3年的年收入超过12万元的个人;②任何资产超过500万元的非以买卖证券为目的的机构投资者,包括但不限于商业银行、保险机构、投资公司和普通公司。发起人由于承担着基金发起设立的主要职责,因此其应当满足更为严格的标准:①发起人必须具备3年以上产业投资或者相关业务经验,在提出申请前3年内持续保持良好财务状况,并且未受到过有关主管机关或司法机关的重大处罚;[1]②法人作为发起人,除基金管理机构作为普通合伙人出资外,每个发起人的实收资本不得少于500万元,每个发起人的个人净资产不少于100万元。

除了对发起人和投资者资质进行规定外,我国还应当明确军民融合发展基金的出资方式、主管机关以及申请设立该基金所需满足的条件和程序。军民融合发展基金可以采取分期出资和一次性缴纳这两种出资方式。分期出资的,首期到位资金不得低于基金拟募集规模的50%。否则,该基金不能成立,发起人需承担募集费用,并将募集的资金加计同期银行活期存款利息在30天内退还给投资者。[2]此外,我国法律针对军民融合发展基金的主管机关和申请条件,可以作出如下规定:一是设立军民融合发展基金,应当经国家发展与改革委员会审核通过,并接受对应级别政府国有资产监督管理委员会的监督。二是申请设立军民融合发展基金的,发起人应当按照规定向主管机关提交相应文件材料。三是投资者承诺的资金到位后,须在10个工作日内经法定验资机构验资,并报主管机关备案。四是军民融合发展基金扩募和续期的,应具备下列条件,并经管理机关核准:①最近3年内年收益持续超过同业平均水平;②最近3年内无重大违法、违规行为;③三分之二以上投资者书面同意扩募或续期。[3]通过上述规定,我国军民融合发展基金的发起和设立有了较为系统的法律保障,从而进一步推动了产业基金发起设立机制的构建和

---

[1] 王松:"中国房地产产业投资基金发展研究",东北农业大学2007年硕士学位论文。
[2] 《产业投资基金管理暂行办法》(征求意见稿)第11条。
[3] 《产业投资基金管理暂行办法》(征求意见稿)第14条。

完善。

2. 军民融合发展基金的运行规则

军民融合发展基金的运行规则,主要应包括基金投资限制、投资决策、投资收益分配等内容。就基金运作本身而言,笔者认为投资限制构成了基金运行规则的核心内容。基金投资限制主要有:其一,基金使用限制。即军民融合发展基金在正式成立以前,投资者的认购款项只能存于商业银行,不得动用。其二,投资对象限制。即军民融合发展基金主要投资于军工企事业单位改制、军工装备、军工资产证券化、军民融合技术和军工国企改革等军民融合项目,该比例不得低于基金资产总值的80%。[1]其三,投资数额限制。即军民融合发展基金对单个企业的投资数额不得超过基金资产总值的20%。以普通股形式投资时,对被投资企业的股权比例,以至少在董事会中拥有一个董事席位为最低限。其四,投资业务限制。即军民融合发展基金不得从事以下业务:①贷款和资金拆借业务;②期货交易;③抵押和担保业务;④主管机关禁止从事的其他业务。[2]除此之外,就基金的投资决策、收益分配、费用承担等问题而言,笔者认为均应由基金章程和委托管理协议自行协定,以尊重其自主性和独立性。但为确保投资行为的规范性和透明性,法律应规定基金管理人负有定期就所投资的军民融合项目向主管机关报告备案的义务,以便更为有效地保障投资者的利益,减少相关主体之间不必要的争议和纠纷。

3. 军民融合发展基金的退出规则

观察现行基金退出方式可知,军民融合发展基金的退出方式主要有首次公开上市退出、兼并收购退出、股份回购退出和清算退出四种。其中,前三种退出方式均是基金运营顺利时的退出模式,清算退出却意味着基金投资的失败。但综合各国实际投资经验来看,投资项目的失败率一般都高于成功率,因此清算退出在整个退出机制中占据着重要地位。我国法律应当对军民融合发展基金的退出规则进行合理规定,以提高资金退出的安全性,稳定地实现资金回流和再投资。为此,首先应在立法上明确军民融合发展基金退出的合法方式。其次,应当结合我国现有的相关法律如《公司法》《证券法》等细化各种退出方式所需满足的条件。比如,针对首次公开上市退出,可以规定

---

[1] 云行:"军民融合发展基金创立 首期规模302亿元",载《卫星应用》2016年第9期。
[2] 《产业投资基金管理暂行办法》(征求意见稿)第32条、第33条、第34条、第36条。

"军民融合发展基金所投资的企业公开上市后,基金所持股份可以在该企业上市一年后转让,但每个交易日转让份额不得超过该企业总流通份额的5%"等,[1]以维护资本市场的稳定和实现基金的平稳退出。此外,还应当注意基金章程、投资协议本身具有的灵活性,除非相关约定违法,否则其效力应当高于法律的一般规定。通过对退出规则进行细化,我国军民融合发展基金整体运行机制的法律保障规则得以完整形成,最终为军民融合基金的规范化发展创造了良好的法治环境。

(二) 加强对军民融合发展基金管理人的法律监管

建立健全军民融合发展基金法律保障体系,不仅要完善上述基金治理规则,而且还应当加强基金监管规则的设置。观察整个基金运行机制可知,虽然基金监管规则涉及投资者、政府、基金管理人、基金托管人等多个主体,但其主要是为确保基金管理人尽职运营基金而设置的。也就是说,基金管理人一旦接受基金委托,其对委托人便负有忠实的信赖义务和勤勉义务,委托人也因此享有对基金管理人的监管权。在监管层面上,西方发达国家往往采用独立董事制来加强对基金管理人的行为规制,[2]而我国则更多地采用政府监管和投资者监管相结合的方式来进行规范。笔者认为,加强对军民融合发展基金管理人的法律监管,可从以下两个方面着手:一方面是强化内部监管,即在法律中明确基金管理人在基金日常运营过程中负有的各项义务和投资者对应享有的各项权利,例如信息披露义务和查阅复制权、重大事项报告义务和质询权等;另一方面是深化外部监管,即构建政府监管、基金托管人监管、行业自律监管三级监管体系,以进一步规范、评估、考核基金管理人的投资行为,促进基金行业和资本市场健康有序的发展。

(三) 确保各级政府完善对投资者和基金管理人的激励措施

军民融合发展基金设立的目的在于通过引导基金——母基金——子基金三级架构,带动社会资本积极参与实体经济建设,在加快军工技术转化、军工企业转型升级、军民融合产业发展和供给侧结构性改革的同时有力深化投

---

[1] 《产业投资基金管理暂行办法》(征求意见稿)第38条。
[2] Lin Zhou, "The Independent Director System and Its Legal Transplant into China", *Journal of Comparative Law*, Vol. 6, Issue 2 (2011), p. 262.

融资体制改革，开创军工产业与社会资本深度结合的新局面。结合该设立目的，军民融合发展基金的投资对象往往集中在国家政策所重点扶持的项目和企业上。这意味着，该投资行为往往能够在科研拨款、税收减免、风险担保等方面得到各级政府的有力支持。为吸引更多的社会资本投入军民融合发展基金，提升基金运行的有效性，各级政府应当设置相关的激励措施，以加强投资者和基金管理人投资、运营该基金的信心和积极性。具体而言，各级政府应当注重对基金本身风险的控制和投资者利益的保护，在科研拨款、税收减免、风险担保、政府让利、社会投资者优先分红等方面给予相应优惠。例如，针对国家重点扶持的军民两用科研技术研发，国家应当提供一定比例的科研拨款和风险担保。风险担保是指若政策扶持的有关科研技术研发失败，基金所受的损失将由政府承担一定的比例。在美国，政府在国防工业技术研发上承担着高达90%的风险担保比例。这意味着，即使产业基金投资失败，基金本身也只需承担10%左右的资金损失。该措施极大地增强了美国民间资本和民营企业参与国防科技研发的积极性，使得美国科技研发能力一直保持在世界领先水平。借鉴该经验，我国政府也可以采取相应的风险担保激励措施。不同的是，各级政府可以根据本地经济发展的具体情况，确定本级政府承担风险的具体比例。此外，在加大政府引导基金让利力度方面，我国可以根据基金投资项目的不同，采取差异化让利政策。若基金投资于种子期、初创期的科技型、创新型项目或企业的，那么引导基金可让渡全部增值收益；若基金投资于成熟期或扩张期项目的，那么引导基金可以只适度让利。[1]具体让利方式，由基金章程予以明确。同时，各级政府还应当在法律允许的范围内，加大财税优惠以吸引优秀的基金管理机构入驻本地或鼓励新设军民融合发展基金和管理团队。对于体现国家政策意图准、投资运作快、投资效益好的基金和基金管理机构，政府应当结合行业协会的绩效评价结果，给予必要的奖励扶持，以鼓励其持续有效地开展投资，深入推进军民融合项目的落实与发展。

---

[1] 王晓易："山东设立6000亿规模新旧动能转换基金 四年出资到位"，载网易财经，http://money.163.com/18/0112/16/D7VB46VI002580S6.html，最后访问时间：2019年4月19日。

结　论

伴随着我国军民融合发展基金的蓬勃兴起，如何在新时代切实加强法律规制以保障其充分发挥融合之效用成为我们必须思考的一个现实课题。结合国内外产业基金发展的有益经验可知，军民融合基金健康、有序地运作离不开以下法律规则的设置与完善：其一，军民融合发展基金本身设立、运行、退出规则的明确；其二，基金管理人监管评估机制的强化；其三，政府保障职责的落实，尤其是在吸引和激励投资者和基金管理人层面更要注重政府服务职能的发挥。通过上述内容的规范化，军民融合发展基金能够更加高效地实现自身的市场化运作和专业化管理，从而持续有力地推动军工产业、民营企业的转型升级和投融资体制的改革创新。

第三部分

法制史

"春秋决狱"与英国衡平法之比较[1]

徐芃*

【摘　要】作为中国传统法律中的一项重要制度,"春秋决狱"影响巨大,其产生与发展有其自身的内部原因,也离不开当时社会存在的外部条件;其与英国衡平法在哲学基础、法官地位性质、法官的职业化发展、衡平依据等方面有形式意义上的相似性,也有内在价值追求上的区别,在认识二者所共同具有的推动纠纷和谐解决、弥补现有法律缺陷、提高法律的适用性以实现个案正义等现代司法价值的同时,探究"春秋决狱"为何没能同英国衡平法一样走出一条现代化法律之路的原因,并以此提出对以"春秋决狱"为代表的中国传统衡平司法的建议,通过转变衡平方式、加强法官队伍建设、建立衡平司法约束机制等手段实现由伦理衡平向法律衡平的转变,以期其能更好地服务于当前"法治中国"的建设。

【关键词】春秋决狱　衡平司法　英国衡平法

引　言

"春秋决狱"之风,兴起繁盛于两汉,定型休止于隋唐,而余波荡漾及南

---

[1] "春秋决狱"主要解决法律实体问题且多数集中在刑事领域;英国衡平法则侧重于解决民事纠纷,二者所在救济范围上不同,但本文的比较只以二者所共同具有的衡平理念的角度为切入点,主要比较二者的衡平理念与司法手段所处社会环境与各种影响因素的不同,不涉及对二者的主要内容的比较。

* 徐芃,中国政法大学2018级法律史专业硕士。

宋之末，[1]且一直对中国传统法理念产生着影响。其以儒为体、以法为用的理念是中国传统法制"礼刑合一"的显著表现，影响所及，不论功过，几乎贯穿了整个封建社会。反观今世，在司法改革如火如荼进行的大背景下，追求实质正义的最大化以及对公平、正义理念的最终实现对于如今"法治中国"的建设都有其现实的建设性意义，"正义"不但是立法的价值目标，也是司法的价值目标。"正义所蕴含的公平、公正、公道、平等权利等价值内涵，是政治社会中所有价值体系所追求的最高目标。法作为一种最具权威性的价值体系和规范体系，自然也应将实现正义作为自己最终的理想目标。"[2]然而我国目前法治体系尚未完全建立，有关法律与现实社会脱节、互斥的状况屡屡出现，法官在办案过程中对法律进行变通、规避从而实现能动司法的行为切实存在，这也是我们无法回避的现实。而对于英国衡平法来说，虽与"春秋决狱"处在不同时空且分属不同法系，但二者在追求实现公平正义的价值最大化路径中却表现出异常相似的手段与理念，借用衡平法中的一词，我们不妨将这种理念或手段称之为"衡平"。基于此，笔者认为，对"春秋决狱"与英国衡平法进行比较研究，探究二者在存在诸多相似之处下最终走向却大相径庭的原因，这不管是对于历史上"春秋决狱"的再诠释抑或是当前我国司法实践来说，都具有极其重要的价值和启示。

一、"春秋决狱"概述

"春秋决狱"又称引经决狱，春秋断狱，我国台湾地区学者也称之为春秋折狱、经义折狱，在西汉之前便已存在，汉武帝时开始兴起，于魏晋南北朝时形成法律制度，至唐朝之时逐渐由盛转衰，其余波延续至南宋，[3]并始终对中国传统法律制度产生影响。"春秋决狱"指的是在中国传统社会中，遇到法律没有明确规定或者按照法律断案将显失公平的情况下，对相关疑难案件根据从《春秋》等儒家经典中归纳总结出来的原则进行断案的一种审判方式和制度。由于其处理的多为刑事案件，因此更贴切地说，"春秋决狱"乃为依据《春秋》等儒家经典的经文与事例，作为刑事判决的法源根据，尤其在遇

---

[1] 参见李鼎楚："春秋决狱再考"，载《政法论坛》2008年第3期。
[2] 赵震江、付子堂：《现代法理学》，北京大学出版社1999年版，第116页。
[3] 参见吕志兴："'春秋决狱'新探"，载《西南师范大学学报》2000年第5期。

到疑难案件时，以《春秋》等儒家经义来比附论罪科刑。根据《春秋繁露》的说法，观其本意，其志在"原心定罪"，乃以行为人的主观犯意来决定其罪责的刑事断案方法。当然，在中国古代以皇权至上且人治大于法治的社会里，"春秋决狱"不仅仅只用于法律层面，其也被用来处理与皇权相关的某些政治事件。此外，"春秋决狱"并不以援引《春秋》为限，《诗经》《尚书》《礼记》《易经》等其他儒家经典均在其列，故有学者将其称为"经义决狱"或"引经决狱"，[1]名称虽异而实同。然而，一因《春秋》集儒家礼义之大宗，二因《春秋》本身富于微言大义，文寡而义繁，三因孔子对其的高度重视："吾志在《春秋》，行在《孝经》"，故《春秋》仍作为"引经决狱"的主要来源，所以学界多以"春秋决狱"来对"经义决狱"等相关概念统而论之。

"春秋决狱"虽在汉朝以前便已产生，但从汉武帝起才逐渐兴起，[2]尤其在"罢黜百家，独尊儒术"之后，援引《春秋》等儒家经典判决案件的现象越来越多地出现。与此同时，中国古代的法律学，在两汉时代已颇为可观。程树德在其《九朝律考》中曾作如下叙述："秦焚诗书百家之言，法令以吏为师，汉代承之，此禁稍弛，南齐崔祖思谓：汉来治律有家，子孙并世其业，聚徒讲授，至数百人。其可考者，《文苑英华》引沈约《授蔡法度廷尉制》，谓汉之律书，出于小杜，故当时有所谓小杜律，见《汉书·郭躬》传。晋志亦言汉时律令，错糅无常，后人生意，各为章句。叔孙宣郭令卿马融郑玄诸儒章句，十有余家，家数十万言，凡断罪所当由用者，合二万六千二百七十二条、七百七十三万二千二百余言，言数亦繁，览者亦难，汉时律学之盛如此。马、郑皆一代经学大儒，尤为律章句。文翁守蜀，选开敏有才者张叔等十余人，遣诣京师，学律令，是汉人之视律学，其重之也又如此。"[3]

二、"春秋决狱"与英国衡平法之比较

（一）英国衡平法概述

衡平法在英语中为"equity law"，"equity"即衡平，源于拉丁文"AEqui-

---

〔1〕 如武占江、程政举、马小红等人所写文章，皆以"经义决狱"为文。
〔2〕 所谓兴起是指一种早已存在的法律的复兴。它与起源的关系较为密切，但它比起源的范围较窄。兴起与产生不同，对于法律来说，产生是指一种法律制度从无到有的状态。
〔3〕 程树德：《九朝律考·汉律考八·律家考》，商务印书馆2012年版，第228页。

tas",该词源于古老的希腊文,意为平均或按比例分配,并又逐渐衍生出"公平""正义"的含义。之后,罗马人首次将"衡平"内涵运用到实践当中,诞生了罗马最高裁判官法,将其作为对僵化、古板的成文法进行弥补和变通的一种方式。十三十四世纪时的英国,政治上随着王权的加强其与教权之间的冲突愈演愈烈,经济上资本主义的兴起使得社会经济关系剧烈变动,在此背景下,为了弥补和纠正普通法在程序内容上的形式主义与不能适应社会发展的弊端,掌握和保管着"国王良心"的大法官们,依据自然法中"公平正义"的价值理念来对案件作出裁决,由此在古希腊与最高裁判官法的基础上,逐渐发展出了一套与普通法体系相并列的衡平法体系。[1](本文所述英国衡平法,指英国自中世纪开始兴起的与普通法或普通法法院并列的衡平法或衡平法院。)"春秋决狱"虽与英国衡平法所处的时空不同,分属不同法系,但二者在对公平正义实现的绝对追求,在对成文法、制定法的弥补与纠正方式,在运用司法权实现对案件的特别救济等方面,都表现出相同或相似的手段与理念——衡平。更为重要的是,英国衡平法所体现出的自然法正义与"春秋决狱"中内含的"中庸思想",在哲学价值与内涵上本身就有相似与相通之处,因此,我们不妨将"春秋决狱"看成与英国衡平法既有联系又存在区别的一种本土法律现象。在这种情况下,以"衡平"这一二者所具有的共同价值理念的角度为切入点,来对中国传统法律文化中的"春秋决狱"与同样历史悠久且价值独特的英国衡平法进行比较研究,探究"春秋决狱"在与英国衡平法有诸多相似之处的情况下为何没有发展出一条与其相同的现代化法律道路的原因,这无论是对于"春秋决狱"的再诠释抑或是我国当前的司法实践,都具有十分重要的意义。

(二)"春秋决狱"与英国衡平法多角度之比较

1. 哲学基础之比较

"春秋决狱"以以中庸思想为内核的儒家伦理为哲学基础,而英国衡平法的哲学基础则经历了由自然法正义向经验主义的转变。"春秋决狱"中对于各种社会关系的衡平与利益因素的考量与中和,很大程度上体现了"中庸"的价值理念,而司法官在裁决过程中,往往以植根于其思想深处的儒家伦理道

---

[1] 参见李芳:"英国衡平法初探",载《河北法学》2000年第1期。

德观作为出发点。儒家民本主义、"和谐"等理念符合社会民众对于稳定和谐的人际关系与社会关系的追求，因此在民间往往受到推崇，即使是在秦朝时期，民间对于儒学的学习也从未中断，这就使得民众具备了良好的儒家文化基础；而"罢黜百家，独尊儒术"以来，儒家思想在中国传统文化思想中即开始占据了统治地位，统治者对儒学的推崇，使得学儒之风在全国盛行，无论是官吏还是平民，为了迎合统治者的喜好，都把学习儒家经典作为毕生的任务以此谋取更多利益，在这种情况下，孩童时代就接触儒学的司法官饱受传统儒学道德伦理理念的熏陶，其在司法实践中也往往依据儒家思想中的"中正""和谐"等观念来进行裁决，由此产生"春秋决狱"中的衡平司法。儒家道德伦理观主张"仁""礼"，追求自然、国家、个人三位一体的和谐，注重人性、义礼，体现在司法实践中就是对国法、天理、人情的综合考量，对天理道义、民间习惯、社会风俗的重视，对和平解决纠纷结果的追求。总之，儒家思想自"春秋决狱"引儒入法以来，法律儒家化的进程便逐渐开启，儒法合流成为不可阻挡的趋势，逐渐形成了以儒家思想为指导保留律令形式的古代司法体系，而"春秋决狱"中的衡平司法，也越来越凸显出儒家道德伦理的印记。

而英国衡平法在发展初期，在英美法中占重要地位的遵循先例原则在当时并未出现。究其原因，一是衡平法官限于自身角色与知识水平的影响对于先例原则的接受需要一个长久的过程；二是衡平法判例的产生与收集整理需要时间。在英国11世纪诺曼征服时期，许多诺曼底教士随威廉进入英国，教士在当时社会属于知识阶层，且因其身份的神授性常常被任命为法官，到1530年为止，教士出身的文书大臣不少于160人。[1]例如当时在重要性上仅次于国王的大法官职位，总是由某位具有权威的、一般是坎特伯雷或约克的大主教担任。[2]因此在当时，英国法院带有很强的宗教色彩，而从12世纪开始，英国法院开始逐渐向世俗化转变，非宗教性的要素渐渐支配了法院，这时的法官构成由教士变成了贵族与君王的亲信。当时英国法官人数大约有55

---

〔1〕 参见杨兆龙："大陆法与英美法的区别究竟在哪里？"，载杨兆龙：《杨兆龙法学文选》，中国政法大学出版社2000年版，第195页。

〔2〕 参见［美］哈罗德·伯尔曼：《法律与革命——西方法律传统的形成》（第一卷），贺卫方、高鸿钧、张志铭、夏勇译，法律出版社2008年版，第110页。

人，其中主要的 13 人均依靠个人关系当选。[1]无论如何，出身于教士或者贵族的法官本身没有受到过法律训练，也没有积累而成的先例给予其指导，他们不会也根本不可能去想运用先例来对案件进行裁决，他们进行断案往往站在教会法神学理论的立场上，或者以"良心"或上帝的旨意作为出发点，在他们的价值观念中，教会与世俗社会所倡导的"公正""天意"才是判决的依据，先例原则在衡平法早期并不具备存在的现实与理论基础。正如 13 世纪时英国亨利三世巡回法庭法官布拉克顿所说，一个人必须根据理性而不是例子来判决，在他的著作《论英格兰的法律与习惯》中也未曾出现过"先例"一词，这在一定程度上代表了当时法官在断案中对于先例的使用情况。[2]此时司法官在断案时往往依据以自然法正义为基础的"良心"原则。英国法学家克里斯夫·圣·杰曼在其著作《神学博士与普通法学生的对话》中所言体现出"良心"原则在衡平法早期的重要地位：衡平法所依靠的哲学理由应该从教会法中寻找，基于良心的裁量具有重要的意义，衡平法的原理就是良心，这是伦理性的神学以及教会法的典型思考方法。[3]"良心"一词源于拉丁文 conscientia，意思是和另一个人一起知道的隐秘之事。它表示对于对错的一种内在的了解或认识，对于人们行为的正确或错误的道德感；它是一种人类和神一起分享的知识。如福蒂斯丘（Fortescue）在 1452 年所解释的："良心来自 conhe，合在一起，它们的意思是和神一起知道；也就是说，尽一个人的理性所能的知道上帝的意愿。"[4]密尔松在其《普通法的历史基础》中提到良心是人类对公平与正义的一种认识，是人类判断某一个体道德或行为好与坏的能力，其实质上是对实质公平正义的绝对追求，是司法官对于自然法正义的内在理解。"良心"是"天理"的体现，其内容就是公平、正义、道德，在"良心"原则的指导下，司法官在个案中不再仅仅受限于普通法的约束，而是加入个体的道德判断，其注重自然法正义中存在的遵循天理、注重道德、

---

[1] 参见程汉大、陈垣："英国法律职业阶层的兴起"，载《中西法律传统》2002 年第 00 期。

[2] 参见［美］哈罗德·伯尔曼：《法律与革命——新教改革对西方法律传统的影响》（第二卷），袁瑜峥、苗文龙译，法律出版社 2008 年版，第 287 页。

[3] 参见何勤华：《西方法学史》，中国政法大学出版社 2003 年版，第 286 页。

[4] Norman Doe, *Fundamental Authority in Late Medieval English Law*, Cambridge University Press, 1990, p.133. 转引自冷霞："'同途殊归'还是'殊途同归'？——兼评《中国传统衡平司法与英国衡平法之比较》"，载《比较法研究》2010 年第 2 期。

讲求信用、帮助弱小等理念,强调义务并试图将道德义务等同于法律义务,以对制定法规避的方式,力求实现具体个案的正义,最终通过法官自由裁量权的运用实现对普通法体系进行弥补与纠正的目标,其实际上是自然法正义的具体表现。正如俄尔敦道普所说"自然法和衡平是一个东西",[1]从这个角度看,其与"春秋决狱"中的"中庸"理念不乏相似之处。正如庞德所言:自16世纪以后,英格兰及西方的法律进入到衡平法和自然法阶段,这个阶段的口号是良知、公平和善良或自然法等富有道德或伦理色彩的用语。[2]

而17世纪后,伴随着职业法官群体的出现与壮大,加之衡平法院案件的不断增多所形成的判例集的存在,衡平法体系中久而久之形成了以先验原则为基础的判例法制度,此时衡平法的哲学基础转变为了经验主义。英国作为经验主义的原始发源地,这种现象并不是偶然,其与英国人民自古形成的尊重传统、崇尚经验的民族精神内涵息息相关。英国作为资本主义萌芽最早产生的国家之一,商品经济发展迅速,人们在频繁的商品交易中积累起实践经验并加以运用。经验主义主张经验是人类认识论中最为有效、客观的认识方法,体现在法律中,就是从具体的案件事实里抽象出普遍适用的法律原则形成判例。因为注重对前人所留下宝贵经验价值的再发掘和利用,经验主义哲学得以产生,这种理念体现在英国衡平法中,就是先例原则的出现与判例制度的形成与发展。先例原则的出现,离不开衡平法判例的不断累积和衡平法官的职业化。首先,衡平法院判例的累积,使得法官可以从具体的判例集中抽象出具有普遍适用性的规则。归根结底,基于自然法正义的"良心"原则有时是模糊不清的,它过于依靠个人的主观判断,而伴随着法律的不断世俗化与实证化趋向,社会公众越来越多地认为好的法律应该是事先指定的,而不是日后人为强加的。[3]于是,法官在断案时不再只依靠凭空而来的"良心",而更多得倾向于使用由判例所总结出的系统的法律准则与规范。正如18世纪英国法学家布莱克斯通所言:"当同一问题在诉讼中再次提出,遵循先

---

[1] [美]哈罗德·伯尔曼:《法律与革命——新教改革对西方法律传统的影响》(第二卷),袁瑜峥、苗文龙译,法律出版社2008年版,第426页。
[2] [美]罗斯科·庞德:《法理学》(第一卷),邓正来译,中国政法大学出版社2004年版,第389页。
[3] [美]罗斯科·庞德:《法理学》(第一卷),邓正来译,中国政法大学出版社2004年版,第153页。

例，这是作为一项确立的规则，因为要保持司法公平和稳定，不因法官的新意见而摇摆；也因为在先前判决中法律已经庄严地宣布和决定了，在此之前是不确定的，虽然可能是无关紧要的，而现在已是永久的规则，在此之后的法官不能因个人情感而变更它，因他宣誓依王国的已知法律和习惯而不是私人意见断案，他不是被委任来宣布新法，而是维持和阐述原有的法。"[1] 其次，法官出身的改变与职业法官群体的形成，加速了先例原则在衡平法中的确立。不同于早期的衡平法官由教士与贵族担任，自1529年律师出身的托马斯·莫尔被任命为大法官后，开启了律师担任法官与职业法官群体形成的进程。[2] 到都铎王朝时，由普通律师出任大法官成为一种固定的制度。[3] 衡平法官的身份由教士转向律师，反映的实际上是英国政治上王权对教权的冲击所引起的司法的世俗化倾向，这也推动了法官由主要依赖教权统治下的罗马法、教会法转向倾向于依赖王权领导下的普通法。当时英国的职业律师都出身于四大律师学院，[4] 而律师学院的教学内容和安排都以普通法为核心，长期的学习与耳濡目染，使得普通法的运作模式与原则在这些现在的律师、日后的法官的思维中根深蒂固，曾经被法官们奉为真理的"良心"，在这些新法官的价值观念里变得神秘与陈旧，普通法中的先例原则也得以被这些法官所推广与使用。总之，衡平法判例的增多与法官的职业化倾向使得先例原则逐渐在衡平法中确立。遵循先例原则要求衡平法院法官将在司法实践中产生并逐步积累成熟的规范化、制度化、定型化判例经验加以保留和运用，在出现与先前案例相同或相似的案情时，法官在先前案例经验的支配下，需要对案件作出相同的判决。先例原则既是英国的司法制度实践经验，又与英国人民的社会生活经验密不可分，其在价值理念与逻辑思路上可以说与经验主义一脉相承。在经验主义的影响下，衡平法自17世纪后主要以先例原则为指导的判例制度来进行司法裁决，虽与普通法体系同样倚重判例，但衡平法更加注重对不同案件之间的个别性与差异性的判断，强调经验主义的个别理性，即避免以单一的法律条文对案件进行单独评价，而是要将丰富的人类生活经验

---

[1] 转引自毛国权："英国法中先例原则的发展"，载《北大法律评论》1998年第1期。
[2] 参见贺绍奇：《英国法官制度》，载唐明毅、单文华主编：《英美法评论》，法律出版社2003年版，第283页。
[3] 参见程汉大、李培锋：《英国法制史》，清华大学出版社2007年版，第62页。
[4] 参见程汉大、陈垣："英国法律职业阶层的兴起"，载《中西法律传统》2002年第00期。

与固定的法律逻辑表达相结合，以此实现对案件的公正裁决。总之，英国衡平法产生初期，法官依赖于自然法正义中的"良心"原则进行断案；17 世纪以来，衡平法院大量具体案件的累积加之法官职业化的进程，推动了衡平法体系内部的法律判断方法的形成，经验主义进而成为法官裁决所依赖的价值基础。

通过二者的哲学基础比较，我们不难发现，"春秋决狱"所秉承的儒家道德伦理观与早期英国衡平法所依赖的"良心"原则不乏相似之处，二者以"中庸"或自然法正义中的"天理""公正"理念为指导，都明显地流露出法官个人道德观念对案件审判的影响痕迹，法官个人认识与判断成为案件审判的重要因素，其目标都是对案件实质正义的最大化追求，注重案件纠纷解决的结果而不是法律适用的形式，体现的是对现有法律体系的弥补与纠正，最终依据古老抽象的被社会公众所普遍认可的价值规范原则来实现对具体案件公道合理、和谐妥善的解决。儒家道德伦理观与"良心原则"的相似，在本质上所体现的其实是"中庸"思想与自然法正义的相通，"中庸"思想虽起源于中国且为儒家文化之精华，但产生于古希腊的自然法正义其实本身就是西方"中庸"思想的演化。亚里士多德在《政治学》中说："大家既然已经公认制和中庸常常是最好的品德，那么人生所赋有的善德完全应当以[毋过毋不及]中间境界最佳。"[1]亚里士多德认为，好的道德必须合乎中庸之道，政治上也应当如此，由此良好的法律制度也应当是中庸的法律制度。孟德斯鸠在《论法的精神》一书中也提到："我写这本书为的就是要证明这句话：适中宽和的精神应当是立法者的精神；政治的'善'就好像道德的'善'一样，是经常处于两个极端之间的。"[2]这种中庸的理念要求立法与司法进行利益衡平，由此做到中正公平，不偏不倚。自然法正义作为西方法律思想中一直存在的价值理念，当然也受到了其深刻影响，而西方近代司法制度与理念，如当事人对等原则、恢复性司法制度、辩诉交易制度更加凸显出中庸的司法衡平价值理念的痕迹。由此看来，"春秋决狱"所秉承的儒家道德伦理观与早期英国衡平法所依赖的"良心"原则，自有其相似之处的内在深层次根源。而"春秋决狱"的儒家伦理道德观与 17 世纪之后的衡平法所体现的经验

---

[1] [古希腊]亚里士多德：《政治学》，吴寿彭译，商务印书馆 1965 年版，第 205 页。
[2] [法]孟德斯鸠：《论法的精神》，张雁深译，商务印书馆 1961 年版，第 286 页。

主义相较，则又体现出建构论理性主义与进化论理性主义之间的区别。哈耶克在《自由秩序原理》一书中提到，人类哲学可以分为进化论的理性主义与建构论的理性主义，前者认为各种制度的建立并不以人们在先预见的该制度建成后所带来的利益为前提，而是依据实践中已经成功且留存下来的经验累积；后者则认为在人所具有的先天智慧的认识能力指导下，成熟理性的制度可以建立，而无需依靠实践经验。[1]将其放在司法的视角下进行观察，那么二者所体现的无疑是以遵循先例原则为基础的判例法指导下的英国衡平法和注重个人理性价值判断的"春秋决狱"。英国衡平法制度所体现出的法律事实（大前提）——法律规范（小前提）——法律后果（结论）司法判断模式，反映出独特的逻辑推理智慧，其也成为衡平法不断发展的重要因素；而"春秋决狱"虽折射出法官个人经验智慧的价值，但其往往针对的是具体个案，无法形成系统化的法律规则体系，加之缺少如英国大法官严谨科学的分析证实态度，使得"春秋决狱"的发展在中国传统法律社会中逐渐式微，最终归于消逝。

2. 权力结构、法官地位与性质、法律职业化之比较

"春秋决狱"与英国衡平法由于所存在社会的政治权力结构不同，进而导致二者的法官性质与地位的不同，最终造成二者迥然不同的法律职业化演变。

首先，在权力结构方面，"春秋决狱"所存在与发展的中国古代社会，主张的是"君权至上"的绝对专制的统治秩序，体现的是以专制王权为基础的单一权力结构，在此权力结构下，皇帝的意愿与利益成为断案的首要指导因素，其效力甚至超过了国家的制定法律，或者说，法律即是在符合皇帝意愿的前提下为其利益服务的一种手段，这就导致"春秋决狱"体现在司法中的更多的是行政性与伦理性。其次，在法官地位方面，在"春秋决狱"中，作为由代表皇权的朝廷所选拔出来的司法官，自然就拥有着比当事人双方更加高贵的权利地位，他们在司法过程中总是扮演着占据道德制高点且掌控审判全程的第三者角色，并可以采取如拷打、监禁、刑讯等各种手段来对当事人进行施压以达到解决纠纷的目的。这种司法官与当事人双方完全不平等的地位，反映的是中国古代社会森严的等级秩序规则。身为天子的皇帝，被民众

---

[1] 参见[德]弗里德里希·冯·哈耶克：《自由秩序原理》，邓正来译，三联书店1997年版，第61页。

所认为代表至高无上的权力,是天理中绝对公平正义的化身。而掌握着国家行政与司法双重资源的作为"皇权"的代表者与执行者的司法官,因而被当事人视为道德伦理中正义的主持者,由此自然而然地在司法裁决中处于权威地位。汉学家费正清曾说:"为政者如父母,人民是赤子,这样的譬喻从古以来就存在于中国的传统中。事实上,知州、知县就被呼为'父母官''亲民官',意味着他是照顾一个地方秩序和福利的'家主人'。知州、知县担负的司法业务就是作为这种照顾的一个部分的一个方面而对人民施与的,想给个名称的话可称之为'父母官诉讼'。"[1]在社会民众"父父子子"的普遍价值观念的支配下,父母之命绝对不能违抗,而在纠纷解决中被民众看做类似于父母角色的司法官自然而然地就具有了超越双方当事人之上的权威地位。再次,在法官性质方面,"春秋决狱"中司法官职位仅仅是这些官吏的辅助性角色,他们更加重要或正式的身份是国家行政官僚系统中的一员,司法权与行政权由这些官吏同时掌握,且从古至今从未实现真正意义上的分离。他们通过科举考试进入仕途获得官员身份的认定,而科举考试所考察的并不是专门的司法技术能力,更注重其对皇权的尊崇性与执行力,对民众的管理与安抚能力。其并没有以司法官员的身份独立于行政系统外而形成专业的法官集团,而是以行政官员的身份,因其崇高的道德伦理和出色的民间威信,获得了司法官的资格,至于是否精通律法在所不问。最后,在法律职业化方面,一方面,在法官的职业教育上,"春秋决狱"中的司法官通过科举考试出身,其所学习的多为儒家经典,并以经义的熟悉程度作为官吏任免的标准,以此塑造的司法官并不具备专业的法律知识与素养,自然也就没有形成职业化的法律群体;另一方面,其缺少身为司法官的职业保障。更多的时候,"春秋决狱"中司法官以行政官员的角色出现,薪水上,他们只能拿到作为行政官员的基本俸禄,又因中国古代官员工资很低,因此他们大都通过贪污受贿来补贴家用;身份上,司法官往往作为皇帝的大臣而只能屈服于王权,在裁判中司法权不能独立行使,如此一来,也就不会也不可能在中国古代产生职业法官群体。总之,单一王权的权力结构与司法官角色的弱化使得"春秋决狱"体现出更多的行政性与伦理性,专业司法知识与技术培训的缺失也使得司法官业

---

[1] 费正清:《美国与中国》,中国社会科学出版社1985年版,第86页。

务能力不强,加之法官与当事人地位的绝对差异不符合现代司法审判的要求,随着王权在近代社会的衰落与瓦解,最终导致"春秋决狱"中的司法官没有形成职业化的法律团体。

而在英国衡平法中,所面对的是以王权、教权、贵族权利所组成的三权并立的权力结构,三者为了各自的利益,与其他两方不断地进行合作与斗争,体现在法律制度上,就是教会法、衡平法与普通法的冲突与融合。不同于中国古代社会,英国从未也始终没有建立起完全凌驾于法律和其他权利之上的王权,因此王权的发展总是受到各种势力的约束。[1]

首先,教权对王权的约束。1075年"格列高利改革",开始将教会里的世俗权力逐渐清除,教皇宣布废除国王等世俗权力对于教会的授职与干预,此后,所有的主教、大主教均由教皇任命。[2]教皇对于教会改革的彻底性与强硬性,使伯尔曼将这场运动称为"教皇革命"。[3]"教皇革命"的影响是巨大的,之前一直被王权压制的教权得以发展壮大,其在与王权博弈的过程当中,推动了英国社会教权与王权二元政治社会的形成,教会法在此契机下得以发展壮大。而伴随着"王权神授"理论的深入人心与教会势力的壮大,国王在登基时由教皇涂油加冕也成为一种惯例,教会的权力一度达到了顶峰。二者针锋相对的情况在亨利二世时出现了转变,当时亨利二世为了限制教皇的权力任命了他的好友御前大臣托马斯·贝克特担任坎特伯雷大主教,但贝克特在担任大主教后却开始支持教皇反对王权,其对亨利二世所颁布的旨在限制教会司法管辖权、将教会重新归于国王掌管下的《克拉伦登宪章》的极力反对,导致亨利二世手下的四骑士将贝克特杀死。[4]这一事件使亨利二世遭到了巨大的舆论批评,使其认识到教会对于民众思想的控制,贝克特的死也换来了教权与王权在斗争上的缓解与妥协,国王同意犯有重罪的教士只能

---

[1] 参见贺绍奇:《英国法官制度》,载唐明毅、单文华主编:《英美法评论》,法律出版社2003年版,第282页。

[2] 参见[英]威廉·布莱克斯通:《英国法释义》,游云庭、缪苗译,上海人民出版社2006年版,第419页。

[3] 参见[美]哈罗德·伯尔曼:《法律与革命——西方法律传统的形成》(第一卷),贺卫方、高鸿钧、张志铭、夏勇译,法律出版社2008年版,第83页。

[4] 参见陈绪刚:《法律职业与法治》,清华大学出版社2007年版,第68页。

由教会法院审理，这在一定程度上也造就了英国普通法的产生。[1]然而普通法在发展过程中越来越体现出僵化性，国王为了弥补这种法律层面的不足，并进一步找回广大教众对国王的信心，开始寻求另一种法律上的救济；而教会也乐于在向国王作些许妥协的基础上对普通法实现制约，以此推动教会法的发展。对于普通法的衡平救济体现了王权与教权的共同目标与追求，由教会宣称国王是"正义之源"、大法官是国王的"良心守护者"成了衡平法出现的合理理由，于是，早期带有宗教色彩，反映国王的"良心"的法律——衡平法诞生了。

其次，贵族权利对王权的限制。13世纪在约翰王统治时期，王权与贵族的矛盾爆发。约翰王在继承王位的过程中以不正当手段杀死了其竞争者，遭到众人诟病，其又与法国的战争中战败失去大量土地，使英国贵族损失惨重，加之上文所述约翰王与教皇发生冲突，使其遭到了各方面力量的反对与抵制。1215年，在以贵族为首的多方势力的联合下，逼迫约翰签订了限制王权的《大宪章》，确认了贵族的权益，并规定国王在违反宪章时贵族可以起兵反抗，它是国王对贵族势力妥协的产物，是贵族势力限制王权的重要表现。此后，《大宪章》虽只在较短时间内进行了实施，但其成为之后限制王权的《权利法案》的模板，由此形成了"王在议会"的传统。

总之，衡平法在发展过程中伴随的是国内政治上王权不断受到教权与贵族权利的限制与约束，受此政治权力结构的影响，其在发展中本身就带有了宗教、世俗等多种势力色彩。衡平法与普通法都产生于王权，但普通法在发展中逐渐归于贵族议会势力一方，衡平法在早期带有浓重的宗教色彩，之后则成为国王意志的体现。王权、教权、贵族势力存在的多元的政治结构，有利于英国衡平法发展的合理性与均衡性，衡平法官虽然在某一时期可能倾向于一方势力，但保证了其在历史的进程中不会完全沦为某方势力的工具，英国职业法官群体也得以在这种相对均衡稳定的权力结构下发展壮大。

再次，在法官性质方面，衡平法产生初期，与"春秋决狱"相似，此时衡平法院的大法官由神职人员或者国王身边的大臣担任，属于教会人员或行政官员，兼具宗教或行政与司法的双重职能，正如布莱克斯通所言：衡平法

---

[1] 参见［美］哈罗德·伯尔曼：《法律与革命——西方法律传统的形成》（第一卷），贺卫方、高鸿钧、张志铭、夏勇译，法律出版社2008年版，第50页。

庭在那时还没有规范的司法体系。但诉讼者受到屈辱时，会按照大法官的私人观点得到一个无条理、不确定的补救，而大法官一般是教士，有时是政治家。[1]他们没有受过专业的司法训练也不具备出色的司法技术，但在之后的发展中却形成了行政官员司法化与神职官员世俗化的趋势，造就了职业法官群体的形成。在行政官员司法化的道路上，英国的大法官法庭于605年就已经存在，其作为国王的秘书机构任职人员为御前大臣。起初，他们负责国玺的使用和起草颁发各种政府文件，作为行政系统内的一员行使国家行政权力。[2]到了12世纪，御前大臣开始作为普通法法庭令状的签发人，负责处理当事人提交的请愿书，当事人想要诉诸普通法院的诉讼，必须向御前大臣提供令状。久而久之，在不断审查请愿书的过程中大法官法庭便演变成了提供特别法律救济的机构，而到了14世纪时，国王开始直接将寻求普通法外救济的案件交给大法官法庭来处理，其也以衡平法院的身份而出现，[3]御前大臣也具有了行政与司法的双重身份。15世纪中叶以后，随着王权受到限制与衡平法体系的发展，加之议会将一部分司法权交给了衡平法院，衡平法官在面对大量的案件时逐渐从行政系统中脱离而形成独立的职业团体，其职业能力也逐渐受到重视，对于衡平法官的职业法律训练也由此开始。之后的衡平法院法官，都普遍具备了专业的司法技术能力与职业素养，成为公民所普遍认可的公平正义的化身。而在神职人员世俗化的发展中，因为教士接受过教会教育，本身具有较高的文化素养，且对与教会法一脉相承的罗马法有着深入的研究，从1380年到1488年，所有的大法官都为教士身份，而截至红衣大主教沃尔塞时期，有将近160个人担任过大法官。[4]但随着亨利八世宗教改革与1534年《至尊法案》的颁布，"王权至尊"的确立使得教权逐渐式微，从1529年托马斯·莫尔担任大法官以来，教士垄断衡平法官的局面被打破，由世俗人员与职业律师担任法官的局面出现。

受国内权力结构的深层影响，在法官地位方面，英国衡平法官往往带有

---

[1] W. S. Holdsworth, *A History of English Law*, Vol. 1, Nabu Press, 1922, p. 453. 转引自胡健："论英国大法官制度的历史流变"，载《广西政法管理干部学院学报》2005年第1期。

[2] 参见程汉大：《英国法制史》，齐鲁书社2001年版，第172页。

[3] 参见胡健："论英国大法官制度的历史流变"，载《广西政法管理干部学院学报》2005年第1期。

[4] 参见程汉大、李培锋：《英国法制史》，清华大学出版社2007年版，第62页。

宗教神权与世俗王权的色彩，依附或受到教权或王权的控制，但这毕竟不是其众多法官中的主流，而之后随着法官职业化群体的形成，衡平法官逐渐摆脱了教权与王权的影响，实现了法官地位的中立化。在衡平法官职业化趋势出现前，如上文所述，法官基本上被教士与国王亲信大臣所垄断，其不可避免地带有教权与王权的影子。教士出身的法官往往在裁判中依赖于教会法理论，以维护教皇与教会的利益作为出发点；而作为御前大臣的法官作为国王的下属，理所应当地为王权而服务。正如大法官培根说的那样："法官们应该记住，所罗门王的宝座两边有雄狮护卫，法官也应做雄狮，必须时时慎其所为，不可能在任何方面约束或妨碍君王行使权力。"[1] 但是，衡平法官群体中并非所有人都愿意成为教权的信徒或王权的"护卫"，后来加之法官职业化的形成，法官依附于教权或王权的现象也逐渐消失。如潘华仿教授言：直到16世纪，由于英国宗教改革运动的发展，在人民要求政教分离的压力下，司法大臣才由俗人通常由律师担任。衡平法抹去了宗教的色彩，使衡平原则具有更加明确的法律特性。[2] 13世纪时，王室法院法官布莱克顿说："国王不受制于人，但受制于上帝和法律。"[3] 布莱克顿所言虽未摆脱教权影响，但其法律至上高于王权的价值观念却显示出司法独立性的萌芽。自1529年托马斯·莫尔担任法官起，衡平法官不再完全听命于国王，也不受教会的影响，而是以真正的公正法官的身份出现在人们面前，以其所具有的法律职业素养来进行裁判。[4] 例如1608年，国王詹姆斯一世向大法官柯克主张自己的司法权，认为自己同法官一样具有理性，因此要求将一些案件由自己亲自审判时，柯克反驳道，法律是一种技术性的理性工作，只有经过长期研究并富有经验的人才有资格从事，虽然国王具有特殊的身份，但其本身不懂法，没有资格作为法官从事司法。柯克与詹姆斯的争论也被看作是衡平法官摆脱王权独立的一个标志性事件。[5] 衡平法官从教权与王权外化出来后，逐渐形成了一个独

---

〔1〕［英］弗朗西斯·培根：《培根随笔集》，曹明伦译，北京燕山出版社2000年版，第219页。

〔2〕参见潘华仿：《英美法论》，中国政法大学出版社1997年版，第56页。

〔3〕［英］丹宁勋爵：《法律的未来》，刘庸安译，法律出版社1999年版，第5页。

〔4〕参见［法］勒内·达维德：《当代主要法律体系》，漆竹生译，上海译文出版社1984年版，第307页。

〔5〕参见 M. Kelly, *A Short History of Western Legal Theory*, Clarendon Press, 1992, p.233. 转引自高鸿钧："英国法的主要特征（中）——与大陆法相比较"，载《比较法研究》2012年第3期。

立的且在政治上保持中立的职业群体，他们不断排除外来的干预，在司法中居于当事人之间的中立地位，其与当事人的地位是平等的，或者说即便是有差异但也不是明显的高高在上，他们秉承"良心"原则或经验主义力求实现案件的不偏不倚，公正裁决，其虽具有法律赋予的权威地位，被民众认为是正义的化身，但其本身并不具有道德上的优势地位，也没有对当事人进行训斥与责罚的特殊权利。或者说正是因为王权与教权的双重影响，使得衡平法官始终能保持一个中立的政治地位，其在衡平法产生初期虽代表了国王的"良心"与意志，但由于教会法与普通法的限制，法官只能依照法律原则、法律原理进行裁判，而不能完全依据国王的意愿，正如庞德所说："先例原则意味着讼事将依据从过去的司法经验中归纳出来的原则来裁判，而不是按君主意志武断地确立规则推导的原理来裁判。换言之，理性而非武断的意志是判决的最终基础。法律至上原则能够推导出相同的观念。它是这样一个原则，君王及其所有代理机关都必须依照法律原则，而不是依照武断的意志行事，更不得以任性替代理性不依事实行事。"[1]

最后，在法律职业化道路方面，英国衡平法中孕育出了职业化的法律路径。12 世纪末，理查德国王一世时期，英国法官队伍中已经有了受过良好法律教育的法官，其可以说是法官职业化的萌芽与开端，而从 1529 年托马斯·莫尔开始，法官全部由职业律师担任，由此正式形成了英国衡平法官职业化的道路。不同于"春秋决狱"中法官缺少职业训练与相关保障制度，英国衡平法官具有系统的职业训练与职业保障，这是其职业化法律路径产生的关键。自理查德国王一世起，衡平法官需要具有法律教育背景已是不成文的规定，而到了 14 世纪，随着英国职业律师群体的壮大与发展，出现了内殿、中殿、格雷、林肯四大著名律师学院，此后的法官，基本都由这四个学院产生，他们在学校中接受专业的法律教育与培养，为之后的法官之路打下基础。而法官的职业保障主要体现在薪酬与身份保障制度方面。对于法官的薪酬，最早的记载是 1218 年 1 月和 7 月威斯敏斯特的法官们分别收到了 100 先令的工资。另一记载是 1240 年布莱克顿的年薪从 40 马克增加到了 50 镑。[2] 薪酬制度是法官职业化路径的重要保障，正是因为有了固定高额的薪水，法官不再会浪

---

[1] [美] 罗斯科·庞德：《普通法的精神》，唐前宏等译，法律出版社 2001 年版，第 128~129 页。
[2] 参见程汉大、陈垣："英国法律职业阶层的兴起"，载《中西法律传统》2002 年第 00 期。

费精力去寻求经济上的帮助，更少地受到经济利益的诱惑，从而可以全身心地投入到司法活动中，保证司法审判的公正与合理性。早期法官的薪水虽来源于国王的赏赐和对当事人的索取，但从18世纪中期起，英国政府逐渐认识到薪酬制度对于公正审判的保障，不断上调法官工资并为其建立了退休金制度，从而在经济上实现了法官的职业保障。在身份保障上，1688年"光荣革命"之后，英国法官开始实行身份保障制度，只要行为良好即可留任；1701年《英国王位继承法》进一步规定：法官收入固定，非因合法理由除议会外不能弹劾，自此以后英国法官保障制度一直得以留存。[1]

综上我们可知，"春秋决狱"在当时所处的是君权至上的单一权力结构社会，而英国衡平法所面对的则是由王权、教权与贵族权利三者共同构成的相对均衡稳定的多元权力结构，在这其中，王权总是受到教权与贵族权利的不断冲击与限制；在单一与多元的国内不同的权力结构影响下，英国衡平法法官虽然在早期与"春秋决狱"的司法官一样共同具有依赖于某种政治力量，兼有行政性、非专业性等特点，但多元化的权力结构模型使衡平法官不会也不可能一直被王权或教权所挟持，加之衡平法官自身对于公正的价值追求，使得他们与受制于君权至上的一直作为统治者工具的"春秋决狱"司法官一样渐渐产生了差别："春秋决狱"的司法官虽然在当时也可能心存正义之心，但如果其违背皇帝的意愿，在君权至上的社会中等待他们的只能是仕途生涯的结束；而英国衡平法官则可以利用不同政治势力之间的争斗与对立而一直保持自己的本心与中立地位，不至于出现一方权利独大而法官地位不保的情况，这种完全不同的权力结构也为二者之后发展迥异的法律职业化道路埋下了伏笔。加之后来的行政官员司法化与神职官员世俗化的趋势，伴随着法官职业群体的出现与形成，英国衡平法官不再像"春秋决狱"司法官那样带有政治色彩与业余性而在司法裁判中具有高于当事人的尊贵权利地位，他们逐渐演变成具有专业司法技术能力与职业素养的、在司法裁决中处于中立地位的且与当事人相对平等并被其视为真正公平正义化身的职业法官角色。在此基础上，随着职业法官群体的形成，英国衡平法中出现了"春秋决狱"所不具备的法官职业训练与身份保障制度，如法官必须经过律师学院的培训，宪

---

[1] 参见王利明：《司法改革研究》，法律出版社2000年版，第425页。

法与法律保障法官的司法独立从而不受行政等其他因素的影响，法官的职业都具有稳定性和可靠的收入保障等，由此就走出了一条完全不同于"春秋决狱"的法律职业化道路。

3. 衡平依据的侧重点之比较

由上文所述可知，"春秋决狱"在断案时主要依据的是儒家经典案例以及其中蕴含的"义理"，通过"本其事，原其志"的手段，对于案件有关的事实与行为人的目的、动机等主观心态进行考察，兼顾民俗风情、社会习惯、道德规范，其侧重的是伦理衡平，即在平衡各种利益的基础上实现对天理、国法、人情的冲突与整合。而与之相较，法官的职业化训练使得衡平法官真正具备了法学的价值观念与思维模式，他们以"公平""正义"为理念的"良心"原则以及遵循先例的经验主义为司法裁决依据，其体现的是以法律、法意或法理为依据的法律衡平。衡平法院法官在进行司法裁决的过程中，注重对法律基本原则、法律精神、法律原理等法律内在自身因素，即使是对自然法正义中所蕴含的"公正""理性"等明显带有泛道德主义倾向的理念，法官也将其转化为法律精神、法律理念进行考量和评价，而与之相比较，"春秋决狱"则往往注重对人情、习惯、民意等法律之外因素的考量。由此可知，西方法律思想发展早期，或许在自然法存在诸多对于道德伦理的考量，但在近代西方司法体系建立之后，其更加推崇规则之治，强调在司法实践中法律与伦理道德规范相比较的优先地位。这种不同的文化内涵背景，使得英国衡平法与"春秋决狱"表现出各异的司法衡平侧重点。也正是因为法律原理、法律精神所具有的历久而稳定的价值特征，使得以其作为司法衡平侧重点的英国衡平法得以长久存在而发展，而在司法衡平中侧重于具体的天理、人情、社会影响的"春秋决狱"，往往因为法外因素价值理念的波动性与易变性，导致其丧失衡平合理性，进而决定了其停滞不前与衰败的未来。

总之，"春秋决狱"与英国衡平法相比较，虽然二者处于不同的历史时空，分属不同的法系，但在形式意义上却有诸多相似之处，如英国衡平法早期的"自然法正义"理念与"春秋决狱"所内含的"中庸"思想都明显地流露出法官个人道德观念对案件审判的影响痕迹，都以实现实质正义的最大化为目标，都依据古老抽象的被社会公众所普遍认可的价值规范原则来实现对具体案件公道合理、和谐妥善的解决；二者都是作为对国家制定法的缺陷进行弥补的一种法律手段而出现的；都体现了法官在裁决中自由裁量权的使用；都以衡平的手段来实现纠纷的解决；都曾经在各自的社会中盛行并影响深远……但我们应当看出，在二者存在众多相似点的情况下，最终的发展道路却大相径庭的原因：从哲学基础上看，"春秋决狱"一直以"中庸"思想为哲学基础，强调对人情、习惯、民意等法律之外主观因素的考量，其以主观的道德伦理作为案件审判的依据始终不能避免法官个人因素对于案件的影响，这种过于注重个人价值理性判断的建构式理论主义或许在具体个案中能实现一定程度上的实质正义，但由于缺少严谨科学的分析证实态度与客观存在的断案依据，使之在其指导下无法形成系统化的法律规则体系，这也是"春秋决狱"之所以不能同英国衡平法一样走出一条现代法律之路的深层次根源；而英国衡平法在发展后期形成了以先例原则为表现的经验主义哲学基础，其注重归纳从不同案件中所体现出的具有普遍适用性的原则与标准，并以这种逐渐积累而成的客观法律原则与精神作为断案的依据，强调对法律原理、法律精神等法律本身因素的考量，避免以单一的个人主观标准来裁决案件，表现在司法中就是法律事实（大前提）——法律规范（小前提）——法律后果（结论）的司法判断模式，这种将丰富的人类生活经验与固定的法律逻辑表达相结合的司法模式，反映出独特的逻辑推理智慧，也是英国衡平法逐渐走向现代化法律之路的深层根源。从社会政治权力结构来看，"春秋决狱"的司法官为了谋求自身仕途发展的稳定性，在单一的君权至上的社会结构中只能选择依附于至高的皇权，从而沦为其进行统治的工具；而英国衡平法法官则得以在王权、教权、贵族权利的互相争斗与对立中找到自己不偏不倚的中立地位，在这种深层次原因的支配下，"春秋决狱"的司法官只能一直作为皇权利益的维护者而终身伴有行政性与非专业性的色彩，他们总是以皇权的代表者自居从而在司法裁决中具有高于当事人双方的不平等地位，其不可能产生职业性的法官群体，也就没有理由形成培养职业法官的职业训练与身份保障制度，加之其侧重于伦理衡平的自身衡平技术手段上的缺陷，使得其无法也不可能像英国衡平法那样为现代法律体系所接受，其在后期逐渐走向了与衡平理念相违背的道路——司法腐败与个人主义倾向化，从而使"春秋决狱"逐步走向了消逝的穷途末路；而英国衡平法法官则在行政官员司法化与神职官员世俗化的趋势下，逐渐演变成了具有专业司法技术能力与职业素养的、在司裁决中处于中立地位的且与当事人相对平等并被其视为真正公平正义化身的职业法官角色。在此基础上，随着职业法官群体的形成，法官职业训练与身份保障制度也得以逐步建立与完善，其在克服早期存在的问题与弊端的前提下逐渐发展成了一套具有长久生命力与独特价值的法律体系。

三、启　示

"一种制度得以长期且普遍地坚持，必定有其存在的理由，即具有语境化的合理性，因此首先应当得到后来者或外来者的尊重和理解。"[1]"春秋决狱"作为中国传统社会中一种重要的司法模式，以其独特的衡平手段与价值对中国传统法制产生了深远影响；而英国衡平法，自产生以来就作为与普通法相并列的另一种法律体系而得以存在与发展，历久而不衰，至今仍作为重要的司法手段存在于英国现代司法体系中。二者所共同拥有的衡平司法手段与衡平理念，即使放在现代法治视角下进行观察，仍然具有其价值：首先，衡平司法在司法裁决的过程当中注重对人情风俗、社会影响的考量，在如今的司法体系中符合人民群众的共同评价标准，使判案结果合情合理合法，有利于促进纠纷的和谐解决，协调当事人之间的利益关系，实现社会公信力与法律权威的共同提高。其次，衡平司法中法官对于法律能动地解释，一定程度上有助于弥补法律的缺陷，纠正法律的错误，实现对法律精神、法律原则在司法过程中的真正贯彻。最后，衡平司法对于现有法律的部分规避，提高了法律的适用性与灵活性，特别是在疑难案件的处理当中，法官对于法律的取舍与使用，可以更好地实现个案中的公平正义，避免只注重形式正义而牺牲个案实质正义后果的出现。

虽然"春秋决狱"与英国衡平法中所体现的衡平司法有其共同价值所在，但我们应当发现，正如上文中所述，不同于英国衡平法的法律衡平，"春秋决狱"更多的是一种伦理衡平，其过多地依赖道德伦理而抛弃法律来对案件进行评价，事实上将道德置于法律之上，其损害了法律的权威性，破坏了法律的稳定性，增加了司法主观主义的危险性，导致司法腐败的出现，进而影响了法律的普遍适用，这是与现代法律至上的法治理念相违背的。有鉴于此，

---

[1] 苏力：《送法下乡：中国基层司法制度研究》，中国政法大学出版社2000年版，第90页。

在借鉴英国衡平法的基础上，对我国的衡平司法提出建议：首先，转变衡平司法方式。"春秋决狱"注重对道德伦理规则的阐释而忽略了法律本身的解释与探索。其实，蕴含于法律其中的法律原则、法律精神、法律原理同样符合社会民众的普遍价值追求，且与道德伦理相比较，其具有更深层次的正义性与稳定性。在此情况下，学习英国衡平法，加强我国法官在衡平司法中对于法律本身内在含义的挖掘、解释与运用，重视理论论证、逻辑推理，以此加强我国衡平司法的正当性，推动伦理衡平向法律衡平的转变。其次，加强法官队伍建设。司法官作为衡平司法的直接运用者与参与者，对于其重要性不言自喻。但我国当前法官素质良莠不齐，整体性素质不高，加之司法系统内存在大量未受过专业法律技能训练的专业人员，且法官待遇普遍偏低，导致我国当前法官队伍建设堪忧。在此情况下，其一，建立严格的法官选拔机制，通过统一的国家法律职业资格考试选拔人才，从源头上保障法官队伍质量；其二，加强对在职法官的司法技术培训和职业素质培养，保证在司法过程当中法官队伍质量；其三，加强对法官的职业化保障，提高法官待遇，树立法官权威，通过制度的建立实现法官职业的稳定性、受尊重性以及生活保障性，由此实现我国法官的职业化建设与保障。最后，加强对衡平司法的限制。"春秋决狱"中司法官对于衡平手段的任意使用，很容易增加司法主观主义的危险性，导致司法腐败现象的出现，有鉴于此，必须对衡平司法进行约束，为其使用设定限制性条件。其一，通过立法确定衡平司法使用的范围和前提条件，如在某些案件当中缺少相关法律的适用或者法律规定不明确导致案件疑难时，经过审判委员会的共同认定，方能进行衡平司法；其二，在进行衡平司法时，必须采取合议庭审判甚至经过审判委员会的共同讨论，在多数人参与裁决的过程中保证衡平司法的正当性与合理性，由此约束衡平司法的任意性。

总之，我们从衡平司法的视角出发，将"春秋决狱"与英国衡平法进行比较研究时，既要看到二者形式主义上存在的相同之处，也要认识其内在深层价值理念的差别；既要看到二者所共同具有的当代司法价值，也要认识到"春秋决狱"与英国衡平法相比较所存在的内部缺陷，在有选择地借鉴其有益价值的同时，做到古为今用，外为内用，在保留我国传统衡平司法价值的同时使其在现代司法体系中找到合适的落脚点，推动当前"法治中国"的建设。

四、结 论

作为中国传统法律中的一种独特司法现象,"春秋决狱"的兴起与发展以汉朝时律令繁琐为背景,植根于礼教传统下的深厚哲学基础,离不开儒学的复兴、经学的兴盛以及统治者的推崇,对中国传统法律文化、法律思想以及法律制度来说,都产生了深远的影响。"春秋决狱"中"本其事,原其罪"的基本原则、对于经义的援引以及引儒入法的内在趋势,让我们清楚地认识到其对于犯罪主观与客观方面、成文法与习惯法、道德与法律、德治与法治之间的利益平衡与价值选择,而在定罪、量刑、执行刑罚中的衡平与考量,也显示出以衡平为价值目标的司法手段。衡平——这种独特而富有价值的司法裁决手段的出现,离不开"春秋决狱"内在所秉承的自然法正义与中庸思想,也让我们从一个侧面感受到了其与西方衡平法的某些相似之处。"春秋决狱"与英国衡平法在哲学基础、法官地位性质、法官职业化发展、衡平依据等方面存在形式上的相似性,但也有其内在价值追求上的巨大差距,我们在认识到二者所共同具有的衡平司法价值的同时,也要看到"春秋决狱"的内在缺陷。我们在论断一件事或一种制度时,不能过于主观,而完全忽略其所在的时空背景。如果仅以单一的视角对其进行观察,难免存在偏颇与误解。这就要求我们通过不同视角,在注重发掘本国历史中有价值的理念和制度的同时,与外在文明进行比较并借鉴学习,以此赋予其以新的历史条件下的崭新价值和意义。

明代匠籍分产文书探析

——以《张氏预嘱碑》为中心

刘伟杰 *

【摘　要】《张氏预嘱碑》立于明景泰七年（1456年）三月，以匠户张世荣预分家产为主要内容。从碑文中可以看到，一方面，作为家长的张世荣为防止死后其子女争夺财产，不仅将分割各房财产数详列，而且具明子女各人应承担的义务责任，展现了中国古代家产继承的一般特点；另一方面，作为匠户的张世荣曾承受强制服役之苦，匠籍世袭赋予了张氏分产一定的特殊性。本文致力于结合历史背景，通过对碑文内容的解读，一方面系探究明代家产继承的一般规则与程序，探究家族成员在家产继承上所反映的家庭地位，另一方面通过张世荣自述其家族的发展，希望重现一个更加真实的匠户家庭，为明初匠户制度研究提供微观的案例指引。

【关键词】明代　家产继承　分产文书　匠户制度

洪武三年（1371年）规定，"军发卫所，民归有司，匠隶工部"，[1]明确将户籍分为军、民、匠三类。洪武十四年（1381年），全国攒造黄册，仍按此分类，并规定全国"毕以其业著籍，人户以籍为断，禁数姓合户附籍"。[2]至

---

* 刘伟杰，中国政法大学2017级法律史专业硕士。
〔1〕《明太祖高皇帝实录》卷五四。
〔2〕《明史》卷七七《食货志一·户口》。

此，明代匠户被束缚于匠籍中，子孙世代服役，不得转业。对于这一群体，陈诗启对明代匠籍制度整体的实施状况以及瓦解过程进行了详细叙述；[1]李传文认为明代里甲制度是匠户派役的重要依据与管理基础，并对其行政管理进行介绍；[2]梁淼泰以明代后期景德镇御器厂为例，揭示了轮班匠役向雇役匠役转变的趋；[3]萧国亮以清初废除明代匠籍制度入手，认为匠籍制度的废除是明末农民大起义和手工业者反封建斗争的结果；[4]显然，学者关注的是作为匠户的群体层面，但作为户籍，匠籍的意义不仅仅在于服役，由匠籍身份引起的民事法律关系，较之民、军户而言，究竟具备怎样的特殊性，值得探讨。本文以《张氏预嘱碑》作为切入点，通过对匠户张世荣所立析产预嘱内容的分析，对其家庭财产继承关系的梳理，以期对明代家财分产与匠籍的特殊性有更为清晰的认识。

一、《张氏预嘱碑》碑文整理及释读

《张氏预嘱碑》原立于江苏省常熟市宝岩村张氏祠堂，现藏常熟市碑刻博物馆。此碑高1.45米，宽0.87米，青石材质。碑额刻有"张氏预嘱"四字，正文楷书竖刻25行，共约1575字。笔者依据原碑拓片，整理校对后，录文如下：

图1 张氏预嘱碑

---

[1] 陈诗启："明代的工匠制度"，载《历史研究》1955年第6期。
[2] 李传文："明代匠作制度研究"，中国美术学院设计艺术学专业2012年硕士学位论文。
[3] 梁淼泰："明代后期景德镇御器厂匠役制度的变化"，载《中国社会经济史研究》1982年第1期。
[4] 萧国亮："清代匠籍制度废除述略"，载《社会科学辑刊》1882年第3期。

01. 父张世荣、母周氏，同立预嘱文书。先父张文贵、先母顾氏，生我于洪武二十五年，至永乐年间出幼，〔1〕颇能代父之劳。已后赴

02. 京营造，越六春而回。不幸母丧，续娶继母邵氏。未二年，父卒，遗我与义姑夫潘文旺聚活未久，将我分出在外。祖父遗下民田四亩，

03. 山四亩，房屋住基一所。因姑父行投〔2〕俱自得之，止存我一身，家道衰微，产业殆尽，男幼妻弱，左右形影。幸存继母邵氏，及妻周氏，

04. 晨昏□力勤劳纺绩，抚养男女，艰辛万状。永乐二十二年复工，逾五六载，至宣德年间还家，儿女尚幼。奈乎命运乖蹇，况被火灾

05. 二次，荡然一空。妻周氏抱疾良久，经岁弗瘳。继母含吾一身独力，无人供执衣爨，〔3〕复娶顾氏管家。未几又染痼疾，□能行动。又娶陈氏，以助薪水之劳。时邵氏年七十余矣，卧病在床，终岁不兴。是时我常应役官府，弗克晨昏奉养。继母每每嘱付，而今家口重

06. 大抱疾者二三人，伏侍者惟陈氏而已。况值官府当房〔4〕起取，可再寻一婢相助。不得已，复娶沈氏，从母命也。今幸祖宗之阴德，托

07. 一己之浅见，赤手空拳，重新创造住基六处，房屋、田产、家财、什物等件，动用皆全。抚养男女长成，历过风霜艰难困苦之情，不可

08. 枚举。已后颇成家业，正欲奉养以乐天年，亲已没矣。男念劬劳，〔5〕以礼殡葬完讫。今吾与妻周氏等所生五男二女，常恐年迈遽疾，

09. 口不能言，死后男女争竞，不能训辖。是以预将创置房屋、田地、家财、什物，逐一拨付与长男张英等分受。其匠役班次，轮流应当，

10. 毋得推调。我今六十有五，衰弱多倦，一身有疾，每思退休，以远尘事。卜筑虞山宝岩湾，〔6〕自造山居一所，计瓦房九间，供奉祠堂佛

---

〔1〕 出幼：脱离少年时期。
〔2〕 投：纳税。
〔3〕 爨：炊也，烧火做饭。
〔4〕 当房：宗族中的同房；本家族。
〔5〕 劬劳：劳苦、苦累。
〔6〕 位于常熟县西郊，据《常熟县志》记载，宝岩湾"虞山前西去十五里一山之名，湾者不一。而此之深邃比他特胜内有吉壤。人欲择葬地者，必先焉"。

11. 像，四围环列花颗树木，亲手栽种。及山居前重建生坟一所，砖圹棺椁，一切完备。惟原夫妻归而全之子孙，四时奉祀，当思创业

12. 艰难。如有损坏，必要葺理，毋得将花颗树木轻率废弛。因顾氏无子奉养，就将此山居田产，拨与永远得业。过继亲孙男[1]张孟□，

13. 一同居住。供□祠堂佛像，洒扫烧香，子孙不得欺凌逼逐，亦不许僧道混杂。今将□下摽拨[2]于男，田地、山荡、房屋、家财、什物等件，

14. 逐一开列于后。自分居之后，务要勤谨经营，毋废祖业，撑持门户。大概所为，各听天命，毋得相妒。若违吾言，以强凌弱，以富欺贫

15. 者，许亲族赍此赴官陈告，以为不孝论。为此直言，刻石置于祠堂之壁，以垂示子孙之不朽云。

16. 今将各男分受田产、房屋、家私、什物，逐一开坐：

17. 一长男张英，分受民田[3]壹拾贰亩、荡[4]肆拾亩，见住南门祖基房屋，并下岸随基地[5]瓦草房肆间，家私什物俱全。

18. 一次男张俊，分受民田壹拾亩、荡肆拾亩，见住西南隅房屋，并南门下岸瓦草房两间，基地、家私什物俱全。

19. 一三男张容，分受官民田壹拾亩、荡肆拾亩，见住西南隅房屋，并南门下岸瓦草房两间，基地、家私什物俱全。

20. 一四男张珪，伊母沈氏，为因先年有祖坟一所，座落西门外，并官田山地共壹拾贰亩、荡贰拾亩，及见住房屋，家私什物俱全，拨付张珪母子承受，务要随时祭扫，兄弟毋得争执。

21. 一五男张玉，伊母陈氏，分受官田地共壹拾伍亩、荡贰拾亩，并

---

[1] "孙男"一词来自"孙男嫡女"，指孙子辈后代。过继亲孙男，指过继的孙子。

[2] "摽"通"标"，摽拨，标明调拨之意。

[3] 民田、官田，《明史·食货志·田制》："明土田之制，凡二等：曰官田，曰民田。初官田皆宋、元时入官田地。厥后有还官田，没官田，断入官田，学田，皇庄，牧马草场，城壖苜蓿地，牲地，园陵坟地，公占隙地，诸王、公主、勋戚、大臣、内监、寺观赐乞庄田，百官职田，边臣养廉田，军、民、商屯田，通谓之官田。其馀为民田。"据《明会典·诸司职掌·户部·民科》载，"系官田者照依官田则例起科，系民田者照依民田则例征敛"

[4] 荡，江河海湖泊岸旁积水生长蒿莱未经筑堤开垦之地。此等土地经筑堤开垦成熟后，与普通田地无异，称为"荡田"，但田赋较轻，浙江地区用来养鱼或者种植水生植物的池塘，亦称为荡。

[5] 基地：建筑物所占用的土地。

油车[1]一所，见住房屋、家私什物俱全。其油车每年出油三十斤，送山居点灯用，日后兄弟毋得争占。

22. 一顾氏无子，所生二女，长女淑真，已嫁尚湖南朱行。次女尚幼，俟其长成聘嫁，不许招婿在家。[2]所有山居[3]并花颗树木基地壹拾贰亩、官田捌亩零，家私什物，尽拨付顾氏并孙张孟□子孙一同得业，永远看管坟墓，供奉祠堂，不许砍斫树木费用。子孙毋得欺凌侵夺。常要看视葺理。如修整使费不给，令长孙张谦集诸弟子侄出备资本修理，毋致废弛，坐视坍塌。

23. 一义男吴添福，自幼过房，[4]抚养长大。教习匠业已成。娶周氏为妻，所生男女三人。宣德年间代我当役未毕，[5]擅自逃回，负累受害。见今将我家私搬居在外，本业营生。每年出银一两，求还贴役，[6]日后不许推调。

24. 一我与周氏卯角夫妻，存日已将有服房亲孝布送讫，无服之亲并邻里朋友，男张英等毋得疏慢失礼，倘我天年，各尽孝心，随时祭扫，庶不负人子之道矣。[7]

25. 景泰丙子春三月穀旦立。庠生蔡瑢书。　　　　邑人王缙镌。

根据碑文可知，张氏家族大致情况为：家长张世荣为苏州府常熟县人，生于洪武时期，共有五子二女，分别为正妻周氏膝下张英、张俊、张容三子；二房顾氏膝下长女为淑真，小女不知名，后过继同宗孙张孟□；三房陈氏膝

---

[1] 油车：用于生产、储存点灯油的工具。
[2] 招婿在家：招赘婿，就婚、定居于女家的女婿。
[3] 此山居指张世荣在前述提及的在常熟西郊所建的居住地。
[4] 过房：此处指以别人的儿女为儿女，或认他人为义父母。
[5] 代我当役未毕：代替义父张世荣服役但中途逃走，致严重影响。《大明律》规定："凡诈冒脱免，避重就轻，杖八十。"对于逃亡避役的工匠，惩绳很严格。《昭代王章》"逃避差役"条规定：若丁夫杂匠在役及工乐杂户逃亡者，一日笞一十。每日加一等。
[6] 贴役，补足服役的天数。《明律·断狱·徒囚不应役》："凡盐场、铁冶拘役徒囚，应入役而不入役，及徒囚因病给假，病已痊可，不令计日贴役者，过三日，笞二十，每三日加一等，罪止杖一百。"
[7] 第16~24行碑文，亦可见于唐力行："明清以来苏州的社会生活与社会管理——从苏州碑刻的分类说起"，载《上海师范大学学报（哲学社会科学版）》2009年第3期。

下一子，名张玉；四房沈氏，膝下一子，名张珪。此外还有一义男，名吴添福。碑文首句"父张世荣，母周氏，同立预嘱文书"，对照下句"先父张文贵，先母顾氏"可知，两句话应不是出于一人言，通过下文的判断可知，后句是以张世荣语气自述，加上对"母周氏"的判断，可以推测首句由张世荣嫡子所写，此后部分为张世荣所述。这为立碑人的判断提供了一种可能：张世荣嫡子遵其"刻石置于祠堂之壁"要求，将文书铭刻于石，行文前增加补注，说明预嘱来源。同时也证明在时间上，预立文书与勒石立碑并不同步，立碑程序在后，或许即为"预嘱"之名来源。

二、预嘱内容分析

（一）张氏匠籍身份

在预嘱中，家长张世荣数次提及"匠役"经历，并对子孙训言"其匠役班次，轮流应当"，可知其匠户身份。明代匠户主要分为轮班、住坐两类，前者更番轮作，后者安业住坐。根据张世荣自述经历可知，其应属轮班匠，根据官府规定，须定期定时服役。洪武十九年（1386年），令轮班匠户"验其丁力，定以三年为班，更番赴京轮作，三月如期交代"。[1]后洪武二十六年（1393年），将各类工匠劳役划分，根据不同的工种，将轮班匠服役时间改为三年一轮或两年一轮。[2]张世荣于永乐年间（1402—1424年）"赴京营造"，理论上此时的轮班匠役仍为"三月为期"，但张世荣前后两次服役均为"越六春而回""逾五六载还家"，虽然无法确定张世荣服役工种，但其服役时长与官方记叙相比出入较大。但结合当时的背景，即永乐十九年（1393年）迁都北京，大量的工匠被调拨建设基础工程，可知此处的"赴京营造"并非常规匠役，在此情况下，匠籍服役期不适用一般规定，而是以工程进展为定，明初大量的基础工程建设正是基于对匠户百姓的强征，逃匠之风由此开始。至于对"其匠役班次，轮流应当"的解读，则与宣德元年（1426年）规定相关：

> 工匠户有二丁、三丁者留一丁，四丁、五丁者留二丁，六丁以上者留三丁，其余全部放归家中，以后更替，单丁视时间远近，次第放免；

---

[1] 《明太祖高皇帝实录》卷一七七。
[2] 《明太祖高皇帝实录》卷二三。

老幼病残及无本等工程者皆放免。[1]

匠户服役期应从成年起算,直至老年。张世荣膝下五子,家中共六丁,只需留三丁服役。因匠役以匠籍为单位,一般由诸男轮流承担,而不是役于某人,诸子应遵守服役顺序参加应役,若不及时当差或役期未满逃回者,并行治罪。碑文记载义子吴添福"代(张世荣)当役未毕,擅自逃回,负累受害"也验证了这一点。正统时期,轮班诸匠"正班虽止三月,然路程弯远者,往还动经三四余月;则是每应一班,须六七月方得宁家"。[2]因工匠逃班现象日益严重,景泰五年(1454年),"轮班工作二年、三年者,俱令四年一班,重编勘合给付"。[3]虽然经过几次改革,轮班匠的服役时间大为减少,但匠户仍需往返千里,轮班匠每年服役2~6个月,极为苦累。不仅如此,匠户群体还深受"士农工商"等级的限制,难登仕流,后世对匠户群体的叙述往往仍以传统"贱民"论。沉重的负担和卑贱的地位因匠役永充而世代相传,不得擅自变更。违者,不仅要按《大明律》的规定[4]严加治罪,且处罚后要求其回复原籍。张世荣所处的时代环境,正是匠籍管理的严格时期,不似明后期"以银代役",从其反复强调服役这一点看,可知当时匠籍家庭之艰难。

(二)文书所载诸子分产份额

明代承袭传统家产继承"诸子均分"原则,规定妾生庶子、婢生庶子在财产继承上与嫡子享有同等地位;奸生子可得亲子份额之半;若无子立嗣,奸生子与嗣子便可享有同等的均分权利。在析分家产时,尊长应严格遵循"均分"原则:

> 凡同居卑幼,不由尊长,私擅用本家财物者,二十贯笞二十。每二十贯加一等。罪止杖一百。若同居尊长应分家财不均平者,罪亦如之。[5]

---

[1]《明宣宗章皇帝实录》卷二一。
[2]《明英宗睿皇帝实录》卷一五三。
[3](万历)《大明会典》卷一八九《工部九·工匠二》。
[4]《大明律》规定:"凡军民、驿灶、医卜、工乐诸色人户,并以籍为定。若诈冒脱免、避重就轻者,杖八十。"怀效锋点校:《大明律》,法律出版社1999年版,第46页。
[5] 怀效锋点校:《大明律》,法律出版社1999年版,第51页。

但需要注意的是在中国传统法律中，虽然家产继承在形式上逐渐独立于宗祧继承，但家产继承的顺序与份额仍取决于以家中男性尊长为中心所形成的家庭身份，而这种身份的依据就是宗祧继承顺序。因此不能将两种继承割裂，就此以张世荣所分家产明细为例，对明代家产继承规则进行讨论：

表1　张氏诸子所得财产明细

母	子	财产份额
周氏	张英	民田12亩、山荡40亩，南门祖基房屋，并下岸随基地瓦草房4间，家私什物俱全
周氏	张俊	民田12亩、山荡40亩，见住西南隅房屋，并南门下岸瓦草房2间，基地、家私什物俱全
周氏	张容	官田12亩、山荡40亩，见住西南隅房屋，并南门下岸瓦草房2间，基地、家私什物俱全
沈氏	张珪	官田、山地共12亩、荡20亩，及见住房屋，家私什物俱全
陈氏	张玉	官田15亩、山荡20亩，并油车一所，送山居点灯用，见住房屋、家私什物俱全

首先，从地理位置上看[1]（参见图2、图3），嫡三子所居房屋位于常熟县内，庶子居县外。无论从基础设施还是自然环境来看，明代城乡已有分别，嫡庶子生活质量因分配位置的不同，存在着较为明显的差异。此外，在预嘱中嫡三子均得到位于南门下岸瓦草房产，而庶子无；庶子所得房产或位于祖坟旁，或位于生坟旁，均伴随着祭扫义务，相比嫡子无义务的继承权。从内容和数量上看，虽嫡子田宅数量较多，给予庶子其他动产作为补足亦合理。然而结合田产的地理位置以及田亩属性，就能够发现"均分"是形式性而非实质性。种种迹象莫不体现着财产继承是与身份继承紧密联系，是身份继承的一种本质体现。

---

[1] 桑瑜纂修，常熟市图书馆编的《弘治常熟县志》卷首有明代常熟县地形图，以此作为参考标准对张氏田产分布进行分析。注：因只涉及大致位置的对比，本文未对比例尺等其他因素进行考虑。

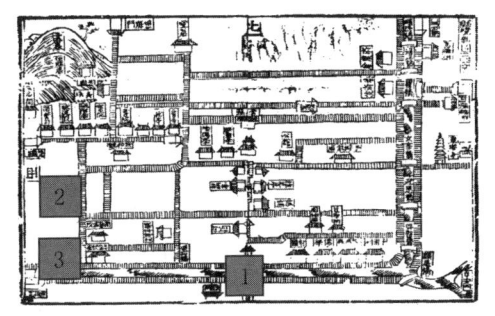

图 2　常熟县内

1. 嫡长子张英祖基房屋位置
2. 二子张俊房屋位置
3. 三子张容房屋位置

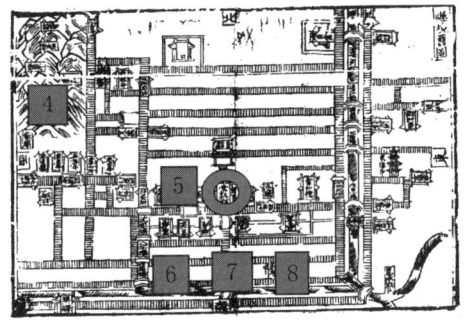

图 3　常熟县外

4. 宝岩湾山居，二房顾氏及孙
5. 西门外祖坟，四子张珪居住地
6. 长子张英南门下岸瓦草房 4 间
7. 二子张俊南门下岸瓦草房 2 间
8. 三子张容南门下岸瓦草房 2 间
圆圈所在位置即代表常熟县内

其次，从分得田产属性上看，嫡子三子所得田均为民田，庶子所得田为官田。官田与民田之区别，顾炎武曾言：

> （官田、民田）各为一册而征之，犹夫《宋史》所谓"一曰官田之赋，二曰民用之赋"，《金史》所谓"官田曰租，私田曰税"者，而未尝并也。[1]

百姓视官田为他家之物，以佃户身份进行劳作；视民田为自家之物，亲疏关系一目了然。何况明代江浙地区，因明太祖朱元璋攻吴王张士诚数年始下，迁怒江浙人民"助张士诚守"，故对江苏地区有加赋的特殊政策，将豪族及富民田改为官田，以其私租簿为税额。虽后有减税政策，但四府赋重依旧难改，尤为重赋。常熟县隶属苏州府，官田粮最为繁重。诸庶子在田产上所得利益大打

---

[1]（清）顾炎武：《日知录集释》，上海古籍出版社 2014 年版，第 232~234 页。

折扣。在分产时，官、民田的分产正是源于嫡子的宗祧地位的强力支撑。

(三) 文书所载其他成员的财产份额

学者滋贺秀三有言："家族中每个人围绕家产的权利，如果换个角度看，也可以说是在继承法上的每个人的地位。"[1]在我看来，不仅体现在继承法，在与家族相关的一切权利仍是以宗法地位为最高准则。

1. 女儿及赘婿

根据碑文记载，顾氏所生的两个女儿，长女外嫁，次女尚幼。明代法律规定，户绝财产，若无同宗承继人，则由亲女承分。[2]而对于非户绝财产，不论是否出嫁，女儿都没有可主张的财产继承权，故在此份预嘱中，顾氏二女均无财产继承权。但次女未嫁，其出嫁时的嫁妆是需在分产时提前预留的，据此可视为是"预支的权利"。张世荣"不许招婿在家"一语，道出中国古代赘婿的身份地位。赘婿自古地位低下，在女方家族中被视为"如人疣赘，是余剩之物也"。在明代，招赘婿者，仍需立同宗继承人，负责祭祀事宜，赘婿不得插手。[3]财产继承上，赘婿只有在给付养老义务时，才能与同宗应继者家产均分，在其他情况下是不享有法律赋予的继承地位的。即便如此，赘婿只是名义上继用女方家产，其实仍是为原家庭的女儿所保留的一种间接继承权，与其本身无关。从明代判牍中可见，为维护这本就脆弱的财产权利，招婿入赘时，或有族人以书面形式明确其对于赘婿的认可，表面是让族人监督其履行赡养义务，实际则使族人变相地承认其地位，防止日后财产纠纷的产生。[4]

2. 非生子

古代家族中非生子可区分为两种：一是具有继承性意义的"嗣子"，二是具有恩养事实的"义子"。为便于区别，前者称"过房"，所谓过房，无子而以兄弟或同宗之子为后嗣；后者则称"乞养"，从词义上看，便知区别：嗣子的意义在于延续祭祀香火，义子则是出于道义。

关于嗣子过继，明初规定于《大明令》，[5]嗣子的选择有着严格的排列

---

[1] [日] 滋贺秀三：《中国家族法原理》，商务印书馆2013年版，第4页。
[2] 怀效锋点校：《大明律》，法律出版社1999年版，第242页。
[3] 怀效锋点校：《大明律》，法律出版社1999年版，第47页。
[4] 张萍："明清徽州文书中所见的招赘与过继"，载《安徽史学》2005年第6期。
[5] 怀效锋点校：《大明律》，法律出版社1999年版，第241页。

顺序：同宗昭穆相当之侄（同父周亲）、大功、小功、缌麻、远房及同姓。因顾氏无子奉养，张世荣在张氏同宗族内过继张姓孙辈给顾氏一房。按滋贺秀三的观点，妾对于夫家而言没有所谓的"主体"地位，[1]所以顾氏一房所得山居、基地及官田应属"嗣孙"代位继承其"拟制父亲"的财产，而非顾氏的财产。因为夫死后，夫的承继人负有代其亡父赡养父之妾的义务。在此，笔者更倾向于解释为嗣孙的家产继承份额是包含对顾氏的赡养费用。顾氏因膝下只有两女，"无子奉养……过继亲孙男张□"即是一例。

所谓乞养义子，与其说是法律关系，更不如为一种事实关系。因为乞养行为不同于过房，在服制上不会导致任何的变动。义子的宗法地位受到严格的限制，但赋予连续多年同居的义子有分得义父财产的权利。但从碑文的记载上看，吴添福并没有分得田产基地，只有每年一两的贴役银。一方面可能因吴添福早已"私搬居在外"，不属于家产继承者；另一方面可能因"宣德年间代当役未毕，擅自逃回"使张世荣负累受害，故不予其继承权利也是有可能的。

三、预嘱的文书程式

明清时期，官方对家产继承程序未进行明文要求，但从司法实践上看，分产文书作为处理明代家产争讼案件最关键的证据，在定分止争方面起到很大作用。明代《盟水斋存牍》《折狱新语》等判牍文献均有关于家产析分的遗嘱文书。以《张氏预嘱碑》为例，综合判牍、文书原本，可将文书程式总结为如表2所示：

表2 以《张氏预嘱碑》为例总结的文书程式

1. 家庭基本情况介绍：详略不同，但基本家庭成员构成是必要因素；
2. 说明立嘱原因：多因"常恐死后男女争竞，不能训辖"； 后或列出田产等物品明细（非必要）；
3. 子孙须承担责任与罚则内容：根据具体情况，此部分内容各异；
4. 立嘱人训诫："永远为照""以垂永久"；
5. 标明时间、参与人签押：部分遗嘱还有见证人签押

前三项主要是主观要件，多因分产家庭情况的不同，内容亦有所出入，

---

[1] [日]滋贺秀三：《中国家族法原理》，商务印书馆2013年版，第578页。

故本文不予讨论；后两项为客观要件，也是分产文书的必要因素。就罚则部分而言，现存绝大多数分产文书多以"不孝"作为违背文书内容的责任后果，在一般财产继承中，则多以"倘有争占"作为"不孝"的定义，如此碑中"若违吾言，以强凌弱，以富欺贫者，许亲族赍此赴官陈告，以为不孝论"；同样地，在立嗣继承遗嘱《陆玘遗嘱文书》中，对不孝的界定为："若玘身殁之后，敢有不顺天理、违逆祖宗，妄生异议，侵欺孤寡者，锺氏与曾孙嗣昌各执此告官，以违犯不孝论罪。"[1]可见，被民间世俗化解释的"不孝"[2]罪名是根据实际需要，被赋予较强的灵活性。李雪梅老师在民间对"不孝罪"的自我设定中谈道："民间对'不孝罪'的设定，往往围绕切身利害，并套用法律用语作扩大解释。"[3]这种拟制的法律责任作为保障权利的底线，使得"不孝"在分产文书中起到了震慑作用。

最后，落款处一般有立嘱人、继承人签押，部分文书还包括见证人签押。见证人多为同宗族人，原因在于按照传统习惯，户绝之家的财产可归同宗管理，预立文书的形式将财产权赋予族外人就等于是侵犯了同宗的继承权，随着分产活动突破户绝财产的限制，这种习惯的余韵仍在，因此取得同宗人的认可依然是部分分产活动的必要程序。自宋代，分产文书还有加盖官印这一步骤，[4]钤有官印的文书在处理纠纷时，较之无印文书，具备更高的法律效力。但从《张氏预嘱碑》碑文内容上看，张氏分产文书中不存在与官方或宗族间的互动，既没有同宗者的签押，也不存在官府的认证。罚则部分虽然提及"若违吾言，以强凌弱，以富欺贫者，许亲族赍此赴官陈告，以为不孝论"，但并非此碑文独有。笔者认为，其原因在于一方面，明代分产的普遍性致使对文书程式要求的降低，正如前述，目前所见分产文书并非统一规制，官府相比前朝采取更为消极的方式，只有在家产争讼时，才有对分产文书效

---

[1] 国家图书馆善本金石组编：《历代石刻史料汇编》（第14册），北京图书馆出版社2000年版，第354页。

[2]《大明律》对"不孝罪"的定义为：不孝曰谓：告言、咒骂祖父母、父母、夫之祖父母、父母及祖父母；父母在，别籍异财，若奉养有缺；居父母丧，身自嫁娶，若作乐释服从吉；闻祖父母父母丧，匿不举哀；诈称祖父母父母死。见怀效锋点校：《大明律》，法律出版社1999年版，第2页。

[3] 李雪梅："非正式法中的'罪'与'罚'——基于碑刻文献的研究"，载《民间法》2014年第2期。

[4]《名公书判清明集·户婚门·违法交易》"鼓诱寡妇盗卖夫家业"引南宋《户令》："诸财产无承分人，愿遗嘱与内外缌麻以上亲者听自陈，官给公凭。"

力确定的必要性。另一方面，将分产文书"刻石"立于祠堂之上，分产结果通过祠堂石刻向张氏族人公开，已是一种族内公示。中国古代历有"镂之金石"传统，无论歌功颂德，或四至纠纷，抑或公文告示，在历代金石录中均有记载。相比之下，以分产文书为主体内容的石刻则相对较少，墓志铭中偶有涉及，但多作为附录略述。明清石刻史料虽丰富，但以遗嘱或是分产作为主体内容并不多见，《陆纪遗嘱文书》以立嗣继承为前提，其内容主要是为保护立嗣子与遗孀不被同宗欺辱而刻石警告，也不涉及明代家产继承问题。相比之下，《张氏预嘱碑》的内容更加丰富，更具特色。

四、结　语

张氏家族的匠役负担随着清顺治二年（1645年）废除匠籍的诏令而摆脱，几百年后，当《张氏预嘱碑》成为常熟石刻博物馆中的文物时，它的价值不止于张氏先人为子孙和睦而刻石立祠，就法律史研究层面而言，《张氏预嘱碑》虽然没有弥补史实之大用，但是对细节的追问，能够引导我们不断地深入挖掘制度背后的诸多空白。本文通过集中对一通碑刻所涉及制度内容进行详细分析，以明代家产继承为框架，将官方典章同民间材料相对照的方式以期对碑刻所载的分产文书进行实证研究，并结合纸质文书程式，对明代分产继承程序进行阐述，因笔者能力有限，还存在诸多问题待后续继续研究。

本文对《张氏预嘱碑》的价值定位在于其虽不足以支撑制度史的发展沿革，但为制度研究提供了一个新的切入点，即以微观史料修补同宏观制度进行互动的方式，对制度的演进进行更为细致的探究；同时碑刻将所立文书格式的完整表达为研究分产文书的程序性提供最直观的史料支撑，张世荣作为匠户的特殊性与作为家长的一般性均在《张氏预嘱碑》得以彰显。

浅析孙中山"国父"尊号的由来

张成飞*

【摘　要】 中国近代法制史上有许多人物值得研究，但在研究孙中山时，因其本身是一位"现实人物"而非"历史人物"，加之其不可磨灭的历史功绩，使得对他的研究具备了一定的复杂性。基于上述考虑，以及回应现实理论问题的关切，本文拟从小角度切入，以孙中山"国父"尊号的由来为研究对象，在前人相关研究的基础之上，从历史梳理、原因分析以及现实启示三个角度出发，对孙中山"国父"尊号的缘由作一个较为系统的回应，并提出一些粗浅的看法。

【关键词】 孙中山　国父　近代法制史　历史梳理　原因分析　现实启示

我国《宪法》序言充分肯定了孙中山先生的历史功绩，对孙中山先生领导人民推翻反动的清政府，坚持与一切压迫人民的反动官僚军阀作斗争的历史功绩作出了高度的评价。可以说我国宪法对孙中山先生"国父"功绩的确认，是确保国家统一的基础，一定意义上也彰显了深厚的民族认同和国家认同。孙中山先生后来曾自称"我是苦力，同时也是苦力的儿子。我生于穷人家庭，我自己仍然是穷人"。[1]在他看来，"农民之生活应早日脱离贫困。中华儿女的

---

* 张成飞，中国政法大学 2017 级宪法学与行政法学专业硕士。

[1] L. Sharman, Sun Yat-sen: His Life and Its Meaning, New York, 1934-09-04.

衣食应有最基本的保障"。[1]他理解"稼穑之艰难",同时也正是"如此境遇之刺激"促使着他成就为一代伟人。接下来本文将根据孙中山先生的历史功绩,对其"国父"尊号的由来作一个简单的梳理。

一、"国父"尊号的历史梳理

(一)"国父"之前尊号的历史梳理

中华民国成立后,孙中山先后就任大总统、总理、大元帅等诸多要职。因此,历史上有关孙中山先生的尊号,存在大总统,大元帅,总裁等不同的称谓。但是,"先生"的称呼则为更多的普通民众所接受,或者夹带其职位,简称其"总裁先生"等。举例而言,廖仲恺在致孙中山的一封信函中表述:"仲元往闽交接,全部作战部署及接防事项,皆如李之指示,附书而去……倘徒以此信人,终非失败不可,惟先生留意。"[2]尔后,孙中山出席各种会议时,不特置台上座位,仅仅坐在会场前列。张继回忆说:"诸同志仍呼为'先生',甚少呼大总统者,气度使然,并非有人教之也。"他和普通民众融合一体,身上从来不携带任何官僚习气。他就职大总统后,他以前的朋友仍可直呼其名,却从来不是冒犯,他依旧热情回应。华侨们偶有争议,在大庭广众之前,可以放大炮,而他处之泰然,让他们心中有话,和盘托出。其所以如此,因为他的内在秉性就是一心为公。[3]由此可见,先生之尊称,来自孙中山亲民务实的政治风度,而政治风度的底色则是其深厚的政治思想。

1905年,孙中山担任中国同盟会的总理;1914年他又出任中华革命党的总理;随后又担任国民党的总理一职。因此,此前时期的"先生"一词逐渐被这一时期的"总理"一词所取代。直至1924年元月,国民党内部通过章程,该章程单设"总理"一章,详细阐明孙中山的总理地位,通过党内章程赋予其至高权威。根据规定,"总理"这一尊称仅属于孙中山个人,任何人不得僭越。国民党党内人士,逢人便尊称其为总理。举例而言,邓演达在一份报告中写道,经考察,总理称呼在多数地方甚为普遍。如:"逢总理北上救亡之时,群众的热情程度,南北两方,一致期盼总理训导,也正是总理的开悟,

---

[1] 宋庆龄:《为新中国奋斗》,人民出版社1952年版,第5页。
[2] 李凡:《孙中山传》,浙江大学出版社2011年版,第245页。
[3] 尚明轩等编:《双清文集》,人民出版社1985年版,第370页。

民族解放才会生机盎然。"

(二)"国父"尊号正式诞生的过程

1924年国民党内部召开的党员大会颁发会议宣言,宣言内容主要为:国民党更为信服他,因为他是一个蜚声海内外、"国父"级别的首领。[1]这是记录其"国父"尊号最早的文档。在国民党的官方文件中,出现"国父"尊称是在1929年孙中山先生奉安大典时。国民政府新派迎榇人员,吴铁城等人于民国十八年(1929年)五月二十六日上午一时奉移国父灵榇,谨以鲜花一束上献灵前而陈言曰:"维国父之弃世兮,忽忽乎逾四期……"[2]抗日战争时期,国民党中央正式决议并由国民政府通令全国尊称其为"国父"。

其他类似1939年11月,在国民党的一次内部会议上,时任国民政府主席的林森领衔与石瑛、张知本等国民党党员共同倡议孙中山为"国父"。他们给出的理由是:孙先生为国民革命的倡导者和发起人,复兴中华,创建民国,以共和治理取代封建专制,为广大民众播撒自由平等。现通令全国,尊奉其为"国父",以示崇敬,并列举总理祭拜事项的诸多名称,应以"中华民国国父"六字开先,其余则可简化敬称"国父"二字。[3]上述提案经过广泛和深入的讨论,获得了广大同胞的深切赞同,对总理光荣事迹的描述客观公正,总理对中华民族的贡献日月可鉴,"国父"尊号的正当性得到了与会人员的一致认同。随后,间隔不久,由国民政府发布正式公告进行了确认。

抗日战争胜利之后,国民党沿用了"国父"之称。1946年7月2日,国民政府将原总理陵园管理委员会正式更名为国父陵园管理委员会,凡提及孙中山均改称为"国父",孙中山的"国父"之称遂流传开来。总体而言,对于孙中山的尊称主要经历了从"先生"到"总理"再到"国父"的演变,"国父"尊号也是在前面两个尊号的基础之上通过孙中山个人思想以及行动上的进步逐渐树立起来的。因此,研究"国父"尊号的由来尚需对之前尊号的变化作出梳理,尚有如此才能真切充分地展示出民众对"国父"的爱戴和拥护。

---

[1] 朱汇森:《"中华民国"史事纪要》,我国台湾地区"中华民国"史料研究中心1984年版,第82页。

[2] (民国)总理奉安专刊编纂委员会:《总理奉安实录》,南京出版社2009年版,第182页。

[3] 朱汇森:《"中华民国"史事纪要》,我国台湾地区"中华民国"史料研究中心1984年版,第413页。

二、"国父"尊号的原因分析

(一)"国父"尊号的理论探讨

关于孙中山"国父"尊号的由来,相关学者提出过多种看法。有学者主要从孙中山的人生经历角度出发,指出孙中山几次环游世界,能操数种语言;古今中外的哲思文库,他带着救国救民的深切忧思广泛涉猎,并在难得的间歇中思考宇宙和人生的真谛;他终身服务于革命事业,甚至身兼统帅与"排长"。[1]正是这份独特的经历铺就了他日后成为"国父"的基础,军旅生涯的历练,使得他对战争的认识更加具体,对"国父"的担当增添了更多的认同。有学者从他的历史功绩角度出发,指出"孙中山是民主革命的先行者,领导了推翻帝制、建立共和制度的辛亥革命;推动了国共合作,促进了国民革命的深入发展"。[2]他的功绩利在当代,功在千秋,"国父"尊称实至名归;也有学者总结提出了孙中山开创的"四个率先",主要包括:(1)他率先将中华民族伟大复兴予以凝练,使之成为一种政治口号和政治目标,从而推出一个前所未有的革命追求和指导理念。[3](2)他率先挣脱束缚国人达千年之久的封建体制,睁眼看世界,寻求中国发展复兴之路。[4](3)他率先发声,国家的主人是人民,掷地有声,为之后的革命指明了方向。[5](4)他率先指明了国家谋求富强的思路,即需要开明的政权作为支撑。[6]正是这"四个率先"铸就了孙中山"国父"尊号的基础。

笔者认为,上述学者的观点较为笼统,有的甚至存在单一化、片面性等缺陷。孙中山之所以能够被称为"国父",笔者认为主要是基于以下两个方面的原因:其一,政治思想;其二,政治行动。

之所以强调政治思想,目的主要在于要和政治风度等内容作出区分,有学者指出:"研究孙中山'真正的'学说收获是有的,但可能达不到预期值。

---

[1] 参见《孙中山全集》(第8卷),中华书局1986年版,第190页。
[2] 张苹、张磊编:《中国近代思想家文库·孙中山卷》,中国人民大学出版社2015年版,第2页。
[3] 胡波主编:《孙中山研究口述史·京津卷》(上),广东人民出版社2016年版,第184页。
[4] 胡波主编:《孙中山研究口述史·京津卷》(上),广东人民出版社2016年版,第184页。
[5] 胡波主编:《孙中山研究口述史·京津卷》(上),广东人民出版社2016年版,第186页。
[6] 胡波主编:《孙中山研究口述史·京津卷》(上),广东人民出版社2016年版,第186页。

因为他的思想还有丰富的空间。他更像是一个即兴诗人,而不是一个政治哲学家。当我们承认,是由于他的政治风度,而不是由于他的思想使他与众不同时,这并不贬低他在历史上的作用和他个人的英雄行为。"[1]笔者不赞同上述学者的观点,笔者认为,政治风度的形成是有政治思想的积淀作为基础的,虽然他的思想更多的是借鉴西方的民主思潮或者与前人的观点多少存在某种程度的相似,但是也是在多次的革命实践中结合了我国的特殊国情所作出的具有中国特色的民主思想,其本身所处时代的特殊性,使他的政治思想内涵更具丰富度和时代意义,例如剪辫易服,具体的"振兴中华"实施计划等内容。用具体例子来阐释,在接受美国记者采访关于"共和政府的形式,对于中国人民是否适合"的问题时,孙中山斩钉截铁地表示:"建立共和政府作为发展计划的分支,推翻满清王朝的腐朽统治,迎接共和政体的曙光,是其应有之义。如果用君主政体去干扰共和理念的进行是不切实际的,也是必然注定要失败的。我们是爱好和平的主体,我们的代表作为管理自身事务的主体,对于我们而言,将这种共和理念付诸实践。在祖国广袤的土地上,在各个角落,民众都有着能够准确反映其意愿的代表,他们为了祖国最高的利益而工作。"人民选出自己的代表,为了国家的最高利益而工作,这是他最原初的设想。尔后,孙中山结合了国民发展具体情况,分步骤提出了军政、训政等发展时期,这完全是立足于我国的具体国情,是扎根于革命实践的,上述理论就是他特有的政治思想的体现。

之所以强调政治行动,目的主要在于和经济、社会等思想作出区分。我国《宪法》序言中肯定了孙中山先生领导辛亥革命所具有的历史性意义。笔者认为孙中山先生的历史功绩并非仅仅局限于上述内容。但是因为《宪法》序言内容字数受限,因此共和国的立宪者们更多从领导革命、废除帝制、建立民国等政治性的角度对孙中山先生的历史功绩作出描述。中华人民共和国成立后,党和政府在正式的场合或者文书上提及孙中山时,通常使用的称号是"革命的先行者"。形式上有些许区别,但关于孙中山"国父"尊号的实质内容还是共融共通的,都是对孙中山先生历史功绩的推崇。此外,政治是那个时代最主要的关切,"孙中山就是孙中山的政治理念,孙中山的政治理念

---

[1] [美] 史扶邻:《孙中山与中国革命》(上卷),丘权政、符致兴译,山西人民出版社2010年版,第14页。

也就是孙中山,二者是合为一体的"。[1]这一点在《孙文学说》的自序中也有所阐述。

1. 政治思想

孙中山的个人品行与其政治思想密不可分,并有相容相生、互为补充促进的关系。提及孙中山的政治思想,始终绕不开的论题就是三民主义。有学者曾言:"三民主义的重心在于民权主义,民权主义更能展现其思想真谛,更能发挥该理论的功能效用。"[2]笔者认为,民权主义固然有其重要性,但是正如孙中山自己所言:"在中国,三民主义终归要落脚在民生领域,在民族、民权领域得到改善之后,普通民众的经济生活问题则会成为检验该理论是否具有最终功效的试金石。"他认为推行民生主义,改善民生条件,开展实质意义上的以民为主,才会使得广大民众享有长久的幸福。民生就是一块基石,基石不稳固,民权民族大厦也会动摇。"民生作为政治生活关注的重点,凝结了经济发展和历史演变等诸多要素,好比自然界大地的重心……无论历史还是当下,对民生问题的重视都是重中之重需要关注的地方。"[3]

民生主义是"归宿",是"中心",足以凸显民生主义在三民主义理论框架中的重要性,笔者认为民生主义也是最能集中体现孙中山成为"国父"的最有力的佐证。原因在于,"国父"一词体现了对弱势群体日常生活的最微观最深切的关怀,其往往以一个伟大政治家的高风亮节对近代社会经济、文化、社会生活等复杂现象进行全面把控,并在此基础之上,规划出一个国家的发展方向。关于这一点孙中山也曾指出,民生是社会发展进步的根本推动力,这就是民生史观的根本观点。中国近代社会经济生活中,诸多复杂而又充满挑战性的矛盾相互交织在一起,然而也正是孙中山的民生主义巧妙地将其综合到一起。在其所处的时代,他的民生主义主张并没有沾染以往革命者所带有的平均主义和改良主义思维,而是立足国情,规划了符合民主革命发展路径的建设方案。

具体而言,民生主义注重以下内容:其一,人民生活为本,以国利民福

---

[1] 王人博等:《中国近代宪政史上的关键词》,法律出版社2009年版,第182~183页。

[2] 李默海:《探寻宪政之路:孙中山的宪政思想及实践问题研究》,中央编译出版社2011年版,第56页。

[3] 孙中山:《三民主义》,中国长安出版社2011年版,第177页。

为前提,[1]关注弱势群体是民生思想的重要内容。其二,社会生存为重,"人民见闻较切,人民辨别较易",[2]求生意识较为浓厚。其三,国民生计的追求,"振兴实业,发展社会生产力,实现工业化,彻底摆脱旧有衣食住行的困扰"。[3]其四,群众生命的保障,政在养民、均平兴国、振兴实业、平均地权、节制资本都是民生主义的应有内容。此外,民生主义的最高理想即实现"大同"社会;富国强民是经济腾飞的发展方针,贫富均等社会公平思想。现代系统论创始人之一的贝塔朗菲曾言:"普通系统论是对整体和完整性的科学探索。"[4]也正是对"民生"内容的系统探索和深度关切,进一步促成了孙中山普世关怀的人格品性,这也在某种程度上进一步加深了对其"国父"资格的确认。

2. 政治行动

鲁迅曾经评价孙中山说:"站出世间来,就是革命,失败了还是革命;中华民国成立之后,也没有满足过,没有安逸过……他是一个全体,永远的革命者,无论所做的哪一件,全都是革命。"[5]他的政治行动就完全凝结在"革命"二字之中。带着振兴中华的目标,创立同盟会和兴中会,领导了旨在推翻清朝专制统治的10次武装起义,颁布《临时约法》,推行共和制度,完成政治革命;与此同时近代化的经济革命和社会文化革命也在其领导下如火如荼地进行,开创一代新风尚,初步奠定中国近代化的基础。在社会文化革新方面,诸如剪辫子、废缠足、禁鸦片、保护女权、改革教育等措施在随后的北洋政府统治中仍然继续推行。随后的袁世凯背弃革命初衷,孙中山毅然发动二次革命,保卫辛亥革命的胜利成果不被轻易窃取。难能可贵的是,他晚年能够适应时代潮流,改组国民党,推行三大政策,推动了国民革命。直到他生命最后一刻还留下:"革命尚未成功,同志仍需努力"的遗嘱,为国为民奋斗到最后一息。如此"革命"情怀已逐渐深入人心,"国父"尊号堪属当之无愧。政治行动是其政治思想的外化,二者相辅相成,共同诠释了在其

---

[1] 黄彦、萧润君主编:《论民生主义与社会主义》,广东人民出版社2008年版,第57页。

[2] "陈炯明对西报访员之谈话",载《申报》1922年8月21日。

[3] 王杰:《孙中山民生思想研究》,首都经济贸易大学出版社2011年版,第2页。

[4] 参见[美]贝塔朗菲:"普通系统论的历史和现状",载中国社会科学院情报研究所编译:《科学学译文集》,北京科学出版社1980年版,第30页。

[5] 李凡:《孙中山传》,浙江大学出版社2011年版,第1页。

所属时代,"国父"这一尊号的准确由来,同时也为后世提供了充足的借鉴和思考。

(二) 关键质疑的回应与确立

1948年曾有人质疑孙中山的国父地位,指出美国的华盛顿被称为国父,主要原因在于华盛顿膝下无子嗣,其具备"开国元勋"的领导地位和事实,美国人民敬佩他同情他,所以称他为"父亲",是国家的"父亲",赋予其美国建国历史上绝无仅有的崇高地位。但是反观孙中山已经有子嗣,而且武昌起义爆发时,他本人又身在海外进行演说要打倒满清政府。如若单纯从开国元勋角度出发尊称孙先生为"国父"的话,首先开国元勋的事实能否成立有待考证,其次法国的开国元勋们也并没有"国父"的尊称,这或许只是国民党单方面的献媚,从而粉饰自身的合法性统治罢了。

对此质疑,国民党有关方面作出回应:西方国家尊称一代伟人为"国父",是基于"国父"为国家的诞生以及良好运作做出的丰功伟绩,正是出于这份爱戴,而并非膝下无子的事实。我们尊称孙中山先生为国父,并非是自我标榜之言,况且孙先生并非国民党私有,他对国家创造的功绩,国家早有定论。

对此,笔者通过阅读孙中山先生的生平事迹,对此番质疑也有自己的一些看法。主要有以下几点考量:其一,"国父"这一语词设立的核心价值在哪里?笔者认为,廓清这一核心价值对于回应上述质疑至关重要。笔者认为,"国父"一词并非某一国家以及某一段历史的独创,相反它所代表的可能是跨越历史阶段的,跨越具体国别的,跨越具体时空的共同体概念。我们对这一概念的诠释,不能讲求某一个体条件的具体化,而要把握其核心价值,即该个体政治思想以及政治行动的"国家化""民众化",也即是否始终代表着最广大人民的根本利益,而片面强调对其他层面的考量都是不适当的。其二,"国父"的尊称并非停留在当时所属的年代,而是需要在后人的不断挖掘和体会之中去检验的,即便当时是出于各种各样的考量,但是其历史功绩还是需要后人去不断丈量的。

三、"国父"尊号的现实启示

孙中山的民生主义思想关注的重心在于人,体现了对民众生活的关怀,顺应了发展趋势。当下发展讲求以人为本，一定程度上回归传统伦理思想研究，从而发掘出其中蕴含的推动时代发展的精华，进而为国家治理现代化提供更为厚实的理论积淀。[1]

1894年，孙中山在《上李鸿章书》中就大声呼吁："民国以民为本，民以食为天，不足食胡以养民？不养民胡以立国？"[2]孙中山认为，所谓的民生问题，归根结底，就是人民的生活问题，即"社会的生存、国民的生计、群众的生命"。[3]人民的生活问题无外乎"衣食住行"等问题，此外如养老之制、育儿之制、周恤废疾者之制、普及教育之制，有相辅而行之性质者，皆当努力以求实现。[4]可以说，孙中山围绕民生问题提出了一系列具体的解决构想和具体方案。反观我国当下的民生问题还有一些值得改善的地方，包括各种社会问题（如环境、资源能耗以及物价等方面）还存在进一步改进的空间，提升国家治理水平并非一蹴而就。[5]对此，2018年《宪法修正案》在第32条增加"贯彻新发展理念，推动物质文明、政治文明、精神文明、社会文明、生态文明协调发展"。新时期，行政体制改革在原有政府职能转变目标的基础上，叠加了社会主义政治文明、生态文明建设的发展目标，共同服务于社会主义市场经济体制的完善。[6]2018年6月24日，国务院发布环境整治的意见，指出坚持保护优先，强化问题导向，突出改革创新，注重依法监管，推进全民共治。[7]传统的民生观念认为，民生可能就仅限于衣食住行，但是如今我们必须建立当下社会发展所需要的新民生意识，除了解决衣食住行等基本问题之外，还应当注重解决群众积极参与社会，表达利益诉求，渴望美好生活环境等新的要求。

---

[1] 皮庆侯："孙中山民生主义伦理思想研究"，湖南师范大学2006年博士学位论文。
[2] 《上李鸿章书》，载《孙中山全集》（第1卷），中华书局1985年版，第180页。
[3] 《三民主义·民生主义》，载《孙中山全集》（第9卷），中华书局1986年版，第192页。
[4] 《中国国民党第一次全国代表大会宣言》，载《孙中山全集》（第9卷），中华书局1986年版，第120~121页。
[5] 王杰：《孙中山民生思想研究》，首都经济贸易大学出版社2011年版，第328页。
[6] 马怀德主编：《行政法前沿问题研究——中国特色社会主义法治政府论要》，中国政法大学出版社2018年版，第96页。
[7] "全面加强生态环境保护，坚决打好污染防治攻坚战的意见"，详情参见http://www.gov.cn/zhengce/2018-06/24/content_ 5300953.htm，最后访问时间：2019年6月20日。

四、结 论

中华人民共和国成立后,辛亥革命的精神和理念对于新民主主义革命以及后续的社会主义发展与治理提供了更为丰富的借鉴。党和国家延续了第二次国共合作后所形成的纪念传统,每届辛亥革命周年,孙中山诞辰、忌辰逢十之期,一般都会举行国家级的纪念活动。新中国对辛亥革命与孙中山纪念的常态化与不间断化,既是新中国政治生活的基本构成要件,也是新时期辛亥革命集体记忆建构的主体方式。孙中山是我国近代史上"适乎世界之潮流,合乎人群之需要"的资产阶级民主革命的领导者,以及向西方寻求真理的先进思想家。他在从事革命活动以后,自始至终都在考虑如何把中国建设成富强之国,"富强"也就理所当然地成为贯穿他的思想的关键词。因此,当下对孙中山思想的回望,不仅仅是满足巩固并强化民族认同的需要,同时我们也能够不断地汲取孙中山思想中蕴含的中国"富强"的精华,为实现新时代中华民族伟大复兴贡献智慧。

第四部分

宪法学

立法游说：理解中国立法过程的新视角

黄圆胜[*]

【摘　要】随着我国经济社会的持续发展，阶层分化和利益分化逐渐凸显，中国的人大立法实际上已经进入了一个立法的利益博弈的时代。社会不同利益集团和利益群体试图通过游说相关立法部门，以影响法律起草、审议和法律修订等立法过程，来反映本集团或群体的利益诉求。较之于传统的人大代表立法、部门主义立法、地方保护立法的视角，这实际上构成了理解中国立法过程的一个新的视角。适时建构符合中国国情的立法游说制度，不仅可以规制大量的立法游说现象，控制少数利益集团操控立法进程的立法腐败，还可以作为一种协商民主的渠道，通过公众参与立法，纾解长期以来的人大立法的民主正当性困境。同时其亦可以作为公民言论自由与监督权的制度形态，为激活言论自由与监督权条款提供契机，具有促进立法民主与保障基本权利的双重意义。

【关键词】立法游说　立法过程　立法民主化　言论自由　监督权

一、问题的提出

两百多年前，面对美国建国时期一系列的宪法论争，"宪法之父"麦迪逊忧心忡忡地写下，"自由于党争，如同空气于火，是一种离开它就会立刻窒息

---

[*] 黄圆胜，中国政法大学 2017 级宪法学与行政法学专业硕士。

的养料"[1]。美国人民因宪法第一修正案而得以自由地以各种形式表达意见,而免于利维坦带来的恐惧。第一条宪法修正案[2]管窥这一基本权利的演进史,不难发现,言论自由的实践形态丰富多元。其中,"向政府请愿申冤的自由"（to petition the government for a redress of grievances）无疑是一项重要的权利形式,而相应的制度架构则是立法游说。同样地,中国自改革开放以来近40 年的经济发展,利益分化带来阶层分化,社会分层现象突出。[3]这反映到立法层面,几乎每一次人大立法过程中,都或多或少有社会各方主体进行利益博弈的情形出现。

那么,问题的关键在于,中国是否存在类似西方法律意义上的立法游说?或者说,在概念的描述性意义上,这种立法的利益博弈是否可以界定为立法游说?进一步追问,这种立法游说的视角能否构成理解中国立法民主化的新视角,或者说,新视角究竟新在哪?就第一个问题,从实践来看,郭京毅案无疑是因立法游说而导致立法腐败的最佳例证。[4]这表明立法游说的经验现象对于中国立法过程并不陌生。就第二个问题,传统的观察立法民主化进程的视角,多集中于代表制下人大代表立法、地方保护主义立法,或官僚制的部门主义立法这样的"官方视角",但缺乏社会主体通过组织化的游说方式参与立法、影响立法的"民间视角"。而后者的政治影响力往往能决定一部法律的最终走向。因此,挖掘立法游说作为理解中国立法民主化进程的新视角就具有较强的现实与理论意义。

从中央层面来看,党的十八届四中全会公报指出,"深入推进科学立法、民主立法,完善立法项目征集和论证制度,健全立法机关主导、社会各方有

---

[1] [美] 汉密尔顿、杰伊、麦迪逊:《联邦党人文集》,程逢如、在汉、舒逊译,商务印书馆 2011 年版,第 53 页。

[2] 美国宪法第一修正案规定:"国会不得制定关于下列事项的法律:确立国教或禁止宗教活动自由;限制言论自由或出版自由;或剥夺人民和平集会和向政府请愿申冤的权利。"

[3] 参见张文宏:"改革开放四十年中国社会分层机制的变迁",载《浙江学刊》2018 年第 6 期。

[4] 是原商务部条约法律司巡视员郭京毅案的简称。参见"'郭京毅案'恐怖之所在",载新华网,http://news.xinhuanet.com/comments/2008-09/05/content_ 9774866.htm,最后访问时间:2017 年 5 月 13 日。具体的理论归纳,另参见黄涛、艾超南:"我国立法腐败及其治理的政治学分析",载《云南行政学院学报》2011 年第 3 期。

立法游说：理解中国立法过程的新视角

序参与立法的途径和方式，拓宽公民有序参与立法途径"。[1]2015年修改后的《立法法》也同时规定了民主与科学的立法目标，[2]在加强民主立法与科学立法的大背景下，立法游说具有潜在的制度需求，其作为一种协商民主的表现形式，对中国立法民主化进程的正向意义，更值得认真对待。

学界针对立法游说现象的理论研究，不仅较为晚近，而且略显单薄。[3]以为数不多的研究来看，多数学者选择以利益集团影响立法的视角展开分析中国立法游说现象，[4]但是囿于转型期中国政治体制与公民社会发育不良的现实，单一利益集团的视角无疑具有较大的局限性，其难以解释大量利益群体或松散的公民团体等非利益集团的游说现象。[5]还有部分学者以比较视角研究西方立法游说制度，然而对转型期中国立法游说的实际图景的关照不足，则是其软肋所在。[6]另外一些学者则从个案分析的进路入手，虽然有助于解释具体游说个案的发生背景与互动机制，但是这种个案分析的进路要么忽视了个案立法博弈之于中国立法民主化进程的正面价值，[7]要么对公民言论自

---

[1] 参见《中国共产党第十八届中央委员会第四次全体会议公报》，载新华网，http://news.xinhuanet.com/politics/2014-10/23/c_1112953884.htm，最后访问时间：2018年5月13日。

[2] 参见李建国：《关于〈中华人民共和国立法法修正案〉（草案）的说明》。

[3] 以"立法游说"为主题词在中国知网（CNKI）上检索，仅有232条结果。而法学方面的文献，则少之又少，不足50篇，且其中大部分是硕士论文。其中公法领域的研究，更是屈指可数，不足10篇。

[4] 相关研究，如侯健："利益集团参与立法"，载《法学家》2009年第4期；卢正刚："游说还是俘获：不同立法体制下利益集团的行为选择"，载《安徽师范大学学报》第41卷第2期；邢乐勤、顾艳芳："论中国利益集团对地方立法的影响"，载《浙江学刊》2008年第5期；王保民、王焱："当代中国利益集团多元利益立法表达的问题与对策"，载《河北法学》2011年第2期；杨德桥："论利益集团对知识产权法的影响——以《著作权法》第三次修改为切入视角"，载《理论月刊》2012年第12期；郭道晖："论多元化的社会利益集团对国家权力的影响"，载《法治论丛》2008年第2期。

[5] 关于利益集团的定义比较繁杂，但根据相关学者的比对研究，其具备四个特征：①组织性；②有共同的利益基础或共同的信念、目标；③利益集团都致力于满足或维护其成员的共同利益或目标；④以影响政府公共政策为目标。参见孙大雄：《宪政体制下的第三种分权——利益集团对美国政府决策的影响》，中国社会科学出版社2004年版，第14页。

[6] 相关研究，如张羽君："论西方利益集团与法律发展的互动"，载《湖北社会科学》2017年第1期；张娟："澳联邦民主议会体制下利益集团政治游说环境与策略探析"，载《青海师范大学学报》2011年第5期；董天佳："美国的'第三院游说'制度"，载《社会学研究》1997年第4期；唐昊、刘艺："中美游说政治的比较分析"，载《湖湘论坛》2016年第5期；杨珍、郑令宇："当代西方利益集团的立法影响及评价"，载《人大研究》2001年第5期。

[7] 相关研究，如李亚娟："《劳动合同法》之立法回顾与思考"，载《西北大学学报》2014年第4期。

由之于立法游说的实践意义"置若罔闻"。[1]难以给出一个完整的立法游说的民主价值与权利实践的解释框架。

职是之故,本文第一部分试图界定中国式立法游说的概念与特点。第二部分结合近年来立法游说的典型案例作为样本,描摹中国立法游说的现实图景,并分析其特点与问题。第三部分则结合美国"第三院"游说制度来展开制度设计的比较,为建构中国立法游说制度谨慎地提供原则性的建议并对立法游说制度的民主意义与功能局限进行必要的反思。最后,本文在最终主旨上,力图一方面在描述性意义上使用立法游说这个概念,为我们理解处于转型期的中国立法民主化进程的驳杂现象提供一个新的观察视角。另一方面,在此基础上对符合中国特色的立法游说制度的生成提供原则性的建议,以期对当代中国的立法实践提供裨益。

二、中国立法游说的现实图景

(一) 何为中国式立法游说?

游说(lobbying),也称第三院游说或院外活动,最早起源于17世纪的英国,是指利益集团或群体的代理人等候在议院外的门厅,利用议员等候间隙说服议员,以此影响议会作出有利于特定团体利益的决策。

本文所称的立法游说,是指利益集团或利益群体对立法部门以各种手段进行说服,以影响或改变法律草案的起草、审议和法律修订等立法过程的一种现象。需要指出的是,本文所使用的立法游说概念仅限于狭义的立法,也即全国人大或其常委会的立法。在此并不讨论行政立法,也即行政法规与部门规章。原因在于行政立法具有天然的民意赤字。而本文的问题意识则集中在立法游说之于全国人大民主立法的意义。

此外,本文使用的立法游说概念也并不等同于公众参与立法。公众参与立法这一概念学界并未形成统一的定义,其实质是公众不借助于代议制民主提供的表达渠道,直接参与立法部门的立法过程的活动。因此可以看出,公众参与立法的外延包括立法游说,公众参与立法具有组织性的立法表达与非组织性的公民个人立法表达两部分特点。而立法游说仅指代前者。

---

[1] 相关研究,如杨永久、焦少林:"社会转型、利益博弈与制度成长——以《劳动合同法》的制定为个案的研究",载《江苏行政学院学报》2012年第2期。

立法游说：理解中国立法过程的新视角

(二) 中国立法游说的特点

个案分析是社会科学研究中进行定量分析的重要方法。通过检索相关新闻报道梳理中国立法游说较受关注的案例，选择四种较为典型的个案，制成如下表格，以反映一个初步的中国立法游说的现实图景。

表 1　中国立法游说较受关注的案例例举

	游说主体	游说对象	游说手段	游说结果
2008年《劳动合同法》颁布	劳方：全国总工会、劳动与社会保障部门 资方：外资企业在华商会、中国企业家协会	全国人大常委会法工委、国务院法制办	利用媒体影响公众舆论；提出公开意见和法律意见书；参加座谈会、论证会；组织研讨会	历时两年，全国人大常委会四次审议，最终通过。劳方占一定优势，但比草案初稿对资方作出了明显让步
2007年《反垄断法》颁布	甲方：国有企业、跨国公司 乙方：民营企业、全国工商联	商务部、国家工商总局、国家发改委、国务院法制办	参加座谈会；利用媒体影响公众舆论	历时13年通过。对国有企业的行政垄断作出让步
2011年《环境保护法》修订	甲方：民间环保组织、环境法学界、环保部 乙方：地方政府、重污染企业联盟	全国人大常委会法工委、全国人大环境与资源保护委员会	举行专题研讨会；公开提交建议书；发动公众舆论支持；政策倡导行动	历时3年修订，历经四次全国人大常委会审议通过。修订结果整体上有利于甲方。但在关键条款如环境权入法未获通过
2009年《邮政法》修订	甲方：中国国际快递工作委员会、国内民营快递企业 乙方：国家邮政局、中国邮政集团公司	国务院法制办、全国人大法工委	提交法律修订意见；举行专题研讨会、座谈会；通过相关部门施加影响；发布与提交公开信；向有关部门当面陈情；利用媒体施加舆论压力	历经十次修订通过。总体上有利于甲方利益

通过分析上述立法游说案例可知，中国式立法游说具有以下四个特点。

第一，游说主体多元化。从以上四个案例来看，游说主体包括民间利益团体、外资利益集团、民间利益群体、民间公益组织、政府机关、半官方社团组织等。繁杂的游说主体实际上反映了社会利益分化的现实。然而,需要注意的是,由于公民社会发育不良,民间利益群体大多势单力薄,组织性不强,能够调动的资源和影响有限。相反,政府机关或者半官方的社团组织由于享有行政立法权力或掌握较多政治资源,产生的游说效果往往明显。而且必须予以重视的是,中国立法游说也出现了一种反向游说的现象。[1]例如环保法修订时环保部罕见地在其官网公开发布针对环保法修订的意见书,颇有公开叫板寻求舆论支持的意味。[2]民间利益集团也逐步成型,开始为维护本集团利益活跃在立法前线,并发出了不小的声音。此外,由于经济全球化带来的跨国资本渗透,外资利益集团也试图通过影响立法来增进自身利益。[3]

第二,游说对象单一化。虽然上述四个案例显示游说对象数量繁多,但是经过分类处理,不难发现,游说对象集中于行政部门。特别是国务院法制办以及各部委。这主要是由于中国立法体制以行政机关为主导,[4]行政机关内部又由于各部委享有法律法规起草权,因而出现立法权行使的行政主导现象。此外,值得注意的是,全国人大的立法权也并未完整有效地行使,而是逐步经由全国人大——全国人大常委会——全国人大常委会委员长会议——全国人大常委会法工委这一下导链条将立法权力逐渐下沉,最终落到全国人大法工委内部"隐性立法者"手中。[5]因而游说对象集中于行政部门或权力机关内部的工作机构。这种单一化的游说对象恰恰表明立法权力的归属主体与实际行使主体相悖的特点。

---

[1] 反向游说,不同于利益集团等社会组织对国家机关的游说,而是指某一国家机关对其他国家机关进行游说,属于国家机构内部的游说。这种概念虽起源于美国三权分立的体制下,但对于描述当前中国立法游说的现实图景仍具有一定的借鉴意义。参见孙大雄:《宪政体制下的第三种分权——利益集团对美国政府决策的影响》,中国社会科学出版社2004年版,第115页。

[2] 伟民:"环保法修法博弈记",载《浙江人大》2014年第8期。

[3] 如在《劳动合同法》《企业所得税法》以及《反垄断法》的制定或修改过程中,外资利益集团频繁对起草机关进行游说。

[4] 据相关学者统计,近20年全国人大通过的法律,由国务院各部门提交的法律提案占全部提案的75%~85%。地方人大的情况更是不容乐观。参见周东旭:"行政主导立法的弊端",载《领导文萃》2016年第10期。

[5] 卢群星:"隐性立法者:中国立法工作者的作用及其正当性难题",载《浙江大学学报》2013年第2期;王理万:"立法官僚化:理解中国立法过程的新视角",载《中国法律评论》2016年第2期。

第三，游说手段多样化。游说手段主要分为直接游说与间接游说两种。[1]直接游说是指游说主体为实现特定目标与游说对象面对面进行游说的活动。间接游说则是指游说主体利用第三者来影响决策机关的活动。[2]从上述四个案例来看，游说主体采取了直接游说与间接游说两种手段。但是，若以是否涉及官方背景把游说主体进行细分，发现官方性质的游说主体多采取直接游说的方式，如内部提交意见书、参加立法部门举行的座谈会等。[3]非官方背景的民间游说主体则多采取利用大众传媒制造舆论影响，以及召开专题研讨会并发布公开信等间接游说方式，向立法部门表明其利益关切。[4]

第四，游说结果不确定化。由于游说主体多元化，所采取的游说手段多样化，游说双方利益博弈的具体背景不一，游说结果也渐趋复杂化。具体来说，以《反垄断法》出台为例，尽管饱受社会各界诟病，立法过程历经13年之久，但是国企行政垄断豁免的格局仍然得以保留。[5]这实际上涉及国企既得利益集团过于强大，以及如何破解国家经济安全意识形态的迷思问题。再以环保法修订为例，历经四次全国人大常委会审议，耗时三年之久，从一审时明显不利于环保组织一方的小修小改，到二审、三审、四审逐步大修大改向有利于环保组织一方的立场倾斜，原因在于环保部、民间环保组织和环境法学界的集体发声，共同造成强大的公众舆论影响。这三方形成一种官民合力的游说状态，共同促成环境保护法朝着预期目标修订。但此次修订仍然未对关键条款环境权作任何规定。[6]这进一步表明游说结果的复杂性并不仅仅

---

[1] 对于立法游说策略/手段的细致分析，See Stacy B. Gordon Fisher, *Strategic Influence in Legislative Lobbying: Context, Targets, and Tactics*, Palgrave Macmillan, New York, 2015, pp. 77-104.

[2] 孙大雄：《宪政体制下的第三种分权——利益集团对美国政府决策的影响》，中国社会科学出版社2004年版，第38~49页。

[3] 如《邮政法》修订，中国国际快递工作委员会通过其主管机关商务部向国务院上报意见。转引自侯健："利益集团参与立法"，载《法学家》2009年第4期。

[4] 有学者将中国公共政策议程设置形态归纳为六种模式，分别为决策者主导的关门模式、动员模式；智囊团主导的内参模式、借力模式；民间主导的上书模式、外压模式。这里官方背景的游说大致对应智囊团主导的内参模式和借力模式。非官方背景的民间游说大致对应民间主导的上书模式和外压模式。参见王绍光："中国公共政策议程设置的模式"，载《中国社会科学》2006年第5期。

[5] 参见《反垄断法》第7条。该法起草小组专家盛杰民认为，"这部法应该是各个利益集团的权利和力量博弈的结果，反映了各个利益集团的利益和要求"。参见国企杂志编辑部："释疑《反垄断法》：国企垄断应维持还是该打破?"，载《国企》2007年第9期。

[6] 参见伟民："环保法修法博弈记"，载《浙江人大》2014年第8期。

在于某一方一时的影响强大，还在于游说双方实力的某种均衡状态。

（三）中国立法游说的问题

制度供给的缺失，带来立法游说实践的无序乃至混乱。首先，由于缺乏相应的法律规制，立法游说一直处于"地下状态"，得不到社会各界的有效监督，其带来的最大问题在于立法腐败现象大量滋生。无论是民间利益集团还是外资利益集团，均可以通过其强大的资本实力，影响立法决策，形成一种更加隐性的权力腐败。

其次，在立法游说的利益博弈之中，社会弱势群体利益的有效代表和反映有待进一步加强。这主要是因为绝大多数弱势群体缺乏话语能力，难以进行组织化、"高水准"、有影响的自我表达。[1]如《劳动合同法》制定过程中，劳方主要依靠中华全国总工会这一半官方性质的社会团体来进行立法博弈。[2]

再次，立法游说中公共利益代表及保障有待提高。由于中国社会团体立法对非营利法人采取核准制，民间公益组织设立程序繁琐、门槛较高。[3]能够有效代表公共利益参与立法博弈的公益组织数量有限。以2014年《环境保护法》修订为例，一方面公众普遍关心《环境保护法》支持加强对环境保护的力度，限制污染企业排污。另一方面却遭遇《环境保护法》一审稿时将环保部修法建议稿中提出的"按日计罚""政策环评""公益诉讼"等核心条款删掉的无奈局面。[4]究其原因，在于立法时公众参与程度普遍不足，修法未能切实反映公众的呼声和关切。反倒是由于一些行政部门、地方政府和污染企业的联合博弈，淡化了该法的公共利益属性。

三、中国立法游说的制度生成

（一）立法游说制度生成的规范基础

中国立法游说现象是否需要规范化、法制化，还是任凭其"暗流涌动"

---

[1] 崔建华："谁来为弱势群体游说"，载《人大研究》2005年第11期。

[2] 该学者认为，主要原因在于中国工会经费的来源集中于中上层劳动者。参见董保华："劳资博弈之道——兼谈劳动立法博弈中'强资本、弱劳工'的观点"，载《社会科学家》2009年第1期。

[3] 参见《社会团体登记管理条例》第9条、第10条规定。

[4] 伟民："环保法修法博弈记"，载《浙江人大》2014年第8期。

"随波逐流",学界对此观点比较一致,几乎全部主张对立法游说进行法律规制。立法游说制度生成的宪法依据在于,"八二宪法"对我国采何种民主形态并未"一刀切"。《宪法》第 2 条第 3 款规定人民行使国家权力的机关是全国人大和地方各级人大。这便是中国特色的代表制民主的宪法依据。该条第 3 款紧接着规定,人民依照法律规定,通过各种途径和形式,管理国家事务。这里又带有某种直接民主的色彩。而立法游说属于代议制外的直接民主的实践形态之一。因此这一条款便可以作为立法游说的宪法依据。因为通过制定游说法,人民可以依照法律规定公开进行立法游说,而立法游说又属于参与国家的立法事务。由此这里当然可以理解为人民依照游说法的规定,进行立法游说,属于参与管理国家事务。

同时,从基本权利的视角出发,立法游说既可以作为言论自由的实践形态,亦可以作为监督权的实践形态。因为立法游说属于政治性言论表达范畴,当然可以落入言论自由条款的外延中。[1]此外,立法游说同样可以视为向立法部门及其工作人员提出建议的权利。而监督权条款则为游说主体提供了向国家机关和国家工作人员提出批评与建议的权利行使依据。[2]

另外,《立法法》第 5 条亦可以作为立法游说制度生成的法律依据。即立法是否能准确完整地体现人民的意志,是否能发扬社会主义民主,是否能保障人民通过多种途径参与立法活动。[3]立法游说制度无疑可以作为人民一项重要的立法参与途径。

(二) 立法游说的制度生成:美国叙事

不同于中国立法游说,美国立法游说现象十分普遍,游说业发展比较成熟。[4]尤以美国华盛顿特区发达,每年企业、公民组织等游说主体耗费在游

---

[1] 参见我国《宪法》第 35 条。

[2] 参见我国《宪法》第 41 条第 1 款规定:"中华人民共和国公民对于任何国家机关和国家工作人员,有提出批评和建议的权利……"

[3] 参见《立法法》第 5 条规定:立法应当体现人民的意志,发扬社会主义民主,坚持立法公开,保障人民通过多种途径参与立法活动。这里的"社会主义民主",按照上文对《宪法》第 3 条的解释,无疑包括直接民主与间接民主两种民主的形态,立法游说属于直接民主的实践形态。因此才会有该条款后半句的"保障人民通过多种途径参与立法活动"。而多种途径显然可以包括立法游说这一重要的途径。

[4] 对美国立法游说制度的介绍,See Stacy B. Gordon Fisher, *Strategic Influence in Legislative Lobbying: Context, Targets, and Tactics*, Palgrave Macmillan, New York, 2015, pp. 1–22.

说上的资金高达 31.2 亿美元,有超过 11000 名全职或兼职的说客从事游说服务。[1]美国游说业如此火热的原因比较复杂。其中最为重要的因素有以下几点。

第一,受益于美国宪法第一修正案的宪法保障。美国宪法第一修正案于 1791 年通过,其规定国会不可剥夺人民"向政府请愿申冤的权利"。由此美国人民可以在宪法保障下行使这一自由,雇佣说客游说政府,反映自身利益主张。

第二,三权分立的政治体制设计,使得立法游说的收益成为可能。由于美国采取典型的三权分立政治体制,国会、总统、最高法院彼此牵制,相互独立。这种分权安排,使得试图通过游说国会议员来影响立法决策成为可能。而且,还可以起到制衡美国总统的作用。游说主体只需要付出较小的代价就可以影响美国国会决策,从而为自身谋取更大的收益。[2]

第三,美国完善的游说法律制度保障,以及健全的立法公众参与和信息公开制度。一方面美国针对游说业进行了较为完善的法律规制,从 1938 年颁布《外国代理人登记法》对外国利益集团的游说活动进行规制开始,1946 年颁布《联邦院外活动法》、1995 年颁布《院外活动公开法》、1998 年颁布《游说公开技术修正法》,对游说集团进行了有效规制,促使其活动公开化透明化。此外,美国还针对政府官员的行为进行有针对性的法律规制。如 1978 年《政府操守法》、1989 年《政府伦理修正案》,对政府官员接受游说的行为进行了全面规定。[3]另一方面,游说业的兴旺也来自美国健全的立法公开与参与制度。完备的立法信息公开与公众参与制度,使得游说得以有的放矢,介入政治决策也更为便利。

第四,国会议员的立法需求使然。由于国会议员经由选举而来,其往往对现代社会复杂专业的立法事务比较陌生,特别是立法随着规制复杂的现代事务而逐渐精细化、专业化之后,就更是如此了。而游说集团基于自身行业

---

[1] 参见王韵墨:"政治游说是变相的腐败吗?",载 FT 中文网,http://www.ftchinese.com/story/001071392?full=y,最后访问时间:2017 年 5 月 13 日。

[2] 如美国微软、谷歌等公司游说美国国会,试图维持其市场垄断地位,牟取暴利。参见"微软第二季度游说费支出 185 万美元 低于谷歌",载 http://tech.qq.com/a/20110813/000174.htm,最后访问时间:2017 年 5 月 13 日。

[3] 唐昊、刘艺:"中美游说政治的比较分析",载《湖湘论坛》2016 年第 5 期。

提供的专业信息或者法案草案就显得弥足宝贵，这甚至进一步导致出现国会议员对游说集团的某种立法依赖。

美国的经验为我们提供了建构立法游说制度的经典版本。加之中国立法游说具有促进民主立法与保障基本权利的双重意义指涉，相应的制度建设也需要由此展开。首先，制定一部游说法是建构立法游说制度的首选项。阳光是最好的防腐剂。游说法需要树立公开化、透明化的立法价值导向，并需要格外注重游说对象即立法官员或行政官员的法律责任与伦理要求，以防出现新的游说腐败。

其次，健全社会团体管理立法，促进我国宪法规定的结社自由的实现。有效的游说需要组织参与，而中国集团化的游说则受到极大限制。典型表现则是普通集团游说和公益集团游说的不足与缺失。[1]因此，结社自由的宪法保障必须得到落实。相应地，对社会团体设立的门槛适时调低是当务之急。

再次，完善立法公开与公众参与制度。2015年修订的《立法法》为立法信息公开和公众参与立法提供了一定的制度保障。[2]但是，实践中"关门立法"的现象层出不穷。[3]因此，必须破解立法参与的形式主义困境，真正做到"开门立法""阳光立法"。为此，进一步完善立法法有关公众参与和信息公开的制度显得尤为要紧。必要时，可以制定一部立法信息公开法以保障立法公众参与，进而为公民进行游说提供便利的制度环境。

四、中国立法游说制度的民主意义及其功能局限

（一）立法游说制度的民主意义

就立法游说制度所带来的立法民主与基本权利保障的双重价值而言，其立法民主价值无疑对中国立法民主化进程具有较强的意义。因为立法游说制度虽然有利于落实公民言论自由与监督权条款，但其最终意义还是落实到促

---

〔1〕 有学者指出，普通集团游说是指非特权阶层为了自身利益进行的游说。公益集团游说是指公益组织为了保障公共利益进行的游说。这两者在中国由于社团设立的门槛较高而难以普遍存在。参见唐昊、刘艺："中美游说政治的比较分析"，载《湖湘论坛》2016年第5期。

〔2〕 参见该法第5条对立法公开原则的规定，第36条、第37条对制定法律公开与公众参与的具体规定。

〔3〕 朱景文："绝不能关门立法暗箱操作"，载财新网，http://chuansong.me/n/361323043045，最后访问时间：2017年5月13日。

进立法声音的多元化之中。此外,由于全国人大极其短暂的会期,代表审议法律草案显得力不从心,往往只能"走个过场"或者"举手赞成"。而所审议的法律草案又多由政府或者部门起草,立法的民主正当性自然面临赤字。在人大制度民意输送难以保证的情况下,立法游说制度允许社会各利益团体或公民群体参与立法过程,表达自身利益。由于"任何立法都是开放的,任何异见者都可通过更好的论证以赢得多数",[1]在正式的立法程序和机构之外,立法游说制度寻找到了一条补充的协商民主形式。这对于提升人大立法的民主正当性无疑具有较强的实践意义。

此外,立法游说从公民角度而言,其可以作为一种表达自身利益的理性化渠道。由于现有维权制度如申诉、信访、行政复议、法院诉讼等耗时耗力,维权成本极高,而且难以发挥实效,因此立法游说直接从法律制定过程入手,反映自身利益需求,无疑是一种更理性的制度维权手段,其对公民政治参与的民主训练意义不容低估。

(二) 立法游说制度的功能局限

设计任何一种制度的同时,我们必须注意防范其所带来的潜在问题。而一种制度的功能局限仅靠该制度本身是很难得到有效克服的,同时还需要其他制度来克服该项制度的弊端。立法游说制度的建构,亦不例外。

一方面,立法游说着眼于民主立法,但在转型期的中国,公民组织发展有待提高,弱势群体的利益代表一定程度上缺失,少数特殊利益集团一家做大,加之跨国利益集团的复合作用,难免出现强势利益集团俘获立法官僚,从而发生有些学者所称的权力与资本合谋的权贵资本主义的现象。[2]而在这个利益分割的过程中,特殊利益集团与特殊利益集团激烈博弈,频繁发声,而弱势群体利益代表一定程度上缺失,这就造成一种立法的"利益割据现象"。此外,如前所述,立法游说在我国只能作为一种民意的补充输送渠道,人大主导的立法格局不能被再次架空。立法本身的民主赤字问题还需回归到人大系统内部解决。[3]

---

[1] 翟小波:《论我国宪法的实施制度》,中国法制出版社 2009 年版,第 109 页。

[2] 吴敬琏:"权贵资本主义越来越严重",载网易新闻,http://news.163.com/10/1112/22/6LAT18G600012Q9L.html,最后访问时间:2017 年 5 月 13 日。

[3] 翟小波:《论我国宪法的实施制度》,中国法制出版社 2009 年版,第 107 页。

另一方面，立法游说亦是公民言论自由的实践形态。但著名的"麦迪逊两难"却警示我们，如果政府不允许人民追求自己的利益，它就取消了他们的政治自由。〔1〕立法游说制度固然是公民行使言论自由的途径之一，但其也可能带来言论自由的滥用。美国2007年发生的杰克·阿布拉莫夫游说丑闻无疑为我们敲响了警钟。〔2〕但是对于立法游说制度所带来的潜在的党争之恶，却不能依靠取消其存在所必不可少的自由的方式来消灭其产生的原因。因此，如何一方面保障公民的言论自由，一方面又克服其可能带来的党争之恶，是一个值得认真思考的问题。对此，在立法游说现象进行立法规制的同时，还必须对立法游说制度本身进行立法规制。〔3〕

五、余 论

中国立法游说现象伴随着经济社会发展带来的阶层分化和利益分化而愈加突出，其潜在的弊端也逐渐浮出水面。对此，相应的制度供给必须适时跟进。但相应的制度建构必须考虑到转型期中国的复杂现实图景所带来的制度异化问题。一方面我们应当考虑建构立法游说制度，一方面又必须睿智地走出"制度拜物教"。以立法游说为理解中国立法民主化进程提供一个新的视角的同时，必须对立法游说制度本身的功能局限进行必要的反思。这并不是某种可笑的胆怯，而是一种可贵的审慎。此外，本文在对中国立法游说现象进行事实描摹的同时，也对其制度生成进行了立法民主与基本权利的双重价值宣示。但是，这一分析对于理解中国立法民主化进程仍然是初步的、不完整的，立法游说制度深层次的理论依据在于人民主权的宪法原则。然而，到底是代议制民主下人民通过选票选举代表表明其是主人而非奴隶，还是公议民主下人民通过自由言论和理性商谈才能达致所谓的民主政治？这还需要理论和实践的不断更新和检验。但必须加以指出的是，本文对于立法游说之于中国立法民主化进程的理解视角，仅仅基于立法民主与基本权利的双重价值预设，其对于迈向中国"回应型法"的法律发展范式的形塑意义也必须加以重

---

〔1〕［美］杰佛里·M.贝瑞、克莱德·威尔科克斯：《利益集团社会》，王明进译，欧阳景根校，中国人民大学出版社2012年版，第3页。

〔2〕［美］杰佛里·M.贝瑞、克莱德·威尔科克斯：《利益集团社会》，王明进译，欧阳景根校，中国人民大学出版社2012年版，第2页。

〔3〕这方面同样可以寻找到宪法依据，参见《宪法》第51条。

视和审思。[1]而这一点，正是立法游说对于中国立法民主化进程更高意义上的超越。

---

[1] 立法游说作为民间力量是直接影响立法决策的一种途径，以此撬动过于僵硬的形式主义的法制变革之门，从而形成更加开放的、能动的、能够及时回应社会需要的法律秩序。在这一点上，其超越了立法民主赤字与基本权利保障的视角，提出了形塑更加动态与开放的回应型法律秩序的视角。在此意义上，其重要性不容低估。参见［美］P. 诺内特、P. 塞尔兹尼克：《转变中的法律与社会：迈向回应型法》，张志铭译，中国政法大学出版社2004年版，第81~87页。

"基本法"概念考

张升升*

【摘　要】"特别行政区基本法"的名称引发了部分研究者对其性质认识的错误。"基本法"这一概念在使用上主要有《德国基本法》和我国港澳特区基本法两种。本文通过对德国"基本法"概念的考证明确了西德和两德统一后"基本法"概念的不同含义与使用原因。通过对我国港澳特区基本法概念的考证明确了其非在"宪法"含义上而是在"基本法律"这一含义上采用了"基本法"这一概念，有助于我们更加清晰地界定我国《宪法》与我国港澳特区基本法的关系，更好地维护"一国两制"这一制度安排。

【关键词】　基本法　宪法　基本法律

一、"基本法"概念认识混乱导致的问题

我国港澳特别行政区基本法的颁布，一方面是对我国《宪法》中有关条款的立法实施；另一方面，也为我国港澳地区的稳定提供了法制保障。但这两部法律自实施以来仍存在一些理论或实务上的争议。其中一个问题是，无论是学术界还是政界都有人错误地将其视为特区的"小宪法"。[1]这种对两

---

* 张升升，中国政法大学2017级宪法学与行政法学专业硕士。

[1] 梁振英在为《香港回归十周年：基本法回顾与前瞻研讨会论文集》所作的序中说道："1997年起，香港有了本地的'小宪法'。"香港大学陈文敏教授所著基本法教材也直接将其命名为"Law of Hong Kong's Constitution"。

个基本法性质的错误认识，在一定程度上也导致部分人对特别行政区与中央之关系的认识、对"一国两制"的认识产生偏差。而对两个基本法性质存在这一错误认识也与特区"基本法"名称有一定关系。[1]无论是港澳地区基本法的中文名还是其英文译名"The Basic Law"，都与德国 *Grundgesetz* 的汉译名称"基本法"和英文译称"The Basic Law"相同。本文将基于目前公开的有关资料和研究成果，对《德国基本法》和我国港澳特别行政区基本法的名称进行考证分析，以期明确该法名称之含义，促进公众对我国港澳地区基本法的性质、其与我国《宪法》的关系形成更准确的认识。进一步地，维护"一国两制"，维护我国《宪法》作为根本大法至高无上的地位和尊严。

二、作为"宪法"的"基本法"：德国基本法

在全球193个颁布成文宪法的国家中，以"基本法"来命名一国之根本法的只有德国，自联邦德国（西德）颁布基本法至1990年德国重新统一以来，德国宪法一直称为"基本法"。但西德时期采用"基本法"这一名称和德国统一后采用"基本法"这一名称其背后的原因并不相同。

（一）西德基本法

德国历史上曾经多次制定宪法，自《法兰克福宪法》颁布以来，"二战"结束之前德国根本法的名称一直是"宪法"。纳粹德国战败之后，美英法和苏联分别占领了德国，扶持成立了联邦德国（西德）和民主德国（东德）。

德国旧宪由于未能阻止极权主义掌控国家，为了防止极权主义再次上台而被废弃。美英法占领下的西德地区在战后首先尝试成立了一些采用三权分立模式并颁布州宪法的州，而后尝试在西德地区建立统一的宪法秩序，如由巴伐利亚州总理主持的《海伦基姆草案》。在西德宪法秩序的建立过程中，存在支持制定宪法和反对制定宪法两种声音。当时德国被不同国家所占领，领土和人口不统一，主权不独立。在反对者看来，一方面，他们不愿意在德国重建中排除苏联占领区；另一方面，他们认为真正的制宪只能发生在主权的

---

[1] 如我国学者李琦根据"基本法"名称认为我国港澳特区基本法是宪法特别法。参见李琦："特别行政区基本法之性质：宪法的特别法"，载《厦门大学学报（哲学社会科学版）》2002年第5期。

自决中，而不能发生在同盟国的监督下。[1]因而，如在此种情况下制定宪法，一方面无法保障其作为根本法的稳定性和权威性，另一方面也不利于未来德国的统一。最终，汉堡市长马克思·布劳尔建议将这部法律命名为"基本法"。

"基本法"这一名称并非马克思·布劳尔所自创。德意志帝国时期，"基本法"这一名称用来指代那些具有特殊持久性和稳定性的根本性规范。但总的来说，由于当时基本法所规范的对象之中，常常只有个别的问题才具有非常重要的意义，因此会有很多的基本法同时生效，并且还会有新的基本法陆续产生。[2]此时的"基本法"仍是一个开放的概念，是对一类法律的概称，直到西德制宪时才将其作为特定称呼。

(二) 德国基本法

两德统一存在两种方案，一是依照《西德基本法》第23条第2款规定，"本基本法在其他部分，只有待其加入基本法后，方才生效"，东德地区以州的形式加入西德，作为先例，萨尔州曾依据本条加入西德；二是根据《西德基本法》第146条的规定，首先成立全德立宪大会，由其负责制定新宪，而后再以公投的形式由全体公民投票，在新宪法的基础上进行全德国议会选举，并组织统一的德国政府。西德联盟党和东德德国联盟主张采用《西德基本法》第23条第2款规定的方式，由东德各州分别加入西德，理由是这种方式相对便捷。如果以后一种方式来实施统一的话，很可能导致统一事业被漫长地拖延耽搁下去，因此这一路径在当时便没有被予以考虑和采纳。[3]

1990年东德根据第一种方案，以各州的形式分别加入西德，德国重新统一。而在此之前，双方签订了《统一协议》，对《西德基本法》第146条进行了重述。[4]按照该条规定，德国统一后原来的基本法继续有效，直到德国人民决定制定新宪，从新宪生效之时原基本法失效。为此，德国联邦议会两院于1992年1月成立了"联合宪法问题研究委员会"，该委员会的职责就是评

---

[1] [德] 克里斯托夫·默勒斯：《德国基本法：历史与内容》，赵真译，中国法制出版社2014年版，第15页。

[2] [德] 拉康德·黑塞：《联邦德国宪法纲要》，李辉译，商务印书馆2007年版，第60页。

[3] [德] 拉康德·黑塞：《联邦德国宪法纲要》，李辉译，商务印书馆2007年版，第69页。

[4] 《统一协议》第4条第6款重述了《西德基本法》第146条。参见德国联邦司法和消费者保护部网站，http://www.gesetze-im-internet.de/einigvtr/BJNR208890990.html，最后访问时间：2018年11月22日。

估是否制定新宪。在经过两年的研究之后,宪法委员会提出最后报告,建议为了保障宪政的连续性,只修改基本法而不是制定新的宪法。一种观点认为,东德以州的形式加入西德是西德在政治上的胜利,因此西德的法统不应被改变。推翻现有的基本法,制定新宪必然耗费大量时间和人力,且该法在西德实施几十年来获得很大成功,积累了大量的立法和行政经验以及宪法判例,全部废除并不可行。最终,基于政治和法治平稳继续发展的考虑,德国并没有重新制定宪法,而是在修改的基础上沿用了基本法。但在现行的《德国基本法》中仍保留了第146条,如有必要,德国人民仍能制定新宪法替代目前的基本法。

综上所述,"基本法"这一概念的含义在德国可以分为两个时期。第一时期是战后两德分立,《西德基本法》时期,第二时期是两德统一之后,《德国基本法》时期。对第一时期"基本法"这一概念,实际上不应将其视为"宪法"的同等概念。因为宪法的颁布意味着国家的建立,国家机关的权力来自于宪法的授予,宪法在地域上的效力范围即国家领土的范围。为了避免德国分裂的事实被宪法确认,西德并未将其视作正式的宪法。在第二时期,由于德国结束了分裂的不正常时态,统一的德国作为主权国家重新被建立,基本法的效力及于全德领土和人口,因而这一时期的"基本法"在概念上等同于"宪法"。此时的"基本法"也不再是一个开放的概念,不再是对一类法律的概称。

三、作为"基本法律"的"基本法":我国港澳特别行政区基本法

(一)"特别行政区基本法"名称的文本来源

两部特别行政区基本法在立法过程中并没有对本法律的名称进行讨论,因为在立法之前该部法律名称已经确定。在中国和英国达成的联合声明中,中国政府已经承诺未来将由全国人大以制定法律的方式,将中央对我国香港地区的政策包括将在本地实施的制度确定下来。其后,中国和葡萄牙达成的联合声明中,中国政府也作出了类似的承诺,要由全国人大来制定法律。而这两部法律的名称,在当时已经确定为"特别行政区基本法"。[1]

---

[1]《中华人民共和国政府和大不列颠及北爱尔兰联合王国政府关于香港问题的联合声明》第3条第12款规定:"关于中华人民共和国对香港的上述基本方针政策和本联合声明附件一对上述基本方针政策的具体说明,中华人民共和国全国人民代表大会将以中华人民共和国香港特别行政区基本法规定之,并在五十年内不变";《中华人民共和国政府和葡萄牙共和国政府关于澳门问题的联合声明》第2条第12款规定:"上述基本政策和本联合声明附件一所作的具体说明,将由中华人民共和国全国人民

通过对现有资料的检索可以发现早在1983年年初中央政府形成解决香港地区问题的十二条方针时已经出现了"基本法"一词,方针中的第12条提到要用基本法将中央对港政策确定下来。这是中央政府首次公开表示要在香港地区实施一部名称为"基本法"的法律。根据《鲁平口述香港回归》[1]和《廖承志传》的记载[2],中央政府关于解决香港地区问题的十二条对策之蓝本来源于廖承志于1983年初向中央政府提交的《关于解决香港问题的修改方案的请示报告》,在这一报告中廖承志提出了"香港特别行政区基本法"这一概念。

廖承志并不是在中文语境中第一个提出"基本法"这一概念的人,1979年6月26日,彭真向全国人大作了名为"关于七个法律草案的说明"的报告,内容涉及国家机关运行、社会治理等重要问题。在这一报告中其提出"刑法是国家的基本法之一"。[3]从刑法在法律体系中的地位来看,此处"基本法"应指基本法律。而可考的第一次采用"基本法律"这一表述的是杨尚昆。在1981年所作的一份报告中,他指出:"民事诉讼法是我们国家重要的基本法律"。[4]从制定依据、制定主体、调整事项、是否具有普遍效力等角度来说,法律可以分为普通法律和基本法律。所谓基本法律,从其制定依据来讲只能是根据宪法制定;从制定主体来讲,按照我国《宪法》的规定,此类法律只能由全国人大制定,其常委会无权制定;从其调整事项上讲,基本法律规范的是国家机构的运行,社会基本秩序的稳定;从效力上来讲,此类法律具有普遍效力,是全国性的法律。

因此,"基本法"在中文语境中便具有两种含义,一是"宪法"的含义,二是"基本法律"的含义。廖承志所作之请示报告中没有说明其在哪一层含义上使用了"基本法"这一名称,但并不妨碍我们通过论证来明确其在哪一层面采用了"基本法"这一名称。

(接上页)代表大会以中华人民共和国澳门特别行政区基本法规定之,并在五十年内不变。"

[1] 鲁平口述,钱亦蕉整理:《鲁平口述香港回归》,中国福利会出版社2009年版,第19~20页。

[2] 王俊彦:《廖承志传》,人民出版社2006年版,第541~542页。

[3] 彭真:《论新中国的政法工作》,中央文献出版社1992年版,第160页。

[4] 刘政等主编:《人民代表大会工作全书》,中国法制出版社1999年版,第541~542页。

(二)探究我国港澳特别行政区基本法名称含义的两种观点

一种观点从我国港澳特别行政区基本法的修改主体来探究这两部法律名称的含义。这种观点认为这两部法律并非我国《宪法》上所称之"基本法律"。其观点依据是《宪法》和《立法法》虽然没有赋予全国人大常委会制定此类法律的权力,但都明确规定其对此类法律具有受限制的修改权力。但另一方面,在港澳地区基本法中都有明确的条文规范排除了全国人大常委会对其进行部分修改和补充的权力,因而在法律位阶上这两部法律是高于"基本法律"的。[1]这种观点的错误在于将法律的修改主体作为界定其是否为基本法律的标准。一方面,宪法之下基本法律之上是否还存在一种位阶的法律值得进一步探究;另一方面,基本法律的界定应从其制定依据、制定主体和调整事项几个方面来考虑。由于二者制定主体相同,对修改权的规定可以视为对《立法法》有关条款的特别规定,但其不能使基本法拥有超越基本法律的地位。立法者之所以在这两部法律中将此权力专属化,是为了提高这两部法律的修改难度。两部基本法稳定性的增强,能使其更具有权威,更易被特区人民所接受,而非提升其位阶,使之成为"小宪法"。因此,虽然在我国港澳特别行政区基本法中都有明确的条文规范排除了全国人大常委会对其进行部分修改和补充的权力,但借此来证明其在位阶上更高的依据并不充分。

另一种观点从我国港澳特别行政区基本法的规范内容上探究这两部法律名称的含义,认为这两部法律在规范上涉及本地权力机关职权和组织结构,并且以专章的形式规定居民的基本权利,这些可以表明基本法规范属于宪法规范的范畴,因为只有宪法会规定立法、行政、司法机关组织架构和基本权力。因此这两部法律不是《宪法》之下的基本法律,而是作为主体法的《宪法》的附属法。[2]但将宪法分为主体法和附属法两种,这种分类会导致我国同时有多部生效宪法之嫌,不利于维护国家统一。实际上"一国两制"之下,特别行政区的立法、行政、司法体系不同于内地,因而需要在基本法中对其加以明确规定。而由于特区在政治制度、社会经济制度等方面不同于内地,因而

---

〔1〕参见李琦:"特别行政区基本法之性质:宪法的特别法",载《厦门大学学报(哲学社会科学版)》2002年第5期。

〔2〕参见朱世海:"宪法与基本法关系新论:主体法与附属法",载《浙江社会科学》2018年第4期。

港澳地区基本法对特区居民的基本权利和义务作出了更符合特区基本情况的规定。不能因为这种变通而认定这两部法律是"宪法附属法"而不是基本法律。

(三) 中央与特区关系决定特区基本法名称的含义

从我国港澳特别行政区基本法的修改主体和规范内容两种角度来探究这两部法律名称的含义,都存在重要不足。法律的名称与其位阶、性质和内容相关。因而,如何命名将在我国港澳特别行政区实施的法律是一件值得考量的事情。作为地方行政区域,中央政府与港澳特区之间的关系直接决定了该法名称的含义。关于央地关系的模式,主要有二种。一种是联邦制,此种模式下央地之间不存在隶属关系,且联邦政府的权力来源于地方州的让渡。在联邦制下,除了联邦宪法,地方也可以制定宪法,如在德国和美国,作为地方的州就制定了州宪。另一种是单一制,又分为中央集权式和地方自治式。采用后者的国家,如英国、日本,地方虽然在本区域事务管理中有较大自主权,但与中央集权单一制相同的是中央与地方之间都为隶属关系,地方政府的权力来自于中央政府的授权,全国只有一部宪法,地方无权制定宪法。

民国初期,我国曾试图学习美国联邦制,湖南、浙江等地还先后制定了省宪。但在孙中山看来,以"联省自治"实现民主共和只是借口,本质上是以"自治"为理由,维护军阀在地方的割据统治。中共早期也主张实施央地分权模式。但在1949年中华人民共和国成立前夕,为了防止外部势力挑拨少数民族分裂,因而放弃了实施央地分权模式的主张,改而采用中央授权地方的单一制。"高饶事件"后,随着行政层级减少,单一制在中国进一步加强。可见,1949年中华人民共和国成立以来,加强中央集权、限制地方权力扩张才是中国国家结构形式的调整趋势。在这种情况下,中央与港澳特区的关系在设定时不存在采用基于央地分权的联邦制的可能。

"一国两制"与联邦制。"一国两制"最早为解决台湾问题而提出。其内容虽然不同时期有不同表述,但核心为采用和平手段统一,中央尊重和保持当地主要制度和生活方式不变。目前,"一国两制"只在我国港澳地区得到了实施,由于"一国两制"是协调中央与地方关系的一种创新制度,由此产生的一个问题便是"一国两制"与传统的单一制、联邦制的区别体现在哪些方面的问题。单一制与联邦制的一个主要区别在于中央(联邦)与地方(州)在权力关系上是基于授权理论还是分权理论,"一国两制"之下港澳特区在政治、经济上都保持高度的自治，与内地中央集权式单一制下财政、行政、司法都被中央掌控的地方行政区完全不同，因而表面上似乎更接近于联邦制。就其所拥有的权力和履行的职责来看甚至超过了联邦模式下州的权力和职责。但联邦制以分权理论为基础，强调州的权力并非联邦授予，而是与联邦共同分享人民委托的权力而来。

"一国两制"的模式下，特别行政区的权力是否来源于分权呢？主张分权论的人认为在高度自治的基础之上，特区能够自决绝大多数本地事务。不论是选举、立法还是财经事项都可以由特区政府自己决定，并且特区有完全独立于内地的司法体系，甚至可以自主参与部分国际事务，这超出了授权关系下地方事权的范围，也与内地中央集权式单一制下财政、行政、司法都被中央掌控的地方行政区完全不同。分权论者往往将基本法视为本地具有最高法律效力的规范。同时，其认为特区政府的权力来自于本地人民的委托。授权论者则认为特区的一切权力都是自上而下产生的。其作为中国的一部分，并非一个独立的政治实体。在特区政府的权力是来自本地人民的委托还是自上而下的授予这一问题上，主张授权论的人认为这两法的民意基础应是全国人民而非只是本地民众。因此是由全国人民共同决定在特区实施有别于国家其他地方的制度，其高度自治也只是授权的结果，只是在程度上较其他地方单位更高。

《美国权利法案》第10条确立了没有被宪法列举为联邦的权力应属于州的规则。该规定为美国联邦与各州之间的分权关系提供了宪法上的规范依据。但我国《宪法》中并无央地分权的规范表述。相反，根据《宪法》第31条的规定，如有必要，国家可以决定设立特别行政区，并且在特区之内具体实施什么制度也由最高权力机关通过法律的方式加以规定。这一规定表明中央与港澳特区之间是授权与被授权的关系。因为作为港澳特区存在的前提——设立，就是由国家来决定，港澳特区所实施的制度也由全国人大而不是其本地的立法机构来规定。因此，将"一国两制"视为一种中央与港澳特区分权的制度在我国《宪法》上并没有规范依据，我国《宪法》的这一条款不仅是这两部法律制定的直接依据，而且还是中央与特别行政区的关系规范。由其所确立的中央与港澳特区之关系，虽然不是传统的单一制下央地之间的关系，但因单一制与联邦制的最主要区别在于中央（联邦）与地方（州）在权力关系上是基于授权理论还是分权理论，所以其本质上仍是授权与被授权的关系，这种关系不因授权的程度而改变。

因此，基于授权和被授权的中央—特区关系而产生的基本法，从其"基本法"名称的含义来说便承载不了"宪法"或者"小宪法"的含义，其本质上是"基本法律"这一名称的省略。此外，在该法草案交付全国人大表决时，姬鹏飞就说道："把国家对香港的各项方针、政策用基本法律的形式规定下来。"[1]在此之前，彭冲也在报告中表示："澳门基本法与香港基本法一样，是我国的一项重要法律，是未来澳门特别行政区的基本法律。"[2]可见当时的立法者也认为"基本法"就是"基本法律"的含义，而非"宪法"。

结　论

基于目前公开的有关资料和研究成果来看，"基本法"这一概念在提出之时并不具有"宪法"的含义，西德成立时因为未能占领全部德国领土和人口，建立统一的主权国家而在制宪时拒绝以"宪法"命名根本法，因而采用了"基本法"这一概念。两德统一时，因为采取了东德地区以州的形式加入西德的模式，《西德基本法》因而在全德有效。为了尽早实现统一，维护法治的平稳发展，也为了标志政治上的胜利，德国最终没有废除基本法，制定新宪法，此后德国"基本法"的概念在含义上等同于宪法。我国港澳特区基本法名称的最初文本来源于廖承志向中央所作之请示报告。在此之前，"基本法"在中文语境中除表述德国"宪法"之含义外，还是"基本法律"之简称。从我国港澳特区基本法的修改主体和规范内容两种角度来探究这两部法律名称的含义，都存在重要不足。"一国两制"下中央与特区之关系不是分权而是授权关系。因而我国港澳特区基本法并非"小宪法""宪法附属法"，其法律名称的含义应是"基本法律"之简称。我国港澳特区基本法名称含义明确之后，如何基于其基本法律的地位，维护一国两制，促进粤港澳大湾区建设，则是未来研究的重点问题之一。

---

[1] 姬鹏飞："关于《中华人民共和国香港特别行政区基本法（草案）》及其有关文件的说明"，载 http://www.npc.gov.cn/wxzl/gongbao/1990-03/28/content_1479211.htm，最后访问时间：2019年4月27日。

[2] 彭冲："关于成立中华人民共和国澳门特别行政区基本法起草委员会的决定（草案）的说明"，载 http://www.npc.gov.cn/wxzl/gongbao/2000-12/26/content_5002083.htm，最后访问时间：2019年4月27日。

农地"三权分置"研究之宪法学再思考

詹小弦 *

【摘 要】 农地"三权分置"是市场经济发展的产物,但是这一场主要由经济学主导的改革从法律角度来看存在较多值得探讨的地方。本文从宪法学角度观察农地"三权分置",具体解析了农地"三权分置"制度并分析了分置的功能及原因,接着从宪法角度对这一制度进行了梳理,包括宪法条文的梳理、其展现出来的特点,并认为从宪法角度来看农地"三权分置"需要从五个方面去考量:是否坚持集体土地所有权;集体土地所有权的主体及其行使;"三权分置"需要具体的部门法对其作出精细化的立法设置;关注农地"三权分置"制度本身的内涵;"三权分置"制度设计的应用与推广,需要我国宪法监督制度给予保障,诸如进一步加强宪法解释或完善宪法关于经济制度的内容。

【关键词】 "三权分置" 土地所有权 宪法解释 宪法监督

一、开门见山:问题的提出

鉴于我国耕地面积相对较少、人口基数大的实际情况,农村土地在我国农业现代化、城镇化的进程中扮演着至关重要的作用,与之相伴的土地制度更是重中之重。我国用较小比例的耕地面积承载着世界1/3的人口,土地的

---

* 詹小弦,中国政法大学2017级宪法学与行政法学专业硕士。

市场化发挥了极为重要的作用，但现行土地制度市场化的比例仍然较小。市场经济进一步改革与发展，产生了新的供求矛盾：农村集体土地大量闲置、农地产权主体模糊、权能不清晰等问题与市场经济发展加大对农地资源的需求之间的矛盾。当代农村经济的发展对家庭联产承包责任制下的"农地两权分离"提出了新的要求和挑战。同时，"使市场在资源配置中起决定性作用"是党的十八届三中全会会议基本精神要求，"农地两权分离"制下的土地较低市场化程度，以及农民涌向城镇而衍生的农地闲置等问题，与这一会议精神要求背道而驰，"两权分离"的土地制度设计已不符合农业现代化的发展方向。

为了优化土地资源配置，释放集体土地的巨大红利，推动我国农村经济进一步发展，农地"三权分置"制度应运而生。最早是在2014年1月，中共中央、国务院通过出台《关于全面深化农村改革加快推进农业现代化的若干意见》（以下简称《意见》）[1]明确了进一步推动土地制度深化改革，《意见》首次允许农民将其承包的土地中的"经营权"放入市场进行流转、抵押，但直到2014年11月，中共中央、国务院颁行的《关于引导农村土地经营权有序流转发展农业适度经营规模的意见》[2]才明确表述了"三权分置"这一概念。一方面，至此农地"三权分置"格局基本确立，农民变相成为"地主"，可以将其享有的承包经营权中的部分权能拿出来作为"财产权"进行流转，使农村土地真正进入市场，充分流转，释放的土地红利将惠及中国经济的进一步发展；然而另一方面，农地"三权分置"并非由法学界主导的改革，而是由经济学界所主导的改革，最先是由党中央、国务院提出，经过试点实

---

[1]《关于全面深化农村改革加快推进农业现代化的若干意见》第17点规定，"完善农村土地承包政策。稳定农村土地承包关系并保持长久不变，在坚持和完善最严格的耕地保护制度前提下，赋予农民对承包地占有、使用、收益、流转及承包经营权抵押、担保权能。在落实农村土地集体所有权的基础上，稳定农户承包权、放活土地经营权，允许承包土地的经营权向金融机构抵押融资"。

[2]《关于引导农村土地经营权有序流转发展农业适度经营规模的意见》第1点规定，"指导思想。全面理解、准确把握中央关于全面深化农村改革的精神，按照加快构建以农户家庭经营为基础、合作与联合为纽带、社会化服务为支撑的立体式复合型现代农业经营体系和走生产技术先进、经营规模适度、市场竞争力强、生态环境可持续的中国特色新型农业现代化道路的要求，以保障国家粮食安全、促进农业增效和农民增收为目标，坚持农村土地集体所有，实现所有权、承包权、经营权三权分置，引导土地经营权有序流转，坚持家庭经营的基础性地位，积极培育新型经营主体，发展多种形式的适度规模经营，巩固和完善农村基本经营制度"。

践后,再由立法机关、法学界进行探讨,逐步建立并完善"三权分置"制度。这一制度设计的法理依据,该制度实施面临的障碍,权利体系是否适当以及是否符合法律上的逻辑等都是值得进一步探讨的问题。

二、"三权分置"制度解析

(一)"三权分置"制度内涵解析

"三权分置"以"两权分离"为基础,是"两权分离"的进一步细化与发展,是土地承包经营制度主动适应新的社会经济变化而催生的新制度。我国宪法规定了国家所有与集体所有两种土地所有制形式,即二元土地公有制。[1]在此基础上,集体所有制土地以家庭联产承包责任制为蓝本,进一步将"土地所有权"与"土地承包经营权"分离开来,实现农地的"两权分离"。而"三权分置"则是对"两权分离"的进一步划分,将"土地承包经营权"分置为"土地承包权"和"土地经营权",形成土地所有权、土地承包权、土地经营权三种权利类型分置开来的局面。"三权分置"仍然坚持稳定土地承包经营关系不变,农民继续享有土地承包权,而允许分置开来的土地经营权对外进入市场流转,允许其他农民或者市场主体来经营农村的这部分土地。对比来看,传统的"二权分离制"下的农村土地承包经营权权能行使相对受限,尤其在一些平原地区,对农地的集约化经营要求更高,而土地资源利用率相对较低。因此,将农村土地承包权、土地经营权分置则更加灵活,且满足了市场经济进一步发展的需求,"三权分置"后,允许农民将土地承包经营权中的一部分权能作为财产权对外流转,为农民获取更多资金、农业朝着集约化经营的现代化农业发展方向创造了前提条件。

(二)"三权分置"制度功能解析

关于"三权分置"制度的功能,法学界存在不同的表述。从宪法学角度出发考虑,我们认为"三权分置"制度功能至少应体现在以下三个方面:第一个是社会保障功能,第二个是制度功能,第三个则是保障社会主义经济基础的功能。

---

[1] 《宪法》第10条第1款规定:"城市的土地属于国家所有。农村和城市郊区的土地,除由法律规定属于国家所有的以外,属于集体所有;宅基地和自留地、自留山,也属于集体所有。"

首先，是农村土地的社会保障功能，即农地作为农民的基本保障与社会保险。问题在于是否继续坚持让"土地承包经营权"承担起农地的社会保障功能？传统认为，农村土地由集体享有，农民享有对农村土地的土地承包经营权，通过这层相对稳定的承包关系使农民获得基本的社会保障与社会保险。但在近几年农村经济发展中，一方面，城镇化进程的加快，一些农民前往城市务工、定居，农村人口正在减少；另一方面，农村经济的发展以及党和国家的脱贫等政策使得农村温饱问题得到普遍解决，农地的社会保障功能有逐步弱化的趋势。在这样的背景下进行"三权分置"，需综合考量以上问题。农民虽较多流入城镇，但是他们并没有在城镇中获得有效社会保障，因此"三权分置"制度设计时仍应注意保留社会保障功能，继续强调土地经营权的"成员权"色彩，注意继续保持作为土地流转中农民的主体地位。一方面通过完善的立法规范农民享有的承包权进入市场流转的条件及程序，防止实践中出现的通过少数服从多数手段以整村整组的形式，将农民承包经营的土地对外招商流转，而忽略了个体农民的选择权，造成不稳定因素。其次，长远来看，随着农村人口市民化程度越来越高，获得有效社会保障的途径、方式增多，也应当通过优化机制来逐渐淡化农村土地的社会保障功能，诸如完善允许部分农民自愿退出土地承包经营的机制。

其次，是农村土地拥有的制度功能，即其承载的土地制度、经济制度功能。"三权分置"制度创新，牵一发而动全身，其调整与改革势必影响到与之相关的制度发生变化。"三权分置"制度不仅推动着我国土地制度发展与变革，而且直接影响着关于农村土地制度设计的变化。基于土地制度作为《宪法》中经济制度的重要一栏，也是关系国家、社会安定的重要因素，"三权分置"制度的重要性及其深度发展，或许会倒逼《宪法》中经济制度部分的调整与完善。再者"三权分置"制度设计可带动关涉土地、"三权"本身相关立法的修改，目前学界讨论较多的即是关于独立出来的"经营权"之性质探讨，更有较多学者呼吁对《物权法》作出修改，用立法去界定"经营权"权利性质及内容。

最后，"三权分置"制度还承担着保障社会主义经济基础的功能。"三权分置"制度设计的一个重要前提是集体土地所有权由农村集体享有，这得到了我国《宪法》的确认。而从宪法学角度观察，集体所有权与国家所有权均为公共所有权，这一所有形式设计之初则是考虑到农民集体对土地享有所有权，这是保障社会主义制度存在及发展不可或缺的经济基础。进行"三权分置"并没有弱化这一功能，它是在承认农地公共所有的基础上，将"经营权"分置开来，甚至允许将其中的"经营权"通过抵押、融资等形式进行流转，为农村集体组织的发展吸纳更多资金，丰富集体经济的发展形式，提升其发展动力，以此更好地发挥"三权分置"制度保障社会主义经济基础的这一功能。

(三)"三权分置"制度设计的内因分析

1. 回应实践中的做法，完善新经济形势下的土地制度

随着经济体制的变革，城乡二元结构体系逐渐解体，较多农民离开农村向城市、经济发达地区流动，农地大量被闲置。另一方面，经济体制的深化改革促使部分市场主体对土地资源极大需求，包括被闲置的农村土地，这一供求关系导致农村地区出现了农地承包经营权流转的现象。并且随着流转的土地面积增多，出现了承包方和获得承包方等新型农村集体土地经营主体，但鉴于流转过程中的纠纷与现行法律制度的缺陷并存这一事实，这些主体在土地权利的流转过程中存在较大顾虑，间接限制了农村经济的发展。一方面承包方农户不敢大规模将集体土地流转，另一方面获得土地承包方的经营主体不敢大规模对承包的土地进行投资，实践中的发展及其产生的问题，缺乏法律的及时回应。而实行土地"三权分置"，通过立法机关根据这一制度设计制定出精细化的法律法规，完善集体土地经营主体的权利保障体系，完善现有的土地制度，释放土地制度的潜力。

2. 为农村经济发展注入活力，刺激农业朝着现代化方向发展

农业的集约化、规模化发展道路不仅是农业可持续发展的必由之路，也是现代化农业发展的必然要求。以往家庭联产承包责任制下的"两权分离"土地制度，土地经营较为碎片化，属分散经营，这与农业现代化的发展方向是背离的，需适时作出调整，"三权分置"则为其提供了可能。同时，农业现代化发展不仅依靠政策引导，也需要资金技术的支持，但农村集体组织这一主体资金技术相对匮乏，依靠其自身力量实现农业现代化较为困难，需通过其他途径如融资等来为农村经济发展注入活力。同时，农村地区拥有最丰富的资源之一则是土地资源，农民实际享有的又是"土地承包经营权"，因此，

如允许将土地承包经营权中的部分权能即"土地经营权"进行抵押、出资等方式流转，则可获得可观的推动农业现代化发展的资金。农民获得资金支持，有助于其发展农村的实体经济，加之获得经营权的主体对农村经济的投资，有助于释放农村经济活力，刺激农业朝着现代化方向发展。

3. 化解实践中的做法与法理上的矛盾

在实践中，部分农民转让的是其拥有的土地承包经营权中的部分权能，即"经营权"，原有的土地承包关系未发生变更。但在已出台的较多政策性文件中，多数表述将这一行为笼统地概括为"农村土地承包经营权流转"，未能准确地反映出这一土地流转过程中所关涉的真实权利义务关系。实际上流转的并不是"土地承包经营权"，而只是其中的部分权能，法理上的表述与实践中的做法自相矛盾。"三权分置"后，将"土地所有权、土地承包权、土地经营权"三种权利分立，便于更清晰、准确地反映出权利的主体、内容及性质，使实践中的做法在法理上得以更准确的表述。

三、从宪法学角度梳理"三权分置"制度设计

（一）土地制度发展历史的宪法学梳理

1. 土地制度的宪法确认阶段，从《中国人民政治协商会议共同纲领》（以下简称《共同纲领》）到1982年《宪法》

纵向来看，发挥着临时宪法作用的《共同纲领》最早从法律层面对我国土地制度予以了规定，而新中国第一部宪法——1954年《宪法》则正式从宪法层面确认了我国的土地制度。1954年《宪法》第8条[1]基本是对《共同纲领》确立的土地制度予以确认，保护农民的土地所有权，即这时土地产权制度为"私有私用"。但随着个体经营的农业经济弊端不断出现，国家又逐渐鼓励农民加入生产合作社，通过合作社的形式，逐步向农业合作社集体所有制形式过度，这时的土地产权制度基本是"私有共营"。直到20世纪60年代的人民公社化运动，进一步向着社会主义共同共有发展，实行统一劳动、统一分配，因此在1975年《宪法》、1978年《宪法》中逐步确立起了土地公有制

---

[1] 1954年《宪法》第8条第1款规定："国家依照法律保护农民的土地所有权和其他生产资料所有权。"

度。1975年《宪法》第7条[1]确认了农村人民公社的宪法地位，1978年《宪法》更是在第7条第2款增加了一个补充规定，承认公社中社员经营部分自留的合法性。[2]1982年《宪法》则进一步从宪法层面确立了我国农村、城市的二元土地所有制形式，1982年《宪法》第10条第1款、第2款[3]从宪法角度确立了城市土地为国家所有，农村土地为农民集体所有。至此，我国的土地制度的宪法确认阶段基本完成。

2. 土地法律制度的形成阶段，从1988年《宪法》到1993年《宪法》

1988年《宪法》是对之前土地制度的又一大突破，1988年《宪法修正案》第2条[4]首次明确允许将土地的使用权依照法律的规定进行转让，但排除非法转让土地的情形，这主要是针对国有土地，同时删去了"禁止土地出租"的条款。在1986年，家庭联产承包责任制通过《民法通则》得以确立，这主要是针对农村土地，"土地承包经营"这一形式得到了法律的确认，农村土地的所有权和土地承包经营权分离开来，"两权分离"得以形成并确立，而家庭联产承包责任制的宪法地位正式于1993年《宪法修正案》第8条确立。[5]经历了20世纪70年代末的"文化大革命"，农业经济改革迫在眉睫，家庭联产承包责任制正是在这样的历史背景下以局部地区的试点的形式而逐渐建立起来，并逐步在全国范围内推广。与此同时，在这段时期内：新中国第一部《土地管理法》于1987年施行，1998年对其进行了第一次修订，1994年全国人大审议通过了《城市房地产管理法》，1998年国务院第12次常务会议出台了《基本农田保护条例》。至此，我国的土地法律制度基本形成。

---

[1] 1975年《宪法》第7条第1款规定："农村人民公社是政社合一的组织。"

[2] 1978年《宪法》第7条第2款规定："在保证人民公社集体经济占绝对优势的条件下，人民公社社员可以经营少量的自留地和家庭副业，在牧区还可以有少量的自留畜。"

[3] 1982年《宪法》第10条规定："城市的土地属于国家所有。农村和城市郊区的土地，除由法律规定属于国家所有的以外，属于集体所有；宅基地和自留地、自留山，也属于集体所有。"

[4] 1988年《宪法修正案》第2条将《宪法》第10条第4款"任何组织或者个人不得侵占、买卖、出租或者以其他形式非法转让土地"修改为："任何组织或者个人不得侵占、买卖或者以其他形式非法转让土地，土地的使用权可以依照法律的规定转让。"

[5] 1993年《宪法修正案》第6条将《宪法》第8条第1款修改为："农村中的家庭联产承包为主的责任制和生产、供销、信用、消费等各种形式的合作经济，是社会主义劳动群众集体所有制经济。参加农村集体经济组织的劳动者，有权在法律规定的范围内经营自留地、自留山、家庭副业和饲养自留畜。"

3. 建立并完善土地的用途管制阶段，1998年至今

1998年对《土地管理法》第一次进行修改，推动了我国土地使用制度改革，使土地制度改革不断适应土地管理的新形势，土地的用途管制阶段建立并不断趋于完善。家庭联产承包责任制的具体实现形式得以在1999年《宪法》与2004年《宪法》规范中明确，1999年《宪法修正案》第15条[1]是对1993年《宪法修正案》第8条第1款的完善与修改，以家庭联产承包责任制为基础，统分结合的双层经营体制来明确土地的用途。2004年《宪法》第10条第3款[2]明确了土地可被用以国家的征收征用，且同年对《土地管理法》进行了第三次修改，实质上属于适宪性修改。紧接着2007年全国人大审议通过了《物权法》，在明确根底保护要求的基础上，不仅完善了土地权利制度，同时完善了土地征收补偿、不动产登记等制度。至此，我国土地用途管制阶段基本成型。

（二）宪法规范变迁中的土地制度之特点

首先，从历部《宪法》及宪法修正案条文来看，土地制度作为经济制度的一部分，恒定地存在于宪法规范之中。从1954年《宪法》确认土地制度的宪法地位起，虽然随后宪法经历了几次全面修改和宪法修正案的增补，但是土地制度作为经济制度的重要部分，一直保留在宪法结构之中。虽然一些学者主张经济制度变化的频繁性会导致修宪的频繁性，进而影响到宪法的权威，并且现行宪法是计划经济时代条件下制定的宪法，对其进行的小修小补也不能使其对经济制度的规定符合市场经济的需求，反而这些补充性修改会导致其内部产生矛盾，[3]从而主张将经济制度从宪法中抹去。这部分学者认为应当结合市场经济要求，制定一部新的符合市场经济规律、符合宪政要求的新

---

[1] 1999年《宪法修正案》第15条将《宪法》第8条第1款"农村中的家庭联产承包为主的责任制和生产、供销、信用、消费等各种形式的合作经济，是社会主义劳动群众集体所有制经济。参加农村集体经济组织的劳动者，有权在法律规定的范围内经营自留地、自留山、家庭副业和饲养自留畜"，修改为："农村集体经济组织实行家庭承包经营为基础、统分结合的双层经营体制。农村中的生产、供销、信用、消费等各种形式的合作经济，是社会主义劳动群众集体所有制经济。参加农村集体经济组织的劳动者，有权在法律规定的范围内经营自留地、自留山、家庭副业和饲养自留畜。"

[2] 2004年《宪法》第10条第3款规定："国家为了公共利益的需要，可以依照法律规定对土地实行征收或者征用并给予补偿。"

[3] 吴祖祥："论集体土地所有权的主体——兼评《物权法》第60条的规定"，载《甘肃理论学刊》2008年第3期。

的宪法。但土地制度关涉社会的团结安定以及党和国家最关切的"三农问题",不仅是构成《宪法》经济制度规范的重要部分,也是我国社会主义经济的重要组成部分之一。因此我们认为即使宪法经历再频繁的修改,土地制度也会一直保留其在宪法中的地位,并且在平衡实践变化与制度创新的过程中保持恒定性。

其次,土地制度作为经济制度的一部分,规范地设计土地制度,有助于加强宪法实施,树立宪法权威。1954 年《宪法》制定时,关于土地制度的设计,以及后来 1975 年、1978 年、1982 年宪法关于这部分内容的表述,首先考虑的是政治因素,修宪带有强烈的政治性。例如,历次修宪也都会明确修宪指导思想,好比在四项基本原则的指导思想下去修改宪法,具体设计土地制度。自从 1999 年《宪法修正案》将"建设社会主义法治国家"写入之后,修宪则更注重依法治国的指导思想,而依法治国则强调依宪治国,重视宪法的权威,因此在设计完善土地制度时则需要将宪法规范放在首位。具体体现在 1999 年、2004 年《宪法》对家庭联产承包责任制的实现形式作出了具体的规范性描述,这是《宪法》规范对实践中做法积极回应,这样有助于增强执政党、立法者、民众对宪法的认同,为树立宪法权威营造良好的环境。"三权分置"土地制度的构建亦是如此,做到重大改革于法有据的同时,应当符合宪法逻辑,力争将宪法作为连结改革与法治的桥梁。

最后,土地承包经营制度从宪法规范中的土地制度中发展出来,核心是解决土地与农民关系。土地承包经营制度的开端起源于 1982 年《宪法》首次确立了城乡二元所有制的土地制度,1988 年《宪法》首次允许将土地的使用权按照法律的规定进行流转是家庭联产承包责任制下土地承包经营制度发展的土地制度基础,再到《民法通则》对家庭联产承包责任制的具体实现形式之规定,土地承包经营制度得以确立。纵向观之,土地承包制度的宪法规范设计,其核心均是为了解决实践中农民与土地的关系,调动农民投入生产经营的活力。面对新的生产力及生产关系的矛盾,家庭联产承包责任制下的"两权分离"同样面对着新的挑战,但是现行宪法却没能及时在制度上给予回应,而是保留着原有的宏观而笼统的规定,给宪法、法律留下了一些亟待解决的问题。

四、农地"三权分置"从宪法学角度需考量的问题

(一) 是否坚持集体土地所有权

在现行二元土地所有制框架下,现行的农村土地制度基本是以集体享有农村土地所有权为基础构建起来的,这一点也得到了现行《宪法》的确认。但学界较多学者认为,城乡二元土地结构所承载的是国家垄断的土地收益,部分学者主张集体土地所有权归国家所有,另有部分学者主张农村土地归由个人享有所有权。[1]从我国现有实际情况出发,当下仍必须坚持农村土地集体所有权制度,尊重农村集体的主体地位。

具体做法上,可以利用现有成熟的法律技术避开意识形态,绕过挡在视野面前的国家所有权和集体所有权的巨石。诸如通过修改、完善现行关于土地制度、土地管理的部门法,使农地进入市场流转得到有效法律保障。在具体制度设计时,可以在《宪法》宏观层面予以规定,再结合市场经济具体条件及实际,由部门法具体规定。以土地用益权制度为例,其是以我国现行《宪法》为框架和蓝本,再通过颁行《物权法》,以法律规范来确认二元土地所有的具体形式,以此构建起土地用益权制度,以此发挥土地的财产价值。

(二) 农村土地所有权的主体定位及行使

坚持农村土地集体所有是"三权分置"制度的核心与首要前提,但集体所有的所有权主体尚不明晰,进而影响这一权利的行使方式。因此,要坚持并落实集体所有权制度,需要对"农民集体"这一主体予以重新认识和定位。如上所述,农地集体所有的功能之一是发挥其社会保障的作用,强调农民作为集体成员中的一种"成员权",以农民集体为一个结算组织,以此来保障农村集体组织每一成员平等的生存与发展的权利。并且由于农民一直参与集体生产劳动而获得分配这一实际情况,他们对于作为"结算组织"中的一员,及其享有的权利都没有质疑和争议。但农村经济发展到现今,农村集体组织已经超越了"结算组织"这一独立功能,农民获得分配的途径不仅仅限于参与集体劳动,农民也有向城市、向其他地区流动参与劳动而获得分配,农民

---

[1] 张先贵:"集体土地所有权改革的法理思辨",载《中国土地科学》2013年第10期。

与农村集体组织的联系具体体现在他们对农村土地享有的权利,这种联系正逐步减弱。虽然现行法律法规规定了由农民集体享有农村土地所有权,但没有规定个体农民构成农村集体的"成员权"作为权利主体的农民的所有权实质上是"虚化"的,法律上规定由人人所有,但实际的个体却不享有具体的份额。伴随着农民与土地的这种"传统联系"的减弱,现今较多农民离开农村前往城市就业的现实情况,关于事实上存在的农村集体组织中的"成员权"是否继续保留等问题未予解决。诸如,现今较多农村人口到城市务工并定居,但是他们在农村所拥有的"地权"仍然保留;他们的子女大多数出生、成长在城市,但与此同时保留着农村户口,其"成员权"是否保留以及怎样保留都是尚未解决的问题。

另一方面,农村土地所有权不仅存在"主体虚化"的问题,同时存在农村土地所有权行使方式不明确的问题。许多农村地区在将集体土地进行承包时,往往多由村委会来行使这项权利,并没有真正落实到代表农民意志的村民小组的手里,即存在的问题是农村土地所有权的行使主体是农民还是集体组织。"三权分置"正是从农民利益角度出发进行的制度创新,这样可以使农民成为经营权主体,由个体农民来决定对外流转经营权,随之而来的土地确权制度,将确权后的土地登记颁证,将集体财产量化,再将集体财产落实到具体的集体成员,将有助于农村集体成员更好地行使农村土地所有权。且从权利保护的角度看,任何其他组织和个人均不能随意侵犯、剥夺农民对土地享有的权益,否则"三权分置"将会陷入理想主义者的空谈。

(三)"三权分置"需要部门法对其作出精细化的立法设置

"三权分置"改革最初由经济学界主导,经济学界认为"农地三权分置就是指农村土地三个产权的分离"。[1]目前来看,这一制度设计已经从改革试验阶段逐步走向推广阶段,但更多的是从理论及政策对其加以规定,新权利的产生不一定符合法理的要求,经济学界主张的可独立转让的权利从物权法定、财产权法定的角度来说,需要有作为国家意志体现的法律、法规作出更精细化的立法设置。重大改革应当于法有据,一方面,我国现有的法律对"三权分置"制度及制度下"三权"的主体、内容及权利性质、边界的界定仍不明

---

[1] 申惠文:"法学视角中的农村土地三权分离改革",载《中国土地科学》2015年第3期。

确，在法律规定上处于空白。另一方面，现有的"三权分置"制度构建多体现于政策性文件以及地方性规章当中。应当明确的是，制度设计背后体现的政策因素不等同于符合法律的规定，虽然实践中出现了较多通过协议将集体土地出让的情况，从而迫使土地"三权分置"改革的出现，但从法理上而言，认为契约是权利创设的基础是不充分的。因此，在明确了"三权分置"的积极作用及建设方向以后，需用法律制度来为这一制度提供保障。截至目前，"三权分置"是对家庭联产承包责任制的深化，但现行《宪法》或其他部门法并没有具体表述这一制度设计的内涵。我国现行《物权法》尚不涉及关于分置后"三权"的规定，分置开来的"土地经营权"尚缺乏法律的准确表述。故应考虑通过部门法的修改对权利主体、内容及性质予以明确界定。如对《物权法》进行修改，根据物权法定原则以及财产权法定原则，明确表述"三权"之间的关系，将改革法律化、制度化。对于实践中已经产生的纠纷，只有在将各项权利的权能准确予以界定的前提下，当农民土地权益因"三权分置"制度设计招致不法侵害时，也才有获得救济的可能。

（四）关注农地"三权分置"制度本身的理念

通常情况下，在对制度进行反思以及试图对制度进行变革时，即对制度进行怎样的修改与调整，这样变更是否合适，我们惯常使用的是利弊思维。钱穆先生曾在《历代政治得与失》中提及，一个制度不仅有利弊，还有理念，还有制度精神。在进行"三权分置"制度设计时，我们是否应当考虑其背后的理念是什么，蕴含着国家对于美好社会怎样的基本想法和考虑，同样很重要。如果不立足于土地制度理念的顶层设计，对土地制度仅是因繁就简，修修补补的话，我们就会发现在解决一个当务之急后，可能引发更难以解决的当务之急。因而进行"三权分置"这一"顶层"制度设计的任务，可以由宪法来担任，真正走上自上而下的改革路径，并且，在"三权分置"制度的运行中，也离不开宪法的保障，以此防止制度偏离最初的设计本意。

（五）加强宪法解释或完善宪法关于经济制度的内容

严格意义上而言，要落实"三权分置"制度，离不开我国宪法监督制度的完善。依法治国的前提是依宪治国，依宪治国则要求完善宪法监督制度，加强宪法解释。我国现行《宪法》第6条[1]明确了我国经济制度的全民所有制与集体所有制性质,第8条[2]明确了农村集体经济组织的双层农业经营体制,这两条宪法规范基本确立了我国农业改革需要遵循的基本原则和道路,任何关于农业的改革以及土地制度改革都不能突破这一底线,同样地,"三权分置"也必须是在土地二元结构下家庭联产承包责任制框架下进行的制度设计。家庭联产承包责任制以"家庭"为基础而建立,但关于"家庭"的表述及其性质,宪法和法律没有能够给予准确的说明,这一定程度上阻碍了农地产权的清理以及"三权分置"制度功能的发挥。如上所述,土地的使用权进行转让得到了《宪法》的确认,可以转让的"土地使用权"应当不仅包含现有的宅基地使用权与国有建设用地使用权,同样应当将分置开来的"土地经营权"纳入可以转让的范畴,农村土地经营权同样可以按照法律的规定进行转让。上述列举的宪法规范说明,宪法或法律缺乏对这些条文具体的解释,致使"三权分置"制度仍然面临一些制度上的难题,凸显出宪法解释的必要性。结合到我国的实际来看,我国尚未建立违宪审查制度,但可以考虑在现有的宪法监督体制下,通过加强宪法解释等手段,对包含土地制度的条文进行解释,为具体的制度改革提供宪法逻辑和理论依据。

当然,为了达到更理想的制度设计以及使制度更好地运行,理顺宪法体系,适时地完善宪法部分条文未尝不可,完善与土地相关的宪法条文也不无必要。就其背景而言,我国《宪法》特别是经济制度部分仍是计划经济时代下的产物,经济制度随着社会经济的发展需要在宪法规范中作出改变,以符合社会经济发展。从成文宪法国家的传统来看,对宪法进行完善也是理之当然的事,在经济制度发生剧烈变更的中国亦是如此。若完善宪法条文能够促进经济制度更好地运行,适时地完善宪法条文不仅不会削弱宪法的权威,更易使人们树立起对宪法的认同感。

参考文献

[1] 崔红志:"农村土地承包关系长久不变:内涵、挑战与建议",载《农村经济》

---

〔1〕 我国《宪法》第6条第1款规定,"中华人民共和国的社会主义经济制度的基础是生产资料的社会主义公有制,即全民所有制和劳动群众集体所有制"。

〔2〕 我国《宪法》第8条第1款规定,"农村集体经济组织实行家庭承包经营为基础、统分结合的双层经营体制"。

2016年第10期。

[2] 申惠文："法学视角中的农村土地三权分离改革"，载《中国土地科学》2015年第3期。

[3] 刘颖、唐麦："中国农村土地产权'三权分置'法律问题研究"，载《世界农业》2015年第7期。

[4] 张红宇："农村土地'三权分置'政策解读"，载《领导科学论坛》2017年第8期。

[5] 马宝飞："宪法视域下的农地'三权分置'制度研究"，载《怀化学院学报》2017年第3期。

[6] 张克俊："农村土地'三权分置'制度的实施难题与破解路径"，载《中州学刊》2016年第11期。

[7] 宋才发："建立农村农地三权分置制度的法治探讨"，载《学习论坛》2016年第7期。

[8] 刘恒科："'三权分置'下集体土地所有权的功能转向与权能重构"，载《南京农业大学学报（社会科学版）》2017年第2期。

[9] 吴祖祥："论集体土地所有权的主体——兼评《物权法》第60条的规定"，载《甘肃理论学刊》2008年第3期。

[10] 孙宪忠："推进农村土地'三权分置'需要解决的法律认识问题"，载《行政管理改革》2016年第2期。

[11] 姜红利："农地三权分置之下土地所有权的法律表达"，载《法学家》2017年第5期。

[12] 李晓新，王永杰："论中国经济制度的宪法规范"，载《学海》2011年第3期。

[13] 黄莹莹："统筹城乡背景下农村土地'三权分置'机制研究"，载《科技广场》2015年第1期。

[14] 张紫东："论农村土地承包经营制度发展及其对策"，载《湖南警察学院学报》2015年第27卷第3期。

[15] 陈仕远："农村土地'三权分置'的法律制度构建"，载《经济师》2016年第11期。

[16] 陈金涛、刘文君："农村土地'三权分置'的制度设计与实现路径探析"，载《求实》2016年第1期。

[17] 潘俊："农村土地'三权分置'：权利内容与风险防范"，载《中州学刊》2014年第11期。

[18] 吴兴国："承包权与经营权分置框架下债权性流转经营权人权益保护研究"，载

《江淮论坛》2014年第5期。

［19］姜红利："放活土地经营权的法制选择与裁判路径",载《法学杂志》2016年第3期。

［20］丁文："论土地承包权与土地承包经营权的分置",载《中国法学》2015年第3期。

［21］秦小红："政府引导农地制度创新的法制回应——以发挥市场在资源配置中的决定性作用为视角",载《法商研究》2016年第4期。

［22］梁慧星:《物权法总论》,法律出版社2010年版。

第五部分

行政法学

规范性文件制定程序的司法审查问题

——基于对《行诉解释》相关规定的解读

张佳琪 *

【摘　要】 规范性文件附带审查制度于 2014 年修订的《行政诉讼法》中得以确立，但规定过于概括，不能为司法实践提供明确指引。2018 年 2 月，最高人民法院颁布《行诉解释》，对规范性文件的附带审查进行了细化规定，明确将制定程序的合法性作为规范性文件合法性审查的审查标准。但该规定存在逻辑上的问题，且"严重违反制定程序"具有很大的解释空间，不光对司法实践造成困窘，而且因为该问题关涉制定程序合法性审查结果的处理，可能会给行政管理造成困境。法国行政诉讼中的反越权行为诉讼，可以因行政规范的形式瑕疵而提起，其认定行政规范形式瑕疵的标准可以为我国规范性文件制定程序的司法审查提供有益借鉴，以期进一步完善我国的制定程序合法性审查制度。

【关键词】 规范性文件　制定程序　司法审查　《行诉解释》

规范性文件附带审查制度在 2014 年修订的《行政诉讼法》中得以确立，但对于法院审查的范围、审查的标准、审查结果的处理等未进行明确规定。2018 年 2 月 8 日，在新《行政诉讼法》颁布实施近 3 年后，最高人民法院发

---

* 张佳琪，中国政法大学 2017 级宪法学与行政法学专业硕士。

布了《关于适用〈中华人民共和国行政诉讼法〉的解释》(以下简称《行诉解释》),该解释从规范性文件附带审查的提出时间、管辖法院、审查程序、审查范围、审查标准及审查结果的处理等方面作出具体规定,为司法实践提供了较为全面的法律依据。其中,《行诉解释》对规范性文件附带审查的审查标准,不仅规定了对规范性文件的内容、制定主体的权限等方面的审查,还规定了对规范性文件制定程序的合法性审查,这一尝试具有重大意义,但也存在着一些规范层面和实践层面的问题,有待进一步思考和完善。

一、规范性文件制定程序司法审查之争

(一) 规范性文件的制定程序

长期以来,我国规范性文件在制定程序上没有统一的规则,甚至仅依据领导的指示就可以制定一部规范性文件。应松年教授曾指出:"有的部门、机关往往凭某位领导的一个指示甚至一句话或者一次大会发言,便匆匆起草一个规范性文件,期间并没有经过认真周密的调查、考虑,更没有在一定范围内经过相关人员的必要讨论和磋商,听取意见,便草率发文或公布,缺乏应有的程序规则予以制约。"[1]

目前,我国各地方政府和部门对于规范性文件的制定管理的规范性认识不断加深,积极探索制定规范性文件的程序规范,但不同地方政府和部门对规范性文件的制定程序有不同规定。如《国家体育总局规章和规范性文件制定程序规定》第 2 条规定:"总局规章和规范性文件的计划、起草、审查、决定、公布、备案、解释、清理、修改和废止,适用本规定。"从该条来看,国家体育总局规范性文件的制定程序至少包含了计划、起草、审查、决定和公布五步程序。《国家知识产权局规范性文件制定和管理办法》第 3 条规定:"国家知识产权局规范性文件的起草、审查、批准、发布、备案、清理,适用本办法。"据此可知国家知识产权局规范性文件的制定程序为起草、审查、批准和发布。可见,不同部门对于规范性文件的制定程序的繁简程度不一。而且,在同一制定阶段,其具体制度设计也有所不同。例如,在规范性文件起草阶段,对于关涉公民、法人或者其他组织重大权利义务的规范性文件,一

---

[1] 应松年主编:《行政行为法》,人民出版社 1993 年版,第 314 页。

般都有听取权利义务相关人意见的规定,但是具体采取何种形式听取意见,以及对于意见的被采纳要求等方面的规定不同。有的部门规定,涉及相对人重大权利义务的,应当采取听证会的形式,听取相对人的意见;[1]有的部门则规定可以采取多种形式听取意见。[2]对于相对人的意见,有的部门规定应当根据这些意见,修改规范性文件的征求意见稿;[3]有的部门则将征求意见情况作为送审的说明材料,[4]并未要求在规范性文件中采纳所征求的意见。

相较于国务院相关部门而言,地方各级政府及其部门制定规范性文件的程序更是"形态各异"。如同为经济特区的深圳市和汕头市,对于规范性文件的制定程序规范不同。在审查决定环节,汕头市将市政府规范性文件和市政府部门规范性文件的审查决定程序分别进行了规定,[5]而深圳市则适用了统一的审查程序。[6]

对于规范性文件制定程序,国务院相关部门、各地政府及其部门虽然遵循的制定阶段大体相同,但是每一阶段的具体程序相差较大,所制定的规范性文件的科学性、合法性及合理性自然相去甚远,这也成了规范性文件一直被诟病的重要原因。

(二) 司法审查之争

规范性文件纳入司法审查的范围早已成为共识,但对于规范性文件的制定程序是否需要纳入司法审查的问题,一直存在争议。支持一方认为规范性

---

[1] 《国家体育总局规章和规范性文件制定程序规定》第16条第2款规定:"涉及公民、法人和其他组织重大权利义务的,应当依法召开听证会。"

[2] 《国家税务总局税收规范性文件制定管理办法》第17条规定:"起草税收规范性文件,应当深入调查研究,总结实践经验,听取基层税务机关意见。对税务行政相对人权利和义务可能产生重大影响的税收规范性文件,除实施前依法需要保密的外,起草部门应当听取公众意见。必要时,起草部门应当邀请政策法规部门共同听取意见。听取意见可以采取书面、网上征求意见,或者召开座谈会、论证会等多种形式。"

[3] 《国家知识产权局规范性文件制定和管理办法》第10条第4款规定:"起草司(部)应当根据征求意见的情况,对规范性文件征求意见稿进行修改,形成规范性文件草案送审稿,并在草案说明中对征求意见及采纳情况进行说明。"

[4] 《国家体育总局规章和规范性文件制定程序规定》第20条第1款和第2款规定:"起草单位报送规章和规范性文件草案时,应当同时报送起草说明和其他有关材料。起草说明包括制定规章和规范性文件的必要性、起草过程、规定的主要内容及其理由和依据、征求意见和修改情况等。"

[5] 详见《汕头经济特区行政机关规范性文件管理规定》。

[6] 详见《深圳市行政机关规范性文件管理规定》。

文件广泛涉及行政相对人的权利义务，而"一个合理的程序，是保障规范性文件合法性和合理性、科学性和规范性的重要条件"。[1]而且，公民、法人和其他组织享有规范性文件的制定参与权、内容知情权等权利。所以对于规范性文件制定程序的合法性审查既是判断规范性文件内容是否合法的重要参考，也是对行政相对人的参与权、知情权等权利的保障。反对一方认为对于规范性文件制定程序的合法性，目前司法还不宜进行审查。理由是：（1）制定程序全国还未统一，法院难以掌握审查标准；（2）实践中，行政机关并未严格执行相关制定程序，审查会造成大量规范性文件被认定为无效，导致行政管理工作陷入瘫痪；（3）制定程序的合法性审查应当由备案机关进行，法院不宜僭越；（4）规范性文件制定程序涉及大量证据材料，法院司法资源有限；（5）被告与制定机关不同一时，取证时间长，可能无法在审限内结案；（6）不同法院的审查结果可能不同；（7）制定机关不配合的情况下，法院无法进行审查。[2]还有的学者认为，实践中，由于规范性文件制定程序违法而导致行政行为依据违法，从而认定行政行为也违法，这一"假命题"可能会造成合法的行政行为在短时间内无法找到依据而无法作出，从而损害公共利益，降低行政效率。[3]

（三）实践探索

在《行诉解释》发布实施之前，法院对于规范性文件制定程序的审查已经开始一定程度的探索。从相关案例的判决来看，法院对于规范性文件制定程序的审查并没有明确的标准，一般只是在裁判部分对规范性文件的实体内容合法进行认定后，概括性地说明制定程序的合法性，不作具体分析。比如，最高人民法院对"徐永国与重庆市人民政府及重庆市永川区国土资源和房屋管理局土地行政裁决及附带对规范性文件进行审查案"的再审裁定中认定重庆市第五中级人民法院的一审判决并无不当，而一审判决中，对于原告附带审查永川府发〔2013〕45号通知的合法性的请求，法院认为："永川府发

---

[1] 程琥："新《行政诉讼法》中规范性文件附带审查制度研究"，载《法律适用》2015年第7期。

[2] 王红卫、廖希飞："行政诉讼中规范性文件附带审查制度研究"，载《行政法学研究》2015年第6期。

[3] 徐肖东："行政诉讼规范性文件附带审查的认知及其实现机制——以陈爱华案与华源公司案为主的分析"，载《行政法学研究》2016年第6期。

〔2013〕45号《通知》是依据渝府发〔2013〕58号《通知》文，结合重庆市永川区的实际情况而作出的，适用于重庆市永川区的征地补偿安置，且作出该规范性文件的程序合法。"[1]

也有法院对规范性文件制定程序进行了有所侧重的审查，即针对整个制定程序中的部分重要程序进行审查，如是否听取意见、是否公示等。如"闫宏达与龙口市烟草专卖局、烟台市人民政府行政许可、行政复议行政判决书案"，对于争议规范性文件的合法性问题，二审法院认为规范性文件的制定过程中，"依法履行了听证、备案、公示等法定程序，2015 年进行部分修改时也在网上公示"，"与上位法也不存在冲突"，所以争议规范性文件合法。[2]

实践中对规范性文件制定程序合法性审查的特点在于程序审查的附带性，即在审查规范性文件实体合法性的同时附带审查制定程序的合法性，除非程序有重大违法情况，否则一般不只因程序瑕疵而认定规范性文件不合法。

二、《行诉解释》规定的分析

《行诉解释》第148条第2款第4项规定，"未履行法定批准程序、公开发布程序，严重违反制定程序的"，属于规范性文件不合法的情形。此项将规范性文件制定程序纳入了司法审查的范围，既是对实践探索的肯定，也是对规范性文件制定程序司法审查标准的明确。

（一）条文分析

从该项的文意进行分析，规范性文件制定程序违法存在三种情形：一是未履行法定批准程序，即未履行上位法规定的规范性文件批准程序，如未报上级机关批准即发布实施；虽报上级机关，但上级机关还未批准即发布实施；上级机关拒绝批准仍发布实施等情形。二是未履行法定公开发布程序，如未在上位法规定的期限内公开发布；未在上位法规定的平台公开发布；未公开

---

[1] 参见"徐永国与重庆市人民政府及重庆市永川区国土资源和房屋管理局土地行政裁决及附带对规范性文件进行审查案"，中华人民共和国最高人民法院行政裁定书，载 http://www.pkulaw.cn/case/pfnl_a25051f3312b07f351c1081d8e45d1441b181ef3cce72629bdfb.html?keywords=规范性文件审查&match=Exact，最后访问时间：2019年4月28日。

[2] 参见"闫宏达与龙口市烟草专卖局、烟台市人民政府行政许可、行政复议行政判决书案"，山东省烟台市中级人民法院行政判决书，载 http://www.pkulaw.cn/case/pfnl_a25051f3312b07f38c2268931619d94ff2c7078c342c78b9bdfb.html?keywords=闫宏达&match=Exact，最后访问时间：2019年4月28日。

发布即实施等。三是严重违反制定程序，规范性文件的制定程序一般至少包括起草、审查和批准（决定）这三个阶段，每个阶段又有具体的程序设计，不同规范性文件的具体制定程序不同。《行诉解释》的规定，实质上给予了法院自由裁量的空间，法官可以根据具体案件的具体情节，裁量哪些制定程序应当纳入司法审查的范围。

本项规定的审查标准，实质上采用了类似于明确列举和概括说明的方式，对现实状况和实践需要作出了较好的回应。明确列举原因在于，首先规范性文件制定程序繁简不一，司法实践中审查的重点不同，缺少明确的法律指引，明确列举，可以为法官审查规范性文件的制定程序提供统一标准。其次，之所以明确列举批准程序和公开发布程序为司法审查的内容，是因为这两项程序与行政相对人的权利义务关涉密切，特别是公开发布程序。批准程序，是行政机关内部的审查程序，被批准的规范性文件，至少可以说明其内容在行政机关内部审查中具有合法性。列举公开发布程序，是基于"法律不经公布就没有效力"的法治的基本要求。对于公民来说，在法律未公布之前，其相关行为是法律并不禁止的行为，"法无禁止皆自由"，因此不能依据未公布的法律对公民作出不利行为。规范性文件在涉及公民权利义务时具有对外性，应当公开发布，否则程序违法，对外不发生效力。

概括说明式规定，主要是因为规范性文件制定程序的不统一，需要根据具体情况进行判断，也为司法对规范性文件制定程序的审查预留了空间。

（二）存在问题

从《行诉解释》对规范性文件制定程序司法审查的规定来看，法院保持了一种探索式的谦抑态度，既为行政相对人的相关权利救济打开了司法审查的渠道，又有意控制司法介入的深度和强度。所以对于《行诉解释》的规定，还需进行详细分析。

1. 语句逻辑关系

在各政府及其部门发布的有关规范性文件制定的规范中，"制定程序"有两种理解，一是广义上的"制定程序"，即从规范性文件的计划到发布，这一过程中包含的所有程序都属于制定程序。二是狭义上的"制定程序"。从文意上理解，"制定"至少包含了"制"和"定"两层含义，所以狭义的"制定程序"应当至少包含了起草、审查和决定（批准）这三大程序。

该项的规定为"未履行法定批准程序、公开发布程序，严重违反制定程序的"，那么逗号前和逗号后的前后两半句之间的关系是什么？如果说后半句中的"制定程序"是广义上的"制定程序"，那么就包含前半句中的"批准程序"和"公开发布程序"，此时，前后两半句的关系应当是列举和概括的关系。但问题在于，前半句的规定是"未履行法定批准程序、公开发布程序"，换而言之，即使履行了批准程序和公开发布程序，但是和法定的不一致，也应当认定规范性文件不合法，并不要求达到"严重"的程度。而后半句则规定为"严重违反"，强调违反必须达到一定程度，轻微违反的，规范性文件将不会被认定为不合法。显而易见，后半句并不能起到概括的作用，这也就是上文分析该项时采取"类似于明确列举和概括说明的方式"表述的原因。如果认为此处的"制定程序"是狭义意义上的"制定程序"，那么前半句中的"公开发布程序"与后半句中的"制定程序"应当是并列关系，但是"批准程序"却包含在"制定程序"之中，两者是包含关系，因此，也不能认定"制定程序"是狭义意义上的"制定程序"。所以前后两句之间的逻辑关系存在混乱，究竟应当如何理解其中的逻辑关系，有待权威机构的进一步解释。

2. 对"严重"的理解

"严重"一词本身并不具有客观标准，在不同语境下的判断标准不同。此项的"严重违反制定程序"中的"严重"该如何理解？是指违反某一制定程序就构成"严重"？还是需要达到严重违反某一制定程序才构成"严重"？其实，后两个问题既是问题，也是答案，需要根据不同的情形，去判断此处"严重违反制定程序"的含义。

首先，不同的规范性文件之间的同一制定程序的违反问题。规范性文件虽不属于法的范畴，但却与法律规范具有很多相同之处，如规范性文件也具有普遍性、规范性，大部分规范性文件还具有强制性，也正是由于规范性文件的这些特征，使其成为行政机关进行行政管理的重要方式。但是，与此同时，正因为规范性文件被广泛应用于行政管理的各个领域和各种情形中，且规范性文件的制定主体众多，层级跨度大，不同规范性文件的重要性并不相同，其制定程序对于规范性文件合法性的重要意义也就不同。

如公开听证属于规范性文件制定程序中起草阶段的子程序，其在不同性质的规范性文件制定过程中的必要性不同。根据国务院《重大行政决策程序暂行条例》第 3 条的规定，重大行政决策是关涉重大社会和公共利益的政策、措施，对于这样的规范性文件，其民主性和科学性具有重要的意义，公开听证程序可以实现决策的民主性，降低其对社会公共利益带来重大损失的风险性，所以公开听证会是该类规范性文件制定的必要程序。此时，如果违反相应的公开听证程序，该规范性文件应当被认为是不合法的。但并非所有的规范性文件的制定，都需要公开听证。首先，公开听证成本相对较高，如果一个规范性文件仅涉及少数人的利益，或者只是一些简单的行政管理事项，就没有必要进行公开听证，如某市行政机关发布的某年度合同工招聘制度。其次，公开听证的耗时较长，对于一些为应对紧急情况而制定规范性文件的情形，这个程序就不是必须。因此，在此种情形下，没有进行公开听证，不影响规范性文件的合法性认定。

综上，某一制定程序在不同规范性文件的制定过程中的地位并不相同。根据规范性文件的性质，如果某一制定程序是该规范性文件制定的必要程序，一旦违反该程序，就应当认定为"严重违反制定程序"；反之，则不能作出相应的认定。

其次，同一规范性文件的不同制定程序之间的违反问题。规范性文件的制定程序有计划、起草、审查、批准（决定）、公布、备案等，这些程序的地位并不同等重要。可能正是由于这一点，《行诉解释》中才将批准程序和公布程序单独指明，只是没有处理好语言的逻辑关系。所以，对于同一规范性文件的不同制定程序，违反这些程序的后果也是不相同的。一些程序，一旦违反，规范性文件就不合法，而另一些程序需要达到"严重"的程度，才能使得规范性文件的合法性丧失。那么在此种情形下，如何认定是否构成"严重违反"？当然，还是需要法官根据不同的案件进行具体分析和判断，但有一点原则是可以把握的，即违反某一制定程序，是否直接造成了规范性文件的应用损害了相对人的利益。将其作为一个判断的基本原则的原因在于，首先，规范性文件不属于法的范畴，其合法与否，对法的内部秩序不产生影响，且其适用的范围往往较为有限，所以不需要考虑某一制定程序的违反，是否使得规范性文件对公共利益造成损害，才构成"严重违反制定程序"。其次，规范性文件的附带审查，是相对人在诉某一行政行为时，附带要求法院对行政行为所依据的规范性文件的合法性进行审查，所以其具有个案性和特定对象性。最后,行政诉讼将行政行为是否对相对人的权利义务产生实际影响作为判断被诉行为是否属于受案范围的依据,所以相对人的利益标准是行政诉讼构建之基。规范性文件的制定程序审查,自然也应当以此作为重要判断标准,如果某一制定程序存在的瑕疵,不足以影响规范性文件实施对相对人造成的利益影响,则不应当认定为"严重违反制定程序";反之,则应当认定为"严重违反制定程序"。

综上所述,对于"严重违反制定程序"的理解,需要法官根据不同的情形进行衡量判断,对于一些规范性文件而言,一旦违反某一制定程序就为"严重",而对于另一些规范性文件的制定程序,则需要达到损害相对人利益的程度,才构成"严重违反"。

三、制定程序司法审查及其审查结果的处理

(一) 制定程序的司法审查

近年来,对于规范性文件的制定越来越引起各级各部门的注意,各地各级行政机关相继出台规章对规范性文件的制定管理进行规范。根据北大法宝的统计,目前现行有效的对规范性文件进行规范的地方政府规章有81部,这些规章中,大部分都规定了规范性文件的制定需要审查、批准或者决定,甚至有些还直接规定规范性文件需要进行合法性审查的程序,如《石家庄市行政规范性文件管理规定(2018)》就明确规定,规范性文件需要进行合法性审查,并详细规定了规范性文件合法性审查的标准,其中一个标准就是"是否符合本规定确定的程序"。当然,更多的规章规定的是审查、批准或者决定程序,这些程序实质上是要求具有审查权、批准或者决定权的机关,对规范性文件的合法性进行审查。那么对于行政机关系统内部已经对规范性文件的制定程序进行过合法性审查的,法院应当秉承怎样的态度?是否可以以制定机关已经履行了规范性文件制定程序的合法性审查程序为由,直接认定涉案规范性文件的制定程序合法?

实践中,在规范性文件附带审查的案件中,在法院裁判文书的说理部分,明确说明进行过制定程序合法性审查的案件并不多,[1]但在这些凤毛麟角的

---

[1] 笔者在2015年1月到2018年4月的895份有关规范性文件附带审查的裁判文书中,最终进行合法性审查的有225份,而其中就规范性文件制定程序的合法性进行审查的仅有11份。

裁判文书中，确实存在法院认为规范性文件已经经过有权机关批准而直接认定规范性文件制定程序合法的情况。如在"沈云龙与上海市宝山区规划和土地管理局、上海市规划和国土资源管理局行政城建行政纠纷"一案中，一审法院认为，涉案规范性文件已经经政府批准，因此认定规范性文件合法，二审法院对此予以认可。再如"洋马发动机（山东）有限公司不服青岛市质量技术监督局处罚案"中，法院在认定规范性文件制定程序的合法性时，提出涉案规范性文件"经青岛市人民政府法制办进行合法性审查同意"。可见，法院对规范性文件制定程序的行政机关内部合法性审查给予"强尊重"，甚至直接作为认定规范性文件制定程序合法的说理依据。

应当认为，法院对于行政机关已经依据相应规定对规范性文件制定程序进行过合法性审查的，应当给予较强尊重。首先，规范性文件的制定毕竟属于行政机关行使行政权的体现，司法本就应当保持一定的谦抑性，更何况行政机关系统内部已经对规范性文件的制定程序的合法性进行过自我审查；其次，并不是说只要规范性文件的制定履行了审查、批准或决定程序，或者是履行了合法性审查程序，法院就要无条件地认定规范性文件的制定程序合法。法院给予行政机关内部审查结果尊重的前提是，行政机关内部对于规范性文件制定程序的规定是合法的，如果规定的规范性文件的制定程序本身就存在不合法之处，违反上位法的相关规定，或者与上位法的精神、目的、宗旨等相抵触，即便行政系统内部已经进行过规范性文件制定程序的合法性审查，法院仍旧可以依据法律规范的相关规定，认定规范性文件制定程序违法。如国务院明确规定重大决策的形成必须有公众参与，如果一规范性文件的性质关涉重大行政决策，而没有公众参与的程序，即使有权行政机关进行了合法性审查，或者对其批准实施，法院仍可以以规范性文件"严重违反制定程序"为由，认定规范性文件不合法。

（二）制定程序司法审查结果的处理

规范性文件制定程序合法性的司法审查判断，不仅仅是一个理论层面的问题，其还具有现实意义。合法性的审查最终是要落脚于对不合法的规范性文件的处理之上，也即司法审查结果的处理问题。

《行诉解释》第 149 条和第 150 条作为对规范性文件附带审查结果处理的解释，分别从两个方面对经审查不合法的规范性文件的处理进行规定。在法院系统内部，不合法的规范性文件的处理，首先是不能作为认定诉争行政行为合法的依据，并需在裁判理由中进行说明；其次是裁判生效后，对于不合法的规范性文件需要报上一级法院进行备案。在法院系统外部，对于不合法的规范性文件，首先，法院应当向规范性文件的制定机关提出处理建议或者司法建议；其次，可以向有关机关——同级政府、上一级机关、监察机关和备案机关——抄送处理建议或者司法建议。这样的规定，在仅就制定程序违法的规范性文件的处理上，会在以下问题的运用中出现困境。

规范性文件的制定，长期以来并没有有效统一的法律规范作为依据，各地各层级的行政机关的实践也千差万别。且规范性文件与行政法律规范的首要差别在于其制定的初衷不同。行政法律规范的初衷或者说是目的，在于规范行政行为，使行政机关在法律的框架内行使行政权力，防止其滥用而损害相对人的利益。而规范性文件是行政机关日常行政管理的重要手段，其初衷在于方便行政机关的行政管理活动，所以在规范性文件的制定方面，行政机关应当享有裁量的余地。所以，现实中，大量规范性文件的制定程序在不同程度上都存在问题，对于那些制定程序违法，但实质合法的规范性文件，《行诉解释》的处理方式是否恰当合适？

首先，《行诉解释》规定不合法的规范性文件需要报上一级法院进行备案。为什么要进行备案？《行诉解释》虽然没有明确说明这样规定的目的，但其意图已是显而易见。与规范性文件在行政系统内部的备案不同，《行诉解释》此处的司法系统内的备案，是对规范性文件合法性审查结果的备案。规范性文件行政系统内部的备案，有学者也称为"行政规范的备案"，是指"行政规范的制定者将自己所制发的行政规范上报法定的机关，以使其知晓，并在必要时进行审查和监督的一种行政活动"。[1] 可见，行政系统内部的备案，是一种事后审查机制。而司法系统内部的备案，是在对规范性文件的合法性进行审查后所进行的报备，换而言之，是法院系统内部对于不合法的规范性文件的周知，其目的在于对涉及对同一规范性文件进行附带审查的案件，法院系统内部形成较为统一的结论，暗含有赋予法院裁判说理部分以既判力的效力。那么，如果在一个案件中，涉案的规范性文件没有履行公开发布程

---

[1] 叶必丰、周佑勇：《行政规范研究》，法律出版社2002年版，第222页。

序而行政机关直接依据该规范性文件作出行政行为，按照《行诉解释》第148条的规定，该规范性文件不合法。但是该规范性文件的实质内容合法，并且没有履行公开发布程序并没有对相对人的权利义务产生影响。此时，如果按照《行诉解释》的处理规定，该规范性文件在法院系统内部备案，前案的认定结果很可能会直接适用于后续相关案件的处理，该规范性文件实际上已经处于被法院宣布无效的状态。如果规范性文件规定的内容属于法律规范上尚属空白的领域，又不违背上位法的精神、目的，法院的备案制度将使得该领域重新处于无依据可依的状态。

其次，《行诉解释》第149条第2款规定："规范性文件不合法的，人民法院可以在裁判生效之日起三个月内，向规范性文件制定机关提出修改或者废止该规范性文件的司法建议。"此处规定的司法建议有两种，即修改建议和废止建议。而程序具有一维性的特点，经过的程序将不再可逆，正如行政诉讼中，如果一审裁判严重违反法定程序，二审只能是撤销原判，发回重审，而不能对已形成的一审裁判改判或变更。所以程序的不可逆性，决定了不遵守制定程序的规范性文件的处理，只能是提出废止的司法建议，而不能提出修改的司法建议。但这将与上文分析法院系统内部备案所造成的困境相当，甚至比其更为直接地造成行政机关行政管理工作的混乱。长期以来，我国"重实体，轻程序"的状况，不光体现在司法审判之中，在行政管理中也同样存在，甚至"有过之而无不及"。早些年行政机关制定规范性文件，常常根据一个会议记录或者上级领导的指示，便会制定，统一的制定程序根本不存在，更无论去遵守。但这些规范性文件的实体却不一定是违法的，如果一味地因为制定程序的违法而提出废止的司法建议，行政工作可能会面临极大的挑战。

综上所述，规范性文件制定程序的审查标准，不光牵涉理论问题，还直接影响到现实问题——司法审查的尺度、行政工作的运行，所以规范性文件制定程序合法性的司法审查标准还有待进一步细化。

四、他山之石

法国行政诉讼中对于行政法规，可以直接提起反越权行为诉讼，要求撤销行政法规。虽然法国的反越权行为诉讼与我国的规范性文件附带审查制度有很大的不同，但是其撤销理由中的形式瑕疵适用范围可以借鉴，以期为我国规范性文件制定程序合法性的司法审查标准提供有益思考。

法国反越权行为诉讼中的形式瑕疵，是指行政法规制定程序和行政法规格式瑕疵。并非所有的瑕疵都会引发撤销行政法规的后果，因此"判例法拒绝对略有瑕疵的行政法规进行撤销惩罚，不想迫使政府部门拘泥于刻板的形式，从而变得瘫软无力"。〔1〕法国判例法从形式的重要性、规定形式的目的、形式瑕疵可能造成的后果、制定法规所依据的实际情况以及制定法规需要说明理由〔2〕五个方面对反越权诉讼中的形式瑕疵进行了区分，以下将逐一分析对我国规范性文件制定程序合法性审查的借鉴意义。

（一）形式的重要性

法国判例法要求只有形式具有绝对必要性时，形式瑕疵才会导致行政法规被撤销。我国《行诉解释》中将批准程序和公布程序加以明确规定，可以理解为此处的"具有绝对必要性"。"严重违反制定程序"的认定，也可以参考此标准，对于违反的是具有绝对必要性的制定程序，可以认定为"严重违反制定程序"，这与上文相关部分的分析一致。

（二）规定形式的目的

如法律规定规范性文件的某一制定程序，是为了保护相对人的程序权利，如果违反这一制定程序，将使得相对人的程序权利得到损害，此时也应当以程序违法为由，认定规范性文件不合法。

（三）形式瑕疵可能造成的后果

法国判例法要求，对于形式瑕疵的判断，还要考虑形式瑕疵所造成的后果，如果该形式瑕疵的存在与否，可能会改变行政规范的实体内容，则应当就形式瑕疵而撤销行政规范。我国行政诉讼中对规范性文件制定程序的审查，也应当考虑相关制定程序对规范性文件的实体内容是否会造成影响，如果无论是否遵守该制定程序，都不会改变规范性文件的实体内容，那么就不应当轻易认定规范性文件不合法，还需结合其他要素进行判断。

（四）制定法规所依据的实际情况

"若遇紧急事态和特殊情况，就很难顾及形式上的完美"，此时，应当允

---

〔1〕［法］让·里韦罗、让·瓦利纳：《法国行政法》，鲁仁译，商务印书馆2008年版，第808页。
〔2〕［法］让·里韦罗、让·瓦利纳：《法国行政法》，鲁仁译，商务印书馆2008年版，第808页。

许客观形势掩盖形式瑕疵。我国也存在很多为应对突发事件或者在紧急情形下制定的规范性文件，对于此类文件，不必过分苛责其制定程序的合法性，否则将难以应对特殊情况。

（五）制定法规需要说明理由

这是法国审查行政法规是否存在形式瑕疵的一个因素。法国判例法认为，如果法律规定某个行政规范的做出必须以特定形式说明理由，而行政法规作出时并没有说明理由，或者不按照法律规定的形式说明理由，也构成行政法规形式瑕疵的原因。这一点，可以理解为我国有的规范性文件的制定需要进行专家论证等制定规范性文件的必要性分析，如果上位法针对某类规范性文件确有此规定，而实践中没有进行必要性分析的，也应当认定为规范性文件制定程序不合法。

综上所述，规范性文件制定程序的合法性问题，是一个综合性问题，需要进一步细化审查标准，根据不同的情况作出判断，而不能"众事一律"。

五、结　论

将规范性文件制定程序的合法性纳入司法审查的范围，具有重要的意义，是进一步规范规范性文件制定程序的重要举措。通过司法对规范性文件制定程序的监督，可以倒逼行政机关合法行使行政权力，规范化规范性文件的制定程序，改善长期以来"重实体，轻程序"的行政管理理念，是法治建设的有益探索。但是，由于我国对规范性文件合法性的司法审查尚属探索阶段，对其制定程序的审查更是刚刚确立，因此还有很多不够完善之处，需要在实践中进一步积累经验，具体问题具体分析，逐步完善规范性文件制定程序的司法审查制度。

参考文献

[1] 应松年主编：《行政行为法》，人民出版社1993年版。

[2] 姜明安：《行政程序研究》，北京大学出版社2007年版。

[3] 叶必丰：《行政法与行政诉讼法》，高等教育出版社2015年版。

[4] 应松年：《行政法学》，经济科学出版社2009年版。

[5] 刘松山：《违法行政规范性文件之责任研究》，中国民主法制出版社2007年版。

［6］叶必丰、周佑勇：《行政规范研究》，法律出版社 2002 年版。

［7］［法］让·里韦罗、让·瓦利纳：《法国行政法》，鲁仁译，商务印书馆 2008 年版。

［8］徐肖东："行政诉讼规范性文件附带审查的认知及其实现机制——以陈爱华案与华源公司案为主的分析"，载《行政法学研究》2016 年第 6 期。

［9］程琥："新《行政诉讼法》中规范性文件附带审查制度研究"，载《法律适用》2015 年第 7 期。

［10］王红卫、廖希飞："行政诉讼中规范性文件附带审查制度研究"，载《行政法学研究》2015 年第 6 期。

［11］郭百顺："抽象行政行为司法审查之实然状况与应然构造——兼论对行政规范性文件对司法监控"，载《行政法学研究》2012 年第 3 期。

［12］陈磊："规范性文件附带审查之实务问题探析"，载《山东审判》2015 年第 4 期。

［13］孙首灿："论行政规范性文件的司法审查标准"，载《清华法学》2017 年第 2 期。

［14］李邱平："论行政规范性文件司法审查强度"，载《法制博览》2018 年 2 月（上）。

［15］徐博嘉："我国行政规范性文件司法审查标准研究"，西南政法大学 2017 年博士学位论文。

［16］杨书军："规范性文件制定程序立法现状及完善"，载《行政法学研究》2013 年第 2 期。

［17］余军、张文："行政规范性文件司法审查权的实效性考察"，载《法学研究》2016 年第 2 期。

［18］朱芒："规范性文件的合法性要件——首例附带性司法审查判决书评析"，载《法学》2016 年第 11 期。

［19］姜明安："对新《行政诉讼法》确立的规范性文件审查制度的反思"，载《人民法治》2016 年第 7 期。

［20］江必新："《行政诉讼法》与抽象行政行为"，载《行政法学研究》2009 年第 3 期。

［21］胡峻："论行政机关制定行政规范性文件行为的不当性"，载《行政论坛》2014 年第 4 期。

党和国家机构改革背景下的行政复议体制变革

刘晓宇 *

【摘　要】 深化党和国家机构改革，尤其是政府法制机构与部门职能整合和党政机构合并设立与合署办公两项制度设计，在给我国行政复议体制带来挑战的同时，也带来了修构与变革的良好契机。当前针对机构改革给现行复议体制带来的困局，行政复议体制的变革应当在充分吸收改革试点经验的基础上，尝试建立以各级司法行政机关为主体的复议组织体系，科学优化复议权配置，将改革后的党政机构纳入行政复议体制，并适时取消行政复议最终裁决权。以期不断推动行政复议体制朝着更加成熟、良性的轨道发展，进而适应新时代党和国家机构改革实践的发展需要。

【关键词】 机构改革　行政复议　行政主体　复议权配置

一、引　言

2018年十九届三中全会通过了《中共中央关于深化党和国家机构改革的决定》（以下简称《决定》）和《深化党和国家机构改革方案》（以下简称《方案》），深层次剖析了我国当前党政机构设置和职能配置中出现的不合新时代发展要求的制度弊病，如党政机构重叠、职责交叉、权责脱节，政府机构职能转变不到位、效能不高，中央和地方权责划分不尽合理等问题凸显。

---

* 刘晓宇，中国政法大学2018级宪法学与行政法学专业硕士。

其明确指出要通过加强党的领导地位、加快政府职能转变,将机构改革推向新的征程,进而实现科学设置机构、合理配置职能。[1]

本次改革整体思路是注重机构调整和职能配置的顶层设计、整体优化与协调,其中政府法治机构与部门职能整合和党政机构合并设立与合署办公两项重点改革内容,直接关涉和影响到我国目前行政复议体制的运行问题。在政府法治机构与部门职能整合层面,《方案》不再保留国务院法制办公室,将其职责整合进司法部中。这意味着改革后重新组建的司法部不仅仅服务于行政立法,还要肩负复议及指导行政复议应诉等政府法制职责。如此将关涉、影响甚至冲击到我国目前行政复议管辖、受理与决定的整个运行体系;在党政机构合并设立与合署办公方面,合并设立主要指改革将行政机构、机构职能部分或者全部并入党的机构,由合并后的党的机构履行相应职能,即原机关被吸收或消灭。在改革中存在"两块牌子","对外保留牌子","加挂牌子"等不同表现形态。[2] 合署办公主要表现为不同机构在涉及相近的职能上相互配合,两个机构的人员和资源可接受统一的指挥调度以提高工作效能,而在涉及各自不同的职能时又能各自独立,即不存在吸收或消灭任何机关的情形。[3] 如此将导致行政主体理论、行政行为制度及行政救济理论等一系列行政法基本理论的变迁。[4] 尤其是对行政主体理论将产生深远影响,进而冲击行政复议体制的实体与程序运作。机构改革背景下我国行政复议体制如何作出相应的创新发展与变革,值得关注和研究。

党和国家机构改革与我国特色的党政体制紧密相连,相关的研究多见于国内学界。但研究大多集中于对机构改革涉及的概念术语、改革模式、基本

---

[1] 参见陈鹏:"改革开放四十年来我国机构改革道路的探索和完善",载《浙江社会科学》2018年第4期。

[2] 根据《方案》,如"将中央党校和国家行政学院的职责整合,组建新的中央党校(国家行政学院),实行一个机构两块牌子"属于"两块牌子"的情形,呈现深度性融合;"将国家公务员局并入中央组织部,中央组织部对外保留国家公务员局牌子"属于"对外保留牌子"的情形,呈现中等程度融合;"将国家新闻出版广电总局的电影管理职责划入中央宣传部,中央宣传部对外加挂国家电影局牌子"属于"加挂牌子"的情形,呈现较浅程度融合。参见许耀桐:"党和国家机构改革:若干重要概念术语解析",载《上海行政学院学报》2018年第5期。

[3] 参见张力:"党政机关合署办公的标准:功能、问题与重构",载《政治与法律》2018年第8期。

[4] 参见金国坤:"党政机构统筹改革与行政法理论的发展",载《行政法学研究》2018年第5期。

问题等内容进行法学层面的解读与研判,就立足于机构改革背景基础之上的行政复议体制变革问题,学界的研究却相当之少,尚处于探索起步阶段。且在为数不多的研究中,大多呈浅尝辄止态势,或散见于学者研究成果某一部分的宏观勾勒,抑或基于改革给行政法带来的理论变迁研究中略微提及,而非作为一个专门领域进行精细研究。依法治国要求一切改革依法有据,反之法律更要主动适应改革,自觉推动改革,而不能成为改革的障碍。[1]随着机构改革的深入,行政法相关理论和制度应当顺应改革的需要。且在新时代背景下,深入思考机构改革对行政复议体制带来的新挑战及契机,并进行相应的路径探索,可进一步提升行政复议制度的科学性与适时性,具有十分重要的理论意义和现实意义。有鉴于此,本文将在对机构改革基本内容进行厘清的基础上,分析机构改革对现行行政复议体制产生的重要影响,并结合我国行政复议体制自身的内在发展逻辑和功能面向,尝试对新时代的行政复议体制变革进行进路探索。

二、机构改革对行政复议体制的影响

行政机构改革一直伴随着行政法发展的始终。以往的机构改革探索,均是对行政系统内部机构职能和隶属关系的调整,不影响行政法的基础法理和基本框架。而本次机构改革,对行政主体理论产生了根本影响,进而使我国的行政复议体制面临新挑战,笔者尝试从以下三个角度进行检视。

(一) 对行政复议机关运行体系的冲击

为推动政府工作加速进入法治轨道,统筹行政立法与执法及其他法律事务管理,《方案》不再保留国务院法制办公室,合并整合了国务院法制办公室与司法部的法治职能。此举减少了因职能交叉与重合而造成的资源浪费,有利于行政纷争的解决。但在发挥积极作用的同时,却给目前国务院的行政复议体制带来冲击,最大难题便是国务院法制办并入司法部、机构职能整合后,如何履职,尤其是应当如何具体开展复议工作。且随着机构改革的不断推进,全国地方法治机构改革也将以类似思路逐渐展开。各级司法行政机关如何在行政复议中扮演其适当角色、地方政府的复议工作如何开展,也将面临相似

---

[1] 参见姬亚平:"机构改革对行政复议与诉讼的新要求",载《人民法治》2018年第Z1期。

难题。由于地方法治机构改革尚未完全展开，有关方案及落实还有待观察，因此下文主要以国务院的复议工作开展困局为中心展开论述。

1. 司法部的行政复议职能履行缺乏法律依据

国务院主要受理对其部门或省级人民政府的行政行为不服的复议案件，包括国务院在内的各级政府法制机构是具体负责办理本级政府行政复议的法定机构。但《方案》的改革设计，直接意味着本应由国务院受理的复议申请，已无法按照现有复议管辖规定处理。即职责整合后的新司法部理论上需要承担国务院的行政复议职能，在实践运作中上述复议案件仅能向司法部申请裁决。国务院部门和省、自治区、直辖市人民政府，与司法部在行政机构级别配置上是平级的，司法部虽然在履行复议职能方面代表国务院，但其能否作为"上级机关"处理实质上与其平级的行政机关的行政复议案件，于法无据、尚且存疑且缺乏权威性。如何给新司法部履行复议职责提供法律依据，是一项亟待解决的重要课题。[1]

2. 司法部作为复议机关的中立性和公正性饱受质疑

法治机构改革首先要考虑提高行政复议的公信力，如此方能保持其生命力。但司法部作为复议机关的中立性和公正性却因此项改革措施饱受质疑。一方面，司法部作为国务院的具体职能部门，有着自身的部门立场和部门利益。当其对复议案件所涉及的规范性文件或具体行政行为开展合法性审查时，很容易因其在立法执法环节履行统筹行政立法与协调执法等职能时发挥的先期作用，而被迫陷入"自己做自己案件的法官"的尴尬境地。[2]司法部在行政复议过程中能否排除部门利益的不当干扰，公正、中立地解决行政争议，面临诸多质疑。另一方面，改革后若复议案件的被申请人是司法部，理论上申请人也需向代表国务院行使行政复议职能的司法部申请裁决。此时便造成了司法部面临同为被申请人和实际复议机关的双重复议主体地位，存在既是"运动员"又是"裁判员"之嫌，其公信力将备受争议。是否需要开展必要的配套改革以确保复议制度的中立性？如何变革现有复议制度以解决上述问

---

[1] 参见杨建顺："机构改革进行时　法规修订应跟进——从行政法层面审视司法部新任务"，载《紫光阁》2018年第6期。

[2] 参见陈苏雄："机构改革背景下司法局复议主体地位的思考"，载《广西政法管理干部学院学报》2018年第6期。

题？这是行政复议制度及机构改革法治化工程所亟待解决的。

3. 司法部作为复议机关的性质定位及复议权配置争议

过去的政府法制机构主要服务于政府，改革进行机构职能整合之后以司法部为代表的司法行政机关，其性质是作为政府内部的服务机构还是独立的复议机构，直接关涉到其行政复议权的整体行使。司法部行使的行政复议权其性质是监督权还是裁决权，直接决定着行政复议权行政性和权利救济性孰轻孰重的功能定位，进而影响到行政复议整体运行及其与行政诉讼的衔接问题。[1]此外在复议权配置层面，目前行政复议资源过于分散，即使改革后由司法部履行国务院的复议职能，也会面临因复议资源分散、职能交叉带来的财力物力浪费问题，行政复议的效能问题亟待保障。

（二）对国务院最终裁决权规定的挑战

《中华人民共和国行政复议法》（以下简称《行政复议法》）第14条规定了国务院最终裁决权的行使，申请人向国务院申请裁决后，国务院依法作出的裁决不具有可诉性，直接排除了司法监督。如此规定与我国立法的实用主义观念基础紧密相连，主要是出于专业知识的限制和对行政效率优先的考虑。[2]同时此规定还体现了对行政复议具有准司法性以及行政复议权是一种居中裁决权的功能定位，认为行政复议机关作为一个中间裁决机关，不应当成为行政诉讼的被告。[3]但《中华人民共和国行政诉讼法》（以下简称《行政诉讼法》）却规定除国务院以外的其他复议机关作为共同被告的制度，不免让人揣测此举是对国务院作为最高行政机关行使行政权的尊重和维护。

在机构改革背景下，理论上应由司法部代表国务院行使行政复议案件中的此类裁决权。司法部作为国务院下设的法治职能部门，并不享有最高行政权力。因此由司法部履行此项裁决职能后，该裁决权是否仍然有必要具有终局性呢？司法部作为国务院的组成部门所作出的具体行政行为，是否有必要被排除在行政诉讼受案范围之外？这是在机构改革后需要探讨的话题。

---

〔1〕 参见黄学贤："关于行政复议委员会的冷思考"，载《南京社会科学》2012年第11期。

〔2〕 参见吉玉泉："法治国家建设的历史演进及其法理学分析——兼评国务院对行政行为享有最终裁决权"，载《河北法学》2000年第4期。

〔3〕 参见应松年："对《行政复议法》修改的意见"，载《行政法学研究》2019年第2期。

(三) 行政复议被申请人在机构改革背景下的主体困境

为形成"总揽全局、协调各方的党的领导体系，职责明确、依法行政的政府治理体系"，改革将主要着力点放在推进中央部门和国家机构职责相近部门的合并设立或合署办公。二者也尤其具有行政法上的意义，给行政复议权的行使带来诸多影响。最大冲击便是在现行复议体制下，对行使行政职权的党政机关作出的具体行为如何开展复议的难题，由此衍生出以下困局。

1. 机构改革给复议被申请人的认定带来难题

在党政机构合并设立下，由合并后的党政机构履行原有行政机构的职能，原有行政机构不复存在，仅是对外保留或加挂牌子。因此党的机构实际上行使着原有机关的行政职权。此时合并设立后的党政机构在履行行政职能时能否作为行政主体及其复议被申请人、如何确认复议被申请人面临困境；在合署办公下，原有行政机构仍然存在，此时若相对人提起行政复议，被申请人的认定同样存在难题，如何认定合署办公机构的法律属性？如何在合署办公情况下认定复议被申请人？诸如此类均亟需回应。

2. 机构改革冲击着复议管辖规定

复议申请人对行使行政职权的党政机关申请行政复议时，如何确定复议机关仍然面临困局。合并设立下由党政机构行使行政职权，从现行规定与内在法理逻辑推知理论中可能会有多种情形，如可由党的机构直接受理复议申请并作出复议决定，或由上一级党的机构受理有关复议申请等。但在我国特殊国情下党的机构具有特殊地位，实践中能否对其进行复议以及复议管辖应当如何确定仍是一个棘手的理论与实践课题。若固守传统行政法理论，党的机关既不可以成为复议被申请人也不能成为复议主体，如此一来导致复议成为断头路。因此行政法基本理论应当与时俱进，亟待创新。[1]

3. 机构改革影响了复议机关的受理和审查

复议机关受理的是"具体行政行为"，指向行政主体运用行政权实现行政目的的活动，其要义是行政权的实际运用。在合并设立或者合署办公下，改革后的党政机构是否作为行政主体并享有行政权？在什么情况下属于运用行政权？这直接关涉复议审查。此外，即使党的机构具有复议被申请人的资格，

---

[1] 参见姬亚平："机构改革对行政复议与诉讼的新要求"，载《人民法治》2018年第Z1期。

对其责任的认定和追究仍然棘手。在我国的党政国情背景下,能否对其作出撤销、变更或确认违法的复议决定,能否责令其履行赔偿责任并对其限期履行抑或强制执行,诸如此类亟待提出解决方案。

三、机构改革背景下行政复议变革的功能面向

(一) 机构改革背景下行政复议变革的契机

相比于行政诉讼,行政复议具有行政性与准司法性两种特性,具有程序便捷高效、维权成本低等优势。[1]但随着依法行政实践的不断深入,行政复议体制日益暴露出较多弊病,如复议机构独立性不足、复议权配置分散、缺乏公正性等问题。同时还存在着诸如仍设在一级政府法制办之下、并未完全突破复议机构设置体系等局限性。[2]机构改革虽然给我国行政复议体制带来了挑战,但也恰好在其存在较多制度弊病的背景下,为其变革提供了良好契机。

1. 机构改革加速推动行政复议体制的改革进程

近年来我国行政复议体制的改革试点工作虽有一定进展,但从发现问题到决定改革再到落实改革政策,期间效率相对低下,改革力度相对较小。笔者揣测此源于改革所针对的问题是复议体制一直固有的缺陷,虽然阻碍了制度发展但不影响行政法的基本理论框架,不影响复议运行的根本大局。而本次改革将对行政主体理论产生根本影响,进而给行政复议的程序与实体运作带来挑战,甚至冲击行政复议的根本运行。基于此,必须适应新时代背景的发展需要,对复议体制尽快作出必要调整和变革。

2. 机构改革为行政复议体制的弊病提供新的改革思路

我国现行复议体制随着实践的深入暴露了诸多弊病,譬如由复议机关内设的法制机构办理行政复议案件,该机构显然不具有独立的行政主体地位,使复议的独立性与公正性备受质疑。而改革将此前由政府内设法制机构履行的复议职能,转由重新组建的被视为独立行政主体的司法行政机关承担,从而避免了以往行政机关"自己做自己的法官"备受争议的情形。由此,机构

---

[1] 参见应松年:"把行政复议制度建设成为我国解决行政争议的主渠道",载《法学论坛》2011年第5期。

[2] 参见杨海坤、朱恒顺:"行政复议的理念调整与制度完善——事关我国《行政复议法》及相关法律的重要修改",载《法学评论》2014年第4期。

改革给复议权的合理配置提供了新的可能性，为当前复议体制存在的弊病提供了新的改革思路。

3. 机构改革促进行政复议制度目标的实质落实

改革前，我国执政党主要是通过党的政策方针领导影响政府决策，而不直接面向社会行使行政职权。换言之，行政机关是通过贯彻实施党的方针政策来履行职能，进而作为行政主体被认定为复议被申请人。机构改革将行政机构、职能并入党的机构，规定由合并后的党政机构直接履行相应职能。由此所带来的党政融合新趋势，使党从"幕后"走向"台前"，由通过宏观领导转换成直接行使部分行政职权。这样的制度设置一则有利于加强党的全面领导，二则有利于真正落实实质责任，贯彻公平公正原则，促进行政复议体制目标的客观落实。

（二）机构改革对行政复议体制的功能需求

当前党和国家机构改革已进入全面深化的关键期，一方面需要不断落实改革政策，激活改革动力；另一方面，又需要各项体制的准确定位与适时更新来接替和填补改革后的制度缺漏。机构改革给我国复议体制带来了不小的冲击，不仅作为党和国家改革深水区的战略部署，也在当下促生了对行政复议体制功能定位的制度性期待。

1. 坚持将解决行政争议定位为主导功能

行政复议的功能定位关乎行政复议的制度构建，在机构改革背景下对其进行理性审视至关重要。学界现已基本认同行政复议的功能是权利救济、内部监督和解决争议的有机集合。[1] 笔者结合机构改革背景，以行政复议的价值目标、权力属性等问题为出发点，认为尤其在机构改革背景下，应当把解决行政争议定位为行政复议的主导功能，在此基础之上兼顾强化内部监督和权利救济功能。

机构改革带来的党政融合趋势的增强，使改革后的党政机构开始履行部分行政职能。若申请人对党的机构作出的具体行为不服申请行政复议，相比改革前注重层级监督，此时的行政复议更应当以行政效能的提升为根本指引，

---

[1] 参见湛中乐："论我国《行政复议法》修改的若干问题"，载《行政法学研究》2013年第1期。

注重行政争议的解决。[1]此外由司法行政机关承担一级政府复议职能的改革设计,也是基于其作为政府的法治职能部门在资源配置上具有的先天优势,以及其具有的行政主体地位更有利于履行复议职能的特点,是建立在有利于行政争议解决的基础上的。因此在机构改革背景下,行政复议更应当是通过解决行政争议提供权利救济的制度,层级监督仅是其附属功能。

2. 兼顾行政复议的独立性与中立公正性

行政复议的独立性、中立性主要着眼于行政复议决定的作出应当公平公正、客观中立,如此方能加持行政复议的公信力,使其真正成为化解行政争议的主渠道。但笔者不认同部分学者认为"复议权从本质上带有司法性质,行政复议实质是司法性质的活动,必须保持完全的客观中立,并遵从司法活动的基本规则"的观点。行政复议与行政诉讼的制度创设遵循不同的功能理念,笔者认为行政复议是以化解行政争议、提高行政效能为目标,若过分强调行政复议的司法化,会造成其与行政诉讼职能重合、降低纠纷解决效率、增加维权成本等负面后果。[2]因此应在优先考虑化解争议效率的基础上,兼顾行政复议的独立性与中立公正性。

在机构改革背景下,司法行政机关开始承担一级政府的行政复议职能,说明改革开始注重兼顾行政复议的独立性与专业化。未来应当渐进制定配套政策,保障司法行政机关高效化解行政争议的前提下,更独立、专业地履行复议职能。

3. 坚持司法最终原则

在行政复议体制中坚持司法最终原则,意味着经过复议后,相对人仍然可以诉诸司法,取得法院的终局法律裁判。任何具有终局性不可诉的行政复议决定,在司法最终原则下均是不被允许的,应当将行政机关的行政行为真正置于司法机关监督之下。尤其在当前机构改革背景下,理论上司法部将会代表国务院履行复议职能,此种改革设计为我国取消行政复议终局、坚持司法最终原则,提供了更大可能性。

前述对行政复议体制发展的功能需求,主要源于当下机构改革背景下变革复议体制的客观需要,这并不等于说我国当前行政复议体制真的具有或者

---

[1] 参见刘莘:"行政复议的定位之争",载《法学论坛》2011年第5期。
[2] 参见赵德关:"新时期行政复议制度的定位与展望",载《行政法学研究》2016年第5期。

发挥了这些功能。目前的实际情况恰恰是与这些客观需求还有很大距离，与最初的制度期待仍有较大差距，对其变革修构之路仍任重而道远。

四、机构改革背景下行政复议变革的进路探索

行政复议体制的变革会直接影响到行政争议的化解，进一步影响到行政监督功能的发挥。笔者尝试结合改革带来的挑战和契机，对行政复议体制的变革进行具体的路径探索，以期适应新时代机构改革实践的发展需要。

（一）建立以各级司法行政机关为主体的行政复议组织体系

机构改革所设计的政府法治机构职能的整合与配置，与现行复议体制已发生了较大偏离，需适时加以调整。笔者认为，司法行政机关作为政府专门负责司法行政工作的职能部门，其在法制人员、资源配置上具有先天优势，且具有行政主体地位，更有利于其依法履行行政复议职能，显现出一定程度上的优越性。利用此次契机，建立以各级司法行政机关为主体的行政复议组织体系，实乃既与改革举措相称，又能解决行政复议体制弊病之良策。

关于对司法行政机关作为同级政府行政复议机构的几点质疑，笔者尝试结合司法行政机关的行政复议优势予以回应。一方面，部分学者认为此举会使司法行政机关作为"上级机关"处理实质上与其平级的行政机关的复议案件，缺乏权威性。笔者认为此种质疑是由于未透彻理解司法行政机关履行复议职能的权力基础及运行体系。虽然从行政隶属关系上来看，司法行政机关与同级政府的其他职能部门是平级关系，共同隶属于同级人民政府领导。但当司法行政机关处理同级政府作为复议机关的复议案件时，其实质上是基于其政府法制职能部门的角色定位，即此时司法行政机关的角色定位是同级政府的行政复议机构，而非其领导的"行政机关"。其权力的来源和运行的正当性基础都在于同级人民政府，是基于政府各部门职能分工的产物，因此有权处理实质上与其平级的行政机关的行政复议案件。未来可制定相应的修法措施，赋予其正当履行复议职能的法律依据。另一方面，关于司法行政机关有着自身的部门利益，无法代表政府客观、中立地履行复议职能的质疑，笔者认为机构改革带来的职能整合使各级司法行政机关在资源配置方面进一步加强，法制职能进一步强化。相比政府内设法制机构以及政府其他职能部门，司法行政机关更有能力和资格胜任复议工作。

至于如何进一步保证行政复议的相对独立性与客观中立性，则有赖于改革对司法行政机关的工作机制进行更精细的定位予以保障。一方面，改革需渐次进行，不可一蹴而就。起先可通过借鉴行政复议先前的改革成果，在司法行政机关下设相对独立的行政复议委员会，相对集中行使复议权。[1]还可进行一些促进复议机构独立公正的制度安排，如办公地点相对独立、审议人员引入独立第三方、程序上禁止复议前的单方接触等。[2]之后再根据改革效果决定是否设立专门的行政复议局，渐次保障行政复议的独立性和中立性。总之，司法行政机关内嵌相对独立的行政复议委员会的做法，在保证改革基本遵循的基础上，会增强行政复议制度的中立性。具体的制度设计，还有赖于立法者结合复议改革成果以及对改革举措的博弈与衡量，予以具体规范。另一方面，关于司法行政机关作为复议被申请人的案件，考虑到复议制度的公正性，实践中可通过制度设计转移复议管辖，将其设计为相对集中行使复议权做法的一种例外情形，如让当事人向上一级司法行政机关申请复议，以贯彻公正原则，禁止任何人或团体作为自己案件的法官。

（二）吸取改革试点优秀成果，科学优化复议权配置

我国现行复议权配置主要依附于"条条块块"的行政管理体制，权利行使的过于分散性严重影响了行政复议制度效能的发挥，造成复议资源配置不合理。且层级监督体制的系统内封闭运行，影响了行政复议的客观公正立场，不利于维护行政复议的权威。[3]因此有必要在机构改革背景下进一步审视和科学优化行政复议权的配置。

一方面，集中复议权配置，改"条块管辖体制"为"块块管辖体制"。"义乌模式"中的相对集中复议权改革，是通过对现有行政体制条块框架的突

---

[1] 为防范复议制度失灵，全面推进依法治国，行政复议委员会制度改革将在全国范围内铺开。从各省份的行政复议委员会制度改革实践来看，尽管各省份的试点反响良莠不齐，但凡是相对集中、体制转换比较彻底的，行政复议的社会认知度和认可度都有明显提升。可以肯定的是，行政复议委员会制度为复议制度的改革提供了一条经得起实践检验的路径。参见余凌云："论行政复议法的修改"，载《清华法学》2013年第4期。

[2] 参见杨建顺："机构改革进行时　法规修订应跟进——从行政法层面审视司法部新任务"，载《紫光阁》2018年第6期。

[3] 参见王万华："以行政复议权集中行使为基础重构行政复议体制"，载《财经法学》2015年第1期。

破，使分散的行政复议职能集中行使。[1]此种方案可为以各级司法行政机关为主体的行政复议组织体系提供复议权配置思路。即变革措施可以考虑取消上级职能部门对下级部门的复议管辖权，规定针对职能部门所申请的行政复议案件以及本由政府各职能部门受理的复议案件都统一由同级人民政府受理，同级政府授权其司法行政机关作为行政复议机构统一对行政复议案件"集中受理、集中审查"。

另一方面，注重协调行政复议权配置的集中与分散。集中行政复议权的配置应当有其自身的尺度，并不等同于完全集中，对于具体特殊情形应当适度分散。譬如对于司法行政机关作为复议被申请人的行政复议管辖，应当规定申请人向司法行政机关的上一级主管部门申请行政复议，以贯彻公平公正原则，避免"自己做自己案件的法官"。对于《行政复议法》第12条关于海关、金融、国税等实行垂直领导的行政机关和国家安全机关的复议规定，基于上述部门所涉行政事务的特殊性与专业性，因此有必要维持原有复议管辖规定。

(三) 顺应改革趋势，将改革后的党政机构纳入行政复议体制

在党政机构合并设立情形中，由合并后的党政机构履行原有行政机关的职能，原有行政机关不复存在，仅是对外保留或者加挂牌子，因此党的机构实际上行使相应行政职权。此时面临合并后的机构在履行行政职能时，能否作为行政主体、能否作为复议被申请人接受复议机关的受理和审查等难题；在党政机构合署办公情形中，同样面临复议被申请人的认定困境。笔者认为随着改革的不断深入，行政法理论不能继续因循守旧、食洋不化，不能一直恪守行政主体理论。"一揽子"解决此类难题的出路便是将合并设立后的党政机构及合署办公的党政机构纳入行政复议体制。

笔者尝试从以下两个角度对改革后党政机构复议被申请人的主体资格进

---

[1] 作为复议相对集中改革的新路径，行政复议局在机构设置上集中、健全了原有的行政复议机构职能，挂牌在义乌市政府法制办下，实行一个窗口对外，集中行使行政复议职权，方便群众寻求救济。义乌市政府各部门（除海关、金融、国税、外汇管理等实行垂直领导的行政机关和国家安全机关以外）的行政复议职能，由义乌市政府统一行使，有效地强化了执法队伍建设，有力地防止了职权交叉、效率低下等问题。参见方宜圣、陈枭窈：" 行政复议体制改革 '义乌模式'思考"，载《行政法学研究》2016年第5期。

行理论证成。一方面，从机构的职能性质来看，改革规定合并设立情形下由党的机构以行政机关名义直接履行行政职能，进而作出具体行为。根据《行政复议法》第 10 条"作出具体行政行为的行政机关是被申请人"的规定，此时合并设立后的党政机构作为作出具体行为的一方，本应当被认定为复议被申请人。另一方面从行政主体的实质认定理论来看，行政主体具有能依法行使行政职权、能以自己名义行使行政职权、由其本身对外就行使职权行为承担法律责任的三个特征。[1]其中"依法行使行政职权"是最核心判断要素，"任何机关或组织因依法拥有行政职权而成为了行政主体，因行使该行政权而成为行政行为，由此引起了复议和诉讼"。[2]因此当改革后的党政机构在依法行使相应行政职权作出具体行为时，其当然处于行政管理法律关系中，具有行政主体的法律地位，在行政复议中应当被认定为复议被申请人。

此外，在复议被申请人的具体认定层面，笔者认为可借鉴古德诺对"政治行政二分"的思想阐述进行处理。在国家运行过程中政治和行政相分离，从法律的制定实施来看，将立法的过程归于政治过程，将法律实施归于行政过程。[3]有观点认为，此领域的复议被申请人认定可直接通过名义上的牌子指向来解决。笔者认为这种操作较为浅显，机构合并或合署不是因为该领域政务党务的密切关系，而是为了党务更深入地指导政务。因此可参照政治行政二分法的思路，不应将该机构对外挂牌的指向作为判断依据，而应着眼于对被申请复议的行为性质的实质性判断。[4]若该行为指向政治决策范畴，则属于党务，不属于复议管辖范畴；若该行为指向法律实施范畴，则属于政务即行政活动，此时直接认定背后的行为主体为复议被申请人。相比之下，此种实质性标准的建立更具法理正当性且逻辑自洽，值得进一步参考细化。

当合并设立或者合署办公后的党政机构被认定为复议被申请人之后，后续的诸如对被申请复议行为的受理和审查、对被申请人责任的认定和承担等

---

[1] 参见姜明安主编：《行政法与行政诉讼法》，高等教育出版社 2011 年版，第 19~20 页。
[2] 杨小君：《我国行政复议制度研究》，法律出版社 2002 年版，第 165 页。
[3] 参见李玉耘："政治—行政二分的起源与国家治理现代化"，载《福建行政学院学报》2017 年第 3 期。
[4] 在任何时代法律要求行政机关应履行的职能和任务永远高于行政机关的实际能力，法律制定过后仍然需要政治消耗和判断。我国执政党主要通过组织嵌入实现立法后政治因素的摄入及政治控制行政的层次，前者负责行政过程的政治判断，后者负责行政过程中的法律执行输出。

问题便会迎刃而解，与现行行政复议规定保持一致即可。至于复议管辖问题，笔者认为以该机构作为复议被申请人的，原则上由上一级机构管辖，但当上一级机关无此类行政职权或者无上一级机关时，则可考虑由履行行政职责的机构自行管辖。这样既照顾了党内机关的自治性，也照顾到法律规定的完整性与现实的可行性，具体实践操作还需详细论证。

（四）坚持司法最终原则，适时取消行政复议最终裁决权

国务院裁决不具有可诉性的规定，体现了对行政机关解决内部行政争议的尊重。行政管理工作具有专业性毋庸置疑，但笔者认为不能因此而排除司法监督。依法行政的法治理念，要求行政机关的行政行为均需纳入法治轨道。但行政机关在行使行政职权时，以提高行政效率为首要，相形之下扮演被动裁判角色的司法监督具有独立的法律价值。我国现行法律体制已赋予行政机关以规则制定与执行权，若再赋予最终裁决权排除司法监督，从法治理念的角度而言，缺乏法理正当性。[1]且改革转由司法部代表国务院在"二次复议"中行使裁决权，此时再继续坚持裁决权的终局性已然没有太多实质意义。

借此机构改革的契机，对国务院的最终裁决权予以合理规制是十分必要的。但我国行政复议体制实施多年，已形成一定的路径依赖，具体的调整策略应当渐进实施。尤其对于行政复议最终裁决权的取消这种"颠覆性"变革，更应循序渐进。未来应以取消行政复议终局、坚持司法最终原则为终极目标，采取渐进性改革策略。在现行机构改革背景下，将各级政府（含国务院）及其部门的具体行政行为合法性的最终裁决权均逐渐收归人民法院。

五、结　语

深化党和国家机构改革作为一场影响深远的制度革命，在给我国现行复议体制带来冲击和挑战的同时，也带来了修构与变革的良好契机。上文即以此为出发点，提出行政复议体制在当前机构改革的大背景下需要直面挑战与机遇，适时调整，以适应新的制度环境。在结合我国先前复议改革优秀成果的基础上，尝试作出诸如建立以各级司法行政机关为主体的行政复议组织体

---

[1] 参见吉玉泉："法治国家建设的历史演进及其法理学分析——兼评国务院对行政行为享有最终裁决权"，载《河北法学》2000年第4期。

系、科学优化复议权配置、将改革后的党政机构纳入行政复议体制、适时取消复议终局裁决权等进路探索。

行文至此我们有理由相信,一份科学有效的行政复议变革规范应当值得确立。本文作出的努力如果言之成理的话,那么下一步的研究则有必要进一步细致探讨具体变革举措,尤其是关于将合并设立机构与合署办公机构纳入复议体制的具体逻辑及可行性问题,并研究厘清变革后的复议体制与机构改革衔接的具体运行规则。诚然,正如习近平总书记所强调的,机构改革是一个过程,不会一蹴而就,也不会一劳永逸,需要不断进行调整。改革者最终制定何种方案,需要进行全方位的论证与博弈,以便实现法律制度的特定价值取向。同时也要看到,地方机构改革尚未完全展开,有关政府法制机构职能整合等改革方案及落实还有待观察,改革在地方上的落地动作值得后续关注。

行政裁量基准的逸脱：正当性、制度现状与规则重塑

王 杰[*]

【摘 要】行政裁量基准的逸脱是指在个案特殊情况下，执法者基于立法目的和裁量原意的考量，认为适用裁量基准将不利于司理个案正义，而决定逸脱裁量基准适用的一种规则。行政裁量基准逸脱的正当性在于特殊情况下执法者负有追求个案正义的义务。然而，当前我国各地的行政裁量基准文本普遍缺乏直接逸脱基准适用的规定，同时留有较大间接逸脱基准适用的空间，以致实践中出现了逸脱不足与逸脱过度并行不悖的制度困境。制度现状的改善有赖于行政裁量基准逸脱规则的重塑，即首先要树立个案正义优先的立法理念，其次要细化个案特殊情况的具体内涵，再次要明确逸脱基准适用的说理外延，最后要完善行政系统内部的审查监督。逸脱规则价值的有效发挥有赖于行政裁量基准制定者与执行者的共同努力，相互配合方能更好地实现个案正义。

【关键词】行政裁量基准 个案正义 逸脱不足 逸脱过度 规则重塑

引 言

融合在自律与他律之间的行政裁量基准[1]制度在我国肇始于2004年的

---

[*] 王杰，中国政法大学2018级宪法学与行政法学专业硕士。
[1] 实践中并没有关于行政裁量基准名称的统一用语，有的称为"行政裁量基准办法"，有的称为"规范行政执法裁量权规定"，还有的称为"规范自由裁量权意见"，不一而足。本文遵循学理通说，统称"行政裁量基准"，同时为了行文便宜，在个别地方简称为"裁量基准"，二者意义一致。

浙江金华,[1]而司法实践中首次出现逸脱行政裁量基准适用之现象则可以追溯到2007年的"周文明诉文山交警案"[2]。在该案中,文山交警直接依据《中华人民共和国道路交通安全法》(以下简称《道路交通安全法》)第90条[3]对原告周文明的超速行为处以最高限额的罚款,而没有选择适用具有行政裁量基准性质、处罚金额相对较少的《云南省道路交通安全违法行为处罚标准暂行规定》(以下简称《云南省道路交通违法处罚暂行规定》)第9条第31款[4]之规定,引起法院裁判争议。[5]文山交警给出的逸脱行政裁量基准适用理由为:机动车驾驶员超速行驶已经成为近年来文山县交通事故频发的主要原因,从严处罚此类违法行为也是出于改善当前道路交通安全严峻形势的考量。这种逸脱行政裁量基准适用的理由是否正当?如果正当,行为的正当性基础又源于何处?为了回答这些问题,下文将首先对逸脱行政裁量基准适用的正当性进行探寻,进而在正当性视角下检视当前各地行政机关逸脱裁量基准适用的制度表达,最后尝试通过重塑行政裁量基准逸脱规则的方式对当前制度表达的问题作出回应。

---

[1] 相对于立法和司法的外在控制,裁量基准代表的是一种行政"自律";而在行政系统内部,则更多的是基准制定者加之于基准执行者的"他律"。参见周佑勇:《行政裁量基准研究》,中国人民大学出版社2015年版,第11页。

[2] 云南省文山县人民法院(2007)文行初字第22号行政判决书;云南省文山壮族苗族自治州中级人民法院(2008)文行终字第3号行政判决书。基本案情:2007年8月2日,周文明(原告、被上诉人)驾驶轿车自南向北行驶,途径云南省文山县辖区省道S210线(最高限速70km/h)某测速点时,被公安交警雷达监控测速测出其车速为90km/h。文山县公安交警大队(被告、上诉人)旋即通知查处点民警将车拦截。民警告知其已经违章超速驾驶,并适用简易程序当场作出罚款200元扣3分的行政处罚。周文明不服,拒绝签字,并于同月30日向文山县人民法院(一审法院)提起行政诉讼,一审判决变更处罚为80元且不扣分。文山交警不服一审判决,上诉至文山壮族苗族自治州中级人民法院(二审法院),二审法院判决撤销一审判决,维持原处罚决定,并驳回被上诉人周文明的诉讼请求。

[3] 《道路交通安全法》第90条规定:"机动车驾驶人违反道路交通安全法律、法规关于道路通行规定的,处警告或者20元以上200元以下罚款。本法另有规定的,依照规定处罚。"

[4] 《云南省道路交通违法处罚暂行规定》(云南省公安厅制定,2004年7月1日起施行)第9条第31款规定:机动车驾驶人驾驶机动车超过规定时速未到50%的,处50元以上100元以下罚款。

[5] 一审法院审理认为,文山交警根据《道路交通安全法》第90条作出本处罚,程序合法,适用法规正确。但根据原告的超速情况,以及《云南省道路交通违法处罚暂行规定》第9条第31款之规定,被告以最高限额来处罚原告周文明显失公正,应予变更。二审法院审理认为,作为行政执法依据的裁量基准仅属公安厅内部下发的规范性文件,效力低于法律、法规。原审法院以规范性文件为依据变更上诉人适用法律规定作出的处罚内容,于法无据,应该予以纠正。

一、逸脱行政裁量基准适用的正当性

（一）行政裁量基准逸脱的概念澄清

根据传统的三权分立原则，立法权由国会独享，法律具有至高无上的地位，行政机关不过是在特定案件中执行立法指令的一条传送带。[1]但是，随着社会变迁，"传送带理论"开始失灵，宽泛的立法指令很少能够直接处理具体情形，为了保障个案正义，裁量应运而生。裁量是实现个案正义不可或缺之工具，但裁量的尽头通常就是专断的恣意。"或许我们法律制度中百分之九十的非正义都来自于裁量，而只有百分之十来自于规则。"[2]因此，必须对裁量加以限定，使其自由不至专断，拘束不至僵化。相较于立法限定的范围局限[3]以及司法限定的成本高昂，[4]行政自制似乎更加合理可取。以至于戴维斯教授称赞"规则制定程序是现代政府最伟大的一项发明"。[5]作为行政规则分支之一的裁量基准由此觅得了自己的立身之本。然而，裁量基准规则式的控权逻辑却不免与司理个案正义的裁量原意有所背离。"僵化的规则限制会将行政执法应有的行政正义逐渐推向消亡，执法事件所需要的个案正义亦会招致裁量基准的违法性谴责。"[6]因此，机械适用裁量基准作出具体行政决定的做法实不可取，即使是裁量基准未加考虑的个案事项，行政机关仍然负有特殊情况的考量义务。[7]正是这种个别情况考虑义务的存在，导致了逸脱裁量基准适用现象的出现。故可将行政裁量基准之逸脱定义为：在个案特殊情况下，执法者基于立法目的和裁量原意的考量，认为适用行政裁量基准将不利于司理个案正义，而决定逸脱裁量基准适用的一种规则。

---

[1] 参见[美]理查德·B.斯图尔特：《美国行政法的重构》，沈岿译，商务印书馆2016年版，第23页。

[2] [美]肯尼斯·卡尔普·戴维斯：《裁量正义——一项初步的研究》，毕洪海译，商务印书馆2009年版，第27页。

[3] 立法机关穷尽一切法律细节详细确定所授裁量权的范围无疑是最理想的裁量限定模式，但往往难以达成。

[4] 国外高昂的诉讼费用往往成为当事人寻求司法审查的一大障碍，使得很多违法裁量行为得不到司法救济。

[5] [美]肯尼斯·卡尔普·戴维斯：《裁量正义——一项初步的研究》，毕洪海译，商务印书馆2009年版，第70页。

[6] 周佑勇：《行政裁量基准研究》，中国人民大学出版社2015年版，第46页。

[7] 参见周佑勇：《行政裁量基准研究》，中国人民大学出版社2015年版，第75页。

(二) 内部效力视角下的行政裁量基准

行政机关因为法律授权而作出的政策性、行政性判断被称作裁量行为。[1]而旨在约束裁量行为的裁量基准则具有一种建构行政裁量权运作的现实力量，这也是行政裁量基准的效力根源所在。[2]逸脱作为行政裁量基准遵守的例外，关于其正当性之探讨自然也就离不开对裁量基准效力的关照。裁量基准作为行政机关自我设定的规范裁量权行使之内部规则，在行政科层制背景下，上级行政机关制定的裁量基准对下级行政机关产生事实拘束力显而易见，但裁量基准是否因而获得不可违反的法律拘束力却不无争议。在"周文明诉文山交警案"中，一审法院选择直接适用行政裁量基准作为案件审判依据。在它看来，《云南省道路交通违法处罚暂行规定》具有行政裁量基准的性质，其拥有当然的法律拘束力，作为下级行政执法机关的文山交警在作出具体行政处罚决定时理应遵守。二审法院则采取了与一审法院截然相反的审判观点。在它看来，《云南省道路交通违法处罚暂行规定》作为一种行政裁量基准，仅仅具有规章以下之规范性文件的层级效力，而并没有更高层级的法律拘束力，文山交警逸脱裁量基准的适用不必然会产生违法效果，同时规范性文件也不能成为人民法院审理行政诉讼案件的审判依据。而在理论界，同样存在着"规则化裁量基准观"与"具体化裁量基准观"两种不同观点。前者认为不论行政裁量基准的表现形式如何，规章抑或规范性文件，从其制定颁布之日起就具有了指导下级行政执法机关作出具体行政执法决定的实践效力，这种效力既包括法律上的规范效力，也包括事实上的适用效力。[3]后者则认为行政裁量基准对于下级行政执法机关而言仅仅具有一种事实上的拘束力，而欠缺法律上的拘束力。因为行政裁量基准只是上位法规范的具体化形式，真正约束下级行政执法机关的仍然是上位法规范本身，所以即使下级行政执法机

---

[1] 参见王贵松：《行政裁量的构造与审查》，中国人民大学出版社2016年版，第23页。

[2] 裁量基准是一种作用于社会的现实力量，该力量始于其效力的发生，而终于其效力的废止，就此而论，裁量基准的效力无异于裁量基准的生命力。参见戴建华："裁量基准效力研究"，载《法学评论》2012年第2期。

[3] 不论裁量基准以什么形式出现，从其实践效力来看，基准一旦制定颁布，便成为执法人员执法的重要依据，具有规范效力和适用效力，这种内部适用效力，又将进一步延伸至行政相对方，因而具有了外部效力。参见王锡锌："自由裁量权基准：技术的创新还是误用"，载《法学研究》2008年第5期。

关没有遵照裁量基准作出具体行政执法决定也不必然产生行政行为违法的效果。[1] 裁量基准是否具有法律拘束力在所不论，但可以确定的是在行政层级指挥监督权的压力下，处于下级地位的执法者原则上必须服从和执行上级行政机关制定的裁量基准，除非存在个案特殊情况，否则下级执法者不得随意背离裁量基准而作出行政处理决定。

(三) 个案正义视角下的行政裁量基准逸脱

"裁量基准对行政机关的内部拘束力，意味着行政机关和行政执法人员应当严格遵守，完全一律地适用裁量基准作出行政决定，而不得与之相违背。"[2] 然而，裁量基准内部效力的存在并不能否认可能存在某种特殊情况，以至于需要执法者根据个案要求逸脱裁量基准的适用，从而避免受到"规则式控权逻辑"之裁量基准的束缚。因为行政裁量权来自于立法机关的授予，其最终目的仍然是根据实际情况追求个案正义。所以当裁量基准的规定明显违背个案正义时，执法者有权基于立法目的之要求，考虑实际情况而逸脱裁量基准的适用。因此，无论是"规则化裁量基准观"的严格拘束，还是"具体化裁量基准观"的自由适用，追求个案正义始终才是裁量原意之所在，两种观点都不能罔顾个案情况的特殊性，而必须恪守个别情况考虑义务，坚持具体问题具体分析，在个案特殊情形下作出不同于行政裁量基准的具体处理决定，只是必须就逸脱裁量基准适用说明正当理由。这种做法在域外亦有例证，例如我国台湾地区的学者就认为："倘若行政机关在相同或类似的情形，竟然违背裁量准则规则，而任意为相异之处理时，虽然有认为此一裁量准则本为确保行政处分的妥当性，因此裁量处分纵违反上述准则，原则上亦仅生当或不当之问题，并非当然违法，但基于平等原则、信赖保护原则的要求，于作成异于裁量准则之判断时，应有合理之正当理由。"[3] 同时，日本最高法院也认

---

[1] 裁量标准是行政执法机关对其所执行的行政法律规范的具体化，对该行政执法机关有拘束力的是该行政法律规范本身，上级行政机关以规范性文件形式设定的裁量标准归根结底不过是一种行政内部规定，这意味着违反上级行政机关以规范性文件形式设定的裁量标准作出具体行政行为并不必然导致该具体行政行为违法。参见王天华："裁量标准基本理论问题刍议"，载《浙江学刊》2006年第6期。

[2] 周佑勇："作为行政自制规范的裁量基准及其效力界定"，载《当代法学》2014年第1期。

[3] 陈清秀："依法行政与法律的适用"，载翁岳生编：《行政法》（上册），中国法制出版社2002年版，第245页。

为:"行政厅关于其被委任的裁量事项,即使制定了行使裁量权的准则,因为这样的准则本来是为了确保行政厅的处分的妥当性而制定的,所以,即使处分违背该准则而作出,原则上也只限于产生适当与否的问题,而不能当然地构成违法。"[1]只不过"从确保裁量权的公正行使、平等对待原则、相对人的保护信赖等要求来看,要作出和准则不同的判断,需要有使其合理化的理由"。[2]

综上所述,正是基于追求个案正义的裁量原意,使得下级行政机关必须负有个别情况考虑义务,进而催生了尊重裁量基准内部效力的例外规定,逸脱行政裁量基准适用的正当性也由此觅获。

二、逸脱行政裁量基准适用的制度现状

行政裁量基准制度在我国地方执法实践中可谓是方兴未艾,各地政府纷纷视之为规范行政裁量权运作的灵丹妙药。殊不知"裁量权既可能失之于宽范,亦可能失之于狭隘。倘若过于宽泛,正义就面临专断或不平等之虞;倘若过于狭隘,正义就面临具体化不足之虞"。[3]裁量基准制度的实质就是追求规则与裁量之间的平衡,因而为了避免裁量基准的僵化适用,有必要加强逸脱行政裁量基准适用的制度建设,以减少可能存在的僵化危险。在我国地方行政裁量基准制度"运动化"浪潮背后,逸脱行政裁量基准适用的制度建设是否同样跟上步伐?正是基于这个问题的思考,本文选择采取实证分析的方法,对我国25个省级地方政府发布的行政裁量基准文本进行逐一分析,以期勾勒出地方行政执法实践中逸脱裁量基准适用的制度现状。

(一)实证分析的逻辑思路

"基层执法机关对地方性知识的认知程度明显高于上级行政机关",[4]因此选择对地方政府而非中央政府发布的裁量基准文本进行分析,似乎更加具有实践考察意义。然而囿于我国行政裁量基准制定主体不明之弊,各地制定

---

[1] [日]盐野宏:《行政法总论》,杨建顺译,北京大学出版社2008年版,第68页。
[2] [日]盐野宏:《行政法总论》,杨建顺译,北京大学出版社2008年版,第68页。
[3] [美]肯尼斯·卡尔普·戴维斯:《裁量正义——一项初步的研究》,毕洪海译,商务印书馆2009年版,第56页。
[4] 章志远:"行政裁量基准的兴起与现实课题",载《当代法学》2010年第1期。

的基准文本多如牛毛，实难条分缕析。无奈只能折中选择制定主体级别较高，制定程序相对透明之省级地方政府发布的行政裁量基准文本作为考察对象，并将目标样本初步锁定为我国内陆31个省级地方政府发布的行政裁量基准文本（不包括我国港、澳、台地区）。笔者以"北大法宝"为检索平台，以"裁量"为标题关键词，以地方法规规章数据库为检索范围，以省级地方政府为发布部门，截至2019年2月25日，共检索到26个省级地方政府发布的行政裁量基准文本，这些文本又分别涉及地方政府规章、地方规范性文件、地方工作文件三个不同的效力层级。剔除已被修改且尚未检索到最新版本的北京市行政裁量基准，共获得25个省级地方政府发布的有效参考样本38个，具体情况参见表1。

（二）逸脱行政裁量基准适用的文本梳理

为了更好地考察逸脱行政裁量基准适用地方制度建设的实践现状，笔者事先预设了三个寻找逸脱行政裁量基准适用线索的基本问题：其一，该文本中是否有直接规定特殊情况下准许下级行政机关逸脱行政裁量基准适用的规定？其二，在没有直接规定的情况下又是否有为逸脱行政裁量基准适用留下空间的间接规定？其三，是否存在文本既没有逸脱行政裁量基准适用的直接规定，也没有逸脱行政裁量基准适用的间接规定？在三个基本问题的指引下，笔者对38个有效的参考样本逐一进行分析，得到以下结果，具体情况参见表2。

表1　31个省级地方政府行政裁量基准文本公布情况统计

对外公布全省统一适用行政裁量基准文本的省级地方政府			
未公布（5个）	已公布（26个）		
	已失效	现行有效	
		效力层级	省级地方政府
晋、苏、滇、新、藏	京	地方政府规章	浙、川、鲁、吉、青、甘、赣、粤、辽、渝、湘、黑
		地方规范性文件	川、吉、青、辽、冀、蒙、沪、皖、闽、豫、桂、陕、宁、琼
		地方工作文件	浙、鲁、青、赣、渝、湘、宁、琼、津、鄂、黔

表2　38个有效参考样本中逸脱行政裁量基准适用规定情况统计

无逸脱行政裁量基准适用规定	有直接逸脱行政裁量基准适用规定	有间接逸脱行政裁量基准适用规定	
桂、津、鄂	浙、渝、宁	情势变更原则	浙、鲁、青、甘、渝、黑
		说明理由制度	浙、川、鲁、吉、青、甘、赣、粤、辽、渝、湘、冀、沪、皖、陕、宁、琼
		集体讨论制度	浙、川、鲁、吉、青、甘、赣、粤、渝、冀、沪、皖、陕、宁、琼、黔、黑
		案例指导制度	浙、川、辽、湘、豫、宁、黑
		例外条款	鲁、吉、青、甘、赣、粤、辽、渝、皖、陕、琼

(三) 逸脱行政裁量基准适用的现状解读

通过梳理参考样本中的逸脱行政裁量基准适用规定，笔者发现仅有浙江[1]、重庆[2]和宁夏[3]三个省级地方政府在行政裁量基准文本中对逸脱裁量基准适用进行了直接正面的规定，即明文规定下级行政机关在执法过程选择不适用上级行政机关制定的裁量基准时，应当在行政执法决定书中说明理由。这一结果反映出各地行政裁量基准文本普遍缺乏逸脱裁量基准适用规定之事实，其在广西、天津、湖北三个省级地方政府发布的行政裁量基准文本中更是体现得淋漓尽致。令人吊诡的是，在各地行政裁量基准文本普遍缺乏逸脱裁量基准适用直接规定的情况下，却同时又为下级行政机关间接逸脱适用裁量基准预留了较大空间，集中表现为大量条文规定了情势变

---

[1]《浙江省行政处罚裁量基准办法》第9条第2款规定："适用行政处罚裁量基准将导致个案处罚明显不当的，行政处罚实施机关可以在不与法律、法规和规章相抵触的情况下，变通适用裁量基准，但必须经行政处罚实施机关集体讨论决定，并充分说明理由；裁量基准非由本机关制定的，应当将处罚实施情况报制定机关备案。"《浙江省人民政府办公厅关于开展规范行政处罚裁量权工作的通知》规定，如果行政执法部门在已经公布的裁量标准之外作出处罚决定的，则还应进行理由说明。

[2]《重庆市规范行政处罚裁量权办法》第32条第2款规定："行政处罚实施机关不执行裁量基准的，应当在行政处罚决定书中说明理由。"

[3]《宁夏回族自治区规范行政裁量权办法》第7条第2款规定："上级行政执法部门制定了裁量基准的，下级行政执法部门应当直接适用，如不予适用，应当说明理由；上级行政执法部门尚未制定裁量基准的，下级行政执法部门可以先行制定裁量基准。"

更原则〔1〕、说明理由制度〔2〕、集体讨论制度〔3〕、案例指导制度〔4〕、例外条款规则〔5〕等五项逸脱行政裁量基准适用的间接规定。不知是立法疏漏，还是制定机关有意为之。但是，逸脱行政裁量基准适用直接规定阙如与间接规

---

〔1〕 情势变更原则本意是指当行政执法的法律依据发生变化或者行政处罚裁量基准不适应实际情况时，行政执法机关应当根据法律、法规、规章的变化或者行政执法工作的实际情况，及时补充、修订和完善本部门的行政处罚裁量基准。例如，《甘肃省规范行政处罚自由裁量权规定》第9条规定："行政处罚实施机关应当根据法律、法规、规章的变化或者执法工作的实际情况，及时补充、修订或者完善本部门的行政处罚自由裁量基准制度。补充、修订或完善后的文本应及时向社会重新公布。"当下级行政机关在具体执法活动中遇到裁量基准不能囊括的个案特殊情况，显然也可以视作一种情势变更，从而催生逸脱基准适用的可能，并为裁量基准的补充、修订和完善积累实践经验。

〔2〕 理由是将特定事实带入某一法律要件作出决定的原因说明，说明理由制度在我国行政处罚、行政许可、行政强制、信息公开等诸多领域均已存在。而说明理由之于裁量基准逸脱适用的重要性更是不言而喻，但它更多是存在于直接逸脱领域。此处之所以把说明理由制度划归间接逸脱领域，主要因为目前各省级地方政府的裁量基准文本普遍没有规定直接逸脱，但却大量规定了说明理由制度。例如，《广东省规范行政处罚自由裁量权规定》并没有直接逸脱之规定，却在第16条规定"行政处罚实施机关行使自由裁量权的，应当在行政处罚决定中说明理由"。由此观之，普遍存在的说明理由制度无疑为行政执法机关逸脱基准适用预留了足够大的操作空间。

〔3〕 集体讨论制度在法律规定中主要适用于重大复杂案件，例如2017年修正的《中华人民共和国行政处罚法》第38条第2款规定："对情节复杂或者重大违法行为给予较重的行政处罚，行政机关的负责人应当集体讨论决定。"但在各地的裁量基准文本中同样能够见到集体讨论制度的踪迹，例如《河北省人民政府关于建立行政裁量权基准制度的指导意见》规定，对涉及行政裁量权基准制度的重大或复杂事项，行政执法部门的负责人应当集体讨论，共同研究，作出处理决定，并将处理结果载入行政案卷。当出现裁量基准不能涵盖的个案特殊情况，行政执法案件也会变得疑难复杂。而一旦行政执法部门负责人就该案件进行集体讨论，逸脱裁量基准的适用自然就会成为一种可资选择的潜在行为模式。

〔4〕 各地的裁量基准文本都普遍提到了建立案例指导制度，例如《四川省规范行政执法裁量权规定》第11条规定："省级、市（州）行政机关应当制定行政执法权裁量标准实施细则并建立案例指导制度。"《湖南省规范行政裁量权办法》第14条规定："实行行政裁量权案例指导制度。县级以上人民政府应当选择本行政区域内行政机关行使行政裁量权的典型案例向社会公开发布，指导行政机关行使行政裁量权。行政机关处理相同的行政事务，除法律依据和客观情况变化外，应当参照本级人民政府发布的典型案例。"案例指导制度不仅可以约束行政执法部门在相同或者相似的案情中作出基本相同的行政处理，同样也可以为行政执法人员逸脱裁量基准提供一项制度保证，即如果行政执法人员在裁量基准中寻求不到合理依据，而从本部门以往的办案经验中提炼出来的行政先例可以为其办案提供一定指导，那么行政执法人员完全可以依据本部门的行政指导案例作出合理的行政处理。

〔5〕 例外条款是指行政执法机关可以主张具体的个案情况属于裁量基准未予规定的例外情形而逸脱裁量基准的适用。各地的裁量基准文本对此规则可谓着墨颇多，例如《安徽省人民政府办公厅关于建立行政处罚裁量权基准制度的指导意见》《陕西省规范行政处罚自由裁量权规定》第10~12条，《海南省规范行政处罚自由裁量权办法》第7~9条等都对行政处罚中不予处罚、从轻或减轻处罚、从重处罚的情形进行了肯定式列举，同时最后的兜底条款都是"其他法律规定的情形"。所以，当行政执法机关遇到个案特殊情况需要考虑从轻、从重抑或不予处罚时，可能主张案情本身不在裁量基准列举范围之内，进而选择适用更高位阶的法律，以达到逸脱裁量基准适用之目的。

定泛滥现象的同时存在，使得当前的逸脱行政裁量基准适用面临危机。一方面表现为逸脱基准适用的不足，另一方面则表现为逸脱基准适用的过度，二者看似矛盾，实则并行不悖。

逸脱基准适用的不足可能是行政裁量基准制定机关有意为之，其根本目的就是促使下级行政机关"不折不扣"地执行行政裁量基准，以达到制约行政裁量权之目的。[1]例如四川省的行政裁量基准文本就规定，下级行政执法机关如果不执行上级行政机关制定的裁量基准，需要由相关机关依法依规提出处理意见，并追究直接责任人的行政责任。[2]如此规定固然有利于抑制行政裁量权的滥用，但裁量权的运作必然也会因为裁量基准的拘束而变得僵化机械，这就好比舞者戴着脚镣跳舞，肯定难以呈现理想的艺术效果，实现个案正义不免沦为南柯一梦。[3]

预留间接逸脱裁量基准适用的空间可能是立法疏漏，也可能是制定机关关照个案正义的体现，但过度逸脱裁量基准适用肯定不是基准制定机关所期待的结果。"任何机械地、僵化地适用裁量基准行为，不顾执法效益和个案正义的做法，都是不能被接受的，都应当受到严厉的批判。"[4]机械僵化适用固然值得批评，随性恣意逸脱更加需要重视。任何不以实现个案正义为目标的逸脱都是缺乏正当性基础的，且与行政裁量基准应有的控权功能背道而驰。

综上所述，在如火如荼的行政裁量基准制度建设背后，是追求个案正义之逸脱规则的大量缺失，而规则缺失的直接后果就是造就了逸脱不足与逸脱过度并行不悖的制度困境。

---

[1] 参见张恩典："行政裁量基准的现实悖论及其克服——基于实证的考察"，载《云南大学学报（法学版）》2015年第6期。

[2] 《四川省规范行政执法裁量权规定》第28条规定："行政机关有下列情形之一的，由行政执法监督机关依据有关法律、法规、规章处理或者提出意见，由任免机关或者监察机关依法追究有关责任单位及责任人的行政责任：（1）发现违反本规定行使行政执法裁量权行为，不自行纠正的；（2）不执行已公布生效的行政执法裁量标准的；（3）不当行使行政执法裁量权，造成重大损失或者恶劣影响的；（4）其他违反本规定行为的。"

[3] 参见周佑勇："裁量基准的制度定位——以行政自制为视角"，载《法学家》2011年第4期。

[4] 余凌云："游走在规范与僵化之间——对金华行政裁量基准实践的思考"，载《清华法学》2008年第3期。

三、逸脱行政裁量基准适用的规则重塑

个案特殊情况是逸脱行政裁量基准适用的正当性基础，即裁量基准之规定不再适合于在特定个案中追求实质正义，而需要执行者具体问题具体分析。但是何为个案特殊情况？行政裁量基准制定者与执行者同样都是一头雾水。因而才会出现各地行政裁量基准文本中直接逸脱规定阙如与间接逸脱规定泛滥相互依存的局面。当前制度现状的完善有赖于行政裁量基准逸脱规则的重塑，具体包括树立个案正义优先的立法理念、细化个案特殊情况的具体内涵、明确逸脱基准适用的说理外延、完善行政系统内部的审查监督四个方面的内容。

（一）树立个案正义优先的立法理念

行政裁量基准的直接目的在于规范裁量权之行使，各地政府对之报以如此高的热情也就不足为奇，但其根本目的无疑仍然是追求个案正义的实现，这与逸脱规则的旨趣不谋而合。追求个案正义与控制裁量权力都是行政裁量基准诞生之初所具有的价值面向，二者究竟谁主谁次没有定论。当前逸脱行政裁量基准适用的实践现状便反映出裁量基准制定机关内心的纠结，它既希望下级行政机关能够充分发挥主观能动性实现个案正义，同时又担心下级行政机关随性逸脱以致造成裁量权滥用。由此可见，逸脱规则在行政裁量基准制定之初并没有获得属于自己的明晰立法定位，所以我们也不能对逸脱行政裁量基准适用的制度现状太过求全责备，毕竟当前的裁量基准只是一种形式法治层面上的权力控制工具。此种价值取向难言绝对之对错，但在依法治国的时代背景下，我们仍然有必要对国家厉行法治的原初目的进行检讨，进而反思逸脱行政裁量基准适用的宪法依据究竟何在。当我们不局限于裁量基准作为形式法治主义的工具面向，而是对其加以价值判断，我们就来到了实质法治主义的范畴，即强调自由平等的价值理念，追求国家任务的正当合理。从形式法治主义到实质法治主义，真正实践了德国学者福斯多夫所言的"反求诸己"之"内向型法治国"，即将法治国的重心朝向人民内在权利的保障及公平正义价值的实现。[1] 由此观之，国家厉行法治的原初目的无疑还是保护

---

[1] 参见陈新民：《德国公法基础理论》（上卷），中国法制出版社2010年版，第3页。

公民基本权利，真正践行自由平等、公平正义的价值理念。行政秩序与控制权力固然是法治主义在行政裁量领域的价值追求，但如果因为此等价值追求而背弃实质法治的原初目的，无异于舍本逐末。因而我们有必要重塑行政裁量基准价值取向的位阶秩序，树立个案正义优先、权力控制次之之立法理念，通过直接规定逸脱裁量基准适用程序的方式疏通追求个案正义的渠道，同时消解滥用行政裁量权力之可能。

（二）细化个案特殊情况的具体内涵

个案特殊情况不仅是逸脱行政裁量基准适用的起点，而且也是逸脱裁量基准适用后合理行使行政裁量权的基础所在。个案特殊情况作为一个不确定法律概念，一方面有利于具体执法者摆脱行政裁量基准中确定性法律概念以及固定构成要件的束缚，最大限度地发挥自身技术专长以实现个案正义；另一方面也会因为其无法确定的多义内涵而导致规范适用以及逸脱说理的困难。为了准确理解个案特殊情况的真实内涵，减少逸脱裁量基准适用的随意性，确保个案正义的充分实现，行政裁量基准的制定者和执行者都有必要对个案特殊情况这一不确定法律概念加以具体化，以增强逸脱裁量基准适用的说理性和科学性。同时，出于避免不确定法律概念被随意具体化的考量，价值性概念的具体化一方面要去价值化，即将价值性内容转化为经验性内容，另一方面也要在无法去价值化的地方进行价值补充或价值判断。[1]"具体化的价值判断，应参酌社会上可探知、认识的客观伦理秩序及公平正义原则，期能适应社会经济发展及道德价值观念的变迁。"[2]例如，"周文明诉文山交警案"中的个案特殊情况便可以具体化为"机动车驾驶员超速行驶已经成为近年来文山县交通事故频发的主要原因，从严处罚此类违法行为也是出于改善当前道路交通安全严峻形势的考量"。而"卢云尧等与慈溪市国土资源局等土地行政处罚纠纷上诉案"[3]中的个案特殊情况也可以具体化为"涉案企业非法占用土地的行为仅仅表现为填埋宕碴，尚不足以被认定为严重违法行为，同时出于良好经营的需要，企业用地往往具有一定的紧迫性，这种特殊情况有必要成为认定涉案企业非法占地行为性质的考量因素"。

---

[1] 参见王贵松：《行政裁量的构造与审查》，中国人民大学出版社2016年版，第63页。
[2] 王泽鉴：《法律思维与民法实例》，中国政法大学出版社2001年版，第247页。
[3] 浙江省宁波市中级人民法院（2009）浙甬行终字第116号行政判决书。

(三) 明确逸脱基准适用的说理外延

当个案特殊情况的特殊性达到一定程度，就足以构成逸脱行政裁量基准适用的一项正当理由，而如何将这项正当理由通过说理的形式见诸于外，则直接关乎逸脱行政裁量基准适用合理与否之问题。如果说通过具体化个案特殊情况这一不确定法律概念的形式构成逸脱裁量基准适用的说理内涵，那么如何将个案特殊情况的具体内容进行说明、说明到何种程度、以什么形式进行说明就构成了逸脱行政裁量基准适用的说理外延。明确逸脱裁量基准适用的说理外延，首先要求逸脱裁量基准适用的下级行政机关应当考虑与个案情况相关的因素，而不能考虑与个案情况不相关的因素，同时应当加强对个案特殊情况和利益冲突的综合衡量，制备可能存在的多种替代方案，并选择最能体现个案正义的一套说理方案。其次，理由说明程度的高低直接关乎公民基本权利实现的好坏，因此必须课以逸脱裁量基准适用之下级行政机关相当程度的说理义务。相较于尚在裁量基准范围内的裁量误用，消极面向的逸脱裁量基准适用，即裁量滥用无疑危害更大，这便决定了逸脱裁量基准适用决定的说理程度必须高于普通裁量决定的说理程度。具体需要参酌逸脱决定的原因事实，逸脱决定的内容性质，逸脱决定的功能目的等相关因素综合而定。最后，从充分发挥说明理由制度功能的角度出发，逸脱裁量基准适用决定之说明理由应当遵循书面性、同时性、一体性等说理要求，即原则上采取书面说理的形式，且同时作出裁量决定与逸脱理由，并将二者记载于同一文书之上。[1]

(四) 完善行政系统内部的审查监督

裁量并没有给予行政机关自由或任意，"自由裁量"是不存在的，称之为"合义务的裁量"或者"受法律约束的裁量"会更好一些。[2]逸脱裁量基准适用并不意味着下级行政执法机关可以逃脱法律事前划定的裁量权权力行使范围，逸脱裁量基准适用所作之裁量决定仍然是一种合义务性的裁量决定或者受法律约束的裁量决定，因此下级行政机关的逸脱裁量基准适用必须受到上级行政裁量基准制定机关的审查监督。有学者认为，现行行政系统内部的

---

[1] 参见王贵松：《行政裁量的构造与审查》，中国人民大学出版社2016年版，第87~88页。

[2] 参见[德]哈特穆特·毛雷尔：《行政法总论》，高家伟译，法律出版社2000年版，第129页。

各项监督考评机制具有极强的约束力,足以督促下级行政执法机关严格遵照裁量基准作出具体行政执法决定。[1]但是,通过考察各地的裁量基准逸脱实践,不难发现行政系统内部现存的审查监督机制并没有发挥其应有的功能效果,逸脱不足和逸脱过度竟然并行不悖。究其根源乃是在于,作为裁量基准制定主体的上级行政机关没有处理好对于下级行政机关的监督与尊重关系。这本是一对普遍存在于司法审查中的矛盾关系,即司法机关作为法律适用机关,既需要监督行政机关依法行政,也需要尊重行政机关专业判断,必须严格恪守司法权与行政权的权力边界,但将之运用于行政系统内部的裁量权控制同样具有相当实效。之所以需要上级行政机关对下级行政机关逸脱裁量基准适用的行为进行监督,是因为在个案特殊情况这一不确定法律概念背后隐藏的是立法者为执法者所确立的具体行为规范,立法者正是通过不确定法律概念达致约束公民行为、形塑社会关系之目的。因此,想要确保立法者意图的实现,就必须由上级行政裁量基准制定机关对下级行政裁量基准执行机关的逸脱行为进行严格审查。[2]而之所以需要上级行政机关对下级行政机关逸脱裁量基准适用的行为进行尊重,则是因为虽然个案特殊情况这一不确定法律概念集中体现着立法者的意志,但它毕竟是一个不确定的法律概念,需要法律适用者利用自身的经验和价值观对其加以具体化,裁量基准制定机关可能囿于自身基层执法经验的不足,而不能对所有个案特殊情况都作出最佳判断,因此只要逸脱裁量基准适用仍然处于法律授权的范围之内,裁量基准制定机关就应当给予一定程度的尊重。[3]

四、结　语

执法机关的裁量权来自立法机关的授予,授权原意本是为了克服法律规定的概括与模糊,以期行政机关能够根据实际情况司理个案正义。因此,当规则化的行政裁量基准明显偏离裁量本质时,执法机关有权基于立法的要求

---

〔1〕 基于行政体制中上级行政机关对下级行政机关的领导关系,通过系统内部的执法质量考评,执法监督检查等机制足以使裁量基准"令行禁止""定分止争",从而使其具有比法律还强的拘束力与执行力。参见余凌云:"游走在规范与僵化之间——对金华行政裁量基准实践的思考",载《清华法学》2008年第3期。

〔2〕 参见王贵松:《行政裁量的构造与审查》,中国人民大学出版社2016年版,第65页。

〔3〕 参见王贵松:《行政裁量的构造与审查》,中国人民大学出版社2016年版,第66页。

考虑实际情况而逸脱裁量基准的适用。但在逸脱适用之前，执法机关有义务证成逸脱行政裁量基准适用的正当性，即存在个案特殊情况使得裁量基准已经不适合于在特定案件中追求实质正义，进而需要执法者在具体案件中主观能动地基于特殊情况进行个案决断。检视各地行政裁量基准文本中有关逸脱裁量基准适用的规定，不难发现各个地方对于何为个案特殊情况的认识仍然混沌不清。某种意义上，正是由于无法把握个案特殊情况的具体内涵，因此才会出现各地裁量基准文本中直接逸脱规定阙如与间接逸脱规定泛滥相互依存的局面，并由此导致了逸脱不足与逸脱过度并行不悖的制度困境。当前制度现状的完善有赖于我们对逸脱行政裁量基准适用进行多维度的规则重塑。既要树立个案正义优先的立法理念，也要细化个案特殊情况的具体内涵，还要明确逸脱基准适用的说理外延，更要完善行政系统内部的审查监督。唯有如此，我们才能使逸脱规则的价值在我国行政裁量权实践领域得到真正发挥。这有赖于行政裁量基准制定者与执行者的共同努力，既需要制定者尊重执行者的法定裁量权，也需要执行者体认授权法赋予的裁量原意，二者相互配合方能更好实现个案正义。

行政诉讼履行法定职责实体性判决研究

朱士琳 *

【摘　要】行政诉讼履行法定职责判决主要分为两种，分别为实体性判决和程序性判决。实体性判决所具有的实质化解行政纠纷，减少诉累，全面保障原告合法利益的功能不容小觑。但是我国司法实践中作出实体性判决的数量很少，这也导致了循环诉讼的现象出现。因此有必要对作出实体性判决的要件进行标准化，在满足原告请求理由成立、事实清楚以及裁判时机成熟三个要件的情况下，可以作出实体性判决。实体性判决应该附有期限，不宜对行政机关履行职责的形式以及履行程度进行具体化。最后，针对程序性判决同样要从实质化解争议的价值入手，应当扩张行政诉讼判决的既判力，引入行政机关依法院见解作出行政行为制度。

【关键词】实体性判决　司法有限审查原则　首次判断权　裁量收缩

履行法定职责判决作为现代福利国家国家职能的扩充，行政行为多样化的回应，是给予我国公民权利完整并且有效保护的重要判决方式之一。履行法定职责判决的裁判方式主要分为两种，一种是实体性判决，即法院判令被告在一

＊ 朱士琳，中国政法大学2017级宪法学与行政法学专业硕士。

定期限内履行法院明确指定的法定职责，被告没有实体内容上的裁量空间；[1]另一种是与实体性判决相对应的程序性判决，[2]即法院并不指明行政机关所要履行法定职责具体内容的判决。学术界以及实务界一直对履行法定职责判决应当采取何种判决方式争议较大。[3]2015年《最高人民法院关于适用〈中华人民共和国行政诉讼法〉若干问题的解释》第22条[4]可以认为是从法律规范层面对一直以来关于履行法定职责判决形式争论的回应，确立了履行法定职责实体性判决与程序性判决相结合的判决方式。2018年新司法解释[5]第91条，沿袭了2015年司法解释中规定的履行法定职责判决形式。

我国行政诉讼中，司法权尊重行政权是必要的，司法权监督行政权，不能过度侵犯行政权。但履行法定职责实体判决是否超越司法审查权的边界，构成对"司法有限审查原则"的僭越，是否违背了法院尊重行政机关的首次判断权的法理，是否具备正当性？若具备正当性，那么裁判时机是什么，需要具备什么要件？实体判决的内容可以是什么？这就是本文要讨论的焦点问题。在方法论上，本文将引入个案分析法，试图基于个案提供的素材，深入分析实体判决作出的裁判时机以及内容，将其予以客观化、标准化。

---

[1] 参见章剑生：《现代行政法总论》，法律出版社2014年版，第514页。学界中关于实体判决还有另外一种说法，就是具体性判决，这一概念反映出判决的内容本身就是十分具体明确的，与之相对应的判决称为原则性判决，也就是程序性判决。本文采用实体性判决与程序性判决这一对概念。

[2] 章剑生："行政诉讼履行法定职责判决论——基于《行政诉讼法》第54条第3项规定之展开"，载《中国法学》2011年第1期。

[3] 学界主要争论三种观点，第一种是原则性判决说，认为在基于行政权与司法权之间的界限，有限司法审查的原则，法院不能干预行政机关作出行政行为的内容，只能是要求行政机关在一定期限内作出行政行为。第二种是具体判决说，履行判决不仅应当包括要求行政主体在一定期限内履行法定职责的程序内容，而且应当包括履行事项、履行要求及履行数额等具体内容，否则会影响诉讼效益，导致重复诉讼。第三种是情况判决说，针对不同的行政不作为违法根据情况分别适用原则性判决和具体判决。详见朱新力：《司法审查的基准——探索行政诉讼的裁判技术》，法律出版社2005年版，第374~376页；张尚鷟主编：《走出低谷的中国行政法学》，中国政法大学出版社1991年版，第549页；姜明安：《行政诉讼与行政执法的法律适用》，人民法院出版社1995年版，第456页；李广宇："行政诉讼履行问题"，载《人民法院报》2007年4月26日，第6版；朱文中、张住强："对行政不作为案件的判决履行"，载《人民法院报》2017年11月22日，第6版；等等。

[4] 原告请求被告履行法定职责的理由成立，被告违法拒绝履行或者无正当理由逾期不予答复的，人民法院可以根据《行政诉讼法》第72条的规定，判决被告在一定期限内依法履行原告请求的法定职责；尚需被告调查或者裁量的，应当判决被告针对原告的请求重新作出处理。

[5] 2018年《最高人民法院关于适用〈中华人民共和国行政诉讼法〉若干问题的解释》。

一、履行法定职责实体性判决正当性分析

(一) 规范依据

履行法定职责实体判决在我国法律规范框架下，经历了一段从探索到最后确立的过程。2014年修正的《行政诉讼法》第72条规定[1]作为行政诉讼最基础的法律规范的行政诉讼法，无论是修正前还是修正后，都没有直接规定履行法定职责实体判决。但在《行政诉讼法》修正之前，涉及信息公开以及行政许可案件类型的相关司法解释，有条文突破了理论上的争议，出现履行法定职责实体判决的雏形。从2009年《最高人民法院关于审理行政许可案件若干问题的规定》第11条[2]，2011年《最高人民法院关于审理政府信息公开行政案件若干问题的规定》第9条[3]以及2015年《最高人民法院关于适用〈中华人民共和国行政诉讼法〉若干问题的解释》第22条[4]这三条司法解释可以看出，履行法定职责实体判决的出现呈现出递进式的发展。这三条均提到了裁量余地的问题，但是2009年的条文中，相对保守地提到在没有裁量权情况下，要求行政机关重新作出决定。而2011年的司法解释中，在不需要被告调查、裁量的情况下，法院应当直接判决被告公开。2015年以及2018年的司法解释中，跳脱出行政许可以及信息公开的范围，履行法定职责实体判决适用于行政诉讼受案范围内的不履行法定职责所有案件。另外，可以注意到，2009年以及2011年的两个条文类似于重作判决的规定，应当先撤销拒绝的行政行为，后判令被告重新作出决定。而2015年以及2018年的规定中，法院直接判令被告履行原告所请求的法定职责，这涉及条文中"拒绝履行"以及"不履行"的法律解释问题，以及课以义务诉讼类型化的问题，不属于本文的讨论范围，本文不作讨论。

---

[1] 人民法院经过审理，查明被告不履行法定职责的，判决被告在一定期限内履行。

[2] 人民法院审理不予行政许可决定的案件，认为原告请求准予许可的理由成立，且被告没有裁量余地的，可以在判决理由中写明，并判决撤销不予许可决定，责令被告重新作出决定。

[3] 被告对依法应当公开的政府信息拒绝或者部分拒绝公开的，人民法院应当撤销或者部分撤销被诉不予公开决定，并判决被告在一定期限内公开。尚需被告调查、裁量的，判决其在一定期限内重新答复。

[4] 原告请求被告履行法定职责的理由成立，被告违法拒绝履行或者无正当理由逾期不予答复的，人民法院可以根据《行政诉讼法》第72条的规定，判决被告在一定期限内依法履行原告请求的法定职责；尚需被告调查或者裁量的，应当判决被告针对原告的请求重新作出处理。

(二) 理论价值

1. 实质解决行政争议

行政诉讼是解决行政争议的诉讼制度。中国行政诉讼的唯一目的是保护公民、法人和其他组织的合法权益。[1]为了实现行政诉讼目的,行政诉讼必须充分发挥彻底解决行政争议的职能,方能保护相对方的合法权益。履行法定职责判决由于法律条文不明、我国司法权相较于行政权孱弱的局面以及机械化理解司法权与行政权的关系等原因,导致大量程序性判决的出现,实体性判决仅占小部分,致使不能有效彻底地解决行政争议,重复起诉问题层出不穷。因此,从最大限度保护行政相对人合法权益出发,法院确定履行法定职责的内容有助于避免相对人再次起诉,减少诉累,节约司法资源,同时能够预防行政机关的"潜在性违法"[2],实质化解行政争议。

2. 诉判一致的要求

原告提起履行法定职责诉讼的目的,并不在于通过诉讼督促行政机关作出行政行为,而是要求法院命令被告行政机关对于原告的申请作出一定行为。履行法定职责实体判决直接明确被告行政机关所为行政行为内容,相当于直接满足了原告的合法的诉讼请求,切实回应了原告诉讼请求的需要,而程序性判决因为多要求被告重新作出处理,处理的结果原告可能也不服,与原告诉讼的初衷还是不符。随着人权保障的全面化以及法治政府建设的深入化,法院的判决应当尽可能保障诉讼关系的一致化,而不是将诉判不一致仅仅作为例外进行适用,因此,履行法定职责实体性判决的出现是符合行政诉讼诉判关系一致原则的要求。

(三) 实践根基与要求

在2015年《行政诉讼法》司法解释出台之前,部分法院已经开始在一些履行法定职责的案件中,小心翼翼地扩宽了司法审查权的范围,在判决主文中添加了一些具体的指示,突破程序性裁判的法律框架。谢文杰诉山西师范

---

[1] 马怀德主编:《行政诉讼原理》,法律出版社2009年版,第68页。
[2] 于洋:"行政诉讼履行法定职责实体判决论——以'尹荷玲案'为核心",载《北京理工大学学报(社会科学版)》2018年第2期。

大学不履行颁发毕业证法定职责案[1]以及尹荷玲诉台州市国土资源局椒江分局土地行政批准案[2]这两个案件的裁判主文都是直接判决被告需要作出行政行为，并且指明了行政行为的特定内容以及期限，已经是实体性判决。作为最高人民法院行政审判庭编写的行政审判案例，有一定的导向性，在司法解释出台之前，最高人民法院已经强调在适当时机可以作出实体性判决。除上述的两个案例外，还有如彭学纯诉上海市工商局不履行法定职责纠纷案[3]汤晋诉当涂县劳动局不履行保护人身权、财产权法定职责案[4]以及各地法院审理的案件中，履行法定职责实体性判决出现的频率逐渐上升，这均透漏出基于行政救济的实效性、经济性，履行法定职责实体性判决在实践中早已没有障碍。但是在何种情况下需要作出实体性判决，各个法院采用不同的标准，导致了法律适用过程中的不统一性。那么履行法定职责实体判决的裁判时机是什么？有何适用条件？本文将在下文中予以讨论。

同时，由于行政机关根据程序性裁判很可能仍然拒绝履行法定职责，行政相对人不得不再次提起诉讼，导致循环诉讼[5]的现象发生，这在一定程度上也催生了履行法定职责的实体判决。据统计，个别省份大约1/4作了程序

---

[1] 法院直接判决："本案中，谢文杰经考试全部合格，取得了山西师大的学籍，大学期间学完教学计划规定的全部课程，考核合格，符合获得毕业证书的法定条件，山西师大应当依法给谢文杰颁发毕业证书。"详见"法院在裁判时机成熟时可直接判决高校为学生颁发毕业证书——谢文杰诉山西师范大学不履行颁发毕业证法定职责案"，载最高人民法院行政审判庭编：《中国行政审判案例》（第2卷），中国法制出版社2011年版，第135~139页。

[2] 法院判决的主文是："责令被告台州市国土资源局椒江分局于判决生效后三十日内，对原告尹荷玲要求宅基地建房的申请予以审核同意。"详见"裁判时机成熟时，人民法院可直接判令行政机关重新作出内容明确的特定行政行为——尹荷玲诉台州市国土资源局椒江分局土地行政批准案"，载最高人民法院行政审判庭编：《中国行政审判案例》（第4卷），中国法制出版社2012年版，第165~170页。

[3] "彭学纯诉上海市工商局不履行法定职责纠纷案"，载《最高人民法院公报》2003年第5期。

[4] "汤晋诉当涂县劳动局不履行保护人身权、财产权法定职责案"，载《最高人民法院公报》1996年第4期。

[5] 例如毛某不服张家界市武陵源区索溪峪镇人民政府权属争议处理决定书一案，当事人就经历了"起诉——重作——起诉"的维权路；胡维成、胡兰秀诉宁远县规划建设局案，在长达10年的时间里，经历了5次撤销判决与4次基本相类似的重作判决；刘凤云姐妹诉哈尔滨房地产管理局案，相对人期望得到合理补偿，案情也不复杂，但是却经历了6年14次审判。

性判决的案件，再次进入诉讼。[1]履行法定职责实体性判决实质性化解行政争议的功能，无疑是对履行法定职责案件循环诉讼现象的一剂良药。

二、行政诉讼履行法定职责实体性判决之裁判时机成熟要件

在尹荷玲诉台州市国土资源局椒江分局土地行政批准案[2]中，法院的裁判要旨为：如果在案证据及法律规范依据均已经指向被告重新作出的具体行政行为的具体明确内容，法院的裁判时机应视为已经成熟。裁判时机成熟是指对于一个即将终结的关于诉讼请求的法院决定而言，所有事实和法律上的前提皆已具备。[3]在德国，法院应该尽可能地创造成熟的裁判时机，审查并且在必要时创造所有事实和法律上的条件，除非在进行违法性和权利侵害得到确认之后，行政机关仍然保有独立的裁判余地。[4]裁判时机的作用在于，通过避免早熟的裁判，保护法院免于纠缠对行政政策的抽象争议，也保护行政机构免于司法干预，直到行政决策正式作出并由争议的当事人具体地感受到决策的效力。[5]结合我国行政诉讼法适用解释，裁判时机成熟是指原告请求被告履行法定职责的理由成立，不需要被告调查或者裁量的要件均已经具备。

（一）原告请求理由成立

首先，被告具有法定职责。是否具有法定职责是法院在审查不履行法定职责时首先要审查被告是否适格。如果被诉行政机关是对所诉行政行为没有管辖权的行政机关，该诉就不具备理由，因此首先要确认被告行政机关对原告申请的事项是否具有管辖权。这也就涉及被告是否具备法定职责的问题。行政法中行政机关的履行法定职责的义务来源主要来自这几个方面：其一，

---

[1] 江必新、梁凤云：《最高人民法院新行政诉讼法司法解释理解与适用》，中国法制出版社2015年版，第215页。

[2] "裁判时机成熟时，人民法院可直接判令行政机关重新作出内容明确的特定行政行为——尹荷玲诉台州市国土资源局椒江分局土地行政批准案"，载最高人民法院行政审判庭编：《中国行政审判案例》（第4卷），中国法制出版社2012年版，第165~170页。

[3] [德]弗里德赫尔穆·胡芬：《行政诉讼法》，莫光华译，刘飞校，法律出版社2003年版，第288页。

[4] 参见[德]弗里德赫尔穆·胡芬：《行政诉讼法》，莫光华译，刘飞校，法律出版社2003年版，第288页。

[5] 张洪新："美国联邦法院的可裁判性原理研究"，吉林大学2016年博士学位论文。

法律明确规定的职责。对于这类职责，行政机关必须作出，否则就违反了作为的义务。如开封市城乡规划局与开封元宏房地产开发有限公司许可上诉案中，法院认为根据《城乡规划法》第11条第2款[1]的规定，被告市规划局具有负责本行政区域内城乡规划管理工作的法定职责。[2]实务中，大部分不履行法定职责案件都是被告未履行法律规定的职责。其二，行政机关在行政合同中享有的义务。如张素兰诉漳平市教育局不履行教育行政合同案中，法院认定被告享有履行合同的义务。[3]其三，行政允诺、行政奖励行为，使行政机关负有作为的义务。如钟圣才诉上海市地方税务局闸北分局行政奖励行为上诉案中，法院认定税务机关应当按照规定对检举人给予奖励。[4]其四，行政惯例。由于行政机关在处理某一类行政事务时长期反复存在，造成相对人合理信赖利益，因此基于信赖利益，行政机关产生作为的义务。如吴小琴诉山西省吕梁市工伤保险管理服务中心履行法定职责案中，法院认定被告长期实行的企业社会保险不定期缴费方式已经成为行政惯例，从而认定被告享有支付工伤保险待遇的职责。[5]

其次，原告请求权成立。原告请求权成立与被告具有法定职责二者事实上相互关联。原告要求履行法定职责，目的是维护自身的主观权利，人民法院应当从关注原告的诉求角度审查被告的法定职责，并且原告只能主张属于他自己的权利。

再者，原告因为被告不履行法定职责的违法状态而遭受损害。原告权利之损害之实质裁判要件的缘由在于排除民众诉讼，防止其他人通过诉讼维护与己无关的公众利益或者他人利益。[6]正是行政机关不履行法定职责损害了原告的合法权益，原告基于自己的利益发起公法救济。

---

[1] 县级以上地方人民政府城乡规划主管部门负责本行政区域内的城乡规划管理工作。
[2] 河南省开封市中级人民法院行政判决书，(2017) 豫02行终85号。
[3] 福建省龙岩市中级人民法院行政判决书，(2002) 岩行终字第68号。
[4] 参见"钟圣才诉上海市地方税务局闸北分局行政奖励行为上诉案"，载最高人民法院行政审判庭：《行政执法与行政审判》2005年第2辑。
[5] 参见"对行政惯例的合理信赖应予以适当保护——吴小琴诉山西省吕梁市工伤保险管理服务中心履行法定职责案"，载最高人民法院行政审判庭编：《中国行政审判案例》（第4卷），中国法制出版社2012年版，第77~81页。
[6] 江必新、梁凤云：《行政诉讼法理论与实务》（下卷），北京大学出版社2011年版，第1182页。

(二) 事实清楚

事实清楚是作出实体性判决的重要要件之一，一旦事实不清，需要行政机关进行调查，按照最高人民法院关于适用《行政诉讼法》的司法解释，法院就应当作出程序性裁判。由于我国采取的是职权主义客观诉讼模式，要求被告对行政行为合法性负举证责任，对于行政不作为案件，原告也承担相应的举证责任，但是更多强调了原告在申请材料上的举证责任。行政诉讼中证明标准主要采取的是明显证明标准，在涉及人身自由、重大财产的行政案件中，适用"排除合理怀疑标准"。同时人民法院有依职权调取证据的权力。在个别案件中，法院可以依职权调取证据，从而达成事实清楚的要件，促成裁判时机成熟。如刘志清与中国证券监督管理委员会信息公开案中，查清原告申请的信息属于行政机关对外执法的内部标准文件，因此，被告以其属于内部管理信息为由不予公开是不当的，应当向原告公开上述信息。[1]当然法院促进案件事实清楚的义务，应当保持一定的限度，在需要行政机关进行调查时，就必须作出程序性裁判。

(三) 无裁量余地

笔者通过"北大法宝"检索2015年《行政诉讼法》司法解释第22条以及2018年《行政诉讼法》司法解释第91条关联司法案例，共得到121个案例，通过去除不相关案例以及重复案例，共得到32个案例，其中这32个案例中法院作出实体性裁判的有7个，在这7篇裁判文书中法院均在裁判理由中提及行政机关已经无裁量判断空间，因此直接要求被诉行政机关作出特定内容的行政行为。如刘志清与中国证券监督管理委员会信息公开案中，法院认为，鉴于被告已经当庭主张该信息不应予以公开的理由即是其属于内部管理信息，故本院认为被告针对该信息是否应予公开已无判断裁量空间，本院应判决被告向原告公开上述信息。[2]根据司法解释，"尚需被告调查或裁量"，法院应当作出程序性判决，因此只有无裁量余地的情况下，才能作出实体性判决。这是基于首次判断权的考量。

行政首次判断权理论是指"法院在司法审查的过程中，应尊重行政机关

---

[1] 北京市第一中级人民法院行政判决书，(2017) 京01行初72号。
[2] 北京市第一中级人民法院行政判决书，(2017) 京01行初72号。

对行政事务优先判断及处理的权力；对于行政机关职权范围内未予判断处理的事项，法院不得代替行政机关作出决定，需待行政机关先行处理后，法院再对其作出的行政行为是否合法进行审查"。〔1〕在 2013 年最高人民法院发布的政府信息公开十大案例中，最高人民法院就使用"行政首次判决判断权"来解释程序性判决的合理性。〔2〕但是我们需要明白，"行政厅的首次判断权的理论，是以权力分立制为根据，作为谋求司法和行政之间的抑制和均衡的基准而构成的理论。但是'抑制和均衡'的原理，与其说是纯粹的法理论，倒不如说是政治原理，伴随着时代的变化和国情，其形态也是可变性、流动性的。在制定法上即使没有采取让法院介入行政机关首次判断权的制度，但私人具有实体法上的请求权时，也可以考虑利用直接型课予义务诉讼"。〔3〕行政机关的首次判断权只应是在行政程序值得进行的情况下予以尊重，如果通过行政程序施以救济是无效或者不充分的，而且行政机关对某一行为也没有严密的管理权，则强行施行行政的首次判断权是不合理的。〔4〕

对于无裁量余地要件的判断，我们需要区分羁束行政行为与裁量行政行为进行讨论。首先，对于羁束行政行为来说，构成要件一旦成立，行政机关必须按照法律规定作出行政行为，没有任何裁量余地。因此，原告请求被告履行羁束行政行为时，只要在原告请求理由成立，事实清楚的情况下，法院就可以作出履行法定职责实体判决。

而对于裁量行政行为来说，就需要运用裁量收缩理论来解读，只有在裁量收缩至零的情形下，满足上述两个条件之后，法院才能作出履行法定职责实体判决。行政裁量理论起源于德国，在私人的生命、健康和财产等濒临危险时，虽然这种危险不是由行政机关的行为造成的，但是国家负有排除危险、保护国民安全的职责，国家保护义务和行政介入请求权应该得到承认。正是以国家保护义务和行政介入权为支撑，才将行政裁量的空间向零压缩。〔5〕关

---

〔1〕 黄先雄："行政首次判断权理论及其适用"，载《行政法学研究》2017 年第 5 期。
〔2〕 详见彭志林诉湖南省长沙县国土资源局案；余穗珠诉海南省三亚市国土环境资源局案。
〔3〕 [日] 南博方：《行政法》，杨建顺译，中国人民大学出版社 2009 年版，第 175~176 页。
〔4〕 王贵松：《行政裁量的构造与审查》，中国人民大学出版社 2016 年版，第 270 页。
〔5〕 参见王贵松：《行政裁量的构造与审查》，中国人民大学出版社 2016 年版，第 169 页。

于行政裁量收缩要件，我国有四要件说以及五要件说，[1]双方的区别主要在于五要件说强调危险的迫切性，但危险的迫切性实则是与危险的可预见性有相互重合之嫌，危险发生具备很大可能性与危险发生的高度盖然性实际上就是危险发生的可预见性，一旦能够预见危险的发生，危险就已经呈现出迫切性的特性了，因此，本文认同四要件说[2]，一旦满足了四个要件后，行政机关的选择裁量将压缩至零，法院即可责令行政机关履行某特定内容的职责。尽管我国相关法律规范没有规定裁量收缩，但是在司法实践中有案例运用行政裁量收缩理论。如丁卫义诉临海市公安局不作为行政赔偿案[3]中，原告有获得警察制止的期待性，但是并未采取任何措施，此时行政机关的裁量已经收缩至零，即只能采取制止和预防手段，其他行为都是违法的。在裁量收缩理论背景下，行政机关的裁量选择只剩下一种，此时即为行政裁量压缩为零，这种情况下，在满足原告请求理由成立以及事实清楚的情况下，法院就可以作出责令履行法定职责实体性判决。

三、行政诉讼履行法定职责实体性判决的内容

在满足裁判时机成熟的情况下，法院可以作出实体性判决，但是实体性判决的内容是什么？基于司法有限审查原则以及行政机关的首次判断权原则，法院所作出的实体性判决可以具体到哪些内容才不致造成司法权侵越到行政权？此部分将结合案例进行分析。

---

[1] 王天华主张四要件说，详见王天华："裁量收缩理论的构造与边界"，载《中国法学》2014年第1期。王贵松主张五要件说，详见王贵松：《行政裁量的构造与审查》，中国人民大学出版社2016年版，第225~250页。

[2] 一是侵害法益的重要性。被害法益及其重大性是行政裁量收缩的规范基础，私人受到或将要受到侵害的是重要法益。二是危险的可预见性。行政机关行使效果裁量时可以或者应该可以预见到私人可能受到法益侵害。三是损害结果的可回避性。行政机关得知或者预见到危险存在之后，应采取措施阻止损害结果的发生，如果没有结果回避的可能性，则行政机关纵有不作为、不适当作为的情形，也不应受到非难。四是行政保护的可期待性，即对行政介入的合理期待，这与行政机关的职责相关。详见王天华："裁量收缩理论的构造与边界"，载《中国法学》2014年第1期；王贵松：《行政裁量的构造与审查》，中国人民大学出版社2016年版，第225~250页。

[3] 临海市公安局接到报警后，立即出动警力，到场后，双方并没有开始打架，警察有足够的警力采取预防和制止措施，并且能预见原告所能遭受的损害后果，却没有积极预防和制止打架事件，导致打架事件发生，造成多人受伤。详见浙江省台州市中级人民法院行政赔偿判决书，（2002）台行终字第242号。

(一) 履行期限

对于履行的期限，一般属于行政裁量的范畴，由行政机关按照具体的案情和自身的能力等因素作出适当的决定，只要其不是明显不合理，司法应予尊重。但《行政诉讼法》对指定履行期限已经有明文规定，这是"立法者在保障原告的救济和维护行政、司法的功能分配之间作出适当的裁量决定。"[1] 但是确定期限属于司法裁量权，各个法院之间会采用不用的标准，导致同种类型案件确定的期限不一致等法律适用不统一的情况发生。例如房屋产权转移登记的履行法定职责案件，武穴市房地产管理局诉夏芳不履行法定职责再审案[2]中，法院仅判决要求3日内完成房屋产权登记，而李某某与南阳市房产管理局登记纠纷上诉案[3]中，法院要求被告在30个工作日内完成房屋产权转移登记。再如信息公开案件中，尚永顺等66人与大石桥市国土资源局行政诉讼判决书案，[4]法院要求15日内作出信息公开的决定。邓志和等与淮安市清浦区黄码乡人民政府不履行法定职责行政判决书案[5]中，法院却要求被告在60日内作出信息公开。刘志清与中国证券监督管理委员会信息公开案[6]中，法院要求被告在7日之内作出信息公开。

(二) 行政补偿案件可否明确金额

在要求行政机关履行行政补偿责任的案件中，具体补偿的数额法院不应当直接判断，因为行政补偿本身就存在着行政机关与申请人之间协商的过程，若法院直接判决，将会造成侵越行政权。但是在裁判理由中，法院可以指明行政补偿应当适用的标准，从而对行政机关形成一定的拘束力。如杜成仁诉盘州市人民政府征收行政补偿案[7]中，法院判决被告在60日内对原告原有房屋的相应土地价值进行补偿。在说理部分指明，被告应当适用该市制定的征收补偿标准。

---

[1] 王贵松：《行政裁量的构造与审查》，中国人民大学出版社2016年版，第270页。
[2] 湖北省高级人民法院行政判决书，(2017) 鄂行再11号。
[3] 河南省南阳市中级人民法院行政判决书，(2015) 南行终字第00087号。
[4] 辽宁省营口市中级人民法院行政判决书，(2016) 辽08行终180号。
[5] 江苏省淮安市中级人民法院行政判决书，(2016) 苏08行终108号。
[6] 北京市第一中级人民法院行政判决书，(2017) 京01行初72号。
[7] 黑龙江省高级人民法院行政判决书，(2016) 黑行终347号。

(三) 履行职责的方式以及履行的程度

对于实体性判决能够具体到履行职责的方式以及履行的程度问题，笔者持谨慎态度。因为履行职责具体的行为方式是完全属于行政机关的职责，出于行政活动的专业性，法院不宜判断应采用何种方式作为。并且履行到何种程度，法院也难以在裁判文书中表述清楚，反而造成法院的工作量的增加以及增加行政机关执行判决文书的难度。

四、余论：扩大行政诉讼判决既判力范围

履行法定职责实体性判决是在需要满足裁判时机成熟要件下才能作出，实践中仍有大量案件是不满足裁判时机成熟的，因此只能作出程序性判决。我国台湾地区"行政诉讼法"规定，在案件没有达到可裁判程度时，法院应判令被告机关遵照其判决之法律见解基础上，对原告申请案件作出准驳之决定[1]。德国也有类似的规定[2]。而在苏真诉儋州市人民政府不履行法定职责案[3]中，我国法院通过裁判说理的方式理顺并确认了有争议的法律关系。法院在作出程序性判决时，行政机关在执行裁判文书时应当在法院说理的基础上作出行政行为，从而起到司法的导向作用，进一步要求行政机关回应原告的请求，从而化解行政纠纷。但是在现阶段我国行政诉讼判决既判力只及于判决主文，[4]这对于在程序性判决中推行提示行政机关按照法院的法律见解作出行政行为的制度，显然无法形成理论与制度上的保障，因此有必要扩张行政诉讼判决的既判力，判决理由部分同样具备既判力，从而保障履行法定职责实体性判决与程序性判决均起到实质化解行政纠纷，保障公民、法人以及其他组织的合法权益的作用。

---

[1] 刘宗德、赖恒盈：《台湾地区行政诉讼：制度、立法与案例》，浙江大学出版社2011年版，第338页。

[2] 程序性判决的判决主文内容之一：在重视法院法律观的基础上，对原告关于……的申请重新作出决定。参见［德］弗里德赫尔穆·胡芬：《行政诉讼法》，莫光华译，刘飞校，法律出版社2003年版，第591页。

[3] "履行法定职责判决中可以提示行政机关按照法院的法律见解作出特定行为——苏真诉儋州市人民政府不履行法定职责案"，载最高人民法院行政审判庭编：《中国行政审判案例》（第4卷），中国法制出版社2012年版，第181~187页。

[4] 田勇军：《行政判决既判力扩张问题研究兼论民事判决既判力相关问题比较》，中国政法大学出版社2015年版，第209页。

信息公开诉讼中"政府信息不存在"的问题研究

陈佳宁 *

【摘　要】在我国信息公开诉讼中,"政府信息不存在"引发的申请人与行政机关之间的纠纷一直以来都占据很大的比重。由于"政府信息不存在"的含义难以界定、诉讼中举证责任的分配缺乏统一的标准,使得此类案件的司法审查产生许多问题,除此之外,现阶段此类案件裁判方式的选择和适用能否解决信息公开的实质需求也值得关注。2019年5月开始施行的新《政府信息公开条例》第36条对行政机关的答复形式作了进一步的列举性规定,其中第4项关于"政府信息不存在"的内容[1]更是明确了检索程序在信息公开申请程序中的重要性,这也与最高人民法院新发布的第101号指导案例不谋而合。本文将以此为契机,通过对新旧法条的对比和相关案例的检索分析,对该类案件司法审查强调检索程序的必要性以及不足之处进行讨论,并试图从法律与事实层面明晰"政府信息不存在"的认定标准和证明责任分配,以期解决"政府信息不存在"司法审查的逻辑困境。

【关键词】《政府信息公开条例》　认定标准　举证责任分配　裁判方式的适用

---

* 陈佳宁,中国政法大学2017级宪法学与行政法学专业硕士。
[1]《中华人民共和国政府信息公开条例》(以下简称《政府信息公开条例》)第36条第4项规定:"经检索没有所申请公开信息的,告知申请人该政府信息不存在。"

信息公开诉讼中"政府信息不存在"的问题研究

一、问题缘起：第 101 号指导案例引发的思考

原告罗元昌系乌江流域从事航运等业务的兴运 2 号船船主，因财产损害赔偿纠纷案需要，在 2014 年 11 月以邮寄的方式向被告重庆市彭水县地方海事处申请公开其所属船只的交通事故材料以及管辖机构的相关行政设立文件，[1] 彭水县地方海事处未在法定期限内进行答复，罗元昌向法院提起第一次行政诉讼。由于在诉讼过程中被告作出了第 006 号《政府信息告知书》，[2] 2015 年 3 月，彭水县法院确认被告行政行为违法。2015 年 4 月原告以该政府告知书"不符合法律规定且与事实不符"为由再次提起诉讼，在二审法院审理过程中，法院经审查认定原告申请公开的内容属于可以公开的政府信息，而被告机关无法证明其答复行为经过了合理的检索程序，属程序违法。在案件审理期间被告主动撤销了其作出的第 006 号告知书，因此二审法院作出了确认违法判决。

第 101 号案例的裁判文书有很大的指导意义，它对"政府信息不存在"案件中涉及的主要问题进行了梳理，首先经过审查对原告申请的信息是否属于政府信息进行了认定，其次在案件的证明责任分配上，将重点放在了行政机关检索程序的合法性审查，强调了检索程序的合法性程度以及行政机关的证明责任。最高人民法院将其作为 2018 年 12 月新的指导案例予以发布，亦是对"政府信息"的认定问题和行政机关证明责任的再次重申。随后新《政府信息公开条例》的公布，该条例对于行政机关的答复形式进行了更为详细的列举化规定，虽然关于"政府信息不存在"的内容仍旧较少提及，但此次变动也给司法实践带来了新的解决思路和依据，值得深入的思考和研究。

二、"政府信息不存在"的认定标准

新《政府信息公开条例》遵循了以往的法律形式，将"政府信息不存

---

[1] 原告申请公开的信息为：(1) 公开彭水县港航处、彭水县地方海事处的设立、主要职责、内设机构和人员编制的文件。(2) 公开下列事故的海事调查报告等所有事故材料：兴运 2 号在 2008 年 5 月 18 日、2008 年 9 月 30 日的 2 起安全事故及鑫源 306 号、鑫源 308 号、高谷 6 号、荣华号等船舶在 2008 年至 2010 年发生的安全事故。

[2] 第 006 号《政府信息告知书》载明："一是对申请公开的彭水县港航处、彭水县地方海事处的内设机构名称等信息告知罗元昌获取的方式和途径；二是对申请公开的海事调查报告等所有事故材料经查该政府信息不存在。"

在"以行政机关的一种答复方式规定在第36条第4项中,与"依法决定不予公开""依法不属于本行政机关公开"等内容并列出现。这一修改是否能够彻底地解决行政机关在实践当中乱用、滥用这一条款的问题仍需要通过实践验证,但是这在某种程度上也反映了立法者的限缩态度。通过对相关诉讼案件进行检索,笔者发现被告机关答复"政府信息不存在"可以区分为两种情况,一种是该信息是"非政府信息",行政机关答复信息不存在;另一种是该信息是政府信息,但行政机关答复信息不存在。第一种情况下,"政府信息不存在"的答复是明显不合理的,"申请人申请的信息内容不属于政府信息的,应当答复申请人该信息非政府信息",[1]行政机关的回复应当依据法律和事实情况并向申请人说明缘由,而不是生硬地套用法律规定,造成不必要的诉讼负担。因此,对"政府信息不存在"的认定应进行逻辑上的厘清:一是对政府信息的理解,只有确定申请公开的内容属于政府信息的范畴,探讨政府信息"不存在"才有意义;二是对政府信息不存在的理解,本文将通过法条规定的"经检索而不存在"的内在含义以及它的局限性作为切入点进行研究。

(一)"政府信息"的含义

在这次修订中,新《政府信息公开条例》[2]对政府信息的含义进行了更为严谨的规定,将此前的行政机关"履行职责"变更为"履行行政管理职能",从法律条文来看,政府信息包括三个方面的要件:一是行政机关;二是是在行政机关履行行政管理职能中制作或获取的;三是信息以一定的形式记录或保存。以杨宏伟诉上海市人民政府政府信息公开案[3]为例,在该案中,原告申请公开的信息内容是某杂志社主办的作文大赛中韩寒选手的资料、评审的材料等信息,很显然,该杂志社不属于行政机关,主办作文大赛也不属于行政机关履行行政管理职能,参赛选手的个人资料以及评审材料就不属于法律规定的政府信息。实践中还有申请人申请关于刑事执法相关的信息,也不符合行政机关履行行政管理职能的标准,比如余尚法诉绍兴市柯桥区公安

---

[1] 肖卫兵:"《政府信息公开条例》中的免予提供理由评析:基于上海的实践",载《中国行政管理》2015年第8期。

[2] 《政府信息公开条例》第2条规定:"本条例所称政府信息,是指行政机关在履行行政管理职能过程中制作或者获取的,以一定形式记录、保存的信息。"

[3] 上海市高级人民法院二审行政判决书,(2014)沪高行终字第4号。

局信息公开案,[1]被告公安局受理"110"报警是履行职责的行为,但涉及绑架类的刑事案件的调查活动就不是履行一般公安行政管理职责的行政行为,它具有一定的侦查性质,不是经申请可以公开的政府信息。实践中也存在申请人申请的信息不符合行政机关记录和保存形式的案例,例如口头信息或者是申请的信息需要加工或者汇总,行政机关往往也会运用"政府信息不存在"这一条款,这种答复存在一定的合理性,但也容易成为法院审理信息不存在的真实性过程中的难题,而且在新条例第40条加入了对政府信息具体保存情况的考虑,增加了电子数据的公开形式,使得问题更为复杂。

值得一提的是,新条例第16条的规定,实质上对政府信息进行了限缩解释和例外规定,明确了机关内部信息、行政活动的过程性信息以及行政执法案卷可以不公开,那么此类信息也就不再属于依申请人申请而公开的政府信息范畴。

(二)"政府信息不存在"的含义

1. 新《政府信息公开条例》第36条第4项的法条分析

新《政府信息公开条例》第36条第4项[2]的最大亮点在于对行政机关检索义务的强调,这与同第101号指导案例相呼应,明确了在信息申请公开程序中行政机关检索程序的重要性。检索程序的合法性,直接关系到"政府信息不存在"答复的合法性,既存检索程序合法的状态下,政府信息确系不存在且这种不存在在法律上是合理的,那么"政府信息不存在"的答复就是合法的;在行政机关的检索程序不合法的状态下,"政府信息不存在"就会受到质疑。检索程序不合法往往有两种情形,一是未检索到申请人要求的信息,但该项信息是本应存在而客观事实上也存在的;二是该项信息是本应存在但客观确实不存在。

第101号指导案例就是行政机关因检索程序不合法而败诉的典型案例。该案的被告行政机关告知申请人申请的事故资料不存在,但是无法提供证据证明其经过了合理的检索程序。根据我国内河交通事故的管理规定,原告申请的海事调查报告等所有事故材料的信息属于被告在处理事故中应当记录、

---

[1] 浙江省绍兴市中级人民法院二审行政判决书,(2014)浙绍行终字第65号。
[2] 《政府信息公开条例》第36条第4项规定:"经检索没有所申请公开信息的,告知申请人该政府信息不存在。"

保存的信息，也就是说这项政府信息是"本应存在的"，并且原告提交了材料的相关检索线索。但法院在诉讼中调查发现，被告检索工作的证明仅仅只有自述，并没有提供相关的证据，因此法院认定该行政机关答复行为违法并予以撤销。此时，行政机关的检索程序是不合法的，该项答复亦不能成为法院认定信息不存在的审查依据。

虽然检索程序的合法性证明可以在一定程度上解决"政府信息并不存在"的认定问题，但是不能解决双方当事人之间关于政府信息是否存在的根本纠纷。长久以来，在程序合法的情况下，在实践当中存在一种情形被立法忽视，即政府信息事实上确实无法检索或不存在，但是政府信息在法律上是本应当存在的，是行政机关在履行行政管理职责中应当记录和保存下来的信息，那么"政府信息不存在"在此时就容易变成规避信息公开的途径和理由。以李某诉上海市住房保障和房屋管理局（以下简称住管局）案[1]为例，原告李某向上海市住管局申请公开其房屋被征收的政策依据及相关政策的落实情况，住管局答复称该函在当时已送达，但该局未保存。原告先提起了行政复议，复议机关认为原行政机关应答复"信息不存在"，而不应答复"没有保存"，以原机关适用法律错误为由撤销了住管局的答复。随后原告提起行政诉讼。在这一案例中，原告与被告均认同申请的信息是被告曾经在履行职责过程中制定的信息，双方争议就在于"未保存的信息"用"信息不存在"作为答复是否合法。检索程序的合法性与否在此失灵，它并不能解决案件的根本争议焦点。

在诉讼过程中，如果能够证明申请人申请的政府信息曾经存在，但是由于种种原因，被申请行政机关如今确实无法提供该信息，如何界定该信息是否应当被行政机关"记录、保存"也是不能忽视的问题。以行政机关检索程序合法为前提，法院认定该信息应当存在，那行政机关就需公开该信息，行政机关没有记录、保存该信息的行为就是不合法的；法院如果认定该信息不存在，行政机关就无需再次履行公开义务。

2. "政府信息不存在"认定标准的厘清

对于"政府信息不存在"的认定，有观点认为它是指"该政府信息没有

---

[1] 上海市第二中级人民法院行政判决书，(2010) 沪二中行初字第 21 号。

相关记录"。[1]也有观点认为,"政府信息不存在,应该指该信息从来没有出现过,不管过去还是现在,所以该类信息完全没必要公开,行政机关直接答复申请人信息不存在即可"。[2]一直以来,学界对于"政府信息不存在"的认定争论不休,由于新《政府信息公开条例》的文字表述仍然过于简单,仅仅规定了经检索而不存在的情况,没有深入解决此种答复引起的信息公开的纠纷。除了要对检索程序的合法性进行确认之外,更要在理解了"政府信息"含义的基础上,对"政府信息不存在"进行法律上和事实上的双重认定。

首先,"政府信息不存在"应当是法律上的不存在,要理解这层具体含义要从整部《政府信息公开条例》的法律条款之间的相互联系探寻。我国的信息公开主要有两种形式,政府主动公开与依申请人申请公开。在政府主动公开的情形中,行政机关不会产生信息不存在的问题,因此实践中因"政府信息不存在"的答复引起的诉讼或争议指的是依申请公开。条例将行政机关依申请公开的答复形式进行了规制,"该政府信息不存在"同"依法不属于本行政机关公开""依本条例规定不予公开的"共同规定于新《政府信息公开条例》第36条之中。作为同一款的内容,它们实质上的含义应具有一定的共通性。[3]"依本条例规定不予公开"是信息公开的例外规定,而"政府信息不存在"与"不属于本机关公开"都属于行政机关对当事人的申请要求进行判断和检索得出的结果——行政机关不具有公开该信息的义务。但是需要注意的是,两者之间的共通性也会引发法律适用的难以区分和混用,这将在下文中予以说明。

其次,"政府信息不存在"应当是事实上不存在,行政机关尽到充足的检索义务后,确信该政府信息没有"以一定形式记录或保存"。[4]随着经济社会的发展和历史变迁,我国行政区域变更、政府机构变革等原因,行政机关会接触到大量的信息,种类繁多,很多情况下,现阶段的技术水平无法满足信息管理的需求,政府信息的保存事实上往往难以确定。再加上行政机关的机构人员变动问题和执法人员的素质影响,在现有的法律层面上应当存在的

---

[1] 李广宇:《政府信息公开司法解释读本》,法律出版社2011年版,第183页。
[2] 殷勇:"'政府信息不存在'情形下的司法审查",载《法学》2012年第1期。
[3] 林鸿潮、许莲丽:"论政府信息公开诉讼中的证明责任",载《证据科学》2009年第1期。
[4] 李广宇:《政府信息公开判例百选》,人民法院出版社2013年版,第191页。

信息，事实上往往会出现不存在的情况，这也是我国处于快速发展的阶段会存在的问题。在诉讼过程中司法人员需要对该信息的记录或保存情况进行判断，如果原告申请的信息属于立法以前的政府信息，法院的审理和裁判就会变得更加复杂。

3. "依法不属于本行政机关公开"与"政府信息不存在"的厘清

"依法不属于本行政机关公开"和"政府信息不存在"在法律的适用上的混用或交替使用的问题也会对行政机关的公信力产生影响，应当进行严格的区分。在王福珍诉天津滨海新区政府政府信息公开案[1]的行政裁定书中，最高人民法院也曾提到了这个问题，在该案中，申请人王福珍对行政机关交替使用"不属于本机关公开"和"政府信息不存在"的行为提出质疑，最高人民法院认为交替使用两种概念的现象确实存在，这在一定程度上体现的是行政机关在申请程序中的不审慎，以及对法律规定理解的不够深入，使得行政行为合法性很容易受到质疑。"一个没有理由或者理由变来变去的决定，等于一个猜不透的谜语，同样容易降低人们对它的信任。"[2]

新《政府信息公开条例》除了在第 2 条强调了信息是在"履行行政管理职能中"制作或获取的要求之外，第 10 条[3]也对行政机关信息公开的几个典型问题予以进一步的明确，解决了多个行政机关保存信息、行政机关联合发文等情况下信息公开的责任主体问题，除此之外，内部机构、派出机构也可以负责与其行政管理职能相关的政府信息公开工作，也在很大程度上为"依法不属于本机关公开"的适用提供了具体性的法律依据。同样，信息公开义务主体的明确也是"信息不存在"在立法层面上的限缩，行政机关在对申请进行答复时不仅要严格遵循法律规定，更应当准确地说明理由，避免适用错误。以 101 号指导案例为例，申请人的第一部分关于机构的设立、主要职

---

[1] 最高人民法院行政裁定书，（2016）最高法行申 1842 号。

[2] 最高人民法院行政裁定书，（2016）最高法行申 1842 号。

[3] 《政府信息公开条例》第 10 条规定："行政机关制作的政府信息，由制作该政府信息的行政机关负责公开。行政机关从公民、法人和其他组织获取的政府信息，由保存该政府信息的行政机关负责公开；行政机关获取的其他行政机关的政府信息，由制作或者最初获取该政府信息的行政机关负责公开。法律、法规对政府信息公开的权限另有规定的，从其规定。行政机关设立的派出机构、内设机构依照法律、法规对外以自己名义履行行政管理职能的，可以由该派出机构、内设机构负责与所履行行政管理职能有关的政府信息公开工作。两个以上行政机关共同制作的政府信息，由牵头制作的行政机关负责公开。"

责、内设机构和人员编制的文件等申请内容的公布与否就属于内设机构作为公开主体的问题范畴。新条例虽然明确了内设机构也可以作为政府信息的公开主体,但具体到实践中对于信息属于何种行政机关公开仍需要机关之间的职责划分来定,法院在司法审查的过程中也只能是通过效力范围来判断该信息是否属于被申请机关的职责范围内,如若负责信息公开的部门属于某一行政机关的下级机构,被申请行政机关以"政府信息不存在"作答复显然是适用法律错误。

三、"政府信息不存在"的证明责任

指导案例和《政府信息公开条例》的修改,对信息公开诉讼类案件中行政机关证明责任的承担进行了进一步的明确,对行政机关检索程序的证明变得更加严格。除此之外,与传统行政诉讼不同的是,信息公开诉讼类的案件除了对合法性审查的要求,它更着重于争端的解决,即政府信息能否公开。因此,在证明责任的分配上,法院需要重点审查的是——行政机关是否存在该政府信息、政府信息是否能够公开的问题。笔者认为,"政府信息不存在"类的诉讼案件的证明责任应当遵循认定标准的逻辑路径,从法律和事实两个层面对证明责任进行分配。

(一)法律层面上"政府信息不存在"的证明

按照证据法的逻辑原理,诉讼中的参与人一般不对消极性的事实负证明责任。[1]但由于行政机关与申请人之间信息不对等的原因,除了行政机关以外,其他第三方更无法拥有比行政机关更优越的信息资源垄断地位,申请人的申请信息相对于行政机关拥有的信息资源来说,无异于以蠡测海,即使申请人知道信息确实存在,但其证据达到法院要求的可以查明、确定事实真相的证明能力仍旧处于劣势,所以信息公开诉讼中证明责任主要是由行政机关承担的。

在法律层面上"政府信息不存在"的证明,应顺延其含义在法律上的认定路径,当行政机关作出"政府信息不存在"的答复时,即表示该行政机

---

[1] 卞建林:《证据法学》,中国政法大学出版社 2007 年版,第 265 页。

没有"制作或保存"该信息的义务。[1]也就是说,由被告行政机关承担"无制作、获取并记录和保存该信息的义务"的证明责任,被告机关可以通过对行政管理职责的分配以及机关间权属责任来进行证明,若行政机关无制作、保存该政府信息的义务,那么政府信息必然是不存在的,即行政机关的行政行为合法,如若不能,则应由行政机关承担败诉的不利后果。

(二)事实层面上"政府信息不存在"的证明

政府信息事实上是否存在的证明标准,不应当仅仅停留在检索程序的合法性审查上,信息的记录、保存是行政机关进行信息公开的前提。在司法实践中,行政机关和申请人之间的信息不对等往往是信息公开类诉讼案件的主要成因。[2]对于已经制作或保存的信息,可能涉及较大利益冲突而不愿履行信息公开义务的情形,行政机关与申请人享有的信息资源不对等,申请人很难提供证据证明行政机关答复的违法性,行政机关对于申请人所要获取的信息事实上是否真实存在给予直接回应、充分说理的案件也很少。为了解决政府信息事实上是否存在的证明困难,避免行政机关以此为由逃避信息公开,"检索程序"证明责任的明确是关键的一步,但也不是一劳永逸的方案。

1. "检索程序"证明责任的明确

行政机关在作出政府信息是否存在的答复之时,是否经过了合法的程序并向申请人履行了法定告知义务,体现了"检索程序"的证明的必要性。即法院在司法审查中应审查被告行政机关在作出答复前是否已经尽到充分合理的查找、检索义务标准,法律规定使得行政机关必须在申请过程中尽到合理的检索义务,否则将承担不利后果。

除了程序审查的必要性之外,"检索程序"相对于证明责任的分配而言,具有明确的可操作性和实用性。政府信息事实上的存在与否,首先依赖于行政机关是否已经满足合理的查找和检索义务的程序要求,以王福珍诉天津滨海新区政府政府信息公开案[3]为例,被告在诉讼过程中提供了在信息管理平台上的检索记录以及该平台的使用和数据汇入情况说明,证明了被告在行政

---

[1] 林鸿潮、许莲丽:"论政府信息公开诉讼中的证明责任",载《证据科学》2009年第1期。
[2] 任志中、蒋涛:"'政府信息不存在'案件司法审查若干问题的探讨——以信息不对称为视角",载《法律适用》2013年第4期。
[3] 最高人民法院行政裁定书,(2016)最高法行申1842号。

程序中尽到了合理检索的义务,且该信息并未制作和获取的情况。行政机关可以通过对检索平台、时间、方法以及结果的说明对"检索程序"进行证明,不会添加不必要的程序和时间负担,这也体现了"检索程序"证明责任承担的可行性。

2. "检索程序"证明责任的不足

以张良申请公开上海市某项目土地出让金缴款凭证一案[1]为例,原告在申请信息公开时未提供政府信息的标准名称、文号等内容,而致行政机关未查找到信息。实际生活中,政府信息公开目录并不能对所有的行政公文实现全覆盖,公开目录的内容具有一定的局限性,这导致很多政府信息并不在行政机关对外公开的政府信息公开目录中,也就是说如果申请人不知道其要求获取的政府信息的准确名称或确定性的文号,行政机关经过初步检索可能无法查询到相关信息。如果行政机关未告知申请人确认、补充就径行作出答复决定,就极易引发申请人与行政机关的矛盾,产生信息公开的诉讼纠纷。更有甚者,行政机关在申请程序中表示该信息不存在,但在案件审理阶段却能提供与申请信息一致或相关的信息,如果法院仅仅对行政机关检索程序进行司法审查,就容易忽略信息确实客观存在的可能。

3. "检索程序"证明责任与说明理由义务的区分

行政机关"检索程序"的证明应与过去政府信息不存在案件审查中的行政机关说明理由的义务相区分。说明理由义务只需行政机关对答复作出合乎常理的解释即可,而举证责任则是要负担提供证据证明主张的责任。虽然在最高法发布的相关案例中,都明确了行政机关是否已经尽到合理的查找和检索义务为重点审查内容,但是可以发现,在案件审查过程中,行政机关对于自身是否尽到检索义务的证明,证据大多集中在信息公开申请表、邮寄回单、告知书等内容上,此类证据事实上仅仅能证明行政机关受理并答复了申请人,但其答复的合法性、是否经过合理检索等证明对象均无有力证据足以支撑。

在实践过程中,多数法院虽然认定行政机关应当尽到"合理的查找和检索义务",但是由于"双方当事人之间举证责任的分配、依职权调查的必要性存在很大的争议,法院对此也无明确的意见"。[2]法官通过自由心证具体分配

---

[1] 最高人民法院:《全国法院政府信息公开十大案例》,人民出版社2014年版,第32页。
[2] 殷勇:"'政府信息不存在'情形下的司法审查",载《法学》2012年第1期。

举证责任、法庭调查、质证环节之时，该证明责任往往又转换到申请人身上，而申请人虽然积极向法院提交大量证据，如行政机关作出的各种行政公文等，但证据的针对性、指向性较差，大部分证据无法证明信息确实存在，多数材料也非法院审查的范围，与证明对象的关联性不强，以致法院不认可不采纳。因此，行政机关证明责任的承担和说明理由义务需要明确的区分，并且要达到充分合理的查找和检索的证明标准，防止证明责任的转移。从相关案例的对比分析及司法审查现状来看，政府信息不存在的原因往往会被选择性地忽略，行政机关因此被判决违法和负担证明责任的情形也很少，这种反常现状值得深思。

四、"政府信息不存在"案件裁判方式的选择适用

现阶段"政府信息不存在"案件的判决方式，主要有驳回诉讼请求、重新答复、责令公开以及确认违法判决。在指导案例中，被告收到申请后未在规定期限内作出答复的行为属于程序违法，在该案件审理过程中被告作出了信息告知书，因此判决其未在规定期限内答复的行为违法，后原告再次提起行政诉讼，一审法院驳回了原告的诉讼请求，由于被告在二审审理过程中撤销了信息告知书，二审法院确认行政行为违法。虽然信息公开诉讼案件的判决方式法律规定得较为详细，但是可以看出在判决内容上对被申请机关缺乏有效的规制，无法真正解决案件的纠纷问题。信息公开类案件的意义不仅仅在于对行政机关违法行为的确认或撤销，更是对公民知情权的保障，通过司法机制设立最后一道防线，推进行政机关政府信息公开的广泛度和透明度，满足公民、法人对政府信息日益多元化的需求。

因此，笔者认为法院在"政府信息不存在"案件裁判方式的选择和适用上，可以沿袭上文所述的认定标准与证明责任的逻辑路径：首先，对当事人申请公开的信息性质进行判断，若当事人申请的信息不属于政府信息，行政机关回复"政府信息不存在"是不合乎法律规定的，法院应当撤销或确认违法；若当事人申请的信息属于政府信息，再对政府信息的存在与否进行司法审查。其次，对被告在法律上是否具有制作、保存该信息的义务进行审查，如果该机关无此义务且适用法律没有错误，法院即判决驳回原告的诉讼请求；如果被告在法律上负有制作该信息的义务，应考虑两种情况：一是行政机关

的检索程序违法，法院在作出撤销或确认违法判决的同时，向该行政机关或上级行政机关提出司法建议，督促行政机关重新作出行政行为；但是如果证据表明该政府信息经过检索程序事实上是客观存在的，行政机关的行为本质上是利用这种答复方式回避信息公开的问题，此时法院可以作出履行判决责令行政机关依法向申请人公开该信息。二是被告在法律上有制作该信息的义务，但信息事实上确实不存在，法院可以作出确认违法判决并提出司法建议，督促相关行政机关完善政府信息的记录、保存以及公开程序，从实际意义上解决信息公开类纠纷。[1]

五、结　语

此次新《政府信息公开条例》修改的最大亮点就是将"以公开为原则，不公开为例外"的原则明确规定在法律条文之中。同时，不予公开的政府信息定期评估制度的增加，以及行政机关信息公开的处分和监督机制的逐步确立和完善，不断地推动着我国政府信息公开的进程。但作为一部行政法规，条例的法律位阶相对较低，一定程度上影响了实施过程中的法律效力，在具体规定的层面上也存在一些不完善之处，仍为行政机关保留了很大的裁量空间。因此，现阶段要想从实际上解决"政府信息不存在"的错用、滥用问题，司法的审查规制至关重要，要从根本上解决信息公开诉讼中的纠纷，应站在保护申请人知情权的立场上，解决公民对于政府信息合法合理的需求，在依法行政的基本原则之下明确信息公开的责任主体，落实行政机关的义务与责任，从而实现信息公开制度的法律规制与社会效益的统一。

参考文献

[1] 卞建林:《证据法学》，中国政法大学出版社2007年版，第265页。

[2] 李广宇:《政府信息公开司法解释读本》，法律出版社2011年版，第183页。

[3] 最高人民法院:《全国法院政府信息公开十大案例》人民出版社2014年版，第32页。

[4] 肖卫兵:《政府信息公开热点专题实证研究——针对条例修改》，中国法制出版社2017年版，第24页。

---

[1] 林鸿潮、许莲丽:"论政府信息公开诉讼中的证明责任"，载《证据科学》2009年第1期。

［5］林鸿潮、许莲丽:"论政府信息公开诉讼中的证明责任",载《证据科学》2009年第1期。

［6］周勇:"'政府信息不存在'案件中证明困境的解决路径探析",载《行政法学研究》2010年第3期。

［7］殷勇:"'政府信息不存在'情形下的司法审查",载《法学》2012年第1期。

［8］任志中、蒋涛:"'政府信息不存在'案件司法审查若干问题的探讨",载《法律适用》2013年第4期。

［9］肖卫兵:"《政府信息公开条例》中的免予理由评析:基于上海的实践",载《中国行政管理》2015年第8期。

［10］肖卫兵:"论政府信息公开例外保护机制",载《情报理论与实践》2011年第9期。

［11］段国华、后向东:"政府信息公开:成效可观 未来可期——写在《全面推进依法行政实施纲要》颁行10周年",载《中国行政管理》2014年第6期。

"政府信息不存在"案件中的举证与说明

——基于指导案例 101 号的展开

石海波[*]

【摘 要】 政府信息不存在是信息公开的制度实践之中政府最常采用的答复方式,也是最容易引起行政争议的一种情形。最高人民法院发布的指导案例 101 号指出行政机关在诉讼过程中必须举证证明已尽到充分合理的检索义务,否则政府信息不存在的主张将难以得到支持。本文旨在从对该案例的阐述和分析入手,剖析其中的举证与查证过程,探究充分合理的查找检索义务的具体意涵,确定本案对政府信息不存在诉讼案件的解决有何指导和示范作用何在,并指出其中的欠缺与纰漏之处。除此之外,行政机关相关的说理答复程序,也是政府信息不存在情形之下争议解决和权利保障机制中极为重要和不可欠缺的一环。

【关键词】 信息公开 政府信息不存在 举证责任 依申请公开

一、引 言

政府信息公开制度自《政府信息公开条例》施行十年以来,在推动法治政府建设、依法保障公民民主权利进程之中,发挥着"预防行政权力的腐败

---

[*] 石海波,中国政法大学 2018 级宪法学与行政法学专业硕士。

与异化、扩展权利保护的内容和方式、规范国家机关权力的范围与限度"的重要价值；[1]但与此同时，也面临着诸多理论研究与制度运行之中的难题。十余年的信息公开制度运行经验显示，"政府信息不存在"作为依申请公开过程之中行政机关最常使用的一种答复方式，是最容易促使申请人提起行政诉讼、引发行政争议，也是最容易滋生社会矛盾的一种情形；仅2017年北京市全市行政机关就作出了"申请信息不存在"答复共计10 288次，占总答复次数的30.06%。[2]现实之中因申请信息不存在、难以解决相关问题而深陷投诉、上访、诉讼的辗转维权之累者往往数不胜数；更有甚者，在被答复信息不存在的情况下有的当事人转而反复申请、反复投诉、反复起诉，既使得信息公开制度有向另类信访异化的趋势，也使得纠纷和争议被反复搁置堆积，造成恶性循环。在许多情形之下，一纸"所申请信息不存在"的告知书，极易成为行政机关推卸依申请公开之责任、转移信息保管不当之过失、损害当事人之知情权的一种借口，也有损于信息公开制度的运行效果实现。因此，有必要对此种信息不存在情况之下的程序原理、证明责任分配、救济措施、解决途径等问题予以学理上的探讨。

二、政府信息不存在的意涵

《政府信息公开条例》第36条第4款并未指出政府信息不存在的具体意涵；[3]看似一目了然的不存在概念，实际上掩盖了诸多不同的情形，在理论研究和司法实践中切不能一概而论。例如，在某些情形之下，政府信息不存在，是自始至终不存在，抑或是曾经存在但因其他原因而"不存在"？在郑某诉上海市人民政府信息公开案中，郑某与复议机关就面临着这两种情形的分歧，郑某主张行政机关寄送的答复函曾经存在但行政机关未予以保留，而复议机关则给出该答复函处在政府信息不存在这一状态的答复；尽管对于郑某来说，这两种情形都阻碍他对政府信息的获取，但对法官而言，则影响在本案之中进行审查

---

[1] 黄学贤、杨红："政府信息公开诉讼理论研究与实践发展的学术梳理"，载《江苏社会科学》2018年第3期。

[2] 参见《北京市2017年政府信息公开工作年度报告》，载北京市人民政府网，http://zfxxgk.beijing.gov.cn/110000/sxxgknb/201803/22/content_ e9f4984e68334ebca7f0f13855a1762f.shtml，最后访问时间：2018年12月1日。

[3] 《政府信息公开条例》第36条第4款规定，政府信息不存在的，应当告知申请人。

和判决的方式，最终也影响到对郑某权利的保障。[1]实际上，可以归结和概括到"政府信息不存在"之下的具体情形可能是：确无该信息，政府信息自始至终不存在；相关行政机关无收集记录、保存制作相关信息的职责；未履行该制作职责；相关法律事实未发生（如申请公开不动产变更登记信息而相关物权人未提出变更）；文件管理存在漏洞（毁弃、丢失、污损等）；等等。

有些学者主张，"政府信息不存在"的含义应当是明确的，也就是"从未制作过或者获取过"，即自始至终地不存在。[2]但就笔者而言，不应作此限定。本文所探讨的政府信息不存在作为行政机关的一种答复形式，也是行政诉讼过程中待证之事实，以上所列举的几种情形实际上都是造成政府信息不存在这一状态的原因；无论是由何种原因造成，在行政诉讼过程中，也许面向行政机关的是上述特定情形之一，但面向相对人和法官的，都仅仅是政府信息不存在这一种情形；行政诉讼的争议焦点是行政机关作出政府信息不存在的答复这一行政行为是否合法，那么无论是何原因造成行政机关作出这一答复，在答复作出之后，该行政行为都具有同样的对外效力，在法院判决作出之前的阶段，也都不影响行政行为是否合法的争议的解决。因此，没有必要也不应当对政府信息不存在的意涵作出某种限定，当行政机关作出政府信息不存在这一答复形式时，即将其纳入我们所要探讨的主题之中。

三、政府信息不存在时的证明过程与举证事项分配：从指导案例101号出发[3]

我国《行政诉讼法》规定了行政机关对其行政行为合法性的举证责任，但在诸如指导案例101号此类信息不存在案件之中，针对不予公开的行政行

---

[1] 参见上海市第二中级人民法院（2010）沪二中行初字第21号行政判决书。

[2] 参见殷勇："'政府信息不存在'情形下的司法审查"，载《法学》2012年第1期。

[3] 在指导案例101号之中，原告罗元昌因其另一损害赔偿纠纷案中举证需要，向被告重庆市彭水县地方海事处申请公开其名下船舶发生事故的海事调查报告等事故材料信息，彭水县海事处则以"经查该政府信息不存在"为由告知罗元昌；法院经审理查明："彭水县地方海事处作为彭水县的海事管理机构，负有对彭水县行政区域内发生的内河交通事故进行立案调查处理的职责，其在事故调查处理过程中制作或者获取的、以一定形式记录、保存的信息属于其职责范围内的政府信息；而在原告提交了该政府信息系由被告制作或者保存的相关线索等初步证据后，海事处不能提供相反证据，也没有提供印证证据证明其尽到了查询、翻阅和搜索的义务，而仅有其自述，因而人民法院不予支持彭水县海事处有关政府信息不存在的主张。"参见重庆市中级人民法院（2015）渝四中法行终字第00050号行政判决书。

为却难以做此种楚河汉界式的举证事项的划分。引发举证事项分配之复杂性的根本性原因在于：待证之事实，即政府信息不存在，乃是一个否定性的事实。一方面，对于行政机关而言，使其承担证明此类否定性事实，既有违诉讼法之常理，[1]也为法院审查之所难；另一方面，如果完全由相对人承担证明待公开信息存在之肯定性事实，则有悖于信息公开制度之保护价值，更有违事实与常理，因为"如果没有被上诉人的配合，这将是一项不可能产生之任务。"[2]因此有必要或者说只能对这种举证事实分配上的矛盾进行一定的协调或转化。

所谓转化矛盾，即是转化得出原有证明结果的待证之事实。在本案之中，法院即是采取此种规避举证事项分配矛盾的思路，并且在实践之中，在本案作为指导案例公布之前，法院就已有意或无意地采用了此种方法，将不可查明或不便查明之事实转化为其他事实。从本案裁判文书中可以看出，法院实际上审查了两个事实：其一是彭水县海事处是否负有制作获取、记录保存该信息之职权，其二是彭水县海事处是否尽到了查询、翻阅、搜索的义务；而在前者为肯定性结果、后者为否定性结果时，法院以此判决彭水县海事处不予公开的行为违法。那么在这个过程之中，此二事实如何实现证明对象之转换？其合法性基础何在？二者之间又存在何种逻辑关系？

就事实一而言，在一些学者看来，其可以转为待证事实的原因或许在于：《政府信息公开条例》将"依法不属于本行政机关公开"和"该政府信息不存在"两种答复合二为一，其本质含义是"本机关对此无义务"。[3]因此，本案之中如果彭水县海事处举证证明自己无相关的制作获取、记录保存的职责，那么就可以证明所申请信息不存在。但是，很明显的是，在《政府信息公开条例》之中立法者将不属于本机关公开与信息不存在分而列之，显然是分属对应两种不同的事实情况；不能因为行政机关对某一信息负有特定的职

---

[1] 一般而言，诉讼参与人不对消极性的事实负证明责任。参见卞建林：《证据法学》，中国政法大学出版社2007年版，第265页。

[2] 此处被上诉人是指被申请公开的行政机关，章剑生教授论述此点时结合了信息公开第一案"董某诉上海市徐汇区房管局信息不公开案"的案件事实，此外，实际上本案作为备受争议的第一案，也面临着主张信息不存在时的证明责任分配之困境。参见章剑生："知情权及其保障——以《政府信息公开条例》为例"，载《中国法学》2008年第4期。

[3] 林鸿潮、许莲丽："论政府信息公开诉讼中的证明责任"，载《证据科学》2009年第1期。

责，就确证该信息是客观存在的，而忽视一些特定的情况，例如应当依相对人申请制作而制作的信息，当事人未曾提出申请，或者制作完成之后该信息因行政机关保管不善而发生丢失、污损、毁弃，或者行政机关因不作为而根本没有履行该职责等各种情形。在理想的情况下，即对一个永远依法行政、恪尽职守、毫无差错的行政机关而言，进行这种转换才可以称得上是百无一失，然而现实情况却有所不尽如人意。因此，在本案之中，法院审查事实一的目的并不是直接查明该信息是否客观存在，而在于，如果彭水县海事处确无相应职责，那么就足以证明这一行政行为合法，进行下一事实的审查便毫无必要，法院实际上只进行了一种前置性的审查，而未真正触及证明问题的核心。

就事实二而言，其背后的证明逻辑是：其一，既然行政机关对该信息负有记录和保存的职责，同时也负有依相对人申请而公开的义务，那么行政机关就自然需要经过在自己所保存的信息之中依当事人申请进行查询搜索的这一过程；其二，如果行政机关能证明自己已充分尽到查询、翻阅和搜索的义务而仍未获取该信息，那么便足以推出信息不存在之事实。[1]此种方法的实际意义在于，审查行政机关是否尽到查询和搜索义务，具有明确和可视的实践性和可操作性，同时作为一种对程序性事实的审查，也降低了法院审查实体性问题的难度。作为反面案例，本案裁判文书并未详细阐释法院是如何就行政机关的查询过程进行审查的，但其裁判要旨申明了行政机关检索义务的履行在举证过程中的重要作用。

当然，在进行转化之前，还有一个重要的前提，即原告能提交该政府信息系由被告制作或者保存的相关线索等初步证据，由此可见，原告承担的是前置性的初步证明责任。此种证明责任的特性在于：一是"初步"，即原告只需面对较低的证明标准，无须提供清楚确凿的证据，只需相关的线索即可；二是"前置性"，即对信息是否存在的举证与审查，必须在原告提供线索之后才启动。这两种特性联系在一起，一是出于价值衡量，考虑到原告具有较弱的举证能力，要完全证明政府信息的客观存在无异于痴人说梦；二是原告也必须在举证过程之中承担一定的推进责任。就这一点而言，尽管原则上行政

---

〔1〕《最高人民法院关于审理政府信息公开行政案件若干问题的规定（征求意见稿）》规定，被告主张政府信息不存在的，应当提供经过合理查询的证据。但最终出台的司法解释中删去了此条。

机关就行政行为合法性负证明责任，但也并非意味着所有情形之下原告都全无证明义务。如果我们以证明责任分配的"规范说"理论来观察《行政诉讼法》第 38 条规定的证明事项分配方式：既然被告在原告申请下履行职责的义务来源于实体法规范，原告在诉讼过程之中就是要主张被告应当履行该义务，那么原告应当对其中的事实要件即证明自己提出申请进行证明。[1]因此，依申请信息公开案件同样属于第 38 条所规定的情形；原告申请被告履行政府信息公开职责时，同样也应当证明自己提出了请求行政机关履行信息公开职责的客观事实，而信息的客观存在，必然是原告应当证明的客观事实中的不可缺少的事实要件，原告因此也必须就信息的客观存在予以证明。

因此原告也必须就政府信息的存在提供的初步的线索，承担前置的初步证明义务。对原告而言，此种责任足以减轻其举证负担，在承担较轻的举证负担的同时，也足以充分发挥其在举证中的积极性和能动性；对被告而言，也可以有的放矢地查找相关信息；对整个诉讼程序而言，原告的举证可以使得在审查之前排除一些极端的情形（如上述所举如申请公开不动产变更登记信息而相关物权人未提出变更的情形），也避免趋向滥诉；另外，将原告举证固定在整个举证过程的最前端，也是出于避免法院采取一种动态式、跳跃式的举证事项分配方法的目的，即避免法院在遇到一方事实难以查证时就主观性地将证明重担推向另一方，如果此时该方难以提出相反证据，就必须承担不利后果，这种做法显然对原告产生着极大的不利影响。

因此，综上所述，在指导案例 101 号中，法院运用的审查思路实际上是一种递进式的双层框架（如图 1 所示）：在原告提出初步证据的情况下，将对于政府信息是否存在的这一事实的审查，转化为对行政机关是否具有相应的记录保存职责、是否履行了信息检索义务这两个事实的审查，并且这两个事实在审查过程之中形成了一种递进式的关系：就事实一而言，对事实二起到一种前置性的验证作用，在得到肯定性结果之后才进入事实二的审查；就事实二而言，它的结果才对最终的审查结果起到了决定性的作用；在整个过程

---

[1]《行政诉讼法》第 38 条规定，除两种例外情形外，在起诉被告不履行法定职责的案件之中，原告应当提供其向被告提出申请的证据。另外，罗森贝克的"规范说"（Normentheorie）主张，如果一方当事人认为适用某一具体法律规范能够满足自己的主张，那么其必须对该法律规范所蕴含的事实要件进行举证，并承担该事实真伪不明的不利后果。参见郑涛："政府信息不存在诉讼之证明责任分配探析"，载《清华法学》2016 年第 6 期。

之中，将两个事实分离开而单独来看，都会造成这种转化过程的不周延，而当两者形成此种递进式的关系时，则至少在逻辑上较为完满地完成了向所要证明的政府信息不存在这一待证事实的转化。在证明事项的分配上，则由原告对前置性事实负初步证明义务、被告对主要事实负决定性的主要证明责任。这种审查方式的优势体现在：明确了不同阶段的证明对象和证明责任分配，避免了政府信息不存在案件中证明对象和证明责任在举证过程之中由法官随意分配、具有不可预测性的混乱现象；对法院而言，显然也是一种易于遵循、具有操作性的审查路径，避免了审查自我举证的否定性事实时无从下手的尴尬局面；对原告而言，在举证过程之中承担了一种前置性的证明责任，可以有效发挥在举证过程之中的积极性与能动性；对被告而言，在整个举证过程之中承担了决定判决结果的主要证明责任，增加了行政机关的证明难度，也强化了对行政机关所举证据的证明力要求，使得行政机关难以随意以内部文件、领导批示、其他机关文件等证据随意搪塞。

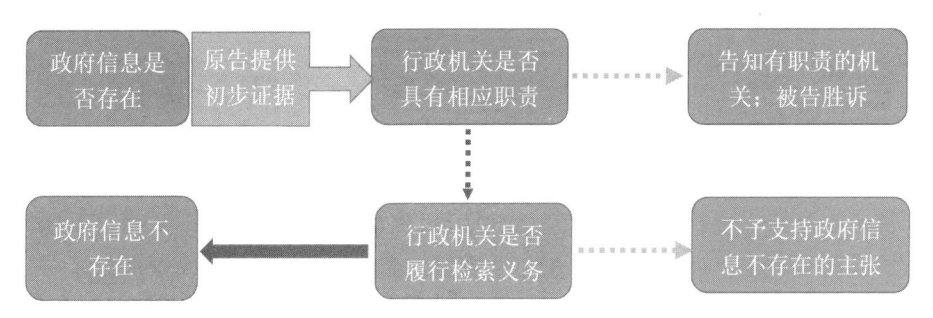

图1 指导案例101号所体现的法院事实审查框架

总而言之，法院运用此种审查思路，正是将行政机关视作信息公开过程中的主要的义务主体的观念的体现。[1]一方面在一定程度上优化了行政机关与申请人之间举证事项分配结果，强化了行政机关在举证过程中的主要责任，减轻了处于弱势地位的相对人的举证负担，避免了政府信息不存在时极端性的举证分配上的倾斜情形；另一方面，也体现了法院作为司法机关，在案件

---

[1] 这种观念的来源是：政府信息公开制度是建立在公民知情权这一基本人权基础之上的，行政机关已经被预设了法定义务主体这一身份。参见于立深："依申请政府信息公开制度运行的实证分析——以诉讼裁判文书为对象的研究"，载《法商研究》2010年第2期。

具体审判过程之中为行政机关能够更好地履行信息公开职责、完善信息记录保存制度、保护信息公开申请者的合法知情权所发挥的能动的监督和促进作用。

四、"充分合理"的查找检索义务审视：证明标准与举证事项

对于指导案例 101 号审理中的核心问题，即关于行政机关的查找、检索义务的证明，裁判要点给出的证明标准是"充分合理"；但作为一个反面案例，指导案例 101 号的裁判文书之中实际并未向我们展示出"充分合理"标准的具体内涵，以及法院是如何具体实际地运用此标准的。实际上这个问题在整个诉讼过程之中起到了非常重要的作用，在杨某诉崇明县人民政府信息公开纠纷解决案之中，杨某向被告申请公开某会议纪要而被告知相关信息未制作获取而不存在；被告崇明县人民政府在举证时提交了信息公开登记表、答复书、行政复议决定书以及工作人员"经过检索"的证言，而法院在审查是否尽到检索义务时，尽管以上证据之中只有工作人员的证言与该事实具有关联性，且仅具有微弱的证明力，但法院随即便采信了被告尽到了合理的检索义务这一事实，而原告无力提出新的相反证据予以反驳最终只能败诉。[1] 而在周某诉上海市闸北区人民政府信息公开决定纠纷案之中也存在类似的情况，被告仅举闸北区政府在当年度编制的信息公开目录的证据，尽管信息公开目录本身并不囊括所有政府信息，且早已公开并为诉讼双方知晓，但法院依然认可了被告已经经过合理查询的事实。显然这只能证明被告进行了一定的查询，但是否进行充分合理的查询则依然是不得而知的问题，距离达到政府信息是否存在这一最终目的，更是相去甚远。[2]

由此可见，如果法院在查证行政机关是否尽到检索义务时运用的是较为宽松或者模糊的证明标准，那么就行政机关检索义务的设定则会趋于形同虚设，实际上与要求由原告承担主要的举证责任无异：对相对人而言，无异于再次得到了政府信息不存在的回应；对法院而言，上述审查过程无论多么详尽或完备，都只能沦为程序性的空转。另外，不可忽视的是，上述审查过程之中的矛盾转化方法，实质上是将一个难以查证的实体性事实，通过程序性

---

[1] 参见上海市第二中级人民法院（2010）沪二中行初字第 8 号行政判决书。
[2] 参见上海市第二中级人民法院（2010）沪二中行初字第 25 号行政判决书。

事实的推定来予以查证,这种由程序向实体的推定,本身就只是一个间接证据,难以实现证明逻辑上的百分百的周延,只能是一种起到作为或然真实性前提而非必然真实性前提的作用。[1]因此就必须通过较为严格和明确的证明标准来弥补这一缺漏,尽最大可能完成由或然真实性向必然真实性的跨越,从而使得这种对行政机关检索义务的查证过程真正具有"形神兼备"的功能性意义。

我国现行法并未明确行政诉讼的证明标准,学界也尚未形成统一性的认识。一般而言,行政诉讼对相对人权利的影响介于民事诉讼和刑事诉讼之间,行政诉讼证明标准也因处于民事证明标准和刑事证明标准两个极端之间的中间地带;[2]同时,也应当具有其特有的"灵活性"[3]。在政府信息不存在诉讼之中,就行政机关的检索义务而言,设定其证明标准应当考虑的因素包括:其一,待证事实对诉讼结果和原告权益的影响,如上所述,在整个审查过程之中,对于检索义务是否充分履行的审查起着至关重要的意义,因此有必要对其设定严格的证明标准;其二,证明责任的性质,在整个诉讼过程之中,相较于原告承担适用较低证明标准的推进责任(证明行政诉讼的程序事实和推进诉讼程序的责任),被告必须承担更为严格的说服责任(证明行政行为合法性的责任),[4]才能使得待证事实最终得到清楚确凿的查证,并且就行政机关检索义务作为一个目的在于推定出实体性事实的程序性事实,也必须适用与被诉行政行为合法性相同或接近的证明标准;其三,证明过程中的价值衡量,在政府信息不存在诉讼之中,其最终结果显然与当事人的知情权利能或者不能得到保障有着直接的影响,如果检索义务难以得到充分履行,实际上就是等同于对当事人知情权的不利处分,而就政府信息是否存在、是否尽到检索义务的事实而言,涉及此类政府机关内部管理与履职相关事项时,行政机关拥有天然的举证能力上的优势,而相对人则因遥远的证据距离而处在近乎全然无能为力的状态,在衡量如此大的举证能力和证据距离差异的基础上,

---

[1] 参见段书臣、刘澍:《证明标准问题研究》,人民法院出版社2007年版,第32页。

[2] 参加高家伟:《行政诉讼证据的理论与实践》,工商出版社1998年版,第170页。

[3] 这里的"灵活性"是指,不同的行政案件所涉及的权益大小及所适用的程序简繁尽不相同,所要求的证明标准也不相同。参见马怀德、刘东亮:"行政诉讼证据问题研究",载《证据学论坛》(第4卷),中国检察出版社2002年版,第220页。

[4] 证明责任的分类和定义,参见梁凤云、武楠:"关于行政诉讼证据证明标准的几个问题",载《法律适用(国家法官学院学报)》2002年第8期。

为实现公平和权益保障的目的,也有必要科以更高级别的证明标准。因此,指导案例 101 号所确定的充分合理的检索义务所适用的证明标准,应当属于严格的排除合理怀疑证明标准。

除了探明充分合理的检索查找义务所适用的证明标准之外,细化举证事项、明确检索查找义务的具体建构,也是一个在举证和查证过程中有着很大意义的问题,它是证明标准在具体案例中的实际运用的体现之一。指导案例 101 号指明,仅有工作人员提供的证言,显然无法达到充分合理的标准;要达到这一标准,还需要更多详细和有力的证据支撑。当然,在现实案例之中,具体应当包括哪些证据形式或外观,应当是一个由法官灵活决断、具体把握、充分发挥能动主义的问题,但这些证据也应当围绕以下一些事项展开,包括:证明检索的政府信息数据库的全面性的证据,如证明在本级政府信息公开指南、公开目录、相关部门统一信息数据库之中进行检索等;证明检索过程的证据,如查询页面的电子截屏记录、查询档案登记、档案管理部门的工作人员证言等;证明检索方法正确性和有效性的证据,如证明已经穷尽与原告提供的信息文号线索相对应的同编号批次文件的检索等,或者根据原告提供的文件制作时间,证明已经穷尽了对同一时间段内所有文件的检索等;甚至工作人员的检索态度,在某些情况下也是一个值得参考的主观性证据。将以上相关证据组合成完整、清晰、能够排除合理怀疑的证据链条,既有利于行政争议的顺畅解决,也是对原告进行公开透明的告知程序,起到充分的以理服人、以事实说话的效果。笔者目前还无法寻找到具有如此示范意义的正面案例;以上这些证据细则,还有待于未来的司法进程予以明确。

五、补充与结论:作为根本性化解的说理与告知制度

(一)诉讼程序中的说明理由义务

最高人民法院已经通过司法解释的方式规定了行政机关在信息公开诉讼中的某些说明理由的义务。[1]因此我们有理由认为,除举证责任之外,行政

---

[1]《最高人民法院对审理政府信息公开行政案件的若干规定》第 5 条第 2 款规定:因公共利益决定公开涉及商业秘密、个人隐私政府信息的,被告应当对认定公共利益以及不公开可能对公共利益造成重大影响的理由进行举证和说明。第 3 款和第 6 款也规定了行政机关拒绝更正信息记录时和因与申请人特殊需要无关为由拒绝提供信息时的说理制度。

机关还负有单独的说明理由责任义务；尽管此种说明理由责任不能与举证责任完全分隔与对立，也不能取代举证责任在达到查证案件事实中的重要作用，但也同样具有解决案件争议、化解当事人与行政机关之间纠纷、促进法院作出公正判决的独立的作用与价值。

如果我们审视美国信息自由法的司法实践，也会发现，行政机关的说明理由的义务在整个诉讼程序中起着前置性的重要作用。在沃恩诉罗森案（Vaughn v. Rosen）之中，上诉法院认为，地区法院不能仅以文官事务委员会一个简单而空洞的结论就支持其拒绝公开相关文件的主张，基于程序正义的理念，法院的这种判断显然过于草率。[1]因此在由本案所确立的沃恩索引规则之中，法院在审理行政机关拒绝公开信息案件时，必须遵循三个步骤，其中第一步便是要求行政机关在不泄露文件信息的情况下给出具体详尽的适用免除公开规则的说明，如果行政机关仅仅给出一个直接和单一的结论，那么无论结论正确与否都难以得到法院的支持；法院只有在其说理之后才进行具体审理。

就政府信息公开案件而言，行政机关在诉讼过程中说明理由的作用体现在：其一，行政机关作出公开或不公开某特定信息的行为，并非总是基于某种特定的客观存在的事实，在复杂的信息社会之中，还需要经过特定利益衡量与政策考量的过程，这些正当的自由裁量也是构成被诉公开行为合法性的基础之一，而客观存在的证据和举证过程则往往难于展示此类非客观性的存在，需要通过说明理由的过程予以披露和解释。其二，如果认为行政诉讼的目的在于解决争议，在于为当事人借助法院向行政机关"讨个说法"，对当事人而言，行政机关的说明理由实际上就是在"给个说法"，也可以视作是特殊形式的"信息"公开和对其知情权的尊重与保障，对行政争议的解决、当事人不满情绪的化解也有着重要的现实意义。其三，沃恩索引中的审查规则目的也在于减少法官的审查重负，使法官得以将审查重心聚集于案件的核心议题之上，通过行政机关的说明理由，既可以化解法官的专业性限制，也对法官作出合法合理的判决多有裨益。[2]而以上几点考量，也不外乎适用于政府

---

［1］ *Vaughn v. Rosen*, 523 F. 2d 1136（1975）.
［2］ 参见沈成骁："政府信息公开诉讼现状管窥——基于对2013年28个案例的观察与思考"，载《四川行政学院学报》2014年第2期。

信息不存在案件之中；如果行政机关能够就政府信息当前的状况、造成其不存在的原因、是否负有相关的职责、是否已进行检索、进行检索的过程和结果以及其他特殊情况等重要事项予以说明与解释，则或许可以直接绕开或者有力推进上文所述的复杂的举证过程和审理程序，达到化解争议的最终目的；这也是当下法治政府建设进程之中政府应当展现的公开公正、诚信透明的角色的应有之义。因此有必要扩展和完善《最高人民法院关于审理政府信息公开行政案件若干问题的规定》中对诉讼程序中行政机关说明理由义务的规定，将其适用于政府信息不存在的案件，并在司法实践中予以进一步的落实。

(二) 信息公开程序中的告知答复程序

行政诉讼是保障当事人权益的事后性和兜底性的救济机制，如果能在行政机关作出影响相对人权利义务的行政行为事前或事中便消解争议，化解纠纷，就有可能最大限度地减少对相对人权益的侵害，有效节约司法资源，增进行政效率，实现成本效益的最大化。我国政府信息公开诉讼的大量涌现，实际上与信息公开制度与配套程序的不完善与缺失有着极为紧密的联系。就政府信息不存在案件而言，将行政机关在诉讼过程中的说明理由义务进一步前置，使行政机关在作出答复时便能充分尽到说理与告知的责任，这才是最符合法治思维和法治视角的根本性解决方案。

就笔者的实践经历而言，在笔者所见到的行政机关答复申请人的答复书上，往往只有寥寥数语，甚至仅有"您所申请的政府信息不存在"一句，便留下大段空白。实际上如此只言片语很难消解当事人心中的困惑，也很容易给当事人造成负面影响。对当事人而言，寻求政府信息公开，有时并非为了最终获取到特定的信息，而仅仅是为了"讨要说法"或者了解相关情况，在申请公开信息时，许多申请人对该信息是否真实存在，往往也难以确定；此时行政机关仅仅告知"信息不存在"，申请人实际上是一无所获，容易产生误解和怀疑；此时倘若能稍加解释和说明，实际上也能或多或少地满足申请人的知情权利。因此，有必要延展行政机关行使"告知"职责的意涵，强化答复程序的设计，明确行政机关在告知信息不存在时的说明理由义务，规范告知和答复的措辞和方式。这既符合正当程序的法治理念，也是服务型政府建设的应有之义。例如，上海某区财政局在答复"至2010年年底卢湾区政府的公车数量"的公开申请时，便进行了充分地解释与说理："由于目前相关的统计工作尚未完毕，暂时无法提供。今后我们将根据财政部的统一要求，通过政府网站等渠道，认真推进该项政府信息的公开工作。"[1]此例所显示的正是，如果我们能进一步深化对行政程序内涵的认识，更加注重政府信息公开程序作为效果规范而非行为规范的功能定位，对于我们解决政府信息不存在的困局，完善政府信息公开的程序设计，推动法治政府建设的深入，必然是大有裨益的。

---

[1] 北京大学公众参与研究与支持中心编：《中国行政透明度观察报告2010年度》，法律出版社2012年版，第396页。

论政府信息公开中的商业秘密审查标准

王 宾*

【摘　要】 在涉及商业秘密的信息公开案件中，行政机关缺乏对商业秘密判断的明确标准，以至其不再对商业秘密进行实质审查判断，代之以第三方意见作为不予公开的主要依据。在此类案件中存在直接套用《反不正当竞争法》对商业秘密进行判断的实践做法，然二者中商业秘密的内容并不完全一致，信息公开中商业秘密的内涵不仅仅限于《反不正当竞争法》界定的范围。行政机关在进行判断时，应当先判断其是否属于：（1）商业秘密[1]——适用《反不正当竞争法》的规定判断；不满足第（1）项时再判断其是否属于（2）行政机关在行政管理过程中制作或者获取的享受特权保护或者保密的商业信息或金融信息。

【关键词】 信息公开　商业秘密　判断标准

引　言

2008年5月1日起施行的《中华人民共和国政府信息公开条例》（以下简称《政府信息公开条例》）规定了商业秘密豁免公开的情形，实践中行政

---

* 王宾，中国政法大学2018级宪法学与行政法学专业硕士。
〔1〕 此处的商业秘密仅指《反不正当竞争法》第9条界定的商业秘密，不同于信息公开语境下的商业秘密。

机关常常滥用该条款，对商业秘密不进行实质审查而以第三方意见作为是否公开的主要判断依据。[1] 2019年4月15日，新修订的《政府信息公开条例》正式对外发布，意在回应《政府信息公开条例》施行11年来遇到的新情况、新问题。[2]笔者对比新旧条文发现，立法并未对上述问题的解决指明方向，这必然会导致行政执法实践的持续混乱。本文以北大法宝中发布的涉"商业秘密"的政府信息公开案件判决书为基本研究对象，[3]分析此类信息公开诉讼中行政机关不予公开的理由、行政机关和法院对"商业秘密"的不同审查态度，厘清行政机关在判断过程中应当发挥的主体地位；在此基础上构建行政机关在信息公开中对商业秘密的判断标准，破解实践困境。

一、涉及商业秘密的政府信息公开案件存在的问题

笔者对检索到的25份涉及商业秘密的信息公开案件判决书的分析表明（如表1所示），行政机关对商业秘密进行了实质审查并证明其确属商业秘密，再结合第三人不同意公开的意见，作出不予公开决定的案件只有2件；而以第三人不同意为主要理由（包括第6项、第7项[4]）不予公开的案件有13件，是前者的6.5倍。在行政机关对商业秘密作出实质审查的两起案件中，法院均判决其不予公开的决定合法，行政机关为胜诉一方。在行政机关主要依据第三人意见作出不予公开决定的案件中，法院多数情况下认为行政机关负有对商业秘密进行实质审查的职责，不能将第三方意见作为不予公开的主要依据。值得注意的是，在行政机关对商业秘密进行实质判断的两起案件中，行政机关对商业秘密的论证过程，只是对第三人意见的重复叙述，并未形成

---

[1] 后向东："我国政府信息公开制度与实践中十大重要观点辨析"，载《中国法律评论》2018年第1期。

[2] 万静、刘子阳："司法部负责人就政府信息公开条例修订答记者问"，载《法制日报》2019年4月16日。

[3] 笔者首先以"商业秘密信息公开"为关键词，以精确、全文的匹配方式，在北大法宝中检索，"法宝推荐"案例（10篇）、普通案例（13篇），从23篇案例中筛选出与本文主题相关的9个案例。其后，笔者又以"信息公开"为关键词，以精确、标题的匹配方式，在北大法宝中检索出指导性案例（2篇）、公报案例（2篇）、典型案例（14篇）、参阅案例（10篇）、经典案例（162篇）、应用案例（3篇），从193案例中筛选出与本文主题相关的16个案例。检索时间截至2019年5月2日。本文共以25个案例为基本分析对象。

[4] 笔者认为，第8项中作出《不予公开决定书》的主要理由是申请人不具有申请资格。

自己的判断标准。[1]

表1 行政机关对涉及商业秘密的信息不予公开的理由[2]

不予公开理由	数量/份数
1. 论证其属于商业秘密且第三人不同意公开	2
2. 第三人不同意公开	11
3. 在第三人未回复之前以商业秘密为由不予公开	1
4. 涉及商业秘密且与原告生产、生活、科研无关	1
5. 涉及第三方权益且所需信息用途不明	1
6. 第三人不同意公开（第三人未答复情形）	1
7. 不相关第三人不同意公开	1
8. 申请人不具有申请资格且第三人不同意公开	1

从上述案例分析中我们可以总结出如下三个问题：其一，行政机关往往不对申请信息是否涉及商业秘密进行实质审查认定；其二，行政机关在对"商业秘密"进行判断时，缺乏明确的标准；其三，行政机关在决定是否公开时，赋予"第三方意见"过高权重，常常以"第三方不同意公开"为由拒绝公开。《政府信息公开条例》第15条规定行政机关不得公开"涉及商业秘密、个人隐私等公开会对第三方合法权益造成损害的政府信息"，但是权利人同意或者不公开可能对公共利益造成影响的除外；第32条规定了对第三方的意见征询程序，即"依申请公开的政府信息公开后会损害第三方合法权益的，行政机关应当书面征求第三方意见"。从法条表述来看，毋庸置疑，行政机关负有对信息是否涉及"商业秘密"的审查职责，满足了这一前提，才需征求权利人意见，前者是后者的充分不必要条件。但为何行政机关常常跳过这个实质判断程序呢？问题一二互为因果，问题三是行政机关逃避问题一二的手段。

---

[1] 参见"吴某某与云南省红河哈尼族彝族自治州国家税务局信息公开上诉案"，(2017) 云25行终25号行政判决书；中晨能源仓储有限公司与中华人民共和国交通运输部二审行政判决书，(2018) 京行终2874号行政判决书。

[2] 笔者检索到的25个案例中存在行政机关逾期未答复的情形，在该类案件中，行政机关尚未作出《不予告知决定书》，因此表格右栏判决书的数量小于25。

《政府信息公开条例》并未对商业秘密的概念作出明确规定，行政机关在对商业秘密进行实质判断时往往借助于其他法律的相关规定。对商业秘密规定最为详细的当属《反不正当竞争法》，但是能否借用《反不正当竞争法》中商业秘密的定义来判断一项政府信息是否涉及商业秘密的问题目前尚存争议。法院在审理此类信息公开案件的惯常做法是适用《反不正当竞争法》对商业秘密的界定；[1]针对法院的这种做法，学界存有质疑，理由为将着眼于企业权益保护、市场秩序维护的《反不正当竞争法》中的概念，套用到立法目的、规制逻辑截然不同的信息公开法律制度中，必然会使得信息公开中关于商业秘密规定的相关条款难以执行。[2]在判断一项企业信息是否属于"商业秘密"时，由于法律适用指向的不明确，再加之因被申请公开的行政机关能力有限而无法对企业信息性质作出有效识别，行政机关尚未形成一套针对商业秘密判断问题切实可行的标准，导致其主客观均不能对"商业秘密"进行实质判断。于是，行政机关将"实质判断"的权力转移给第三方，以第三方的意见作为认定申请信息是否属于商业秘密，是否准予公开的主要依据，这就是问题三出现的原因所在。

笔者认为，上述三个问题共同根源于行政机关对自身应当成为商业秘密的判断主体地位认识不清、信息公开中的商业秘密定义不明。本文通过分析行政机关作为商业秘密判断主体的合法性与适当性，明确行政机关在涉及商业秘密信息公开案件中的主体地位，并为商业秘密的界定提供一个可行方向。

二、行政机关应当成为商业秘密判断主体的依据

在处理申请人的信息公开申请时，行政机关必然需要对其所申请信息的性质进行实质审查，以此作出是否准予公开的决定。在涉及商业秘密的政府信息公开中，行政机关往往不仅要对商业秘密进行实质判断，其还需在决定不予公开时衡量不公开是否会损害公共利益，而"公共利益"与"商业秘密"一样，也是一个极具不确定性的概念。两个不确定概念相遇，会产生更

---

[1] 参见"常青与郑州市金融工作办公室等信息公开上诉案"，(2017) 豫 01 行终 1193 号行政判决书；"武汉市江岸区审计局与刘某信息公开上诉案"，(2016) 鄂 01 行终 49 号行政判决书；"中晨能源仓储有限公司与中华人民共和国交通运输部信息公开案"，(2018) 京行终 2874 号行政判决书。

[2] 后向东："我国政府信息公开制度与实践中十大重要观点辨析"，载《中国法律评论》2018 年第 1 期。

大的不确定性，这也极易导致行政机关武断恣意地行使行政权力。因此，行政机关对商业秘密的审查义务较其他类[1]信息公开申请而言只能更加严格，而不能流于形式。

行政机关对所申请信息是否涉及商业秘密必须进行实质审查，主要基于以下三点理由。

第一，是法条解释的应然之意。《政府信息公开条例》第32条规定，依申请公开的政府信息公开会损害第三方合法权益的，应当书面征求第三方意见。此条款规定的是第三方意见征询程序，该程序启动前提为"待公开信息会损害第三方合法权益"，很明显，对前提成立与否的判断过程是一个价值判断过程，公开信息的利益与第三方利益同时得以被行政机关考量。行政机关若要更好地把握"公开信息的利益"，其必然要对公开信息的内容进行实质判断。那么此处需要公开的信息是什么呢？就是《政府信息公开条例》第15条规定的"涉及商业秘密、个人隐私等公开会对第三方合法权益造成损害的政府信息"。

第二，行政机关对所申请信息是否涉及商业秘密拥有"首次判断权"。行政首次判断权是指法院在审理行政案件时，对于行政机关职权范围内未予判断处理的事项，法院不得代其作出决定。[2]例如在余穗珠诉海南省三亚市国土环境资源局案中，法院认为行政机关对一项企业信息是否涉及商业秘密拥有首次判断权。依据权责统一原则，行政机关的"首次判断权"既是一项权力，也是其法定职责，其不履行该职责行为，构成行政不作为。另外，只有行政机关进行"首次"判断之后，法院在审理此类案件过程中，才能对信息是否涉及"商业秘密"进行"二次"判断，否则法院只能责令行政机关重新作出答复决定，此时，申请人可能会对行政机关重新处理决定不服再次诉至法院，造成司法资源的浪费。

第三，行政机关以涉及商业秘密为由的不予公开决定实质上是对公民知情权的侵害，公权力对私人利益的侵害必须有法律依据且详细说明理由。[3]

---

[1] 此处所述"其他类"不包括涉及"个人隐私"的政府信息公开申请。
[2] 黄先雄："行政首次判断权理论及其适用"，载《行政法学研究》2017年第5期。
[3] 《最高人民法院关于审理政府信息公开行政案件若干问题的规定》第5条第1款规定，被告拒绝向原告提供政府信息的，应当对拒绝的根据以及履行法定告知和说明理由义务的情况举证。

《政府信息公开条例》第 5 条规定政府信息公开"应当坚持以公开为常态、不公开为例外",对于"例外"的适用应当审慎并严格限制。因此,行政机关在适用商业秘密的豁免公开条款时,应当对所申请公开的信息进行实质审查,对其确属涉及商业秘密的信息承担举证责任。[1]

三、行政机关应当如何对商业秘密进行判断

如前所述,行政机关应当成为商业秘密的判断主体,那么接下来的问题在于行政机关应当如何进行判断呢?《政府信息公开条例》是 2008 年 5 月 1 日才正式施行的,然商业秘密的概念却远远早于《政府信息公开条例》生效时间。为了明确《政府信息公开条例》中商业秘密与其他法律中商业秘密的关系,我们首先应当明确其他法律对商业秘密规定的演变,其后再将《政府信息公开条例》中的商业秘密置于政府信息的范畴中,探究二者的区别以及能否使用同一判断标准。

(一)相关法律对商业秘密的界定

商业秘密最早见于 1991 年《民事诉讼法》,[2] 1992 年最高人民法院发布的《关于适用〈中华人民共和国民事诉讼法〉若干问题的意见》(已失效)第 154 条将商业秘密界定为"主要是指技术秘密、商业情报及信息等,如生产工艺、配方、贸易联系、购销渠道等当事人不愿公开的工商业秘密"。最高人民法院行政庭副庭长李广宇曾评价该定义:"操作性较强,但在揭示商业秘密的本质特征方面稍显不足。"[3] 最新的民事诉讼法司法解释完全认可了该项定义,只不过表述时文字顺序发生了变化。[4]《民法总则》将"商业秘密"规定为知识产权的客体,使其成为民事主体享有的,应当受到保护的权利内

---

[1] 在"武汉市江岸区审计局与刘某信息公开上诉案""北京市海淀区人民政府与北京北方国讯通讯有限责任公司政府信息公开纠纷上诉案"中,法院均认为,行政机关对涉及商业秘密的信息具有进行审查的法定职权,并对此负有举证责任。
[2] 1991 年《民事诉讼法》第 66 条规定,证据应当在法庭上出示,并由当事人互相质证。对涉及国家秘密、商业秘密和个人隐私的证据应当保密,需要在法庭出示的,不得在公开开庭时出示。第 120 条第 2 款规定,离婚案件,涉及商业秘密的案件,当事人申请不公开审理的,可以不公开审理。
[3] 李广宇:"反信息公开行政诉讼问题研究",载《法律适用》2007 年第 8 期。
[4]《最高人民法院关于适用〈中华人民共和国民事诉讼法〉的解释》第 220 条规定,民事诉讼法第 68 条、第 134 条、第 156 条规定的商业秘密,是指生产工艺、配方、贸易联系、购销渠道等当事人不愿意公开的技术秘密、商业情报及信息。

容之一。2019年新修订的《反不正当竞争法》第9条第4款将"商业秘密"定义为:"不为公众所知悉、具有商业价值并经权利人采取相应保密措施的技术信息、经营信息等商业信息。"将2017年《反不正当竞争法》"商业秘密"定义中的"技术信息和经营信息",修改为"技术信息、经营信息等商业信息"。新法中的表述与1993年《反不正当竞争法》制定之初的表述相比较而言变化较大,但其核心内容仍未发生变化。[1]2007年《最高人民法院关于审理不正当竞争民事案件应用法律若干问题的解释》第9~13条对如何在民事案件中认定商业秘密问题作出了明确规定。有学者将商业秘密的特征总结为:①秘密性;②效益性;③采取了适当措施予以保护。[2]

《反不正当竞争法》对于商业秘密的定义被行政机关,甚至法院所接受并广泛使用。[3]然而,以《反不正当竞争法》为主的民商事领域商业秘密保护法律体系的立法目的是促进市场经济的健康发展,保护经营者和消费者的合法权益,严厉打击侵犯、披露权利人商业秘密的行为,从其修法的思路来看,其对商业秘密的保护要求越来越明确。而仔细分析政府信息中涉及的商业秘密内容,似乎后者在内容上不仅包括被《反不正当竞争法》明确定义的商业秘密,还包括其他具有保密需求的商业信息。

(二) 涉及商业秘密的政府信息界定

信息公开制度中商业秘密的特殊之处在于其是依托于政府信息而存在的,"涉及商业秘密的政府信息"本质上是一项政府信息,而其他法律中所称的商业秘密往往是企业信息的一部分。"涉及商业秘密的政府信息"形成过程即为

---

[1] 1993年《反不正当竞争法》将"商业秘密"定义为:"不为公众所知悉,能为权利人带来经济利益、具有实用性并经权利人采取保密措施的技术信息和经营信息。"新法将"能为权利人带来经济利益、具有实用性"修改为"具有商业价值",实质含义没有改变。参见孔祥俊:"论新修订《反不正当竞争法》的时代精神",载《东方法学》2018年第1期。

[2] 王敬波、李帅:"我国政府信息公开的问题、对策与前瞻",载《行政法学研究》2017年第2期。

[3] 法院对信息公开案件中的"商业秘密"进行二次审查时,往往直接使用《反不正当竞争法》的相关定义,极少考虑到行政案件的特殊性,对商业秘密的含义进行阐述。例如,"常青与郑州市金融工作办公室等信息公开上诉案",(2017)豫01行终1193号行政判决书;"武汉市江岸区审计局与刘某信息公开上诉案",(2016)鄂01行终49号行政判决书;"张仁德不服中华人民共和国国土资源部政府信息公开告知案",(2014)高行终字第1204号行政判决书等案例中,法院均使用了《反不正当竞争法》对商业秘密的定义。

企业信息转化为政府信息的过程。为了更好地界定涉及商业秘密的政府信息，我们必须明确政府信息与企业信息的相应内涵。

《政府信息公开条例》第2条将政府信息定义为行政机关在履行行政管理职能过程中制作或者获取的，以一定形式记录、保存的信息。首先，政府信息应当是行政机关在履行职能时制作或者获取的，其获取方式，即信息是由权利人自愿提供的还是由行政机关运用强制权力获得的在所不问，获取信息的手段不改变信息本身的性质。其次，行政机关履行的职能必须是行政管理职能，例如公安机关制作的涉及刑事司法范围的信息不在《政府信息公开条例》规定的政府信息之列。此推断是根据《政府信息公开条例》第1条规定的"提高政府工作的透明度，建设法治政府"的立法目的所作出的。[1]再次，制作或者获取信息是行政机关履行行政管理职能的产物，行政机关单纯临时保管的信息也不属于本机关的政府信息。[2]最后，政府信息应当具有准确与完整的特征。依据《政府信息公开条例》第6条的要求，"行政机关应当及时、准确地公开政府信息"，因此行政机关应当尽到审慎注意义务，以确保其掌握、公布信息的准确性。

通过上述对政府信息的分析，我们可以得出以下结论：并非所有由行政机关掌握的信息都属于政府信息的范畴，《政府信息公开条例》所规定的政府信息只是其中的一部分，可供公开的政府信息必须满足上述特征；涉及商业秘密的政府信息是行政机关在履行行政管理职能过程中掌握的企业信息的一部分。依据《企业信息公示暂行条例》第2条的规定，企业信息是指在工商行政管理部门登记的企业从事生产经营活动过程中形成的信息，以及政府部门在履行职责过程中产生的能够反映企业状况的信息。行政机关获取涉及商业秘密的企业信息主要有两种途径：一是基于常规的行政管理活动；二是在对个别企业作出具体行政行为的过程中获取相应信息。行政机关掌握的属于政府信息的企业信息范围远远小于企业自身所拥有的，进而政府信息中涉及企业商业秘密的信息，相较于企业自身所持有的，其数量和重要程度大大降

---

[1] 余凌云："政府信息公开的若干问题——基于315起案件的分析"，载《中外法学》2014年第4期。
[2] 在"王某与上海市某区住房保障和房屋管理局政府信息公开申请答复行政行为纠纷案"中，(2012) 沪一中行终字第112号，法院认为，下属房管办依规定代为保管材料的行为不属于法律意义上的获取，该材料不属于房管办的政府信息。

低。此处可以对此类信息进行简单分类：一是涉及企业核心利益的《反不正当竞争法》意义上的商业秘密；二是其他确有保密需要的商业信息。

（三）商业秘密的判断不宜直接套用其他法律的规定

从笔者梳理的案例来看，当法院对"商业秘密"进行判断时，其往往直接适用《反不正当竞争法》的有关判断标准。但显然两种制度中的商业秘密内容并不完全一致，本文认为行政机关在作出相应判断时，不能简单套用《反不正当竞争法》的定义，主要基于以下两点理由。

第一，二者的持有主体不同。信息公开中涉及商业秘密的政府信息持有主体为行政机关等法定机关；而《反不正当竞争法》等法律中商业秘密的持有者为经营者等商事主体。故行政机关获取的企业信息中能够被定性为商业秘密的范围远远小于《反不正当竞争法》规定的商业秘密的范围；再者信息公开中商业秘密还包括部分未达到《反不正当竞争法》的保护标准但基于其他考虑仍有保密需求的秘密。如果要严格适用《反不正当竞争法》的定义，则此部分信息可能无法得到应有的保护。另外，绝大多数行政机关持有的企业信息都是其为了公共目的制作或者获取的。因此，只要不属于核心的受法律保护的商业秘密，都可以纳入公共信息的范畴；而公共信息遵循的是"以公开为前提，不公开为例外"的原则。[1]持有主体的不同决定了其各自掌握的商业秘密在范围、数量、重要性等方面存在显著差异，故不宜采用同一认定标准。

第二，两部法律的立法目的不同。《反不正当竞争法》注重鼓励和保护公平竞争，保障私主体的合法权益；信息公开制度致力于保障公民知情权，打造透明政府；二者虽然均包含对商业秘密的保护意味，但显然其保护程度是不同的。前者的保护是相对的，后者的保护是绝对的。不同的保护态度决定了二者内容范围上必然会存在差异。实际上，政府信息本身可能并不会对申请人权益产生实际影响，其应当被公开是为了满足公民基于纳税人身份想要获取此类信息的意愿。在此基础上，《政府信息公开条例》的首要立法目的应当为最大程度地保障公民知情权的实现，在此基础上要考虑平衡申请人、第三人、公共利益之间的关系。因此，行政机关在对涉及商业秘密的信息进行

---

[1] 刘平："政府信息公开原则探析"，载《中国法律评论》2016年第4期。

解释时，不宜单单考虑《反不正当竞争法》中的规定。《美国侵权法重述》对于商业秘密采纳了相较于《美国信息自由法》而言更为广义的定义，且侵权法意义上的"商业秘密"的含义已经成为成百上千份司法判决的主题，但是哥伦比亚特区巡回法院特别拒绝了《美国侵权法重述》的广泛定义，而更倾向于采纳为了实现《信息自由法》的目的而采取的更加严格的定义。[1]这也是因为"《情报自由法》规定政府和公众的关系，《情报自由法》中规定的公众的了解权是《侵权法》中所没有考虑到的问题"。[2]在当前我国公民知情权保障有待进一步加强的基本国情下，信息公开工作的重点应当放在保护公民知情权、调动公民参与社会事务的积极性上，而非变相以"商业秘密"为"挡箭牌"，拒绝公民的公开申请，妨害其知情权、监督权等的实现。

四、构建商业秘密判断独立标准的设想

行政机关既应成为商业秘密的判断主体，又不能在判断过程中直接套用其他法律的规定，那么其必然应当形成一套商业秘密的独立判断标准。然而，很遗憾，在查阅资料的过程中，笔者并未见到对信息公开制度中商业秘密标准进行全面系统论述的文章，对此有所涉及的文章也仅有只言片语的描述。本文认为，在构建该标准时，我们不妨在实践基础上充分借鉴信息公开制度发达的国家及地区的有益做法。

《美国信息自由法》豁免条款四是对商业秘密[3]的规定，其范围包括"商业秘密以及私人向政府提供的并享有特权保护或者保密的商业或金融信息"。"大多数法院将该项条款解释为包含相互不同，但又有重叠的两类信息：①商业秘密；②从私人处获得的并享受特权保护或者保密的商业或者金融信息。"[4]行政机关在公开此类信息时，先判断其是否属于商业秘密，属于，

---

[1] [美]理查德·J. 皮尔斯：《行政法》（第1卷），苏苗罕译，中国人民大学出版社2018年版，第285页。

[2] 王名扬：《美国行政法》（下），北京大学出版社2016年版，第736页。

[3] 笔者认为，此处的商业秘密不同于前文讨论的商业秘密，此处可等同于"美国信息公开中可以豁免公开的企业信息"。

[4] *Sharyland Water Supply Corp. v. Block*, 755 F. 2d 397（5th Cir.）cert. dened, 471 U.S. 1137 (1985); *Getman v. NLRB*, 450 F. 2d 670 (D. C. Cir. 1971). 转引自[美]理查德·J. 皮尔斯：《行政法》（第1卷），苏苗罕译，中国人民大学出版社2018年版，第282页。

则豁免公开；不属于，则进一步判断其是否为符合豁免条件的商业或者金融信息。从定义方式来看，第①项的"商业秘密"的内容似乎与《美国商业秘密法》或《美国侵权法重述》中商业秘密的内涵一致；第②项的内容为除第一项之外的其他满足豁免公开条件的商业或金融信息。

若我们借鉴《美国信息自由法》的定义方式对商业秘密进行定义，则能形成如下定义：①商业秘密[1]——适用《反不正当竞争法》的规定判断；②行政机关在行政管理过程中制作，或者获取的享受特权保护或者保密的商业信息或金融信息。按照上述定义，对一项信息是否涉及商业秘密的第一步判断是结合《反不正当竞争法》的规定，若负有信息公开义务的行政机关对此类信息缺乏专业判断能力，则可以请求工商部门具有专业判断知识人员的协助。此类信息，一经判定为商业秘密，除非权利人同意或者有损公益，否则不予公开。

如果第一步判断结果不属于第（1）项所规定的商业秘密，那么需要进行第二步判断，看此类信息是否享受"特权保护或者保密"。美国信息公开中满足这一规定必须具备两项条件：（1）提交信息的人不会，也还没有向公众公开过这类信息；（2）信息的公开会（a）引起竞争性的损害或者（b）造成对政府计划的阻碍。[2]我们在判断"特权保护或者保密"时，也可以借鉴美国法中的这两项条件，但是从字面上来看，在适用这两项条件时，行政机关有较大的裁量权。前文中我们已经明确，涉及商业秘密的政府信息的数量和重要程度远远小于企业自身所持有的，其中，能涉及企业核心利益的秘密在涉及商业秘密的政府信息中所占比例较小，大部分信息为不完全具有商业秘密特征的"准商业秘密"或者与商业秘密相关的商业信息，[3]后者也能够给权利人带来经济利益或者竞争优势。因此，大量的涉及商业秘密的政府信息判断，往往要进入第二步判断的过程。须得注意，在此类判断中，应当严格限制行政机关的自由裁量权，避免第二步判断再次沦为行政机关豁免公开的

---

[1] 此处的商业秘密仅指《反不正当竞争法》第9条界定的商业秘密，不同于信息公开语境下的商业秘密。

[2] [美]理查德·J. 皮尔斯：《行政法》（第1卷），苏苗罕译，中国人民大学出版社2018年版，第283页。

[3] 戚红梅："我国政府信息豁免公开制度研究"，苏州大学宪法学与行政法学专业2013年博士学位论文，第106页。

"避风港"。

从上述分析来看,实践中行政机关对于涉及商业秘密的政府信息不加区别地豁免公开,实际上是对政府信息中"商业秘密"的误读。针对此类信息中不同性质的商业秘密,行政机关应当进行履行的判断步骤是不同的。第一步判断标准相对而言较为明确,本文认为在进行第二步判断时,要严格限定"特权保护或者保密"的范围,充分结合《政府信息公开条例》的立法目的,参照相关法律的规定,在具体个案中进行利益衡量,必要时还要考虑申请人的身份[1],最终得出大部分信息都"可以被公开"的结论。尽管该判断标准在运行中可能会出现信息申请人不当利用所申请到的企业信息,损害第三方权益的情形,但是错误或者不当地拒绝信息公开并不是解决问题的根本措施,美国法上的应对方案是"更多地主动公开"。[2]这或许可以给行政机关衡量申请人知情权与保护第三人权益的难题提供不一样的解题之路。

结 语

从《政府信息公开条例》的立法要求和立法目的来看,行政机关应当成为涉及商业秘密的信息公开案件中"商业秘密"的判断主体,实践中其判断主体地位"虚置",过分依赖第三方意见不予公开的根源在于缺乏对商业秘密的判断标准。该标准的缺失一方面是因为《政府信息公开条例》没有作出明确规定,另一方面是因为现有的《反不正当竞争法》对商业秘密的界定并不能直接为行政机关所引用,二者所规定的商业秘密内涵并不一致。本文认为涉及商业秘密的政府信息中所指的"商业秘密",可以分为两类:一是《反不正当竞争法》中严格界定的商业秘密;二是享受"特权保护或者保密"的商业信息。行政机关在判断过程中,应当依据"两步走"的判断方法,先判断

---

[1] 在"罗文与中华人民共和国商务部信息公开行政纠纷上诉案"中,北京市第二中级人民法院认为,被告商务部在处理罗文所提政府信息公开的申请时,未考虑原告作为商业被特许人的地位,亦未考虑原告罗文可能已经掌握了相关商业秘密的事实,没有区分申请人的特殊身份进行个案衡量,以原告罗文申请的政府信息属于商业秘密为由拒绝向原告罗文公开,亦未作区分处理,属于认定事实不清,主要证据不足,适用法律错误,应予撤销。北京市高级人民法院维持了一审判决。参见(2017)京02行初121号行政判决书;(2017)京行终字5065号行判决书。

[2] 高秦伟:"美国政府信息公开申请的商业利用及其应对",载《环球法律评论》2018年第4期。

其是否属于上述第一类信息,若得到肯定结论,则判断终结;否则,应当进行第二步判断,认定其是否属于第二类信息。在进行第二步判断时,行政机关应当充分结合《政府信息公开条例》的立法目的考量相关因素,严格限定不予公开的范围。

实观重大行政决策中的公众参与

——以S市L口岸及其东部过境通道为例[1]

蔡 瑶[*]

【摘 要】本文通过社会调查的方法及相关的实证材料,对我国S市一项重大行政决策事项中公众参与制度的实际状况进行研究。由于信息封闭与秘密决策,该决策项目中,公众参与程序自始便启动无能。重大行政决策的公众参与程序具备"全程性"的特征,该决策项目中公众参与程序的后置必然带来对行政决策合法性的疑问。程序的虚置使得公众参与的利益协调功能未能得到充分发挥,真正实现化解矛盾、稳定风险作用的是非制度化的举措。

【关键词】公众参与 实效 行政决策 信息公开

一、引 言

早在2004年国务院颁布的《全面推进依法行政实施纲要》中,建立健全公众参与行政决策被认为是提升法治政府建设的重要举措,行政决策的公众参与也被认为是保障"人民知情权、参与权、表达权、监督权"的重要途径。公众参与行政过程在近年来备受重视。除了行政决定、行政立法领域越发强

---

[1] 本文的前期社会调查材料是与南开大学周恩来政府学院社会学系的蔡树腾一同完成,后期论文写作为本文作者独立完成。

[*] 蔡瑶,中国政法大学2018级宪法学与行政法学专业硕士。

调通过听证会、听取公众意见等程序促进行政过程的民主性、正当性，行政决策领域同样如此。国务院法制办发布的《重大行政决策程序暂行条例（征求意见稿）》（以下简称《暂行条例》）中专章规定了公众参与的条件、方式和具体程序，[1]各地在重大行政决策的程序规范中也无不例外地涉及了公众参与的规定。[2]

从制度设计看，重大行政决策的公众参与重要性不言自明。学界对于公众参与的理论探讨十分丰富，也存在颇多经典之作。[3]公众参与重大行政决策的实际状况如何？是否契合制度设计初衷？是否能够最大程度上发挥公众参与程序的应有功能？本文欲通过一起发生在我国 S 市的重大行政决策对该问题进行探究。

S 市的 L 口岸及其东部过境通道项目是 S 市政府于 2004 年与香港特别行政区政府签署的《关于加强 S 港合作的备忘录》中所明确提出的重要建设项目，是为缓解两地过境交通压力而设，是实现 S 市与香港特区"东进东出、西进西出"规划目标的 3 条过境疏港通道之一，是完善跨界交通的重要基础设施。L 口岸及其东部过境通道的建设可实现日通行旅客量 3 万人，通行车辆 1.7 万辆。[4]与 L 口岸及其东部过境通道项目相关的前期规划研究早在 2008 年 9 月就由 S 市规划局与香港特别行政区规划署合作完成。在该前期规划研究书中，两地规划部门研究并论证了 L 口岸及其东部过境通道建设的必要性和可行性，初步估算了项目的用地规模，并提出了基本的设计方案。[5]

---

[1] "《重大行政决策程序暂行条例（征求意见稿）》公开征求意见"，载中华人民共和国中央人民政府网，http://www.gov.cn/xinwen/2017-06/11/content_5201333.htm，最后访问时间：2019 年 4 月 13 日。

[2] 如《湖南省行政程序规定》（湖南省人民政府令第 222 号）、《上海市重大行政决策暂行规定》（上海市人民政府令第 47 号）、《云南省重大行政决策程序规定》（云南省人民政府令第 200 号）、《青岛市重大行政决策听证办法》（青岛市人民政府令第 259 号）、《南通市人民政府重大行政决策程序规定》（南通市人民政府令第 3 号）等。

[3] 蔡定剑主编：《公众参与：风险社会的制度建设》，法律出版社 2009 年版；王锡锌：《公众参与和行政过程——一个理念和制度分析的框架》，中国民主法制出版社 2007 年版；林华：《公众参与法律问题的行政法研究》，中国政法大学出版社 2016 年版。

[4] 李晓玲："S 市：掀起大湾区建设热潮"，载经济参考网，http://www.jjckb.cn/2019-03/01/c_137859590.htm，最后访问时间：2019 年 4 月 13 日。

[5] S 市规划局、香港特别行政区政府规划署："《S 市港兴建 L 口岸前期规划研究》研究成果"（地名经删改），载香港特别行政区政府规划署网站，https://www.pland.gov.hk/pland_en/p_study/comp_s/LTHYW/pdf/Joint_Study_sc.pdf，最后访问时间：2019 年 4 月 15 日。

L口岸及其东部过境通道项目是贯彻国家关于深化S市与香港合作、促进粤港澳地区合作发展的重大行政决策事项，被S市政府视为重要的"民生工程"。这一为促进两地公众福祉的重大行政决策项目却在S市引发了持续多年的政府—公众拉锯战。本文通过分析S市该项目中公众参与的现实状况，研究该重大行政决策项目中公众参与的启动无能与程序后置，探究公众参与重大行政决策程序在实践过程中的实效与缺陷。

二、信息公开促进公众的参与

（一）事件：封闭的信息、秘密的决策与不知情的公众

正如本文引言部分所介绍的，针对L口岸及其东部过境通道项目的引入早在2004年就通过两地政府的备忘录予以确定，项目的前期规划研究也于2008年完成，其中便有项目的选址与初步的方案设计。若将2008年的项目前期规划研究视为该重大行政决策的启动，在S市的该事件中，从项目的启动到公众知晓该项目之间整整有5年之久。

公众关于L口岸及其东部过境通道的建设信息是"偶然"得知：

> "在规划下来的时候，业主都没有发现，直到业主在小区里看到有人在勘察。"
>
> （C小区业主黄先生）

在发现项目建设单位人员在C小区内进行勘察之前，L口岸及其东部过境通道项目选址地附近的居民并不知晓该项目的规划与选址信息，直接受到口岸项目建设影响的邻近小区的业主也并未得到任何官方的通知或被邀请参与任何与项目相关的程序。

在偶然得知项目建设信息之后，2013年，针对L口岸及其东部过境通道的抵制与抗议爆发。L口岸及其东部过境通道规划用地附近的C小区业主开始在面对公路的一侧悬挂出抗议标语，标语内容主要针对该项目中口岸连接线匝道的高架桥路段建设，诸如"L口岸高架横穿，噪音扰民荼毒家园"等。C小区业主同时还组织了相关的游行活动。

东部过境通道口岸连接线的匝道的建设模式是高架桥，主要供货柜车通行，与东部过境通道的主体路段对接。根据《S市L口岸工程项目环境影响

报告书（简本）》（国环评证甲字第 2801 号，以下简称《环境影响报告书》），在 L 口岸北面和西北面的 Y 小区和 C 小区与东部过境通道口岸连接线匝道中心线之间的距离分别仅为 26 米与 32 米，该《环境影响报告书》也清楚列明了两小区主要受到的环境影响来源于噪声和大气。[1]距离东部过境通道高架桥最近的 Y 小区为老旧小区，其搬迁改造在项目动工之前已经展开，因此对 L 口岸及东部过境通道的抗议主要来自 C 小区，该小区共有居民约 850 人，与 L 口岸之间间隔了 S 市东部的一条重要公路，但与东部过境通道仅为几米之隔。[2]在发现项目勘察人员之前，C 小区的业主并未发现 L 口岸项目的建设是需要通过"修桥做路"的形式完成，在进行项目建设方案的决策时，距离高架桥最近的 C 小区全体居民无一知晓：

"工程建设审批和建设流程不合法、不合规！……未进行有效的环境影响评估……更没有征求周边居民意见！……口岸高架建设新的环评报告在哪里？？为什么没有公示就开始施工？？"

（《致：S 市市委、市政府、市人大、罗湖区及相关部门领导》）

在 C 小区致 S 市市委、市政府等部门及相关领导的请愿书中，小区业主对于信息封闭与秘密决策的问题提出了严正的抗议并要求就该问题进行责任追究：

1. 2007~2013 年，项目立项至开工，没有向居民沟通、公示、听证。要求政府追究责任，立即整改。

2. 2006 年环评报告，用于 2013 年的工程项目。追究违规行为，并立即补办。2006 年环评报告中没有此标段环评，交代没有环评的标段以什么依据批准规划设计施工。2006 年环评以什么依据批准 2013 年项目。

（《致：S 市市委、市政府、市人大、罗湖区及相关部门领导》）

公众参与是一种"制度化的民主制度"，其所强调的是开放的、有诚意的

---

[1] 参见《S 市 L 口岸工程项目环境影响报告书（简本）》（国环评证甲字第 2801 号），第 2 页。笔者通过网页搜寻和申请政府信息公开途径，尝试寻找该环境影响报告书的全本，无果。

[2] 根据该小区居民赵某的表述，小区距离东部过境通道的高架桥最近的地方不足 5 米。笔者也到高架桥建设工地附近进行观察，高架桥一侧距离 C 小区东北面的住宅楼确实仅有几米之隔。

政府认真听取并吸纳公众的意见,该程序关注的核心环节是政府和公众之间的互动。[1]互动的前提是双向的信息交流,公众在参与程序启动之前得以知晓与参与相关的信息,明确自身的利益主张,行政机关通过开放的程序接纳公众的意见与诉求,并反映于最终的决策之中。这样一个动态的过程之启动仰赖于对政府信息的公开。"知情权是公众参与权的前提。"[2]在该事件中,对涉及切身利益的重大行政决策事项一无所知的公众从一开始就被阻隔在决策程序之外。在严重的信息不对称之下,公众不可能知晓政府在做什么,更遑论参与政府在做的事情。信息的封闭与决策的秘密性使得该事件中公众参与重大行政决策的程序无法启动。

(二) 应然:知情与参与之关系厘清

行政决策公众参与制度的推进仰赖于两个政策着力点,一方面是行政决策程序本身的制度建设,另一方面则是政府信息公开和行政决策公开制度。[3]公众的知情权是公众参与权的前提,政府信息公开制度是保障公众有效参与行政决策过程的基础性制度。

1. 宪法根源的相通性

从根源上,知情权与参与权在宪法依据上有着相通性。《中华人民共和国宪法》(以下简称《宪法》)并未为知情权提供明确的宪法条文依据,而学界一般对于知情权是追溯至《宪法》关于国家权力归属和人民参与国家管理的规定,关于人民对国家机关及其工作人员的批评和建议权、监督权等的规定。[4]参与权的宪法基础相比之下较为明晰,主要源于《宪法》第2条的规定,还可见于《宪法》第27条、第34条、第35条与第41条的规定。[5]知情权与参与权的本质均是为了实现人民当家作主的权利保障,但二者在程度和方式上存在一定的差异。知情权是一种了解权,强调的是"公众知晓政府

---

[1] 蔡定剑主编:《公众参与:风险社会的制度建设》,法律出版社2009年版,第3页以下。

[2] 王锡锌:《公众参与和行政过程——一个理念和制度分析的框架》,中国民主法制出版社2007年版,第115页。

[3] 刘小康:"论行政决策公众参与度及其影响因素——基于中国经验的分析",载《北京行政学院学报》2017年第4期。

[4] 参见《中华人民共和国宪法》第2条、第27条、第41条。

[5] 李大勇:"信息公开与公众参与关系之透视",载《中共福建省委党校学报》2011年第10期。

在做什么",而参与权更为积极,强调的是"公众参与政府在做的事情"。从"公众知晓政府在做什么"到"公众参与政府正在做的事情"所反映的是在民主程度上的提升,从此意义上讲,前者应当被视为后者的基础。"民主制度必须建立在公开的基础之上,而公开性又必须有具体的信息公开法律制度来加以保障和实施,这已经成为一种普遍的理念。"〔1〕

2. "输出"与"输入"的维度

对于政府信息公开与公众参与之间关系的解读还存在着"输出"和"输入"维度。〔2〕公众参与行政活动在某种意义上可以理解为一种双向的"信息流",行政机关与公众之间有效的信息交流机制依赖于两个维度的内容:一方面,通过政府信息公开制度,行政机关将政府信息向社会"输出";另一方面,公众参与制度完成了向行政机关"输入"社会信息的过程。

3. 行政决策的应有之义

从公众参与行政决策的现实困境来看,不难理解将政府信息公开作为前者的基础性制度的原因。一方面,传统的行政决策是一种"政府决策",主体是政府。〔3〕行政机关对行政决策的垄断很大程度上来源于其掌握的信息,这种行政机关与公众之间的信息不对称阻碍了公众参与行政决策,使其只能沦为"政府决策"的客体。另一方面,同样突出的是,从我国行政权运行的历史特点看,其具备着封闭性的特征,强调行政信息的秘密性与特殊性,特别是对可能造成社会不稳定风险的负面信息。如《中华人民共和国政府信息公开条例》(以下简称《政府信息公开条例》)在修改后仍然保留着关于"三安全一稳定"的规定正是体现了上述的特点,该条文规定:"行政机关公开政府信息,不得危及国家安全、公共安全、经济安全和社会稳定"。历史地看,基于社会稳定的考量被作为秘密决策的重要理由,此为谬误。事实上秘密决策本身也可能成为社会不稳定风险的来源,正如本文所探讨的事件中所展现的。

行政信息的秘密性是行政权运行封闭性的重要屏障,要实现公众参与行政决策,就必须打破行政信息所具有的神秘性倾向。政府信息公开制度正是冲破

---

〔1〕 朱芒:《功能视角中的行政法》,北京大学出版社2004年版,第134页。

〔2〕 王锡锌:《公众参与和行政过程——一个理念和制度分析的框架》,中国民主法制出版社2007年版,第118~120页。

〔3〕 刘小康:"论行政决策公众参与度及其影响因素——基于中国经验的分析",载《北京行政学院学报》2017年第4期。

行政权封闭壁垒的重要武器。

(三) 重大行政决策中的信息公开：政府信息公开制度的 2.0+ 版本

行政决策并非行政法学界内生的法律概念，而是其他学科的"舶来品"。对于行政决策概念的较为权威的界定是从其"过程"性质入手，下文第三部分将深入分析该性质对公众参与实效的影响，此处不赘述。基于行政决策的此种过程性特征，与重大行政决策相关的信息公开不应当是"瞬间拍照式"的，信息公开对公众参与的促进作用不应当是也并非是一次性的、静态的，而是在重大行政决策的不同阶段，为不同的利益主体即时调整利益诉求提供重要的知情保障和信息基础。

重大行政决策的过程内含着众多利益主体及其多元利益诉求的表达、交涉、竞争和妥协，利益主体的利益诉求并非固定不变，而是基于其获取的信息，在决策的不同阶段进行即时性的调整。在 S 市的此项重大行政决策中，行政机关在"决策前"阶段和"决策中"阶段采取的信息封闭策略阻碍了公众参与的启动与实现。我们仍能从决策出台后不同主体之间针对救济措施的互动一窥信息在行政决策"决策后"阶段的动态性和及时性特征。

该事件中，在 C 小区业主得知 S 市政府的决策内容后，其诉求较为明确，即要求改变高架桥的方案，采取下沉设计，开挖地下隧道。[1] 对于业主的该项诉求，S 市规划和国土资源委的答复称："本区域罗沙路地下部分将作为未来沿一线和轨道 8 号线的弹性预留控制空间"，同时"L 口岸腹地狭窄，背面临山"，因此不符合采取地下形式的条件。对于 C 小区居民担忧的噪声和废弃污染问题，S 市规划和国土资源委提出应当通过"优化道路线形、铺设降噪路面、设置隔音屏等环保措施"使得项目建设满足国家相关的环保标准。[2] 在 S 市规划和国土资源委否决公众提出的修改建设方案的诉求后，C 小区的业主继而改变其主张，提出扩大高架桥与小区的距离，同时加装防噪音防污染设备的要求。S 市采纳了该项意见，同意增加高架桥与小区之间的距离。由于将高架桥自西向东推移相应又导致东面 X 小区的搬迁问题，在新的建设方案公布之后，引发了 X 小区业主的抗议，在该事件中又引入了新的利益主体

---

[1] 整理自该区域市人大代表刘某某的书面访谈记录。
[2] 张亦萌："高架桥将全封闭减少噪音"，载新浪新闻中心网，http://news.sina.com.cn/o/2014-01-06/071029166601.shtml，最后访问时间：2019 年 4 月 13 日。

及其利益主张。

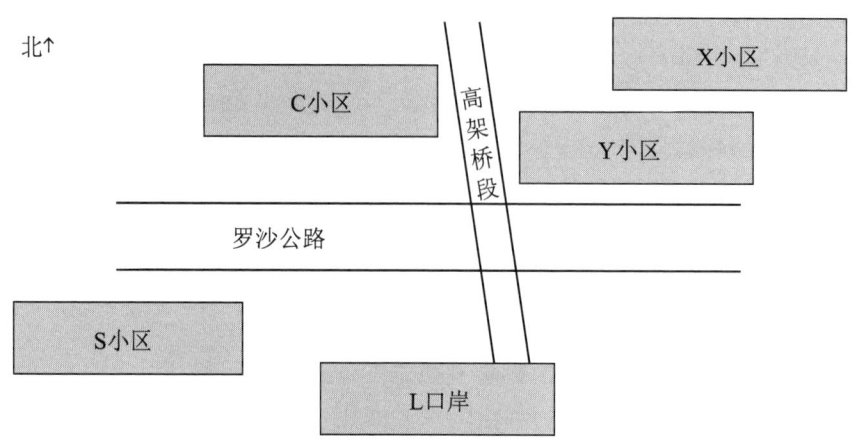

图1 高架桥段邻近小区位置示意图（自制）

公众参与重大行政决策是一个"多次博弈"的过程，[1]利益方案的提出和调整都仰赖于信息。如果在该项目"决策前"和"决策中"实现了信息的及时和动态开放，可能受到行政决策直接影响的主体，将得以根据公开的规划选址信息、环境影响评估信息等来明确自身的利益诉求，决策机关也将得以针对公众的利益诉求进行回应，而后公众将得以根据行政机关后续公布的信息进一步调整自身的利益诉求……信息的动态、及时开放促进了公众参与的动态性和即时性，公众和政府之间将得以形成双向的交流机制，直至行政决策中的相关主体（随着信息的不断公开，可能会牵涉越来越多的利益主体）就决策达成利益的权衡与协调。遗憾的是，在 S 市 L 口岸及其东部过境通道项目的决作出前，由于行政机关的秘密决策作风，此种积极的、双向的交流机制及其所带来的动态的利益妥协过程无法在决策出台前得以实现，取而代之的是行政机关的单方决策和公众的事后抵制。

公众参与重大行政决策的有效性与其掌握的信息密切相关，要提升公众参与的广度和深度，离不开政府信息的充分、及时、动态和连续公开。可见，重大行政决策的信息公布与行政决定的信息公开存在重要的差异，即单纯公

---

[1] 王锡锌：《公众参与和行政过程——一个理念和制度分析的框架》，中国民主法制出版社2007年版，第114页。

布决策结果并不足以实现有效的信息交流和利益协商。从一定程度上讲，与重大行政决策相关的信息公开应当是现行政府信息公开制度的2.0+版本，是从"单向"走向"双向"，从"公布"走向"交流"。

三、公众参与程序后置的连环问题

（一）决策的合法性疑问

1. 行政决策的合法性来源探究

古典法治理论之下的行政权是消极的，是斯图尔特教授所概括的"传送带模式"。在这种模式之下，行政权的运行被认为是不具备自身目标的，[1]"政治是意志的表达，行政是意志的执行"。[2]但古德诺教授的经典二分似乎不再适用：一方面，随着20世纪以来行政国家的发展，行政权从"执行权"变成了"管理权"，积极行政的涌现突破了"传送带"角色的限制，其中就包括决策权从立法机关向行政机关的转移，"在具体的行政事务中，官吏们俨然成为政策的决定者"。[3]另一方面，相比于英美国家，我国的行政机关从来都不是简单的立法意志的执行者，行政权对社会生活的主导体现着强烈的"行政中心主义"特点，行政权积极主动，并不是斯图尔特教授所描述的"传送带"的角色。重大行政决策正是行政权力积极实现社会管理的重要体现。从某种意义上讲，重大行政决策的推行是行政机关在社会利益配置方面，实现"做大蛋糕"和"分好蛋糕"双重目标的机制。

显然，古典行政法治的合法性框架与行政决策之间存在着紧张关系。传统行政法治下，着眼于禁止授予立法权原理，立法机关必须通过颁布具体的规则和标准指引行政权力的运行，但由于立法机关对日益扩大的行政事务的认知局限性，要求其颁布具体、明确的指令是无法实现的，由此传统行政法治的形式合法性实际上无法为行政决策活动提供合法性框架。[4]另一种合法

---

[1] 王锡锌:《公众参与和行政过程——一个理念和制度分析的框架》，中国民主法制出版社2007年版，第26页。

[2] [美]弗兰克·古德诺:《政治与行政——政府之研究》，丰俊功译，北京大学出版社2012年版，第15页。

[3] 季卫东:《法律程序的意义》，中国民主法制出版社2012年版，第56页。

[4] [美]理查德·斯图尔特:《美国行政法的重构》，沈岿译，商务印书馆2016年版，第10页以下。

性来源的替代方案是专家理性模式,但此种替代方案也存在固然的缺陷,一方面,专家理性模式之所以能够为行政活动提供合法性来源的理想运作过程是:行政专家理性通过理性化使得涉及事实问题和技术问题的行政活动正当化,这是通过工具理性来实现的行政活动合法化。这种理想运作过程的前提是事实问题、技术问题与价值问题的明晰分化,只要着眼于我国的现实,即可发现,此种二分并非清晰可得。另一方面,专家理性模式的另一前提假设是"理性的专家",但我国的科层制并非韦伯笔下的理想科层制,且根据经济人假设,行政专家也存在为了私利而对行政决策产生不理性、不利的影响。[1]

无论是"传送带模式"失灵之后的西方国家抑或是我国,行政决策都面临同样的问题,即非民选的行政机关所作出的,涉及多元且广泛的利益主体即利益诉求的行政决策,如何获得合法性支持的问题。

"既然行政功能已经由执行变为管理,行政活动也日益政治化,那么我们可以考虑采纳将行政过程视为一种政治过程。"[2]无论是斯图尔特教授的"利益代表模式"还是王锡锌教授的"公众参与模式",二者虽然存在一定的差异,但均表明了为行政活动寻求新的合法性框架的努力,即通过参与获取行政活动的合法性。在这种意义上,行政决策的合法性是通过借助"政治过程"的合法性来实现的,即模拟政治的利益权衡和协调过程来解释行政活动的合法性。

2. 行政决策的"过程"性质与公众参与的全程性要求

2017年国务院法制办发布的《暂行条例》共44条,涉及重大行政决策程序的范围、动议、公众参与、专家论证、风险评估、合法性审查、集体讨论决定、执行和法律责任。对于何为"行政决策"并进行明确的法律上的界定,仅在第3条规定了重大行政决策的事项范围,该条文采取了列举方式,通过梳理可知,在事项范围上,重大行政决策包括行政规划、公共政策和措施、公共建设项目和其他事项。行政决策作为从其他学科引进的概念,并非法律概念或法学概念,行政决策如何与传统行政行为的体系耦合也对行政法

---

[1] 湛中乐、高俊杰:"作为'过程'的行政决策及其正当性逻辑",载《苏州大学学报(哲学社会科学版)》2013年第5期。
[2] 王锡锌:"当代行政的'民主赤字'及其克服",载《法商研究》2009年第1期。

学界提出了挑战。

从多数学者对行政决策的概念界定可以看出，与传统行政行为不同，行政决策的特征在于其"过程"性质。有学者认为，行政决策是行政机关就特定行政管理事项所作出的确定目标——制定方案——选择方案——调整方案的行为，[1]该概念界定显然是一种过程论的立场。也有学者认为行政决策是行政机关"依据既定政策和法律，对面临要解决的问题，拟定并选择活动方案的行为过程"，[2]此种概念界定同样落脚于对"过程"性质的关注之上。在肯定行政决策作为舶来品的存在，对其的内涵与特殊性质探讨应当建立在对其原初概念的探讨之上，即将行政决策还原至政治学科中的"公共决策"。可以发现，决策的本质并非是对特定事项的决定，其"本质是一种过程"，不同于传统的行政行为，其"是由若干彼此独立但又相互联系的具体行政行为和抽象行政行为相耦合的过程"。[3]显然，行政决策并不能完全等同于传统的抽象行政行为或具体行政行为，反之，行政决策可能会兼具以上两种行政行为的特征。[4]基于行政决策的特殊性质，其作为一个"'过程'概念"的性质是明确的。[5]

以本文所涉及的S市该项重大行政决策为例，作为一个重大基础设施工程，涉及环节众多，包括而不限于选址规划、环境评估、征地拆迁、补偿发放等，若在探讨行政决策时仅仅将目光局限于其中的"项目方案选定"这一环节，则是忽视了行政决策各个环节之间的紧密关联性，是一种对行政决策的人为割裂。

虽然S市后来发布的《S市人民政府重大行政决策程序规定》（S府〔2016〕35号，以下简称《S市程序规定》）并不适用于本文所探讨的行政决策，但从该规定可以窥见公众参与行政决策的应有状态。该规定第4条明确S市政

---

〔1〕 皮纯协：《行政程序法比较研究》，中国人民公安大学出版社2000年版，第269~270页。

〔2〕 刘莘：《法治政府与行政决策、行政立法》，北京大学出版社2006年版，第77页。

〔3〕 湛中乐、高俊杰："作为'过程'的行政决策及其正当性逻辑"，载《苏州大学学报（哲学社会科学版）》2013年第5期。

〔4〕 黄学贤、桂萍："重大行政决策之范围界定"，载《山东科技大学学报（社会科学版）》2013年第5期。

〔5〕 刘小康："政府信息公开的审视：基于行政决策公众参与的视角"，载《中国行政管理》2015年第8期。

府在进行重大行政决策应当"坚持科学、民主、合法的原则",且将公众参与作为五大程序之一。在关于不同环节的规定中,《S市程序规定》在调研起草重大行政决策草案、审议草案、重大行政决策后评估等环节中都将公开、公众参与作为程序要求。公众对行政决策的参与并不局限于在审议确定项目方案时提出书面或口头意见、参加民意调查、参与听证会等。公众参与行政决策实际上是对传统"政府决策"模式的改变,是公众与政府对行政决策权的分享,即使最终决策权仍保留在行政机关手中,公众要对行政决策施加有效的影响,则必然需要且应当允许公众参与到行政决策的全过程,在项目前期调研、规划与论证时就应当吸取公众的意见,保障行政机关——公众之间的双向信息交流在行政决策全过程的顺畅实现。

3. 事件:公众参与的有限性与行政决策的合法性缺陷

基于上文对行政决策过程性质的分析,笔者此处将本文所涉S市L口岸及其东部过境通道决策项目大致划分为不同的阶段:"决策前"阶段、"决策中"阶段以及"决策后"阶段。在S市的事件中,方案确定前,行政机关进行了一系列的非公开的活动,如前期规划、项目选址、项目的环境影响评估等。在方案确定阶段公开的信息更是少之又少,除了公众参与的缺失,在公开渠道也找寻不到相关的专家论证会信息。真正出现公众身影的是方案确定后的阶段,公众偶然探知到项目的建设方案后所进行的一系列的抗议活动,才使得行政机关从其秘密壁垒中走出,开始与公众就项目进行实质性的对话。

公众在最初获得高架桥建设信息之后所提出的诉求是彻底推翻原先设计方案,而行政机关基于技术性、专业性的考量明确拒绝了该诉求,业主进而根据补充之后的信息调整自身的利益诉求,而调整后的利益主张又牵涉新的利益主体。该事件中,在项目决策完成之后所涉及的不同利益主体之间的协商与妥协能够为行政机关基于该利益权衡过程所采取的后续的矛盾化解措施提供合法性,而由于信息的封闭与屏蔽,导致公众参与的缺失。公众参与本应当贯穿重大行政决策的始终,却被迫后置,公众参与的范围也随之缩小,从应然层面上所应当参与的项目内容、方案设计被限缩至实然层面参与的补救措施,进而使得前期的项目决策失去了合法性的解释框架。

公众参与制度的运作模式,是借助民众的社会知识、对自身利益的认知与表达对行政决策所涉的价值问题进行判断。这些可能看起来非理性的、杂

糅过多情感的言语表达是行政决策不可或缺的"知识"的组成部分:

> "C 社区是我们的家园和乐园,我们世代人都在为一套房子努力还贷,就是为了自己这一套心仪的房子。但是现在将会因为政府的一个方案,一个缓解交通压力的方案,就要让 C 社区居民付出一辈子为代价,请问这是以人为本吗?"
>
> (《致:S 市委、市政府、市人大、罗湖区及相关部门领导》)
>
> "我们小区业主花费数百万元购房改善居住环境,在支持'国门工程'建设的同时,也请政府领导从民生健康、环境污染治理角度考虑,如果放任建设单位按半封闭屏障方式建设,不但损害口岸形象,长时间遭受无端污染折磨的上万居民生活将受到极大影响……"
>
> (《S 小区:关于强烈要求东部过境高速公路 L 口岸疏港匝道桥加装全封闭隔音屏障的请愿信》)[1]

不同于技术专家针对事实和技术问题的专业知识,公众基于"对价值问题的关怀""对人生困境的感受和反应"有助于破除行政决策中行政机关和技术专家基于知识垄断,继而破除建立于"知识—权力"范式之上的决策权力垄断。民众的非专业化、个性化、情感化的言语表达背后是多元的社会利益,而对不同利益的认知与权衡正是行政决策成为"政治过程"并进而获得合法性的基础。

(二) 非制度化方式

S 市 L 口岸及其东部过境通道项目中,项目的初始阶段所奉行的信息封闭和秘密决策做法导致公众参与程序无法启动,公众参与的程序被后置至矛盾爆发后的救济阶段,在"决策后"阶段,行政机关采取了一定的制度化的程序化解纠纷,对于高架开工建设之后的补救方案、X 小区的拆迁补偿标准等后续问题的处理,行政机关开始诸如座谈会、书面征求公众意见的方式接纳公众的参与。然而,召开相关业主的座谈会并没有解决问题,反而引发了新一波的抗议潮,一方面是 C 小区业主对政府拒绝改变高架设计方案的不满,

---

[1] S 小区也是 L 口岸及其东部过境通道项目所影响的邻近小区,相比 C 小区,其与东部过境通道距离较远,主要受到噪音污染。

另一方面是 X 小区业主对座谈会上新提出的 X 小区拆迁问题的抗议。最终起到化解僵局、缓和矛盾的工具是极具本土特色的非制度化的"做工作"的方式。

根据该区域人大代表对此次事件前后过程的书面回忆，在政府与公众之间出现沟通僵局时，非制度化的方式在一定情况下实际上具有强大的纠纷化解效力：

"街道办事处在区政府的统一部署下，又马上组织由党工委领导挂帅的工作小组，兵分十路，手持水果篮，每组负责 1-3 户业主，挨家挨户做深入细致思想工作……区政府马上出台了应急方案：①把搬迁业主按平方数以 1:1 的比例安置在莲塘已建好的保障性用房。②第一个签约的奖励现金两万元。③搬迁过程中每月每平方米付租金 50 元……分头到每家每户，说明建设口岸的重大战略意义，动之以情，晓之以理，做好耐心的政治思想工作……既要听取民意，又有灵活措施和解决方案，贴近民情民意，体现共产党干部是人民勤务员的崇高品德，用温暖之心感染了人民群众，感动了业主。"

（人大代表刘先生）

"现在施工也快完成了，口岸工程快搞好了，年底这个口岸就要开通了。居民虽然受影响了，但是不搞不行……关键还是要理解政府的工作。"

（C 小区杨先生）

前期参与程序的缺失使得后置的程序无法发挥其应有的整合社会利益诉求、协调利益冲突矛盾的功能，制度化程序缺失所遗留下的隐患最终得以通过非制度化的方式解决，正如本欲抑制社会稳定风险的秘密决策模式最终造成了影响恶劣的社会不稳定因素。S 市的该事件自始便充满着悖论。

四、小 结

S 市 L 口岸及其东部过境通道目前已基本建设完成，在该口岸即将通关之际，对于该决策项目的考察，可以看到的是与日臻完善的制度构建同步的，是公众参与行政决策令人不甚满意的实效。

一方面，在决策前期实施的信息屏蔽从源头阻碍了公众参与重大行政决策的启动。秘密决策本身同样引发公众的不满。缺失信息的公开，公众参与实为虚置的程序，静卧于法条之中，无法启动。另一方面，该事件中行政机关所关注的公众参与实际上发生在决策之后的损失补救、纠纷化解阶段，不完整的公众参与必然导致行政决策合法性的疑问。重大行政决策本身牵涉的利益主体众多，决策过程中所可能产生的矛盾、纠纷也不在少数。公众参与的制度设计是为了促进决策的民主化，为行政决策提供合法性基础；同时也是为了通过利益协调、均衡的过程实现不同利益主体之间的妥协，进而缓和社会矛盾。由于S市事件中，程序的虚置导致制度化解决纠纷的努力作用有限，该事件中真正起到事后稳定作用的是非制度化的方式。

法律程序的重要性不言而喻，其是"实现有节度的自由、有组织的民主、有保障的人权、有制约的权威、有进取的保守的社会状态"的重要基石。[1] 然而程序的价值必须建立在程序有效运行的基础之上，虚置的程序只是华而不实的装裱物。

---

[1] 季卫东："法律程序的意义——对中国法制建设的另一种思考"，载《中国社会科学》1993年第1期。

行政复议申请人资格之探讨

——基于"冯书军案"的分析

郑子秋[*]

【摘　要】 本文以最高人民法院发布的典型案例"冯书军案"为例,其以行政诉讼原告资格理论取代行政复议申请人资格的论断有待检视。实体规范难以作出具体规定、司法实践判断较为混乱、法理上讨论的偏好使得二者界限更为不明确。对该问题的分析需要找到制度设计的原点。回顾行政复议的学术史,对于行政复议的性质和功能定位争议不断,其背后的理由和标准各不相同。在厘清行政复议与行政诉讼的非同质性后,行政复议的功能定位更倾向于内部监督,而行政诉讼倾向于解决纠纷和权利救济。因而在行政复议申请人资格判断上应当宽于行政诉讼原告资格,法院只有在复议机关不当剥夺申请人资格时,才可以对复议机关关于申请人资格的认定进行司法审查,故"冯书军案"的判决理由有待进一步考量。

【关键词】 行政复议　申请人资格　功能定位

---

[*] 郑子秋,中国政法大学2018级宪法学与行政法学专业硕士。

一、问题的提出

(一) 基本案情及裁判要点[1]

1995年6月3日,河北省景县商业局食品加工厂为了解决职工的住房问题,申请征收涉案土地。1995年10月,原景县土地管理局将该土地征收,并出让给景县商业局食品加工厂,并在办理土地登记过程中将土地使用者变为冯玉章(冯书军之父)。1995年11月,河北省景县人民政府(以下简称景县政府)为冯玉章颁发了国有土地使用证。冯玉章办证后一直未建房。2003年3月1日,第三人张天安以3000元的价格将该地卖给赵文彬,双方签订转让协议。2004年赵文彬在该地上建房并居住至今,但一直未办理土地使用证。2009年6月,冯玉章将赵文彬诉至景县人民法院,赵文彬得知冯玉章已办证,遂提起行政复议。复议机关以程序违法为由撤销景县政府为冯玉章颁发的国有土地使用证,并注销其土地登记。冯玉章不服该复议决定,诉至法院。

河北省冀州市人民法院一审认为,第三人赵文彬在本案争议土地上建房,并居住多年,赵文彬与景县政府为冯玉章发放土地使用证的行政行为存在利害关系,因而被告受理赵文彬提起的行政复议申请并无不当。被告认定景县土地管理局未依法办理土地权属变更,直接为冯玉章办理土地登记程序违法,并认定依据该土地登记办理的土地使用证程序违法,事实清楚,判决维持被诉行政行为。冯玉章不服,提起上诉。

河北省衡水市中级人民法院二审认为,虽然赵文彬在涉案土地上建有房屋,但是景县政府的颁证行为在先,赵文彬的利益在后,以后来的利益否定在先的行政行为,不符合客观实际情况,也没有法律依据。二审法院判决撤销一审判决和被诉的行政复议决定。本案经再审,判决撤销二审判决,维持一审判决。

本案后经最高人民法院裁定提审。最高人民法院认为,本案的焦点问题是,赵文彬对于1995年11月景县政府颁发国有土地使用证的行政行为是否具有申请行政复议的资格。赵文彬对涉案土地的占有源于张天安2003年的转

---

[1] 最高人民法院行政审判十大典型案例(第一批):冯某诉河北省衡水市政府撤销国有土地使用证案。

让行为，而颁证行为则发生在此次转让之前的 1995 年。因此，赵文彬要获得申请复议的资格只有通过转让承继的方式，而转让承继的前提则是颁证行为作出时张天安具有申请复议的资格。1995 年 10 月，原景县土地管理局将该土地征收后，该土地的性质已经转变为国有。张天安未对土地征收行为提起行政复议或者行政诉讼。此后，原景县土地管理局在办理土地登记过程中将土地使用者变为冯玉章，景县政府也为冯玉章颁发了国有土地使用证。该颁证行为是在该土地通过征收转为国有土地的基础上作出的。即在颁证行为作出之前，即使不考虑张天安在 1990 年就已经将涉案土地使用权有价转让给冯玉章一节，其亦因该土地被征收而不享有土地使用权，故其与该颁证行为之间并无法律意义上的利害关系，不足以获得申请复议的资格。据此，赵文彬不具备申请行政复议的权利基础。于是判决撤销再审判决，维持二审判决。

(二) 法院裁判思路之整理

本案中，针对赵文彬是否具有申请复议的资格问题，多级法院的意见出现了实质分歧。一审法院肯定赵文彬与本案存在利害关系，因而具有申请复议的资格。二审法院持否定态度，原因在于赵文彬的利益在后，不能以后来利益否定在先的行政行为。再审法院再一次肯定了赵文彬具有资格。而最高人民法院认为复议的申请人资格只有通过转让承继方式才可取得，因而否认了赵文彬的复议申请人资格。最高人民法院的裁判要点在于一是针对行政复议申请人资格，将"权利承继论"引入作为权利基础，二是从法安定性角度维持稳定的行政法律关系需要的角度辅助论述。

(三) 法院裁判思路之反思

然而检视该裁判要旨，笔者认为对于复议申请人资格的焦点问题需要厘清以下内容：一是法院审查已经作出撤销原行政行为的行政复议决定之申请人资格是否具有必要性。二是如果承认这个前提问题，法院基于何种要素判断复议申请人资格具备与否，其中"权利承继论"是否适用于本案件，法安定性维持行政法律秩序稳定方面限度如何；如果否认这个前提问题，是否有别的审查思路，以及法院对于其他情形的复议申请人资格审查应限定在何种框架内。三是检视法院与行政机关认定不同的原因在于，目前关于当事人"资格"，复议和诉讼两项制度的认定不一，而问题的根基在于对于行政复议制度的功能定位尚存争议。

同时笔者发现，对于王西合、王书华诉山东省政府与张金水行政复议案[1]，其判决理由却完全不同。该案的裁定书中提到，"行政复议的申请人和行政诉讼的起诉人，只要能提供初步的证据证明其存在合法权益被侵犯的可能性，则应当认可其申请复议和提起诉讼的资格；不能以事后查明的不具备合法权益或者其合法权益未被侵犯事实，来否认其申请复议和提起诉讼的资格。在行政复议申请人是否具备合法权益，是否存在合法权益被侵犯的可能性，与原行政行为是否存在利害关系，应当按照有利于人民群众通过行政救济或者司法救济渠道维护权益的角度来理解和把握"。最高人民法院的态度引发思考，即是否应当天然地将行政诉讼原告资格标准直接适用于行政复议案件，并且在未进入实体审查的情况下直接撤销复议机关作出的复议决定呢？此类问题在司法实践中并非偶然存在，[2]需要进一步对行政复议申请人资格进行研判，笔者将在下文中进行论述。

二、行政复议申请人资格的审查与认定现状

《行政复议法》第9条规定，公民、法人或者其他组织认为具体行政行为侵犯其合法权益的，可以自知道该具体行政行为之日起60日内提出行政复议申请。由此可知，"认为具体行政行为侵犯其合法权益即可申请复议"规定了申请人角度的主观标准。同时，《行政复议法实施条例》第28条第2项规定，申请人与具体行政行为有利害关系时才可受理。利害关系属判断复议申请人资格的抽象客观标准，只有将主客观标准相结合，才能正确判定复议申请人资格。[3]换言之，只有与具体行政行为具有利害关系的，认为该具体行政行为侵犯其合法权益，且在法定期限内申请行政复议，才能成为行政复议中的申请人。因此，把握复议申请人资格的关键就转化为利害关系之判断。

（一）实体法之规范分析

在我国现行的行政复议相关立法中，无论是《行政复议法》还是《行

---

[1] 最高人民法院（2016）最高法行申1759号行政裁定书。
[2] 关于此类争议的案例还有最高人民法院（2015）行监字第650号行政裁定书；最高人民法院（2017）最高法行申6720号行政裁定书；陕西省高级人民法院（2014）陕行终字第00025号行政判决书等。
[3] 孟鸿志、王欢："我国行政复议制度的功能定位与重构——基于法律文本的分析"，载《法学论坛》2008年第3期。

复议法实施条例》都没能给利害关系的认定设立一个明确的标准。正是由于认定利害关系标准的缺乏,导致复议机关对于认定是否具备利害关系享有极大的自由裁量权,并且对于利害关系的认定较为严格,这从最高人民法院发布的权威案例中得以管窥:"行政机关作出颁证行为时,张天安已经丧失对涉案土地的使用权,与该颁证行为之间已无法律意义上的利害关系,亦无申请行政复议的资格。罗马法谚'后手的权利不得优于前手'也体现了权利继受规则。本案中,作为前手的张天安已经丧失行政复议的资格,作为后手的赵文彬则丧失了权利继受的基础。"[1]"至2012年3~6月,李志宏等五人已经陆续丧失对涉案土地的权利,与征地批准等征收行为不再具有利害关系。自2016年3月25日起,李志宏等五人已不具有对1353号审批单申请行政复议的申请人资格。"[2]

(二) 司法实践之分析

笔者在裁判文书网中以"复议""申请人资格""原告资格"等词为检索对象,发现在复议后起诉案件的适格原告主要存在以下三种情形。①起诉复议机关不作为的情形,主要包括复议机关不受理申请或以不符合受理条件为由驳回申请以及受理后逾期未作复议决定等。②行政复议决定维持原行政行为,申请人不服而起诉的情形。③行政复议机关决定撤销或变更原行政行为,复议申请人或复议第三人不服起诉行政复议决定的情形。在司法实践中,复议机关和法院对于"利害关系"要件的具体把握上的区别体现在,只有在复议机关不当剥夺申请人资格时,法院才可以对复议机关关于申请人资格的认定进行司法审查,即第①种情形,而对于第②种情形以及以本案为代表的第③种情形,法院应当尊重复议机关对于申请人资格的判断。由此进行区分看待有利于行政复议价值的更好实现。

(三) 既有法理之分析

关于行政复议中的"利害关系",学界的研究也较为欠缺,当前"利害关

---

[1] 最高人民法院行政审判十大典型案例(第一批):冯某诉河北省衡水市政府撤销国有土地使用证案。
[2] 最高人民法院(2017)最高法行申6720号行政裁定书。

系"的研究主要集中于行政诉讼领域或者秉承二者判断标准相同的立场。[1]比如王贵松教授以"黄陆军案"[2]入手分析"利害关系",认为利害关系应当是权益受损与具体行政行为之间具备因果关系,并且受损的权益必须是法律上的权益,同时权益受损人维护的必须是自己的权益。在这一判断框架中,首先是要存在值得救济的权益,否则也就没有救济的必要;其次是存在造成权益损害的行政行为,这是引起行政法救济的基础;最后是合法权益受到影响和具体行政行为之间存在明确的内在联系,而所谓内在联系是指损害是由具体行政行为造成的,明确的联系是指具体行政行为必然导致损害。由此才有提供行政法上救济的必要性。王贵松教授结合相关判决详细地论证行政复议中利害关系的判断基准,但遗憾的是最终在论证"行政复议的申请人资格与行政诉讼的原告资格在法定的标准上是相同的"这一方面却草草收场。[3]对于实务界和学界的困惑和踌躇,笔者认为,对于二者资格的问题,不宜单纯以法条规定的文意为限,以免孤立、割裂地"只见树木不见森林",而应坚持从整体进行判断,强调"适用一个法条,就是在运用整部法典"。

(四) 小　结

从法律规范、司法实践以及法理探讨三个层面进行梳理,对于行政复议申请人资格的认识主要依附于行政诉讼原告资格,这是否偏离行政复议制度设计的初衷?同时在我国实践遇到难题的情况下,或许可以从复议制度的比较法视野中予以考量,笔者在下一节中予以探讨。

---

〔1〕 关于行政诉讼中原告资格或利害关系的认定已有不少研究,代表性的研究作品有王天华:"行政实体法的保护与行政诉讼的原告资格——从保护规范理论看我国的原告资格认定问题",载应松年主编:《当代中国行政法的源流——王名扬教授九十华诞贺寿文集》,中国法制出版社2006年版;李晨清:"行政诉讼原告资格的利害关系要件分析",载《行政法学研究》2004年第1期;张旭勇:"'法律上利害关系'新表述——利害关系人原告资格生成模式探析",载《华东政法学院学报》2001年第6期;等等。

〔2〕《最高人民法院公报》2012年第5期。

〔3〕 王贵松:"行政法上利害关系的判断基准——黄陆军等人不服金华市工商局工商登记行政复议案评析",载《交大法学》2016年第3期。

三、对行政复议申请人资格的检视——基于行政复议制度的功能定位分析

"目的是全部法律的创造者,每条法律规则的产生都源于一种目的。"[1]复议申请人资格在很大程度上是由行政复议的目的和功能创设所决定的。以本案为例,法院对于赵文彬的复议申请资格进行审查是基于复议和诉讼制度对于当事人资格的不同规定所导致,正如笔者上文所言,具体表现在制度规范层面、司法实践层面以及法理透视层面。而这三种区别究其本质在于对于行政复议和行政诉讼的功能定位不同。本节想要论述的是基于两种制度的不同功能定位,法院在审查此种类似案件时应当对复议机关已经认可的复议申请人资格持尊重态度,对于实体性问题的审查即可在此之后展开。

(一) 行政复议申请人资格类型的面向差异

决定申请人资格最具有决定意义的,是行政复议法中所确立的行政复议的价值追求,即立法者希望通过行政复议制度达到的目的。申请人资格的确定应当准确地贯彻行政复议的价值取向,将申请人资格作为实现价值的手段。[2]由于立法者在设计和规定行政复议的各项具体制度时都是从预定价值观念出发的,因此如果申请人资格的确定不能反映出构建某一特定行政复议的意图和目的,那么必然地,这种申请人资格的把握就将与其他制度格格不入,最终也将影响到这一行政复议制度价值的实现。根据复议申请人资格标准的不同,可以将行政复议划分为权利被害者复议、利害关系者复议和民众复议三种类型,这与行政诉讼类型划分理论上的权利被害者诉讼、利害关系者诉讼和民众诉讼三大类型基本相对应。[3]

1. 权利被害者复议

权利被害者复议要求公民必须以自己权利遭受不法行政行为侵害为申请复议的资格要件,基本能回应公民自己权利之救济目的,但由于限制了事实上利益受害者的申请复议权,故这种复议救济只是权利受侵害者的专利。这

---

[1] [美] E. 博登海默:《法理学——法律哲学与法律方法》,邓正来译,中国政法大学出版社2004年版,第115页。

[2] 邹荣:"利害关系人申请行政复议的理论根据、申请条件和常见类型",载《政府法制研究》2000年第11期。

[3] 参见蔡志方:《行政救济法新论》,元照出版公司2007年版,第348页。

使得部分行政行为可能因权利享有者未申请复议而无法实施复议监督，故复议监督只能在权利受侵害者申请复议时奏效。相应地，公民因行政行为侵害其事实上的利益而引起的纠纷，也因其无申请人资格而无法提请复议解决，故解决纠纷范围也仅限于权利受侵害的情形。可见，权利被害者复议之权利救济、内部监督和解决纠纷功能都仅惠及权利被害者而不及于事实上的利益受害者，凸显的是权利救济目的和功能面向。

2. 利害关系者复议

在利害关系者复议中，由于事实上的利益受害者也可请求复议救济，因而权利救济功能辐射范围更宽；由于事实上的利益受侵害者有权申请复议，这增加了行政行为被提请复议监督的可能性，因而内部监督范围也更广；相应地，公民因行政行为侵害其事实上的利益而引起的纠纷也可以提请复议解决，故解决纠纷范围也更广。可见，利害关系者复议之三大功能已辐射至利益受侵害者而不仅限于权利被害者。只是由于"利益"本身是个内涵不断发展、外延十分宽泛的概念，法律允许利益受侵害者申请复议的目的指向此时就不再仅仅是救济个人权利或利益，而是监督行政机关依法行政、化解行政争议。故，利害关系者复议更突显内部监督和解决纠纷之目的与功能面向。尽管利害关系者复议允许公民在泛泛地指出对复议申请享有利益时（哪怕只是事实上利益）就给予复议救济，最全面地回应了权利救济之目的，但因要求该利益必须是复议申请人自己的利益，而不能是他人利益或公共利益，故对于那些与个人利益无涉却损害了公共利益的不法行政行为，则会因没有合格申请人提起公益复议而无法对其进行复议监督，故利害关系者行政复议之监督功能仍有限。此外，对于那些关心公益者因行政行为侵害公共利益而产生的不满，也因其非合格的复议申请人，这类行政纠纷也无法被提请行政复议解决，故解决纠纷范围还是有限的。

3. 民众复议

在民众复议中，因公民不仅可以为自己的利益申请复议救济，还可以为公共利益将行政行为提请复议监督，将相关行政纠纷纳入复议渠道解决，故民众复议的权利救济范围、监督行政和解决纠纷之范围最广、功能最强。只是因民众复议更为宽泛地允许民众将不法行政行为提请复议，其目的指向已完全是监督行政和化解纠纷，个人权益之救济只是作为内部监督和解决纠纷之附带效果，即内部监督和解决纠纷目的面向已经完全覆盖了权利救济目的。

综上所述，从权利被害者复议到利害关系者复议再到民众复议，随着复议申请资格标准的放宽，行政复议之权利救济、内部监督和解决纠纷功能依次增强，而行政复议目的面向与功能也随之发生变化。即，权利被害者复议的三大功能限于公民权利受侵害的情形，权利救济目的面向更为凸出；利害关系者复议的三大功能扩展到个人利益受侵害的情形，内部监督和解决纠纷目的面向更为凸出；而民众复议的三大功能扩展到全面保护个人利益和公共利益，内部监督和纠纷解决目的面向完全覆盖了权利救济。

（二）我国行政复议的功能定位

我国行政复议制度的功能定位如何？首先以《行政复议法》和《行政复议法实施条例》为基准点进行文本分析。《行政复议法》第1条规定："为了防止和纠正违法的或者不当的具体行政行为，保护公民、法人和其他组织的合法权益，保障和监督行政机关依法行使职权，根据宪法，制定本法。"《行政复议法实施条例》第1条规定："为了进一步发挥行政复议制度在解决行政争议、建设法治政府、构建社会主义和谐社会中的作用，根据《中华人民共和国行政复议法》（以下简称行政复议法），制定本条例。"从这两条来看，行政复议的功能定位是：其一，保护公民、法人或其他组织的合法权益，即采纳了权利保护说对行政复议的功能定位；其二，监督行政机关依法行使行政职权，又采用了监督控权说对行政复议的功能定位；其三，解决行政争议的功能。因而我国现行行政复议制度对行政复议的功能定位是多元化的。

对于权利救济、内部监督、解决行政纠纷这三种功能之中谁才是行政复议的核心功能，紧密关联的三者在地位上是并重的还是存在先后的呢？学者们尚有诸多不同意见。[1]这是对行政复议多元化功能需要进一步思考的首要问题。从当前现状来看，行政复议多元化功能研究理论上主要呈现出并重说和先后说相互对峙的态势。持并重说的学者认为，权利救济、内部监督、解决行政争议这三种功能之间不存在谁先谁后的问题，在地位上是平等的，"这

---

[1] 参见马怀德：《共和国六十年法学论争实录·行政法卷》，厦门大学出版社2009年版，第245页。

三种功能有着相通的内涵，因此行政复议制度是监督和救济的集合，在制度设计上应当注重不同功能的并重"。[1]其主要理由是：其一，权利救济、内部监督、解决行政争议三个功能都有其各自的优点和不足，应当将这三个功能复合起来，实现优劣互补，形成均衡，从而实现行政复议制度功效的最大化。其二，权利救济、内部监督、解决行政争议三个功能追求的价值目标具有一致性，应当实现行政复议制度多功能的均衡运行。此种观点对于三种功能之间内在联系的本质进行了深度的挖掘，但不能否认的是，其逻辑上存在这样一个瑕疵：三种功能具有相通的内涵、优劣势的互补和价值追求的一致性就必然导致其在地位上的平等吗？显然，答案是否定的。一个制度的主导功能和次要功能之间一样可以内涵相通、实现优劣互补，两者对于制度最高价值目标的追求也必然是一致的。

对于应将哪一功能作为主导功能，理论界又存在三种不同的选择方案：权利救济功能优先、内部监督功能优先和解决行政纠纷功能优先。一是权利救济功能优先。[2]持权利救济功能优先观点的学者们认为，行政复议应当把权利救济作为其主导功能，优先考虑保障行政相对人的合法权利和利益并为其提供法律救济途径。其主要理由是：其一，如果不将权利救济放在首位，公民就不会对行政复议制度产生信任感，在发生行政纠纷时，行政相对人会自动忽略行政复议的救济方式，行政复议的内部层级监督功能根本就不会启动，更不要说解决行政争议了。其二，行政复议制度应当成为行政救济制度的核心，那么保障公民的合法权益、为行政相对人提供法律救济途径就应当成为行政复议制度的核心，权利救济功能就应当被定位为行政复议的首要功能。二是内部监督功能优先。[3]其认为行政复议在类型上属于行政机关的内部监督机制，应当着重发挥上级行政机关对下级行政机关的层级监督功能。其主要理由是：其一，行政复议制度作为上级行政机关对下级行政机关的层级监督和纠错制度是在法律文本中已经明确的，行政机关内部层级监督的优势与行政复议便捷、高效的特点是高度契合的。其二，无论是对行政相对人

---

[1] 柏杨："'权利救济'与'内部监督'的复合——行政复议制度的功能分析"，载《行政法学研究》2007年第1期。

[2] 参见曹康泰主编：《行政复议法实施条例释义》，中国法制出版社2007年版，第10页；甘臧春、柳泽华："行政复议主导功能辨析"，载《行政法学研究》2017年第5期。

[3] 参见杨小君：《我国行政复议制度研究》，法律出版社2002年版，第5~6页。

权利的救济还是行政争议的解决,行政复议整个过程均是在上级行政机关对下级行政机关的层级监督形式下展开并实现的,因此,内部监督功能应该被定位为行政复议制度的核心。三是解决行政纠纷功能优先。[1]该观点认为行政复议的主导功能是解决行政纠纷,持该观点的学者在行政法学界所占的比重相对较大,其主要理由是:实现对行政相对人合法权益的保护是行政复议解决行政纠纷的最终价值目标,上级行政机关对下级行政机关的内部监督则是在行政纠纷解决的过程中实现的。"在解决纠纷的过程中,在相对人的质疑中才能暴露行政机关行使权力的工作漏洞和不足,才能更好地实现行政系统内部的自我监督。行政复议机关可以在完成解决纠纷任务的同时收到层级监督之效。"[2]

笔者认为,学界对于行政复议主导功能的认定产生分歧的原因,主要是由于学者们对于行政复议制度完善的出发点和侧重点看法不同。如果从行政机关的角度出发,内部监督当然是行政复议功能的首要选择;如果更多从行政相对人的立场去考量,权利救济应当作为行政复议的主导功能;而从行政复议申请人、被申请人和行政复议机关三者之间的关系的角度出发,解决纠纷似乎更应当成为核心功能。从这个层面来说,或许三者的争议并不在一个焦点上,触及不到问题的实质,因而都无法逃脱片面性。因此要探讨行政复议的主导功能,必须先检讨已有标准然后确立新标准。接下来笔者旨在通过两种路径分析行政复议的主导功能。

1. 内部规范解释路径

任何法律制度的产生都源自于宪法规范的价值预设,宪法规范的取向决定了行政复议制度的性质。我国《宪法》第 5 条确立了法治原则,法治原则反映到行政复议制度上就是行政机关要依法行政,行政权的行使要符合行政运行规律。《宪法》第 41 条规定了公民的监督权,这一条不仅是行政复议制度设立的宪法依据,而且在宪法法治原则的指引下确立了行政复议制度的功能重点在于监督。仅从文本观察,从《宪法》第 41 条并不能推出行政复议制

---

[1] 参见张正钊主编:《行政法与行政诉讼法》,中国人民大学出版社 2004 年版,第 339 页;梁凤云:"也谈行政复议'司法化'",载《国家检察官学院学报》2013 年第 6 期;贺奇兵:"论行政复议机构设置的模式选择——以行政复议有限司法化为逻辑起点",载《政治与法律》2013 年第 9 期。

[2] 刘莘:"行政复议的定位之争",载《法学论坛》2011 年第 5 期。

度的监督功能,通过法律解释进而寻求制度正当性依据是当下不容回避的趋势,运用这一方法我们可以证成行政复议的监督性质。我国《宪法》第41条规定,公民有"提出申诉、控告、检举的权利",严格按照文义解释和目的解释对"申诉""控告""检举"进行解释,我们可以知道公民享有监督权,"我国人民是国家的主人,一切国家工作人员都是人民的勤务员","因此,人民群众有权关心国家大事,对于任何国家机关和国家工作人员的工作有权进行监督"。具体到行政复议制度上,体现为公民对行政机关及其工作人员的监督,再结合人民主权原理和法治原则进行体系性理解,公民享有的监督权可授予行政机关,即监督权可内化表现为行政机关内部的自我监督,以更好地实现依法行政的法治要求。

实际上,立法者对此也作了明确的立法说明:"行政复议是行政机关内部自我纠正错误的一种监督制度","体现行政复议作为行政机关内部监督的特点,不宜也不必搬用司法机关办案的程序,使行政复议司法化"。[1]

2. 外部与行政诉讼辨析的路径

同样作为"救济"制度,行政复议制度与行政诉讼制度在性质上有根本不同,行政复议程序没有行政诉讼程序那么严格、复杂,它更为简单、方便、快捷和经济,体现出对于效率的更高要求,也体现出它的便民特点和易行特点。相较于司法程序而言,行政复议是一种经济型的纠纷解决方式;其次,对于一些涉及专业性和技术性较强的行政纠纷,行政复议在经验和技术上比行政诉讼更有优势;再者,用行政复议来解决纠纷,利于上级行政机关掌握下级行政机关行使职权的情况,首长负责制体系也便于纠纷的及时解决。综上所述,行政复议具有其经济、效率、专业等优势,在解决行政争议方面,应当首先用这种行政系统内部的救济机制加以解决,诉讼不应成为首选机制,这也符合穷尽行政救济原则。戴维斯教授关于行政过程与司法过程的区分也为我们论述这个问题带来了新视角:行政诉讼作为司法手段以封闭性的纠纷解决功能为主,而行政复议具有积极的社会塑造职能,其功能主要在于发现

---

[1] 杨景宇:"关于《中华人民共和国行政复议法(草案)》的说明——1998年10月27日在第九届全国人民代表大会常务委员会第五次会议上",载中国人大网,http://www.npc.gov.cn/npc/zfjc/xzfyfzfjc/2013-10/11/content_1809238.htm,最后访问时间:2019年6月5日。

事实，从这个意义上来说，二者也要区分对待，否则会丧失行政复议独特优势。[1]

同时，"我国行政诉讼的宗旨定位是以救济公民的权利为主，以监督行政机关依法行政为辅"。[2]行政诉讼无须有促进行政自制的自觉，不以监督行政为首要目的，故缺少强化监督行政和解决纠纷功能的内驱力。这是行政复议和行政诉讼在目的面向和功能定位上的差异所在。这些差异是我们在定位行政复议申请人资格的标准时必须正视的前提。

尽管学界对于行政复议的功能定位存在分歧，但也形成了一定的共识，即将行政复议打造成解决行政争议的主渠道。[3]如何形成行政复议的独立品格就不能仅将行政复议的标准等同于行政诉讼的标准，这也是笔者的根本出发点所在。

（三）行政复议申请人资格判断应当宽于行政诉讼原告资格

在析清行政复议制度的基础上，再来分析行政复议的利害关系标准，应该作出不一样的回答。本案中，最高人民法院在终审判决中认定赵文彬并未获得行政复议的主体资格，理由是：赵文彬的权利只能够通过其转让人张天安而得，故除非张天安对土地征收行为起诉，否则赵文彬不能获得继承张天安的权利，从而不能提起复议。最高人民法院在判决中指出："赵文彬要获得申请复议的资格只有通过转让承继的方式。而转让承继的前提则是颁证行为作出时张天安具有申请复议的资格。"由于张天安不具有申请行政复议的资格，因此赵文彬不具备申请行政复议的权利基础。最高人民法院运用了传统的"当事人原则"，将本案的行政争讼权能限于"行政征收行为"的相对人——所以才主张赵文彬应当直接对征收行为起诉，而其权利源于原使用人张天安。这种见解似乎忽视了"实际利益受侵害者"便可以提起救济的"利害关系第三人"，在实质上否认了赵文彬法律上的利益。

而本案中法安定性的考虑也恰恰为法院尊重复议机关申请人资格审查提

---

[1] See Davis, "An Approach to Problems of Evidence in the Administrative Process", 55 *Harv. L. Rev.*, 364 (1942).

[2] 江必新：《中华人民共和国行政诉讼法理解适用与实务指南》，中国法制出版社2015年版，第123页。

[3] 应松年："对《行政复议法》修改的意见"，载《行政法学研究》2019年第2期。

供了理论依据。法安定性原则主要涉及行政行为的存续力、行政先例的遵守以及严守行政契约等方面。[1]在行政行为的实质存续力方面,复议机关通过改变撤销违法或不当的行政行为并不具有牢不可破的绝对力,因而复议以此进而能够消除复议申请人的误解从而巩固存续力。

四、结 语

行政复议和行政诉讼虽然都是行政争议解决机制,但两者具有本质的不同,前者本质上是一种行政系统内的层级监督,后者是一种司法审查,从司法审查的角度来看,司法权可以对行政权进行监督,但一定是有限度的,但对于复议来说,理论上讲,所有的行政争议均应当纳入行政复议的范围,审查范围和深度都强于行政诉讼,因为行政复议具有行政系统内纠错的功能。因此,从这一角度来说,在行政诉讼中,法院对于行政复议的审查应当区别于普通的行政行为,并给予行政复议机关适度的尊重,特别是有关复议申请人资格等相关内容,行政复议制度不能简单一一照搬行政诉讼制度中的原告资格,而应当结合复议的特殊性形成一套独立的理论和制度体系以实现差异化发展。[2]"应当尽可能将行政机关对相对人产生法律上利害关系的行为都纳入行政复议范围,这是修改《行政复议法》时应当重新思考的问题。"[3]

当然也有学者提出关于"司法最终"的疑虑,认为如此一来能否获得法律救济便取决于当事人的选择。[4]但更理想的情况是行政复议法先允许权利或利益受侵害者申请复议,使得更多单位或个人愿意通过行政复议解决纠纷,更好地发挥其内部监督功能,进而以差异促趋同,推动行政诉讼原告资格的放宽,这条推进行政监督和救济的道路仍然值得继续研究。

---

[1] 参见邵曼璠:"论公法上之法安定性原则",载城仲模主编:《行政法之一般法律原则》(二),三民书局1997年版,第277~287页。

[2] 参见曹鎏:"五国行政复议制度的启示与借鉴",载《行政法学研究》2017年第5期。

[3] 王万华:"《行政复议法》修改的几个重大问题",载《行政法学研究》2011年第4期。

[4] 张利兆主编:《行政复议与行政诉讼的关系——个案中的法理》,中国检察出版社2016年版,第129页。

行政协议识别标准的共识

——从民事与行政双角度切入

周 璇[*]

【摘 要】 统一行政协议的识别标准是学界与实务界一直以来的期望。通过对 2015 年后最高人民法院的裁判案例进行分析可发现,行政庭形成了以职责要素为核心的识别框架,而民事庭则通过内容要素对行政协议进行限缩理解。要想化解分歧、形成共识必须探究分歧背后的原因以及是否存在协商的可能性。虽然双方在认知、学科架构以及价值取向方面存在差异,但是在反对特权方面仍然存在协商的理论基础,这为形成行政协议识别标准的共识提供了一条思路。

【关键词】 行政协议 识别标准 职责要素 价值分歧

一、引 言

行政协议识别标准这一问题在很长一段时间内一直是学界与实务界关注的热点,行政法学者与民法学者、行政庭法官与民事庭法官就这一问题有着不同甚至可以说针锋相对的观点。此种现象是公法与私法在同一问题上相互交错的结果,双方差异化思考方式以及造成双方分歧的原因值得重视。

---

[*] 周璇,中国政法大学 2018 级宪法学与行政法学专业硕士。

2015年《中华人民共和国行政诉讼法》（以下简称《行政诉讼法》）修订，首次在高效力位阶的法律层面提出了"行政协议"概念，并将有关行政协议的纠纷纳入行政诉讼受案范围。2015年发布的《最高人民法院关于适用〈中华人民共和国行政诉讼法〉若干问题的解释》（以下简称《若干问题的解释》）（现已失效）第11条对"行政协议"概念进行定义，并明确规定政府特许经营协议与土地、房屋等征收征用补偿协议属于"有名行政协议"。对于此行政司法解释，民事庭法官并不完全认同，而是仍然坚持按照自己的标准对行政协议进行限缩解释。可见《若干问题的解释》的发布并没有消除行政与民事领域对行政协议认定标准的分歧，双方的争议依然存在。

在以往的研究中，行政法与民法学者大多仅从自身的角度去论证行政协议的识别标准，而对对方的观点和理论基础缺乏关注。行政协议的识别标准既是公法问题又是私法问题，其特殊性决定了两个领域的学者和法官必须对对方的理论和实践有充分、理性的认识，否则永远都是各说各话，无法达成共识，《若干问题的解释》的发布效果就很好地说明了这一点。因此本文拟以最高人民法院行政庭与民事庭已经形成的裁判案例为依据，总结归纳两庭形成的识别标准及框架，并在此基础上对双方观点分歧背后的原因进行分析，探索双方在何种程度上可以进行协商，从而形成共识。

二、最高人民法院行政庭识别行政协议的标准

总体来说，最高人民法院对《若干问题的解释》的落实情况较好：当涉案协议属于第11条规定的有名行政协议时，最高人民法院行政庭一般会直接引用第11条第2款将协议认定为行政协议，而不会对协议的法律属性进行详细的说理；当涉案协议不属于有名行政协议时，最高人民法院行政庭会引用第11条第1款，根据行政协议的定义对涉案协议的属性进行详细分析。因此，司法实践中的实质问题在于如何理解第11条第1款对行政协议的定义，如何根据此条对协议的法律属性进行判断。

《若干问题的解释》第11条第1款规定："行政机关为实现公共利益或者行政管理目标，在法定职责范围内，与公民、法人或者其他组织协商订立的具有行政法上权利义务内容的协议，属于行政诉讼法第12条第1款第11项规定的行政协议。"此条在司法实践中的适用难点有以下两点。

第一,判断要素太多且主次、轻重难分。从此定义来看,行政协议的判断要素可以分为五点,即主体要素、目的要素、职责要素、意思要素与内容要素。[1]判断要素越多意味着证明机制越复杂,该条确定了行政协议判断的五大要素,这对法院在具体案件中的说理、论证能力提出了较高的要求。判断要素越多意味着重点越不突出,在五大判断要素中哪些要素为主要标准,哪些要素为次要标准、辅助标准,各个要素在判断中的思考顺序如何,这些问题难以从条文中直接推断出来,而只能依靠法院在个案中进行具体分析。

第二,不确定法律概念的内涵难以确定。"行政协议"本身属于不确定的法律概念,有学者认为其不是静态的,而是动态的,具有流动性、开放性的特点。[2]为使行政协议在司法实践中易于识别,《若干问题的解释》尝试对其进行定义,但却是用更多的不确定法律概念去定义"行政协议"这个不确定法律概念。"公共利益""行政管理目标""法定职责"这些不确定法律概念本身的识别难度不亚于"行政协议"的识别难度,而法官在认定行政协议之前,首先需要对案件事实是否符合上述不确定法律概念进行判断,因此可看出此款在司法实践中适用难度之大。

以上法律适用的两大难点是司法实践中法官必须面对的问题,因此本文将以两大难点为观察角度,即法官在个案中如何处理五大判断因素以及如何将不确定法律概念具体化,揭示最高人民法院行政庭识别行政协议的标准。

(一) 主体要素与意思要素

1. 主体要素的具体化及识别作用

从最高人民法院行政庭的裁判来看,主体要素不是判断行政协议的充分条件。[3]在法官判断涉案协议是否属于行政协议的过程中,主体要素与其说是识别行政协议的标准,不如说是行政协议的否定性标准,即只有满足主体条件时才会对涉案协议的性质进行下一步判断,如果不满足主体要件则直接否定其为行政协议。具体裁判思路为:当涉案协议的主体一方为"行政机

---

[1] 参见最高人民法院(2017)最高法行申947号行政裁定书中最高人民法院行政庭对该条款所作的解读。

[2] 参见陈天昊:"行政协议的识别与边界",载《中国法学》2019年第1期。

[3] 最高院(2015)行监字第1183号行政裁定书。李国柱与当地司法局签订租赁合同,但最高人民法院行政庭否认其属于行政协议。

关"，一方为"公民、法人或者其他组织"时，法官不会对主体要素作过多阐释，而是继续对涉案协议的其他要素进行分析；当涉案协议的主体都为非行政机关时，法官也不会直接推定其不属于行政协议，而是对涉案协议的主体要素进行专门分析，如果最终的分析结果为不满足主体要件，则直接将涉案协议排除在行政协议之外。

在重庆秦皇建材案[1]中，涉案《协议书》的签订主体为秦皇建材公司和万州土地收储中心，后者在法律性质上属于事业单位而非行政机关，但最高人民法院行政庭仍然将其认定为行政协议。在法官的裁判思路中，当确定涉案协议的当事人没有行政机关时，转向审查协议当事人与行政机关之间有无联系，判断行政机关是否是协议的实际当事人。根据《土地储备管理办法》与《万州区土地收购储备实施办法》的规定，万州土地收储中心与万州区政府之间是行政委托的关系，《协议书》实际是万州区政府委托万州土地收储中心与秦皇建材公司签订，因此涉案协议可视为行政机关与法人所订立，如此便满足行政协议主体要素的条件。如果审查结果为协议当事人与行政机关无直接或间接的联系，法官一般会直接判断其不属于行政协议。在李三宝案[2]中，涉案协议为李三宝与所在的村民委员会签订，在审查之后发现村民委员会与行政机关之间不存在任何联系，法院便直接认定涉案协议不属于行政协议，不再对涉案协议的其他要素进行分析。

2. 意思要素的具体化及识别作用

意思要素表述为"协商订立"，蕴含着两层含义。其一意味着行政协议双方当事人之间不是"命令—服从"的单方强制关系，而是双方意思表示在真实、自愿、平等的基础上达成一致；[3]其二"协商订立"不代表行政协议双方当事人之间是一种完全平等的法律关系，从而将行政协议与民事合同区别开来。意思要素所起作用与目的要素类似，如果涉案协议与意思要件相冲突，则可直接否认其行政协议属性。在董风岐案[4]中，董风岐与清欠办之间存在给付性法律关系，但是董风岐相对于清欠办来说并不是具有独立法律人格的

---

[1]（2016）最高法行申 947 号行政裁定书。
[2]（2017）最高法行申 8723 号行政裁定书。
[3]（2018）最高法行申 408 号、（2016）最高法行申 4391 号行政裁定书等。
[4]（2016）最高法行申 727 号行政裁定书。

行政相对人，其与清欠办之间的法律关系属于"行政机关对其工作人员履行职务行为的奖励行为"，因此即使存在协议也不属于行政协议。

(二) 目的要素与职责要素

1. "公共利益"与"行政管理目标"的具体化方式

从最高人民法院行政庭的裁判来看，"公共利益"与"行政管理目标"的确认不取决于涉案协议条款的文字表述，而是必须有客观的证据支撑。法官裁判思路的核心是将涉案协议的公共利益属性与法律法规和政府政策、规划联系起来，具体思路如下：

首先，"公共利益"与"行政管理目标"都为价值性不确定法律概念，在个案具体化的过程中，政府政策、规划在公共利益与涉案协议之间充当了联系的桥梁。换句话说，当涉案协议的签订为政府政策的要求或政府规划的一环时，对涉案协议签订目的的识别就可以转化为对政府政策、规划的识别，如果公共利益能够具体化到政府政策、规划当中，那么作为其中一环的涉案协议就当然地具备了公共利益的属性。公共利益的识别过程势必涉及行政机关的价值判断，基于司法对行政的尊重，法官通常会默认政府政策、规划的制定是为了公共利益或行政管理目标。接下来，法官会审查涉案协议的签订是否是落实政府政策的需要，如果是，那么就可以推定涉案协议签订的目的是公共利益或行政管理目标。在李权会案[1]中，徐州市政府决定实施丁万河水环境综合治理工程，法官默认政府治理工程符合公共利益的需要，而涉案协议《拆迁补偿协议》的订立又属实施该工程的需要，即推断涉案协议签订的目的是公共利益的需要。

其次，当具体案件中没有政府政策、规划等中间介质时，行政庭法官会从更高效力层级的法律法规着手探求涉案协议的订立目的。在永佳公司案[2]中无法找到相应的政府政策与规划，法官选择从《环境保护法》的规定中寻求涉案协议的公共利益属性。涉案《资产转让协议书》的签订以实现节能减排和环境保护为目标，符合《环境保护法》中对政府职责的规定，政府的法定职责涵摄在行政机关所追求的公共利益或行政管理目标之内，因此行政协

---

[1] (2018) 最高法行申 3123 号行政裁定书。
[2] (2017) 最高法行申 195 号行政裁定书。

议的订立目的也就涵摄在公共利益或行政管理目标之内。

2. 职责要素的内涵

《若干问题的解释》将职责要素规定为"在法定职责范围内",按照文义解释的理解,如果涉案协议的签订超出了行政机关的法定职责,则涉案协议不属于行政协议。显然司法解释本身的规定混淆了行政协议成立与生效要件,错误理解了行政行为的内涵。[1]不过对最高人民法院行政庭的裁判进行分析可发现,司法实践中法官并没有采取文义解释的方式,而是将职责要素理解为"行政机关签订行政协议必须是行使行政职权、履行行政职责的一种方式",[2]这样的理解在学理上更加周全。

目的要素作为识别标准并非绝对完美,它会不当地将某些应当适用私法规则的协议认定为行政协议,因此难免导致行政协议的泛滥。最高人民法院行政庭通过适用职责要素,限缩了目的要素所确立的行政协议范围,从而弥补了目的要素的天然缺陷。具体来说,"法定职责"本身意指行政主体的行为应当符合法律规定的职责,它与目的要素所要求的行政主体的行为应当符合"公共利益或行政管理目标"在一定程度上是重合的,但是目的要素偏向抽象、宏观,而法定职责更加具体、特定。职责要素还有更深层次的要求,即涉案协议与履行法定职责之间必须存在直接或者充分明确、紧密的联系。两者间联系不足时,即使涉案协议按照目的要素能够认定为行政协议,也不能将其视为行政协议。当两者间存在直接或充分明确、紧密的联系时,目的要素与职责要素搭配使用,可以起到强化说理的效果。

至于如何判断是否存在直接或者充分明确、紧密联系的问题,目前根据司法判例可归纳出一种情形:行政机关签订行政协议时行使行政职权、履行行政职责的一种方式。此种情况下,合同本身即构成履行法定职责的手段,比如前述的永佳公司案中,大英县政府为了加快县域经济转型升级、优化产业结构,与永佳企业签订关闭合同,给予其某些补偿,签订协议构成行政机关履行法定职责的具体手段。

---

[1] 参见沈福俊:"司法解释中行政协议定义论析——以改造'法定职责范围内'的表述为中心",载《法学》2017年第10期。

[2] 参见(2017)最高法行申195号行政裁定书。

3. 目的要素、职责要素的识别作用

目的要素与职责要素在个案中的认定路径具有相似性，两者都涉及将不确定法律概念与个案事实结合的过程，相较于"公共利益"和"行政管理目标"的复杂性与抽象性，"法定职责"的具体化过程模糊性与不确定性较低。因此在识别行政协议的过程中，法官往往会将这两种要素结合起来共同判断，以职责要素作为判断的核心，目的要素发挥辅助作用。[1]

(三) 内容要素

1. "行政法上权利义务内容"的确定

"行政法上权利义务内容"的核心在于公权力作用，包括行政机关职权在行政协议中的体现以及相对人公法上的权利与义务。根据最高人民法院行政庭的裁判，法官通常会对涉案协议的条款是否涉及行政法上权利义务进行个案识别，个案识别出的行政法上的权利义务内容包括：行政相对人征得有关行政机关同意的义务、报有关政府部门批准的义务、办理登记的义务，行政主体行政审批的职责、给予政策优惠的职责、履行行政允诺的职责等。[2]值得注意的是，韩甲文案[3]中，法官还将当事人放弃起诉权的义务确认为行政法上的义务。

2. 内容要素的识别作用

内容要素在判断行政协议过程中起到补强的作用。在法官的裁判思路中，无需在所有的案件中都对涉案协议是否符合内容要件进行详细分析，特别是当涉案协议符合其他所有要件时。[4]因为当涉案协议符合其他要件，特别是职责要件时，通常即可确定涉案协议的内容具有行政法上的权利义务，内容要素可视为其他要素具备时可自然推断的结果。因为内容要素是行政协议与民事合同最明显的区别标志，所以在很多案件中法官仍然会对涉案协议的内容进行具体分析以增强说服力。[5]涉案协议的法律属性不是仅依据其中的少

---

[1] 参见（2016）最高法行申 45 号行政裁定书、（2017）最高法行申 7758 号行政裁定书等。

[2] （2017）最高法行再 99 号行政裁定书、（2018）最高法民申 3890 号民事裁定书。

[3] （2016）最高法行申 45 号行政裁定书。

[4] 参见（2017）最高法行申 3564 号、（2018）最高法行申 3123 号、（2018）最高法行申 5441 号、（2018）最高法行申 5342 号等。

[5] 参见（2016）最高法行申 947 号、（2016）最高法行申 45 号、（2016）最高法行申 2513 号、（2017）最高法行申 4124 号、（2017）最高法行申 195 号、（2017）最高法行再 99 号等。

数或者个别条文判定，法官会对协议的主要内容进行判断其实质上是否具备行政法上的权利义务。

(四) 识别框架

综上所述，最高人民法院行政庭法官采取的是综合运用五种要素识别行政协议的做法，五种要素之间的主次关系归纳如下：首先判断涉案协议的主体要素与意思要素，再对筛选过后的涉案协议的目的要素结合职责要素进行综合判断，其中职责要素为判断的本质要素，倘若还不能完全判断或者想要增强说服力，再借助内容要素进行补充判断。裁判思路可如图1所示：

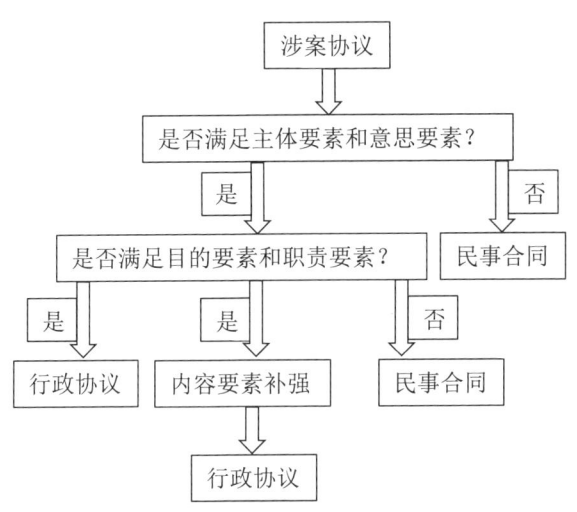

图1 行政庭法官识别行政协议的思路图

三、最高人民法院民事庭识别行政协议的标准

在区分行政协议与民事合同过程中，最高人民法院民事庭大多数也引用《若干问题的解释》第11条的规定，并对行政庭解释的五种判断要素予以认可，两庭法官在判断框架上达成了基本共识，[1]主要分歧体现在以下两个方面：其一，对内容要素的内涵与作用的理解存在较大差异；其二，民事庭法官并不认可第11条第2款对行政协议的部分类型化总结，即他们认为应当对

---

[1] 参见 (2017) 最高法民申1200号、(2017) 最高法民辖终328号。

所有有争议协议的法律属性进行个案分析，即使涉案协议属于有名行政协议。[1]

(一) 内容要素

民事庭法官对内容要素的审查标准十分严苛：有且仅有争议条款的内容属于如何解释也不能包含于民法上权利义务的内容，以至于案件的处理超出了可依据民事法律制度解决的范围时，民事庭法官才会认定涉案协议不属于民事诉讼受案范围。具体来说可以分为以下三个方面：

其一，必须是如何解释也不能包含于民法上的权利义务。其二，必须是案件争议条款本身具有行政法上权利义务内容，涉案争议的其他条款具有行政法上权利义务内容并不能排除其通过民事诉讼途径处理的可能。其三，行政法上权利义务内容的浓度必须达到妨碍依据民事法律制度对案件进行处理的程度，如果具有的行政法上的权利义务内容不能排除民事法律适用的可能，法官仍然将其认定为民事案件。

以下三个案例分别对应民事庭法官审查标准的三个方面。在重庆红星公司案[2]中，一审法官认为玉东新区管委会的合同义务是"补贴财政扶持金、基于政策优惠、协助办理国有土地使用权证、协助办理项目审批报建及工商、税务登记手续等"，进而将其认定为属于行政法上的义务，不属于民事诉讼的受案范围。最高人民法院行政庭同样认可这些义务，但将这些义务解释为包含于民法上的义务，不至于排除民事法律规定的处理。在京环公司案[3]中，涉案协议属于政府特许经营协议，即有名行政协议，但是由于案件争议的条款本身不具有行政法上的权利义务内容，法官仍然可以适用民商事法律规定对争议进行处理。在新奥公司案[4]中，民事庭法官认为本案争议的解决"不能回避商丘市城市区域范围的认定问题，而城市规划区域应由行政机关依法确定"，这说明本案争议涉及的行政法上权利义务的浓度足以导致民事法律规范无法进行实体审理，以至于超出了民事裁判的范畴，必须通过行政诉讼进

---

[1] 参见（2015）民一终字第 244 号民事裁定书、(2015) 民申字第 3013 号民事裁定书等。
[2] (2017) 最高法民终 350 号民事裁定书。与本案类似的还有（2015）民申字第 3591 号民事裁定书、(2016) 最高法民终 638 号民事裁定书。
[3] (2016) 最高法民再 234 号民事判决书。
[4] (2015) 民申字第 256 号民事裁定书。

行审理。

(二) 识别框架

如果说行政庭法官识别框架的核心为职责要素，那么内容要素是民事庭法官识别框架的核心，这是双方最大的差异。民事庭法官的裁判思路可如图 2 所示：

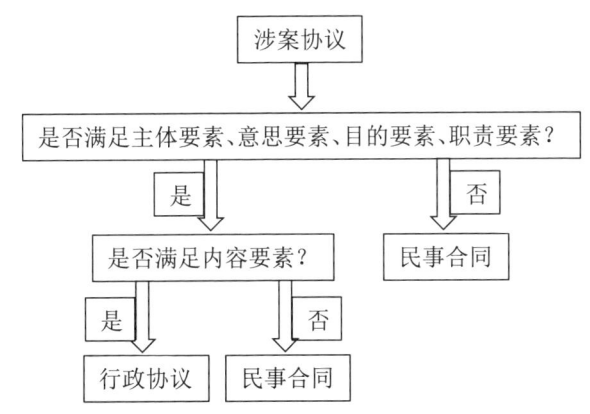

```
涉案协议
    ↓
是否满足主体要素、意思要素、目的要素、职责要素？
    ↓是              ↓否
是否满足内容要素？   民事合同
  ↓是    ↓否
行政协议  民事合同
```

图 2　民事庭法官识别行政协议的思路图

四、造成双方分歧的原因

(一) 原因之一：行政法与民法对协议/合同的理解不同

民法将合同视为本学科的"调整对象"，将行政协议与民事合同的区分定位于两个学科调整对象边界的划分，而行政协议对行政法来说与其说是"调整对象"，不如说是"具有规范价值的概念"，行政协议的定义包含对行政法性质的认知。《合同法》第 2 条规定本法的调整对象是"平等主体的""民事法律关系的协议"，因此行政庭法官主要根据调整对象的两个要素对行政协议进行识别。由于赋予了识别过程以特殊的价值考量，所以行政庭法官更多地以行政协议中的"行政性质"进行识别，例如是否协议主体为行政机关，是否为了公共利益或行政管理目标，是否履行行政职责等。

(二) 原因之二：行政法与民法的学科架构不同

众所周知，德国学者奥托·迈耶以行政行为为核心构筑出一套严谨的德国行政法学结构，这套结构经过修改与调整同样在我国得到了适用。在现代行政法中，行政任务膨胀和行政角色的转变已经成为趋势：侵害行政在现代行政法中的比重已大幅下降，行政任务广泛拓展至生存照顾、给付提供、政策引导、风险规制等诸多方面，并覆盖环境法、建筑法、科技法等诸多领域。[1]行政合同正是在此背景下兴起与发展的，行政庭法官识别标准的形成可归因于传统的以行政行为为中心的学理体系的适用。行政行为将目光聚焦于行政机关而缺乏对行政相对人的关注，所以行政庭法官在识别行政协议时主要关注职责因素，即行政机关是否行使职权、履行行政职责，而较少关注行政机关与行政相对人之间的法律关系。除此之外，奥托·迈耶构建的行政法学总论会导致"国家不渗透理论"，即将内部行政关系排除在行政法体系之外，这也可以解释上引董风岐案中法官为何不认可行政机关工作人员与行政机关之间的行政协议。

民事庭法官所确立的审查标准放在民法的学科架构中也不难理解。民法以法律关系为中心展开，[2]民事法律关系在民法中占据了核心地位，表现为其更关注法律关系主体之间的交往互动，所以在识别行政协议时，民事庭法官将目光聚焦于对涉案协议内容的判断，职责要素并不是其擅长的范围。

(三) 原因之三：行政法与民法追求的价值不同

民法的基本原则贯穿于整个民法制度和规范之中，它是民法的本质和特征的集中体现，是高度抽象的、最一般的民事行为规范和价值判断标准。[3]我国《民法总则》确立了民事权益受法律保护原则，该原则在《民法总则》中处于第3条的位置，是作为民法基本原则之首加以规定的，证明了民事主体的权益保护是整个民法的中心任务。即使现代民法有私法公法化的趋势，并且引进公共利益对私人权益进行限制，但是毫无疑问民法仍然以私人权益保护为价值取向。因此，受价值取向的影响，民事庭法官采取对行政协议的限缩解释，尽量排除公权力因素对私人权益的潜在影响。

而在行政法中，公共利益不是偶然性因素，而是常态性因素，行政行为的最终目的就是实现公共利益。在"保障公共利益"与"保护私人权益"两种都具有充分正当性的价值之间，行政庭法官更加倾向于"保障公共利益"。

---

[1] 赵宏："法律关系取代行政行为的可能与困局"，载《法学家》2015年第3期。
[2] 王利明：《民法总则研究》，中国人民大学出版社2018年版，第96页。
[3] 王利明：《民法总则研究》，中国人民大学出版社2018年版，第88页。

因此，行政庭法官为了使行政行为最终目的得以实现，更加倾向于将涉案协议纳入行政法的监督范围。

五、行政协议识别标准的协商

（一）协商的前提：反对特权

民事庭法官之所以对行政协议怀着谨慎戒备的态度，很大程度上是由于行政优益权的存在，表现在行政协议内容上就是行政主体享有单方变更权与单方解除权。[1]由于该权力仅行政机关一方当事人享有，且行政相对人很难预料权力是否行使以及行使的时机，所以双方当事人的权利义务关系一直处于不稳定状态当中，形式上与民事法律制度中的意思自治原则和依合同履行义务原则相冲突，在民法学者看来，这"大大增强了侵害普通市场主体的民事权益的概率"。[2]正是因为对行政机关行使优益权的不信任，民事庭法官对行政协议采取了限缩的理解。在行政方面，无论是控权论还是平衡论都看到了现代行政权不合理地扩张和滥用的风险，而且都强调对行政权力的控制与约束。行政协议中行政优益权的行使虽然无视行政相对人的意思，但是不代表其行使是恣意的，根据《若干问题的解释》第15条第3款的规定，行政机关只有因公共利益需要或其他法定理由行使优益权时才是合法的。反对行政机关任意使用优益权是民事庭法官与行政庭法官的共同目标，但在具体操作中两者却走向了两个极端，产生了行政协议识别标准的分歧。民事庭法官为了防止行政权力的滥用，对行政协议采取限缩解释，尽可能将涉案协议纳入民事法律制度的处理范围；行政庭法官则为了对行政权力进行实体审查而不断扩张行政协议的范围。

民事庭法官与行政庭法官的观念可以归纳为"反对特权"，这可以追溯到宪法的规定，根据《宪法》第5条第5款规定，任何组织或者个人都不得有超出宪法和法律的特权，任何组织当然包括行政机关在内。在反对特权方面，行政法与民法具有共同的目标，[3]这或许可以为双方进行协商提供理论基础。

---

[1] 参见江必新、邵长茂：《新行政诉讼法修改条文理解与适用》，中国法制出版社2015年版，第287~288页。

[2] 参见崔建远："行政合同族的边界及其确定根据"，载《环球法律评论》2017年第4期。

[3] 参见毕洪海："行政法律关系性质的反思——基于公私法关系区分的考察"，载《北京社会科学》2017年第6期。

（二）可能的妥协之处

通过对最高人民法院行政庭和民事庭以往裁判案例的分析可发现，无论是行政庭所确定的识别标准还是民事庭的识别标准都不是完美的。以职责要素作为识别行政协议的核心要素，虽然在司法实践中更具可实施性，可有效监督行政权力的行使，但是会使得部分不必适用行政法律制度的协议也被认定为行政协议。以内容要素作为核心要素的民事庭标准，虽然在学理上更加贴合行政协议与民事合同的实质边界，但是过度限缩了行政协议的范围，无法对行政行为进行全面监督。

妥协无非有两种选择，要么行政判断标准向民事判断标准妥协，要么相反。如果追求对民事合同与行政协议进行符合学理解释的实质区分，或者希望使案件争议解决尽可能免受公权力的影响，那么民事庭法官确定的标准更加适当；但是如上文所述，区分民事协议与行政合同的目的不在于厘清两大学科的调整对象，而在于反对行政机关的特权，那么行政庭法官确定的标准更加满足这个目标。而且通过行政诉讼解决争议并不意味着无视私人权益的保护，行政庭法官在涉案民事争议中适用民事法律制度既是权利，又是义务。

确定妥协主体后，民事庭法官或许可在以下三方面进行修正：其一，放宽对内容要素的判断标准，民事庭法官对内容要素的三方面审查都过于严格，可适当放宽要求；其二，降低内容要素在判断行政协议过程中的权重，增大职责要素的权重；其三，尊重《行政诉讼法》的明文规定，直接认定有名行政协议的法律属性，不对其进行实质审查。

六、结　语

如果行政法与民法各自按照各自的想法探讨行政协议的识别标准，由于两大学科内在理论和价值的差异，双方就此问题永远无法达成共识。通过对行政庭与民事庭的裁判案例分析可以发现，双方已经在识别框架方面达成了初步共识，以此为基础再加之部分妥协，双方逐渐缩小分歧并达成共识并非不可能。下一步学界与实务界应当继续在既有共识之上，以理论为基础，以司法实践为依据展开充分的对话，继续探索行政协议与民事合同的边界，从而逐步形成共识。

行政附带民事诉讼的"附带性"研究

——兼评最高人民检察院第 29 号指导案例

梁 哲*

【摘　要】 最高人民检察院第 29 号指导案例认为，根据《行政诉讼法》第 61 条，检察机关有权提起"行政附带民事公益诉讼"，该条规定的是"行政诉讼一并审理相关民事争议"制度，并非"行政附带民事诉讼"。"附带"有主次之分，而根据司法解释的规定不论行政行为和民事争议谁是前提均可以在"一并审理"程序中解决。行政机关不作为对民事审判没有拘束力，不是民事争议的先决条件，仅涉及不作为的民事争议不是被"附带"解决。实践中大量公益诉讼涉及不作为，行政附带民事公益诉讼的应用空间不大。行政附带民事公益诉讼从诉讼效率上具有一定价值，但不具有统一裁判、解决冲突判决的价值。通过行政公益诉讼就能达到目的，另行创设行政附带民事公益诉讼的必要性存疑。

【关键词】 一并审理相关民事争议　行政附带民事公益诉讼　公定力　冲突判决

---

* 梁哲，中国政法大学 2018 级宪法学与行政法学专业硕士。

一、问题的提出

最高人民检察院于2016年12月29日发布了第29号指导案例,[1]该案是全国范围内第一例行政附带民事公益诉讼案件,最高人民检察院认为此案有在全国范围内推广的必要。该指导案例中,江源区中医院(以下简称中医院)在2012年建造综合楼时没有一并建造相关排污设施,2014年在进行建筑设施改建时,仍然没有建设相关的排污设施。江源区环保局为了防止公共利益受到侵害,对中医院未建设相关排污设施的行为作出行政处罚并责令其限期整改。在收到行政处罚通知后,中医院仍没有对排污设施进行改造。2015年5月18日,江源区卫生和计划生育局(以下简称卫计局)在对中医院进行年审校验的过程中,在中医院没有提供其环境影响评估报告合格的情形之下,对中医院的《医疗机构执业许可证》年审校验结果评定为合格。江源区检察院得知该情况后,对卫计局发出"依法履行其监督管理的义务"的检察建议,随后江源区卫计局对中医院发出整改通知,但是却没有采取进一步的行动处理中医院的违法排污行为。中医院的违法排污行为一直持续到被起诉时,导致公共利益一直处于被侵害的状态。白山市检察院为保护公共利益、监督行政机关依法履职,向白山市中级人民法院提起行政附带民事公益诉讼,法院分别作出了行政和民事判决。

最高人民检察院认为,检察院在处理公共利益受损的案件时,如果需要同时起诉民事侵权主体和行政机关,可以参照《行政诉讼法》第61条[2]的规定,向有管辖权的人民法院提起"行政附带民事公益诉讼"。最高人民检察院认为这种新的审理制度"有利于节约诉讼成本,优化审判资源,统一司法判决和增强判决权威性"。[3]

值得我们思考的是:《行政诉讼法》第61条是否可以作为提起行政附带

---

[1] 详见检例第29号:吉林省白山市人民检察院诉白山市江源区卫生和计划生育局及江源区中医院行政附带民事公益诉讼案。

[2] 《行政诉讼法》第61条规定,在涉及行政许可、登记、征收、征用和行政机关对民事争议所作的裁决的行政诉讼中,当事人申请一并解决相关民事争议的,人民法院可以一并审理。在行政诉讼中,人民法院认为行政案件的审理需以民事诉讼的裁判为依据的,可以裁定中止行政诉讼。

[3] 详见检例第29号:吉林省白山市人民检察院诉白山市江源区卫生和计划生育局及江源区中医院行政附带民事公益诉讼案。

民事公益诉讼的法律依据？"附带性"如何体现？"附带"诉讼有何特殊价值？行政附带民事公益诉讼是行政附带民事诉讼的一种特殊类型，本文拟在分析行政附带民事诉讼"附带性"的基础上，对最高人民检察院创设的行政附带民事公益诉讼制度进行评析。

二、"附带"诉讼与"一并审理民事争议"之辨析

（一）行民交叉案件

行民交叉案件的含义为：行政与民事纠纷这两种不同类型的纠纷的具体处理结果上存在因果关系，或者虽不存在因果关系，但引起这两种纠纷的具体的法律事实之间相互联系、相互影响。[1]具体来讲，行民交叉案件既可能民事争议是行政行为的基础，例如原告以与第三人签订的《房屋买卖合同》无效为由，向法院提出撤销房屋登记机关给第三人颁发的所有权证的申请，原告与第三人的房屋买卖合同纠纷是被告行政机关行政行为的基础。也可能行政行为是民事争议的基础，例如在行政确权纠纷中，原告请求法院撤销被告将宅基地使用权转让给第三人的行政行为。还有可能行政行为、民事争议互不构成基础，而因为同一事实相互关联所以可以一并解决，例如在一些行政裁决案件之中，当事人除了想解决和其他民事主体之间的权利义务纠纷，同时也对行政机关对其作出的裁决不服。在此种情形下，当事人一方可以就民事纠纷向法院提起民事诉讼，也可以就不服的行政行为向行政机关提起复议或者向法院提起诉讼，二者虽然可以分开处理，但是为了提高案件处理的效率问题，该民事争议和行政行为可以在一个程序中解决。针对行民交叉案件，目前行政诉讼法规定的有单轨和并轨两种解决途径：单轨制是指将两种争议分开处理，当事人就民事争议向法院提起诉讼，就不服的行政行为复议或者诉讼；并轨制指的是符合条件的行民交叉案件可以根据《行政诉讼法》第61条第1款之规定采用"一并审理关联民事争议"程序解决。

（二）一并审理关联民事争议

"一并审理关联民事争议"制度最早规定在2014年《行政诉讼法》中，此后相关的司法解释对该制度的具体内容予以细化。"一并审理"指的是：向

---

[1] 参见黄学贤："行民交叉案件处理之探究"，载《法学》2009年第8期。

一个审判组织提出行政、民事两类诉讼请求，这两类诉讼请求具有一定的关联性，但不具有先后、主辅的关系，不论行政争议、民事争议谁为前提均可以一并审理。根据《行政诉讼法》第 61 条第 2 款[1]及《最高人民法院关于适用〈中华人民共和国行政诉讼法〉的解释》（以下简称《适用解释》）第 138 条第 3 款[2]的规定，如果民事争议是行政诉讼的基础，法院可以选择将该涉及行政行为的民事纠纷合并到行政诉讼程序之中一并处理，法院也可以选择将两种不同的纠纷通过行政、民事程序分别处理。此外，该种制度并没有明确规定行政诉讼是争议的前提条件，只要两者之间存在关联性就可以一并审理。

一并审理关联民事争议与行民交叉案件不同，前者是一种诉讼模式，后者是一种案件类型。行民交叉案件可以运用一并审理的诉讼模式，也可以分别进行民事诉讼和行政诉讼。一并审理民事和行政争议不是将民事和行政诉讼简单合并，民事诉讼是为了解决平等主体之间的权利义务纠纷，行政诉讼是为了解决行政行为的合法性，两者目的不同，简单合并只会造成两类诉讼的混乱。一并审理程序中，民事和行政案件应当分别立案、分别裁判，但由同一个审判组织对两类案件进行审理。法院可以告知当事人行民交叉案件可以一并审理，但是法院没有告知义务，法院不告知也不违反程序规定。[3]因为一并审理不是行民交叉案件的唯一处理方式，当事人具有程序选择权，法院可以视案件情况选择是否告知当事人一并审理的规定，当事人如果坚持选择分别审理且民事诉讼已经立案的，应当裁定中止行政诉讼。因此，一并审理关联民事争议是解决行民交叉案件的一种可选择的而非必须的诉讼模式。

（三）行政附带民事诉讼

《行政诉讼法》及司法解释规定的都是"一并审理"，但是在行政法学界

---

[1]《行政诉讼法》第 61 条第 2 款规定，在行政诉讼中，人民法院认为行政案件的审理需以民事诉讼的裁判为依据的，可以裁定中止行政诉讼。

[2]《最高人民法院关于适用〈中华人民共和国行政诉讼法〉的解释》第 138 条第 3 款规定，人民法院在审理行政案件中发现民事争议为解决行政争议的基础，当事人没有请求人民法院一并审理相关民事争议的，人民法院应当告知当事人依法申请一并解决民事争议。当事人就民事争议另行提起民事诉讼并已立案的，人民法院应当中止行政诉讼的审理。民事争议处理期间不计算在行政诉讼审理期限内。

[3] 参见梁凤云："《行诉解释》重点条文理解与适用"，载《法律适用》2018 年第 11 期。

和司法实践之中还存在着"行政附带民事诉讼"的称谓，最高检在其指导案例中也是默认了这一说法。那么这两种诉讼模式有什么区别呢？根据《行政诉讼法》第 61 条提起的到底是什么诉讼？

有学者认为，"行政附带（合并）"程序的适用有着严格的适用条件，要想适用该程序需满足以下条件：（1）行政行为具有裁决性效力；（2）该行政行为是民事纠纷诉讼的前提和基础。[1]有的学者认为行政附带民事诉讼与一并审理关联民事案件是同一种诉讼程序的不同说法，没有本质上的区别。在司法实践中，不同的法官对于"行政附带民事诉讼"这一诉讼模式的理解各不相同。有一些法官认为，现行法律没有明确规定"行政附带民事诉讼"这一诉讼模式，现行的《行政诉讼法》只是规定了一并解决民事争议的几种情况。[2]有的法官认为，要适用行政附带民事诉讼的条件非常严格，要想适用该诉讼模式首先需要行政机关行使其职权对某项事情作出行政裁决，其次还需要满足作出的裁决内容涉及有关民事权利义务的纠纷，最后该民事纠纷还要与行政裁决之间具有关联性。换句话讲，行政机关对于涉及民事争议的事项作出的行政裁决是启用行政附带民事诉讼模式的前提。[3]除此以外，不同的法官对于"附带"这个词语的含义理解也不尽相同，有些法官认为"附带"的含义即为民事诉讼是基于行政诉讼而产生的，并且该民事诉讼不是独立存在的，其需要在行政诉讼中附带审理并作出有关判决。[4]但是有的法官认为行政附带民事诉讼中，行政诉讼是最为重要的环节，如果发现行政诉讼无法成立的，那么法院对于民事诉讼的审理就失去其原本的意义，即民事纠纷的解决需要以行政诉讼的成立为基础。[5]

"附带"这个词语的字面含义中包含有主辅关系的意思，比如在刑事附带民事诉讼中，刑事诉讼为主，民事诉讼为辅。与此类似，"行政附带民事诉讼"应理解为"行主民辅"。从体系解释的角度来看，不是所有的行民交叉案件均可以用"行政附带民事诉讼"模式来处理，只有满足了行政机关作出的

---

[1] 参见章剑生："行政行为对法院的拘束效力——基于民事、行政诉讼的交叉视角"，载《行政法论丛》2011 年第 1 期。
[2] 详见长春市朝阳区人民法院（2016）吉 0104 行初 51 号行政裁定书。
[3] 详见信阳市浉河区人民法院（2017）豫 1502 行初 35 号行政判决书。
[4] 详见兰州铁路运输中级人民法院（2016）甘 71 行终 20 号行政判决书。
[5] 详见江西省高级人民法院（2016）赣行终 166 号行政裁定书。

行政行为是民事纠纷的前提，且民事诉讼是由行政诉讼产生的这样一个条件，法院才可以在行政诉讼中"附带"审理民事纠纷案件。最高人民检察院显然也采纳了这一观点，认为只有行政行为是民事侵权的先决条件或者前提时才可以适用"行政附带民事公益诉讼"制度。通过对该制度的解读和研究，我们不难发现，该模式实际上仅仅只是一并审理模式当中的一种情况。无论行政行为和民事纠纷谁为前提，法院均可以采用一并审理的模式，但是只有在行政行为是民事纠纷的基础前提之下，法院才可以使用"行政附带民事诉讼"模式。因此，行政附带民事诉讼的程序适用有关一并审理程序的规定。最高人民检察院承认了行政附带民事诉讼的行政先决性，又认为《行政诉讼法》第61条第1款规定的是行政附带民事诉讼程序，这是对第61条的误读，限缩了第61条的适用范围。第61条规定的是"一并审理关联民事争议"模式，行政附带民事诉讼只是一并审理的一种类型。在诉讼进程中，行政附带民事诉讼必须先审理行政争议，确定行政行为的效力，而一般的行民交叉案件一并审理在审理顺序上无此要求，其他程序性事项上，行政附带民事诉讼适用与一并审理关联民事争议相同的规定。

三、行政行为是民事争议的先决条件

"附带"即要求行政为先，"行政行为是民事争议的先决条件"是适用行政附带民事诉讼模式的前提条件，那么如何判断一个行政行为是否是民事争议的先决条件呢？指导案例是否满足行政先决的条件呢？

（一）行政行为是民事争议先决条件的判断标准

所谓行政行为是民事纠纷的先决条件，指的是民事案件中所涉及的行政行为是必须要面对的问题，如果不解决这个问题的话，必然会对民事案件审判的结果产生影响。[1]民事纠纷的解决有赖于对行政行为合法性的判断，如果无须对行政行为作出判断法官也能正确审理民事争议，那么该行政行为就不是民事争议的先决条件或者前提。

先决性行政行为才对民事审判具有拘束力，公定力理论可以作为约束性

---

[1] 方世荣、羊琴："论行政行为作为民事诉讼先决问题之解决——从行政行为的效力差异进行分析"，载《中国法学》2005年第4期。

的理论基础,解释为什么行政行为可以拘束民事审判。公定力理论自传入国内以来经历了一系列变迁,从绝对公定力向有限公定力发展。主张绝对公定力的学者认为,任何行政行为,无论有效还是无效,都具有公定力。行政行为在被有权机关推翻之前,都被推定为合法。[1]有限公定力学说则主张无效的行政行为不具有公定力,任何人都没有义务遵守无效行政行为。[2]王天华则在对公定力理论进行梳理的基础上提出:"行政行为公定力概念经历了从实体性公定力到程序性公定力的理论转换,前者是以公权力的先验优越性原理为基础,而后者强调公定力概念的实定法属性。"[3]还有的学者更为激进,主张完全抛弃公定力理论。[4]目前学界的主流观点是保留公定力理论,但是在适用范围上对该理论予以限制,即采用有限公定力学说。该学说认为:为保证行政目的的实现,有效的行政行为在被有权机关确认为无效之前被推定为有效,其他国家机关应当尊重有效行政行为,只有通过行政复议或者行政诉讼才可以判断该行政行为是否合法或无效。在民事争议的审理过程中,法官没有权利判断具体行政行为是否符合法律规定或者有无效力,更无法撤销或者变更行政行为。目前学界对哪些有效行政行为具有公定力尚存争议,但这不是本文讨论的重点。根据上述的学说综述,笔者认为,有公定力的行政行为对民事审判具有拘束力,民事审判应当对有公定力的行政行为表示尊重,如民事案件需要判断某一具有公定力的行政行为是否合法,应当先进行行政复议或行政诉讼。

公定力可以作为先决行政行为拘束民事审判的理论基础,那么作为先决或者前提的行政行为应该满足什么条件呢?首先,行政行为应当与民事审判的结果相关联。这种关联应该是法律意义上的,并非只要事实上有所联系行政行为就能成为先决条件。例如在治安处罚案件中,公安机关对致害人作出行政处罚,受害人因对损害赔偿数额不满而对致害人提起民事诉讼。这里公安机关所作的行政处罚虽然在事实上与民事诉讼有一定的牵连,但是不存在法律上的关联性。即使不对行政处罚的合法性进行判定,民事法庭也能清楚

---

[1] 参见叶必丰:"论行政行为的公定力",载《法学研究》1997年第5期。
[2] 参见章志远:《行政行为效力论》,中国人事出版社2003年版,第50~67页。
[3] 王天华:"行政行为公定力概念的源流——兼议我国公定力理论的发展进路",载《当代法学》2010年第3期。
[4] 参见刘东亮:"行政行为公定力理论之检讨",载《行政法学研究》2001年第2期。

地审理侵权纠纷。其次，民事审判庭对关联行政行为的合法性有疑虑。根据公定力理论，如果民事审判庭基于已有证据判断行政行为合法有效，应当尊重行政行为的效力，无须通过另外的程序判断行政行为是否合法。再次，合法性的判断对于解决民事纠纷来说是不可或缺的。民事审判庭在审判案件时，如果根据已有证据和事实，就可以解决具体的民事争议，而无须对涉及的行政行为进行分析，那么该行政行为对于民事争议来说不具有先决性。此外，作为先决条件的行政行为不能是已经产生形式上确定力的行政行为。[1] 所谓行政行为形式上的确定力，是指对于经过了法律规定的期间且已确定的行政行为，行政相对人没有权利任意通过诉讼或者抗告等方式改变该行政行为。[2] 行政行为一经作出必然会影响到相对人和其他利害关系人的权利义务，因此相对人和其他利害关系人可以通过行政复议或者诉讼的手段来维护自己的权利。但是当行政行为作出后经历了一段时间，此时行政行为对除相对人和利害关系人以外的利益安排已经趋于稳定，如果允许相对人和利害关系人质疑该行政行为的有效性，那么就会造成行政法秩序的混乱。因此，除无效行政行为以外，如果错过了起诉期间，行政行为就具有形式上的不可争力。在民事审判时，如果相关的行政行为已经具有形式上的不可争力，那么相对人和利害关系人不能质疑其合法性，民事法官可以将行政行为作为事实或者证据使用，不用再判断该行为合法与否。相反，如果该行政行为尚未过起诉期间，行政行为的合法性尚有争议的空间，此时行政行为才可能是"解决民事争议绕不开的问题"，才有可能成为民事争议的先决条件。

(二) 结合指导案例的分析

在公益诉讼的领域，大多案件会涉及行政机关的不作为，指导案例也不例外。那么行政机关不作为能否成为民事争议的先决条件呢？

首先，行政行为的公定力和确定力针对的是已经对外作出的行政行为，不作为一般不具有公定力和确定力，也就不能对民事审判产生拘束力。其次，即使不对行政机关的不作为进行判断，民事审判也可以对相关侵权纠纷进行审理。行政不作为和民事侵权纠纷是相对独立的，民事审判庭只需要对涉及

---

[1] 参见刘菲："行政行为对民事审判的拘束效力研究"，载《北方法学》2011年第6期。

[2] 李昕："论行政行为的确定力"，载《首都师范大学学报（社会科学版）》2008年第4期。

侵权的事实和证据进行审理就可以作出判决，无须认定行政机关是否有作为义务。因此，行政机关的不作为不是民事侵权的先决条件。在指导案例中，中医院自建成之日起就一直在违法排污，卫计局没有进行查处不是违法排污的前提，是对违法排污的纵容。民事审判庭只需要对违法排污造成的损害进行审理就能解决环境侵权纠纷，不需要对卫计局不作为合法与否进行判断。

"行政行为是民事争议的先决条件"是适用"行政附带民事公益诉讼"审理模式的前提条件。实践中，公益诉讼领域很多案件会涉及行政机关不作为，但是不作为不是民事争议的前提。如果一个案件只是涉及不作为和民事争议的话，检察机关是不可以向法院提起行政附带民事公益诉讼的。从已有的数据来看，提起行政附带民事公益诉讼的案件非常少。笔者在中国裁判文书网和无讼网站上以"行政附带民事公益诉讼"为关键词检索，除本案以外，只有一例"呼和浩特市人民检察院诉呼和浩特市赛罕区林业局不履行林业法定职责案"。[1]这个制度是否具有广泛的应用性还有待研究。

四、行政附带民事公益诉讼的价值澄清

最高人民检察院在此案的指导意义中指出，"行政附带民事公益诉讼"制度具有以下四个方面的优越性：（1）节约诉讼成本；（2）优化审判资源；（3）统一司法判决；（4）增强判决权威性。但是该制度真的能实现上述价值吗？笔者将对其中的"统一司法判决"和"节约诉讼成本"价值进行分析。

（一）统一司法判决

许多学者认为，由同一裁判组织审理，可以使行政诉讼的结果和民事诉讼的结果更具有一致性，从而避免产生冲突判决。[2]根据《适用解释》第140条[3]的规定，除行政裁决类案件外，在一并审理模式中，行政和民事应当单独立案、分别判决，但是由同一个审判组织对民事和行政争议进行审理。然而根据既判力理论，冲突判决的产生原因是不同的审判组织对同一个诉讼

---

[1] 详情见中国裁判文书网（wenshu.court.gov.cn）、无讼（www.itslaw.com/bj），最后访问时间：2019年4月20日。

[2] 参见朱辉："行政附带民事诉讼程序整合问题探讨"，载《甘肃政法学院学报》2014年第6期。

[3]《最高人民法院关于适用〈中华人民共和国行政诉讼法〉的解释》第140条规定，人民法院在行政诉讼中一并审理相关民事争议的，民事争议应当单独立案，由同一审判组织审理。人民法院审理行政机关对民事争议所作裁决的案件，一并审理民事争议的，不另行立案。

标的进行了审理，并且得出不同的判决结果。从形式上看，一并审理模式不存在两个审判组织。从审判的内容上看，行政诉讼的诉讼标的是行政行为的合法性和有限的合理性，民事诉讼的诉讼标的是民事案件当事人之间的权利义务纠纷，这两种诉讼的标的不同。在行政诉讼中，法官要尊重行政机关的首次判断权，不得在诉讼中代替行政机关处分相对人或者利害关系人的权利、义务。行政诉讼不会对相对人、利害关系人的实体纠纷作出判断。一并审理模式中，由同一审判组织审理行政和民事两类诉讼标的，不会存在冲突判决。在指导案例中，检察院直接向法院提起行政附带民事公益诉讼，法院对民事和行政部分分别立案、分别裁判。其与一并审理方式的不同之处只是强调要先对行政争议进行审理，诉讼顺序实际上也不会对是否造成冲突判决产生影响，因此，行政附带民事公益诉讼中不会出现相互矛盾的判决。

如果原告就行政、民事争议单独向法院提起诉讼，两个不同的诉讼的判决结果是否会相互矛盾？换句话说，一并审理或附诉讼的模式是否是避免冲突判决产生的决定因素？面对行民交叉争议，有分别审理、一并审理两种选择。如果当事人选择行政和民事分别审理，行政法庭审查被诉行政行为的合法性和有限的合理性。行政行为的合法性要件包括主体适格、具备事实依据、具备法律依据、符合正当程序、处理得当。在法院审理行政案件诉讼过程中，如果法院要否定某一行政行为的合法性，仅需要否定行政行为合法性要件中的一个要件，而不需要推翻全部要件。与此不同的是，法院在对民事争议进行审理的过程中着重强调的应当是事实依据问题。如果法院因事实以外的原因否定行政行为的合法性，如某一行政行为的作出没有依据正当程序，法院可能没有对事实依据进行进一步的判断。此时行政裁判内容与民事裁判内容是错开的，即使裁判结果不同也不应当被认为是冲突裁判，因为两者的裁判内容并没有重叠。[1]

行政附带民事公益诉讼模式的确不会产生冲突判决，但是如果检察院分别就中医院的违法排污行为提起民事诉讼，就卫计局的不作为提起行政诉讼，民事、行政审判庭也会分别审理、分别判决。两诉的标的、审判方式都不相同，不会导致冲突判决。不能得出"由于采取了行政附带民事公益诉讼，所

---

[1] 参见成协中："行政民事交叉争议的处理"，载《国家检察官学院学报》2014年第6期。

以避免了冲突判决"的结论。

(二) 节约诉讼成本

节约诉讼成本是最高人民检察院提倡附带诉讼的另一个主要因素。节约诉讼成本可以是诉讼程序设计的价值之一，但不能是最主要的价值，诉讼的首要价值应当是公正。在行政附带民事公益诉讼中，看似"附带"解决民事争议，加快了司法进程，提高了诉讼效率，但是实际效果值得仔细研究。

指导案例中行政部分判令卫计局依法履职，监督中医院在一定期限内完成整改；民事部分判令中医院立即停止环境侵权行为。虽然两者判决的形式不同，但是判决的内容在一定程度上具有同质性，这与涉及不作为公益诉讼的特点有关。从诉讼目的的角度来看，行政公益诉讼一般具有双重目的：一是监督行政机关依法行使职权；二是保障公共利益。如果通过行政公益诉讼督促行政机关依法履职，及时对民事侵权行为作出处理，此时正在遭受侵害的公共利益就得到了保护，无须再通过另外的程序来保护公共利益。由此可见，最高人民检察院指导案例中提倡的审理模式想要达到的目的完全可以通过"行政公益诉讼"程序得到实现。行政公益诉讼中可以直接对行政主体进行监督，通过行政主体的行为间接解决民事争议，一项程序即可以实现原本的诉讼目的。与此不同的是，行政附带民事公益诉讼则对行政和民事部分分别立案、审理和判决。在诉前程序的问题上，行政附带民事公益诉讼中，行政公益诉讼和民事公益诉讼的诉前程序都要履行；而行政公益诉讼程序则无须如此。通过以上对比我们可以发现行政公益诉讼的效率明显高于行政附带民事公益诉讼，且同样能够实现诉讼目的，是否有必要创新出行政附带民事公益诉讼这一审理模式值得商榷。

结 论

《行政诉讼法》第 61 条规定的是"一并审理关联民事争议"制度，并非"行政附带民事诉讼"。在一并审理程序中，不论行政、民事谁为前提，均可以将两者合并在一个程序中解决；而行政附带民事诉讼的适用必须要满足行政行为是民事争议的先决条件。由此可见，"行政附带民事诉讼"制度仅仅是"一并审理关联民事争议"制度的一种。

当民事审判无法回避行政行为的合法性，且该行政行为不具有形式上的确定力时，这一行政行为才是民事争议的先决条件，相关的民事争议才能被附带解决。在公益诉讼领域，很多案件涉及行政机关的不作为，不作为不具有公定力和确定力，即使法院不通过行政诉讼对行政机关的不作为予以评价，民事审判庭也可以在民事诉讼中审理相关侵权行为。仅涉及不作为的案件不满足行政先决性，此时民事争议不能在行政诉讼程序中被一并解决，即"行政附带民事公益诉讼"制度在司法实践中的应用十分有限。

行政和民事争议的审理内容、审理程序各不相同，行政诉讼可能未对被诉行政行为的事实进行全面审查，通过职权、程序等其他要素否决行政行为的合法性，民事诉讼则注重对案件事实全面审查。行政诉讼和民事诉讼审理内容可能没有交集，即使两个诉讼判决不一致也不能称为冲突判决。从指导案例中检察院的诉讼请求来看，行政请求与民事请求具有同质性，该诉讼目的只要通过行政公益诉讼程序就可以实现，但是与此不同的是，"行政附带民事公益诉讼"审理模式要想达到相同的目的需要经历行政以及民事公益诉讼的前置程序，相对而言更为繁琐，不一定能够达到最高人民检察院所期待的"节约诉讼资源"的目的。因此，没有必要创设出"行政附带民事公益诉讼"制度。

法经济学视角下的行政优益权规制研究

曲俊朋 *

【摘　要】我国现行法律并未对行政优益权进行明确界定，在缺少法律引导的条件下，各级人民法院对此类案件的裁判结果易产生分歧，制度与司法的低约束力实际降低了行政主体行使优益权所需承担的相应成本。基于效率、制度经济学与声誉理论展开的研究，缺乏限制的行政优益权会诱使行政主体的行为偏好逐渐偏离公共利益，此外合同不确定性的上升也增加了双方当事人之间的交易成本。优益权外部控制力的减弱无疑会阻碍行政协议预期效率的实现，甚至会出现"政府失灵"的结果，对市场经济体系的稳定性造成挑战。

【关键词】行政优益权　合理限制　法经济学

一、行政优益权制度的现实困境

（一）公共利益的界限难以界定

行政合同又称为行政协议。根据法国行政法理论，行政协议被定义为行政主体为实现行政管理目标，而与自然人、法人或其他性质组织基于意思表示一致订立的体现行政性特点的契约。

目前有关行政协议较全面的官方解释多数分布在裁判文书中，例如在对

---

* 曲俊朋，中国政法大学2018级法与经济学专业硕士。

四川省大英县人民政府与大英县永佳公司不履行行政协议纠纷的再审中,[1]法院经审理认为,实现公共利益或者行政管理目标是判断一种合同是否为行政协议的标准之一,行政协议应当以是否行使行政职权以及履行行政职责为本质要素。

在对童再清、贵州省铜仁市碧江区人民政府行政纠纷一案的再审审查中,法院认为:与合同相对人的逐利目的不同,行政主体的缔约目的是实现公共利益或行政管理目标,这一目标在协议中表现为显著的行政性,同时也是优益权的来源。[2]不难发现,行政主体的公共利益目的是划分行政协议与民事合同界限的显著依据,同时也是行政优益权赖以存在的基础。

对于"何为公共利益"这一问题,行政法学界迄今也未形成统一答案,诚如学者所言:"公共利益是行政法学的核心问题,也是永久难题"。[3]国内学界与立法对公共利益的界定大致可归纳为四类:(1)将公共利益等同于集体利益或国家利益;[4](2)视为社会利益;[5](3)视为行政法中的一种平衡状态;[6](4)反向解释,暂时排除政府利益,社会利益与特定集团的利益。[7]

我们发现,公共利益的边界在现阶段难以甚至是不可能被精确测定的,如果纯粹以公共利益这一模糊性理论为基础对优益权展开阐述,行政主体方基于行政优益权所为的合法性与合理性将缺乏显著的判断基准,这也会直接

---

[1] 参见最高人民法院(2017)最高法行申195号行政裁定书。

[2] 参见最高人民法院(2017)最高法行申4594号行政裁定书。

[3] 应松年、何海波:"行政法学的新面相:2005-2006年行政法学研究述评",载《中国法学》2007年第1期。

[4] "集体利益"理论见陈晓春、胡扬名:"建设以公共利益为导向的服务型政府",载《光明日报》2005年4月13日。"国家利益"理论见沈宗灵主编:《法理学研究》,上海人民出版社1990年版,第61页。

[5] 该定义多见于我国法律规范文件,例如《民法总则》第132条规定:民事主体不得滥用民事权利损害国家利益、社会公共利益或者他人合法权益。《合同法》第7条规定:当事人订立、履行合同,应当遵守法律、行政法规,尊重社会公德,不得扰乱社会经济秩序,损害社会公共利益。

[6] 该理论借鉴以边沁与密尔为代表的功利主义学派观点,并运用方法论个人主义(Methodological Individualism)。参见张千帆:"'公共利益'的构成——对行政法的目标以及'平衡'的意义之探讨",载《比较法研究》2005年第5期。

[7] 该理论主张者也承认,对反向排除选项难以穷尽,需要以社会演进为基础对公共利益进行不断调整。参见刘连泰:"'公共利益'的解释困境及其突围",载《文史哲》2006年第2期。

增加行政主体行为随意性的风险。

(二) 缺乏相关的系统性法律规定

目前我国行政协议法律体系大致包含以下部分：(1)《行政诉讼法》部分条文；(2) 国务院及其部委出台的单行立法；(3) 部分地方政府就行政程序出台的地方政府规章。目前各部法律文件间未形成有效衔接，[1]并且其各自内容也无统一标准，其有关行政优益权的规定自然未成体系。[2]

另一方面，我国法律关于行政协议救济途径的规定也不甚清晰，《行政诉讼法》第12条第1款第11项将行政机关不依法履行、未按照约定履行或者违法变更、解除政府特许经营协议、土地房屋征收补偿协议等内容纳入法院行政诉讼的范围，显然《行政诉讼法》将政府行使优益权的行为视为行政行为，籍此行政优益权的法律属性得以确定。但需要注意到，法律并未解决"何为行政协议"这一基础性问题，公私主体间的缔约行为的法律属性将直接决定行政优益权行为救济模式的选择以及行政优益权的合法性地位。对该问题的回避使人民法院在各司法裁判中出现显著分歧，例如2015年新陵公司诉辉县市政府一案审理中，最高人民法院认为新陵公司拥有足够的意思自治，其与辉县市政府所签协议并不属于《行政诉讼法》的适用范围。[3]但在2018年安阳市易祥置业有限公司与汤阴县国土资源局纠纷一案审理中，法院则根据公共利益目的将协议视为行政合同。[4]

(三) 实践中存在行政主体不当运用行政优益权现象

我们发现，行政优益权在学理及立法中存在着不同程度的"模糊地带"，在实践中行政主体不当运用行政优益权的现象也普遍存在。例如，在2017年大英县永佳公司诉大英县政府案中，大英县政府为了履行职责，实现节能减排和环境保护的行政管理目的，以会议纪要形式迫使永佳公司主动关闭并退

---

[1] 例如《江苏省行政程序规定》《山东省行政程序规定》均并未明确其制定所依据的法律、行政法规或本省、自治区、直辖市的地方性法规。

[2] 各部法律文件对于行政优益权内容的规定存在差异，例如《市政公用事业特许经营管理办法》第18条第4项规定，主管部门拥有终止特许经营协议，取消特许经营权以及实施临时接管的权力；《江苏省行政程序规定》第82条第2款规定，行政机关享有变更及解除行政合同的权力；《西安市行政程序规定》第92条第2款则规定，行政机关享有单方变更或终止行政合同的权力。

[3] 参见最高人民法院 (2015) 民一终字第244号民事裁定书。

[4] 参见最高人民法院 (2018) 民申3890号民事裁定书。

出造纸产业，并迟延支付补偿款项；[1]在2017年连江县东湖镇人民政府与郑喜春行政纠纷案中，连江县东湖镇人民政府在缺乏事实依据的情况下，以协议显失公平为由拒绝履行合同约定条款及行政义务；[2]在2017年长阳火烧坪自来水公司诉火烧坪乡人民政府案中，火烧坪乡人民政府基于当地经济发展的情况，单方面变更与火烧坪自来水公司所签订的《补充合同书》，并重新进行招标以增加水资源供给量，但之后并未对火烧坪自来水公司予以适当的经济补偿[3]。总结上述案例可以发现，在公共利益受损时行政机关具有足够的权力对行政合同施加影响，这也说明未来行政优益权的发展方向应更加关注引导行政主体正确运用特殊权力。

二、给予行政优益权有效限制必要性的经济分析

若视行政协议为一种终局博弈，行政主体随时介入合同的特权将有效矫正私人主体的违约偏好，在双方博弈的过程中，公共利益可被理解为一种柔性惯例，[4]以填充强制性规范滞后性所形成的漏洞。就遏制市场失灵的功能而言，行政优益权无疑是具有效率的。但如前文所言，缺乏限制的行政优益权不仅无法发挥其预期功效，甚至会徒增司法成本，影响当地生产建设。下文将运用法律经济学相关理论，结合公共利益学说对缘何限制行政优益权这一问题进行探究。

（一）缺乏限制状态下优益权的效率状态

卡尔多—希克斯改进（Kaldor—Hicks efficiency）是卡尔多效率与希克斯效率的总称，二者分别侧重于变革前与变革后的补偿问题。[5]在卡尔多看来，如果受损者可以从受益者处获得充足补偿，那么变革就是有效率的。希克斯则认为无效率变革的标志是受损者可以通过事前贿赂而使得变革无法进行。

按照卡尔多效率标准，只有在对合同相对人支付足够补偿且行政主体收

---

[1] 参见最高人民法院（2017）行申195号行政裁定书。
[2] 参见福建省福州市中级人民法院（2017）闽01行终369号行政判决书。
[3] 参见湖北省宜昌市中级人民法院（2017）鄂05行终155号行政判决书。
[4] 诺斯曾将制度分为非正式约束与正式的法律约束，见Douglass C. North, "Institutions", *Journal of Economic Perspective*, Vol. 5, No. 1, (1991), p. 97。
[5] 一些学者也将卡尔多—希克斯改进视为潜在的帕累托改进。

益大于社会资本方的损失的情况下，政府行使优益权才是具有效率的。假如行政主体能够任意行使优益权能，即使在事后补偿能够使相对方恢复到先前状态，这一无限制特权也不会为其在事前权衡相关收益提供有效激励，此时行政主体行使优益权并不能称为有效率行为。

若按希克斯效率标准，倘若合同相对方在事前无法通过贿赂[1]手段阻止行政主体采取行动，那么行政主体行使优益权即是具有效率的。无限制行政优益权的存在直接决定了私人主体在行政协议中收益的不确定性，合同相对人在利益最大化的激励下需要在事前提供贿赂或拒绝合作中选择策略。在此情况下，不论私人主体作出何种选择，其结果均从反面证明了行政主体潜在行使优益权行为的无效率性。

我们发现，行政主体缺乏限制下行使优益权的低效率性来自于：（1）未能为行政主体追求社会利益最大化创造激励；（2）为私人主体事前贿赂或不予合作创造激励。

（二）制度经济学视角下对法律制度功能的考量

西方传统经济学理论通常视制度[2]为外生因素，其研究重点集中于劳动与资本等投入要素变量。制度经济学派将制度作为经济增长的重要原因，例如经济学家诺斯将制度定义为一系列被制定出来的规则、守法程序和行为道德伦理规范的总称，其分别对应为正式制度，制度的实施与非正式制度。综合相关学说，制度的优势作用主要体现在以下方面：（1）降低交易费用；[3]（2）降低经济面临的不确定性；[4]（3）制约市场参与者的行为动机；（4）培养市场参与者之间的合作化行为机制。使交易兼具高合作收益与高违约成本，是评价合同制度设计有效率的基本标准。对行政优益权予以制度层面的限制

---

[1] 此语境下的"贿赂"为排除法律道德考量的纯粹经济效率假设，它是合同一方参与者对另一方在事前提供激励以确保合同稳定的形式之一。

[2] "社会科学引入制度"（institution）一词，最早可追溯至维科于1725年完成的著作《新科学》，见 Geoffrey M. Hodgson, "What Are Institutions?", *Journal of Economic Issue*, Vol. XL, No. 1, Mar. 2006, p. 1.

[3] 降低交易费用（transactions cost）也是新旧制度经济学的区分标准之一，见 Malcolm Rutherford, Institutional Economics: Then and Now, *Journal of Economic Perspectives*, Vol. 15, No. 3, Summer 2001, p. 173.

[4] Douglass C. North, "Institutions", *Journal of Economic Perspective*, Vol. 5, No. 1, Winter 1991, p. 97.

将有效提高行政合同为双方当事人带来的效益——若行政主体得以无顾虑地应用行政优益权,其改变合同的边际成本趋于降低,虽然在一定程度上缓解了高协商费用这一情况,但由协议的不稳定性导致的双方合作观念的扭曲最终依然会降低协议所带来的经济回报。

此外还可从路径依赖(Path Dependence)角度对缺乏有效限制优益权的存在进行分析。路径依赖并非指旧制度对新环境简单的决定性影响,[1]它更多是指在不断的往复过程中,制度与政治经济系统间形成的相互影响结构。[2]在此结构中,社会主体对最初路径的选择决定了后续的策略考量,这一对未来的影响力兼具自我强化效应与学习效应,在两种效应的混合作用下,制度变迁有可能进入良性循环的轨道,迅速优化,但更多情况下表现为一种"自我锁定"(locked in)状态,此时个体的理性诉求无法对制度变迁的成本进行有效补偿。[3]缺乏限制的行政优益权实际也可被视为一种非成文的制度安排,行政主体在其中会不断扩大行政优益权边界以适应制度,并将这种权力模式扩展至行政合同的其他环节,至此行政合同也就演化为一种纯粹的政府行为,我们所探讨的行政合同也就毫无意义可言。此外,学习效应会激励私人主体谋求寻租行为[4]以寻求不确定制度下的利益最大化。不止于此,这也会为行政主体谋求"部门利益"提供激励,[5]这一现象在我国表现为政府的在行政

---

[1] Douglass C. North, "Institutions", *Journal of Economic Perspective*, Vol. 5, No. 1, Winter 1991, p. 109.

[2] 相互影响并非否认制度对于政治经济系统的强塑造性,参见 Paul A. David, "Clio and the Economics of QWERTY", *The American Economic Review*, Vol. 75, No. 2, May 1985, pp. 332-337。

[3] 自我锁定也被称为"企鹅效应"(penguin effect),意为除非存在外力介入,否则社会主体难以实现制度变迁,见 Michael L. Katz and Carl Shapiro, "Network Externalities, Competition, and Compatibility", *The American Economic Review*, Vol. 75, No. 3, Jun. 1985, pp. 424-440。

[4] 寻租(rent-seeking)是指通过支付金钱等资源以谋求影响公共决策的行为,通常与腐败现象相伴发生,见 John Mukum Mbaku, *The Political Dimension of Economic Growth*, Palgrave Macmillan, London, 1998, pp. 195-196。

[5] 公共选择学派认为,缺乏竞争的环境易促成行政主体的部门利益偏好,其创造的产出规模也显著多于正常市场的产出量,见 Lowenberg, A. D., "A Post-Apartheid Constitution for South Africa: Lessons from Public Choice", *Cato Journal*, Vol. 12, No. 2, 1992, pp. 297-319. 更有一些激进的理论指出:政治经济体制对寻租行为的影响甚微,真正发挥作用的实际上是政府对经济的渗透强度,见 Gary Becker, "To Root Out Corruption, Boot Out Big Government", *Business Week*, Jan. 1994, p. 18。

管理时的"政绩观错位"。[1]行政合同的巨大经济与社会效益迫使政府对其予以高度重视,此时无约束的行政优益权对于行政主体意味着可以通过最低的行政成本获得可观的政绩表现。不论是自我强化抑或是学习效应,无限制的行政优益权在短期及长期中都将偏离预期的公共利益目标,这显然是无效率可言的。

(三) 行政协议中行政主体的声誉分析

声誉机制是使得行为主体经过整体考虑后,为了维持长期稳定的合作关系而倾向于放弃短期的利益的一种行为机制,[2]与法律约束相异,声誉实质是一种社会观念。[3]在合同关系中,当事人行为可能受到三种机制的影响,即法律机制、道德机制与本节讨论的声誉机制。三种机制的比较如表1所示:

表1 法律机制、道德机制与声誉机制的比较

机制分类	法律机制	道德机制	声誉机制
适用范围	中	最广	较广
动力来源	被动	主动	被动
实施成本	高	低	中
评价主体	执法部门	自我	社会公众
可辨识程度	最高	中	较高

新古典经济学曾将法律制度视为维持交易的唯一条件,但新制度经济学利用信息经济理论与博弈论说明了意定合约可以作为国家强制力约束的替代机制。在法经济学中,法律通常被视为由第三方(法院)执行的一套交易规范(third-party enforcement)[4]其适用建立在合同条款相对完备的基础之上,但完备合同存在两方面局限:首先合同的完备程度受到周期、标的以及政策等多方

---

[1] 政绩观错位的根源在于形式主义,2017年2月21日习近平在十八届中央政治局第三十九次集体学习时的讲话中就指出:有的地方在移民搬迁中,硬性规定每年要完成的搬迁人数并逐级下达,导致急就章式搬迁后资金、土地矛盾显现。

[2] 参见 Eugene F. Fama, "Agency Problems and the Theory of the Firm", *The Journal of Political Economy*, 1980, pp.288-307。

[3] L. Mui, M. Mohtashemi, A. Halberstadt, "A Computational Model of Trust and Reputation", *Proceedings of the 35th Annual Hawaii International Conference on System Sciences*, Jan. 2002, p.2.

[4] 张维迎:"法律制度的信誉基础",载《经济研究》2002年第1期。

面要素的制约,并且随着合同履行的深入,双方变更或终止条款的成本也会加大。此外,完备合同面临着来自"贸易惯例"的挑战,Lisa Bernstein(2001)研究孟菲斯地区的棉纺织业发现,当地商人会创设一些社会规范以代替交易中的繁琐的"讨价还价",并且这种惯例通常会与其先定的条款相差甚远[1]。在日本,尽管《日本劳动基准法》第19条与第20条对解雇适用的条件进行充分说明,但日本企业对裁员始终持谨慎态度。在长期雇佣传统惯例的影响下,即使员工触犯了合同条款,企业也更偏好选择适用内部惩罚而非启动解约程序。

相比法律,合同参与方的声誉更加接近"诚实信用"这一传统社会公德,其本质也是合同相对人甚至无关的第三人以社会公德为基准所作出的评价。在人们对诚实守信这一评价标准存在内心认同的基础上,行政协议中的声誉判断有助于解决法律无法涉及的条款执行问题,这一优势在表1中表现为声誉机制的较广适用范围以及较低的实施成本。在行政协议中,声誉机制所发挥的作用是法律与道德难以替代的。

需要注意的是,声誉机制无法对行政协议参与主体施以与法律相同功效的外部强制力,它要为参与者提供一种隐性激励,从而使其在长期利益与短期利益的博弈中作出权衡。对此可借用长期博弈理论进行分析:

重复博弈分为有限期与无限期两种类型,单独的行政协议是一种有限期重复博弈,但若着眼于宏观范畴,政府与私人间存在的博弈实际上是重复且无限期的。

首先,在有限博弈过程中,假设A、B分别是协议中的行政主体与私人参与者。双方的博弈结构如表2所示:

表2 有限期重复博弈结构

行政主体 \ 私人主体	合作	违约
合作	3, 3	-3, 5
违约	5, -3	-1, -1

---

[1] Lisa Bernstein, "Private Commercial Law in the Cotton Industry: Creating Cooperation through Rules", Norms, and Institutions, *Michigan Law Review* 2001, pp. 1724-1788.

在本例中，一方参与者需站在对方立场对己方策略选择（Putting yourselves into other people's shoes），当私人主体遵守合同时，行政主体选择非严格履约可获得最大收益。私人主体显然知晓这一情况，在行政主体违约时，己方选择同时违约才得以将损失降至最低，此时（-1，-1）这一策略选择在双方之间形成一种均衡状态（Nash Equilibrium），无论是行政主体还是私人主体均缺乏足够的激励选择其他策略。

前文指出无限的行政优益权使协议的不稳定性激增，[1]而均衡状态则明确说明不稳定的协议将削减私人主体乃至整个协议的预期收益。

在无限期重复博弈中，假如双方均选择合作，其在每回合中均能获得0.5的收益。在参与人B违约的情况下，参与人A将丧失0.5的收益，为了报复B获得的超额收益，其在接下的两轮中都不会选择与其合作，在（N~N+3）环节，违约人B所遭受的损失为1.5，超过所获收益，这就为其在N+3环节选择合作提供激励。这一博弈模式如表3所示：

表3 无限期重复博弈结构

参与人B的策略	轮次	N	N+1	N+2	N+3	N+4	N+5
	违约	1	0	0	1	0	0
	合作	0.5	0.5	0.5	0.5	0.5	0.5

由此可见，越接近无限期重复博弈，双方参与者越有激励选择合作而非恶意违约。因此在长期博弈过程中，政府在声誉机制的激励下会选择履行合同策略。更重要的是，行政主体的违约选择会显著降低其自身声誉，短期内行政主体会获得超额收益，但在长期中其难以再从后续的行政协议中收取收益。

我们发现，在短期博弈中，行政主体无限制行使优益权将会降低自身信誉，并会激励合同相对人选择非合作策略。在长期博弈中，不仅所签行政协议的社会效益显著下降，行政主体展开新一轮合作的成本支出也会显著上升，

---

[1] 声誉是否有效取决于相对方对剩余的认同度，这就意味着动机的不稳定性将实质影响双方的博弈过程。参见David M. Kreps, Robert Wilson, "Reputation and Imperfect Information", *Journal of Economic Theory*, Vol.27, Aug. 1982, p.275。

行政主体公信力也承担着遭到削弱的风险。

三、对行政优益权予以有效限制的方案建议

本文前两部分指出了行政优益权的困境并对限制行政优益权的必要性予以论证。不难发现，合理限制行政优益权将有效发挥其预设功效，因此下文将从实践着手，结合域外经验对如何进行有效限制进行探究。

（一）出台《行政程序法》，发挥法律的基础性约束作用

法律作为基础性社会规范，是规范优益权行使最直接有效的方式，有效限制行政优益权，首先需要统一行政协议法律规范体系。前文已经提到，行政优益权法律制度在我国并非不存在，现阶段的主要困难在于缺失高位阶统领性的法律文件，因此笔者建议：制定《行政程序法》并对行政协议单独立法。

行政程序法是以实现公共行政职能为目的，调整行政法律关系主体在行政活动中的程序法律规范和原则的总和。[1]程序与实体在法律体系中缺一不可，其蕴涵的效率与权利等价值对于提高行政效率具有重要意义，中共第十八届四中全会也明确将完善行政程序法律制度作为改革的目标之一，[2]截至目前中央层面的行政程序制度分散在《行政程序法》等单行立法中，各地本着"先行先试"的精神已陆续出台11部行政程序规章制度，这些都为统一的行政程序法积累了足够经验。

域外国家也多有通过行政程序法规制行政优益权的实践，西德联邦政府在1963年起草的《西德模范行政程序法草案》中就曾赋予行政主体根据公共利益终止合同的权力[3]。值得注意的是，虽然德国政府在战后将"效率"与"非要示"作为行政程序立法遵循的原则，但立法者认为有法可依可以有效矫正偏离公共利益的效率偏好，以此减轻追求效率行为所带来的负外部性。公共利益的内涵诚然难以穷尽，但法律制度的稳定性在一定程度上可以对理

---

[1] 马怀德："行政程序法的价值及立法意义"，载《政法论坛》2004年第5期。

[2] 参见《中共中央关于全面推进依法治国若干重大问题的决定》规定，完善行政组织和行政程序法律制度，推进机构、职能、权限、程序、责任法定化。

[3] 《西德模范行政程序法草案》第45条规定，若客观情况自合同缔结后发生重大变化，且不能期待当事人一方维持原有合同约定的，该合同当事人可以请求终止合同；行政机关为防止或排除严重违反公共利益的后果，也可以终止合同。

论模糊性所带来的效率不足进行弥补。

针对行政协议的法律属性问题,笔者认为可以尝试借鉴德国的"双阶理论",在《行政程序法》等高位阶法律规范中赋予私人主体有限的救济途径选择权,减轻私人主体对行政诉讼低胜诉率的顾虑,发挥仲裁等民事争议解决机制的高效率优势,同时保证行政主体行为的权威性,以适应国内行政协议市场发展初期[1]"高需求,高供给"的时代特点,在未来发展中向行政争议方向进行过渡。

(二) 完善针对不当行使行政优益权的补偿与赔偿机制

评价行政主体行使行政优益权的效率,不能仅评估其是否最终对公共利益进行保障,还应关注私人主体的合法收益能否得到保障。与前文的行政程序立法相异,这实质上是对行政机关行为的一种反向限制,可进一步划分为行政主体主动的补偿与被动赔偿两个方面,前者可以督促行政主体以最小成本维护公共利益,后者则可监督行政主体合法行使行政优益权。优益权的补偿理论在法国被称为"财务平衡"原则,在此语境下,行政主体需要在平衡合同相对人的"现实损失"与"期待利益"后对其进行补偿。这一原则可以被概括为:行政主体的合法行为不能成为协议相对人遭受不利益的理由,[2]考虑到不同主体对金额计算方式的差异,法国行政法院法官拥有对数额的最终确定权。我国现阶段立法对于补偿形式、补偿金额计算等具体问题规定模糊,[3]仅对行政机关的补偿义务进行简单的宣示性规定。笔者建议对行政优益权行使的补偿机制进行细化阐释。

《国家赔偿法》自 1994 年修订以来,经 2010 年与 2012 年两次修正,已经成为保障社会主体获得赔偿权利以及促进国家机关行使职权的基础性法律规定,[4]不当行使优益权属于该法第 4 条载明的行政机关依职权造成财产损

---

[1] 若根据单一的历史线评价,行政协议在国内并非是一个新概念,但考虑到法国、德国等资本主义国家早在 19 世纪即开展了有关的探索,在世界历史范畴内,我国的行政协议相关制度与学理研究仍处在初级阶段。

[2] 李颖轶:"法国行政合同优益权重述",载《求是学刊》2015 年第 4 期。

[3] 例如《基础设施和公用事业特许经营管理办法》第 38 条仅规定,特许经营协议提前终止的,政府应当收回特许经营项目,并根据实际情况和协议约定给予原特许经营者相应补偿。

[4] 《国家赔偿法》第 1 条规定,为保障公民、法人和其他组织享有依法取得国家赔偿的权利,促进国家机关依法行使职权,根据宪法,制定本法。

害的行为,其赔偿额度也限于私人主体承受的直接损失,其对私人主体可预期收益的忽视,显然不符合行政合同的基本特征。[1]鉴于此,建议参考《合同法》等民商事合同法律条文,在《国家赔偿法》中增加对于行政协议的专项规定,或对行政协议赔偿事项单行立法。

(三)提高行政协议质量,降低行政优益权使用频率

行政协议对未来社会变迁的低预见性是行政机关行使行政优益权的潜在原因之一,这也是行政协议低效率的表现。现阶段国内行政协议数量庞大,但合同质量参差不齐。以PPP为例,政府社会资本合作近年成为国家经济改革的重点领域之一,仅2014年一年国务院部委出台的相关文件就达19部之多,在政策拉动下,2015年PPP数量激增,并成为地方政府拉动经济发展的重要工具,仅重庆市在当年就提前4个月完成年度总计金额达1300亿元的PPP签约的工作计划。但自2016年始,PPP签约量呈下降趋势。此时首批PPP项目大多已进入合同履行阶段,合同的不完备性逐渐显现,如图1所示,PPP项目退出量增幅扩大,根据数据判断,未来仍有进一步上升的趋势。

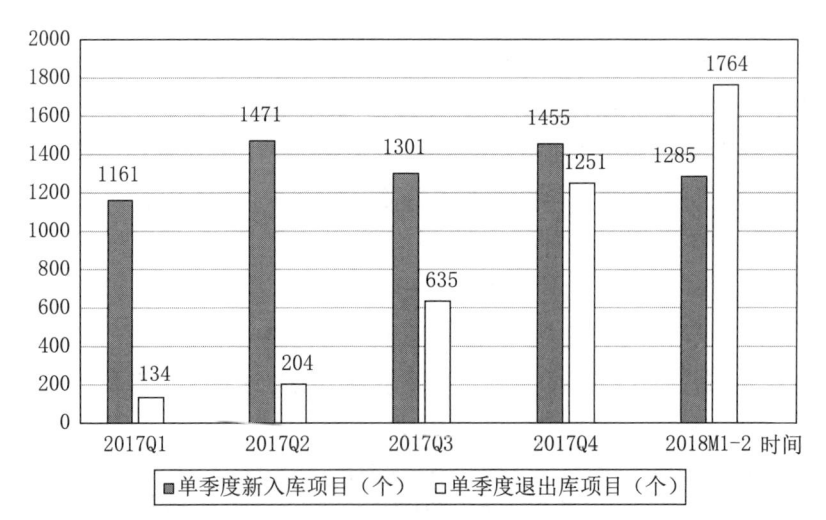

图1 2017年与2018年第一季度PPP数量变化图

资料来源:财政部PPP中心 长江证券研究所。

---

[1] 例如《合同法》第113条规定,损失赔偿额应当相当于因违约所造成的损失,包括合同履行后可以获得的利益。

笔者认为,缔约阶段是保证协议质量的关键环节,在这一阶段,需要保证:(1)理顺政府职责;(2)引入第三方行政协议监督评估机制;(3)落实行政主体与私人主体在行政协议中的责任。其中,政府职责在于提高公信力与服务能力,[1]由于部门利益[2]的存在,这一设定远不能依靠行政主体独立自律实现,对此可借鉴澳大利亚联邦政府在 PPP 项目准入程序中引入的物有所值评价原则(Value for Money),通过对全面量化比较行政协议的成本与收益,尽量得出较为客观的数据结果,避免行政协议在政绩偏好激励下的行为过度偏离于市场。明确参与双方的责任对督促其在缔约阶段谨慎评估风险意义重大,对于行政主体,其责任可划分为行政责任与刑事责任,[3]为了兼顾对行政主体的震慑功能与对私人主体的有效补偿,需要视金钱赔偿机制作为行政责任的核心部分。虽然行政协议带有强烈的行政职权色彩,其仍然需以公私主体的合意为基础,因此私人主体也需对协议承担其应尽的责任,尽管它并非行政法学所聚焦的重点对象,我们仍期望对该归责机制的设计可以更加符合市场经济规律,以确保降低合同在未来变动的风险。

四、结 论

行政优益权的根本目标在于维护公共利益,行政主体在行使优益权时,一方面要确保该行为不会对私人主体利益造成过度侵害,另一方面要防止这一权力成为自身谋求部门利益的工具。对行政优益权予以适当限制,需要立法者运用成本收益方法对各方主体的利益与偏好进行综合考量,在尊重市场规律的基础之上,在法律规范范畴内对行政优益权进行明确规定,对行政主体施以正向制约。此外还须完善私人主体补偿救济机制,促使行政主体在"缔约前""缔约后""行为决策"与"行使权力后"四个阶段内合理运用自

---

[1] 参见《决胜全面建成小康社会 夺取新时代中国特色社会主义伟大胜利》中关于转变政府职能,深化简政放权,创新监管方式,增强政府公信力和执行力,建设人民满意的服务型政府的规定。

[2] 西方经济学家认为,政府的"公仆"身份并不意味着其不会在职责范围内最大化自己的私利(self-interest),见 John Mukum Mbaku, *The Political Dimension of Economic Growth*, Palgrave Macmillan, London, 1998, p.195。

[3] 例如《国有土地上房屋征收与补偿条例》第 30 条规定,市、县级人民政府及房屋征收部门的工作人员在房屋征收与补偿工作中不履行本条例规定的职责,或者滥用职权、玩忽职守、徇私舞弊的,由上级人民政府或者本级人民政府责令改正,通报批评;造成损失的,依法承担赔偿责任;对直接负责的主管人员和其他直接责任人员,依法给予处分;构成犯罪的,依法追究刑事责任。

身权力。优化行政优益权制度安排并非意在削弱政府在社会体系中所占权重，而是为了保护行政协议制度，尽可能通过减少交易成本实现各项资源的优化配置。

息诉罢访协议可诉性之证成[1]

李羿的*

【摘　要】息诉罢访协议作为地方政府实施行政管理、化解社会矛盾的特殊手段,其可诉性与否关乎相对人权益的保障与该协议功能的发挥。司法实践中对于该行为的性质认定不一,主要争议在于息诉罢访协议能否作为形式化的行政行为被纳入受案范围。《最高人民法院关于适用〈中华人民共和国行政诉讼法〉的解释》第1条第2款规定了十类不可诉的行政行为类型,通过对相关条款的体系解释可知,息诉罢访协议与信访处理事项有着本质性的区别,属于行政协议中的和解协议,这一行为应当属于可诉行政行为的范畴。

【关键词】息诉罢访协议　和解协议　信访处理事项　不产生实际影响

一切法律均缘起于行为方式。[2]信访作为体现我国政治体制特点的一项独特制度,其本身预设了两项功能:民主表达和纠纷解决。随着行政纠纷数

---

[1]　本文的写作灵感源自笔者在中国政法大学参加研究生复试时,老师问及对于息诉罢访协议有什么看法。由于学识浅薄,面试过程中仅仅想到了可能涉及对诉权的限制,又言及《宪法》中并未规定诉权。老师们勉励我回去多思考。时过境迁,言犹在耳,故写下此文作为自己思考的总结之一。在此对老师们的启发表示感谢!

*　李羿的,中国政法大学2018级宪法学与行政法学专业硕士。

[2]　[德]弗里德里希·卡尔·冯·萨维尼:《论立法与法学的当代使命》,许章润译,中国法制出版社2001年版,第11页。

量的增加及其复杂性，信访制度的纠纷解决功能进一步凸显。[1]在现实的制度演化中，信访制度、行政复议、行政诉讼制度逐渐并行，共同成为行政救济的主渠道。[2]根据《信访条例》的规定，各级政府及其工作部门解决信访问题的途径包括登记、转送有权机关、抄送下级机构、作出处理意见、作出复查意见等。[3]《最高人民法院关于适用〈中华人民共和国行政诉讼法〉的解释》（以下简称2018年《司法解释》）中也明确列举了行政机关对于信访事项的处理行为包括登记、受理、交办、复核、复查等。

实践中，行政机关除了采用上述措施解决有关争议外，还创造了比较具有地方特色的息诉罢访协议。这一行为抑或是协议很难找寻到组织法或是行为法的依据。同时，人民法院在面临当事人就此类协议诉诸法院时，由于实体法规定的缺失以及对行政诉讼受案范围相关条款的理解不一，不同法院对此类协议引发的诉讼呈现出不同的态度。[4]下文考察司法实践，结合制度规定和理论观点，对息诉罢访协议的可诉性进行探讨，以期为司法审判提供清晰的受理路径指引。

一、何为息诉罢访协议

（一）制度史的考察

制度意义上对息诉罢访协议的规定是其在现实中出现困境的重要原因。从行政法的角度讲，一个行政主体实施行政行为需要具备组织法权限和行为法权限，然而至今却无任何规范性文件赋予地方政府及其组成部门通过息诉罢访协议实施行政管理的相关职权。

这一概念的首创并非来自于中央政府，也非来源于立法机关，而是在最高司法机关的解释中，首次出现了该意义上的表述。《民事诉讼法》颁布之前，最高人民法院于1979年发布了《人民法院审判民事案件程序制度的规定

---

[1] 冯仕政："国家政权建设与新中国信访制度的形成及演变"，载《社会学研究》2012年第4期。

[2] 应星："作为特殊行政救济的信访救济"，载《法学研究》2004年第3期。

[3] 参见《信访条例》第四章、第五章。

[4] 如在有关最高人民法院就该类协议纠纷作出的裁判中，不同的巡回法庭之间就该类协议的可诉性即存在不同的认识。详见本文第三部分。

(试行)》,在第九章"申诉与再审"中规定:对申诉案件应坚持实事求是的原则……申诉无理的,即驳回申诉,并耐心教育申诉人服判息诉。司法审判中的申诉人通过到人民检察院和人民法院进行类似上访的方式,使得法院可以重开审判程序,以追求对自己更加有利的判决。最高人民法院要求各级法院对于没有法律理由的申诉进行驳回,并耐心教育当事人服判息诉。从这里可以看出,息诉在司法语言中的初始基础在于申诉人的申诉不能得到法律支持,因此要进行一定的事后教育工作。

在有关行政主体的规范性文件中最早表述"息诉罢访"这一意义的是郑州市人大于1995年9月6日发布的《郑州市信访条例》,该条例规定:信访人对复查结果仍不服,又提不出新的事实和理由,应停访息诉。原处理机关或单位及上级机关不再受理,但应做好教育工作。[1]从全国性规范的层面来看,涉及息诉罢访这一规定的最高层级的文件是国务院于2007年制定的《国务院关于台湾同胞投资合法权益保护情况的报告》,在该规范性文件第三章第六节中有"劝导其息诉罢访"的相关规定。[2]从上述司法机关、地方政府和国务院涉及息诉罢访的三个规定来看,仅仅是国务院制定的规范性文件,其他的有关息诉罢访的规定散见于公安部、司法部、信访局等制定的规范性文件中,至今全国性规范的层面没有任何的法律、行政法规或是部门规章写入息诉罢访这一概念,也并未将其作为一项正式的制度对待。

(二) 息诉罢访协议的现实样态

在"息诉罢访"不能成为行政主体的一项规范性职权的情况下,地方政府又是如何行使这一职权采取行政管理?在现实中,息诉罢访协议具体是什么样的?通过对于法院司法实践的提炼,可以管窥这一协议的现实样态。

无论是"息诉罢访协议"还是"息诉罢访承诺书",抑或是在信访处理意见书中约定的有关息诉罢访条款,实践中的用语或许不一,但从司法实践中的描述,可以看出其主要包括以下条款或内容:一是息诉罢访所针对的行

---

[1] 参见《郑州市信访条例》第23条第2款。
[2] 《国务院关于台湾同胞投资合法权益保护情况的报告》第三章第六节中规定,对一些坚持无理诉求的台胞,要有针对性地进行法制教育,劝导其息诉罢访。这一规定的标题为:加强法制宣传教育,营造依法保护台湾同胞投资正当权益的良好社会氛围。

政纠纷的概括。如在"吴桂林等诉泰州市海陵区住房和城乡建设局撤销行政协议案"中,原告出具的停访息诉承诺书首先就写明:本人因为破桥北河边8号房屋拆迁补偿安置过程中自建阁楼未确权计算房屋建筑面积等问题信访。[1]二是对协议一方主体即行政主体的义务规定,通常是相关补救补偿措施等。如"胡留娥诉曲靖市公安局麒麟分局处罚及行政赔偿案"中,息诉罢访协议书约定"由相关部门一次性给予其信访救助金60万元"。[2]三是协议另一方主体,即公民、法人或者其他组织需要履行或者遵守的义务,一般是所谓的放弃相关纠纷中的实体权利,不得向国家机关寻求救济等。在最高人民法院发布的"韩甲文与黑龙江省肇源县人民政府申诉行政裁定书"中,当事人韩甲文与肇源县政府签订的协议书中约定"不再主张土地经营权证书中600亩土地的经营权"[3],"不再上访诉求,息诉罢访"。

二、司法实践中对息诉罢访协议是否属于受案范围的判断

(一) 作为行政诉讼受案范围

息诉罢访协议这一诉讼对象既然名为协议,人民法院则很容易将其作为行政协议进行处理。2014年修订的《行政诉讼法》正式将行政协议纳入行政诉讼的受案范围。根据《行政诉讼法》第12条第1款第11项的规定,人民法院可以审理的行政协议包括政府特许经营协议、土地房屋征收补偿协议以及"等协议"。此处的"等"为司法实践中的扩张奠定了基础。但根据前述的两项列举,意味着人民法院如果想将某类无名协议纳入受案范围,需要将其作为有名协议进行对待,而不能直接以行政协议概括。

根据学者的总结,"从2015年《行政诉讼法》修订生效至2018年7月,最高人民法院行政庭已经识别出下述各类无名行政协议:土地收储协议、国有土地使用权出让协议、自然资源开发协议、息诉息访协议、政府工程采购协议、教育委托协议、师范生免费教育协议、律师代理协议、购房安置协议、招商投资协议、和解协议、移民安置补偿协议、环保监督补偿协议、行政强

---

[1] 《吴桂林等诉泰州市海陵区住房和城乡建设局撤销行政协议案行政判决书》,(2017)苏12行终101号。
[2] 《胡留娥诉曲靖市公安局麒麟分局处罚及行政赔偿案行政裁定书》,(2017)云行申63号。
[3] 《韩甲文与黑龙江省肇源县人民政府申诉行政裁定书》,(2016)最高法行申45号。

制执行协议、行政合作协议"。[1]其中提到的"息诉息访协议"作为行政诉讼受案范围首先来自最高人民法院的实践,其在2016年的一份裁定书中专门论证了息诉罢访协议的可诉性问题:

> 行政机关与上访人签订的息诉罢访协议,实质上是行政机关为了维护社会和谐稳定、公共利益和实现行政管理职能的需要,根据属地主义原则在其职责权限范围内,与上访人达成的有关政府出钱或者是给予其他好处、上访人息诉罢访等具有行政法上权利义务内容的协议,属于可诉的行政协议范畴。[2]

(二) 不作为行政诉讼受案范围

通过对司法实践的梳理可以发现,司法实践中存在着与上述结论完全相反的态度。法院会认为,息诉罢访协议作为信访机关与公民、法人或其他组织协商一致的结果,本质上仍然是信访处理事项。最高人民法院对此也态度不一。在"马春英诉上海市虹口区人民政府不履行息诉罢访协议案"[3]中,最高人民法院认为:

> 马春英诉请虹口区政府履行"息诉罢访协议"等事项,本身不属于人民法院行政诉讼的受案范围,且马春英提起本案诉讼的实质是对相关部门所作信访处理结果不服,仍属于信访事项,马春英以信访事项起诉,同样不属于行政诉讼受案范围。

最高人民法院列出了其2005年发布的"(2005)行立他字第4号"这一文件来证明。[4]而在2018年《司法解释》中,有关受案范围条款的部分则直

---

[1] 陈天昊:"行政协议的识别与边界",载《中国法学》2019年第1期。
[2] 《韩甲文与黑龙江省肇源县人民政府申诉行政裁定书》,(2016)最高法行申45号。
[3] 《马春英再审审查与审判监督行政裁定书》,(2018)最高法行申384号。
[4] 《最高人民法院关于不服县级以上人民政府信访行政管理部门、负责受理信访事项的行政管理机关以及镇(乡)人民政府作出的处理意见或者不再受理决定而提起的行政诉讼人民法院是否受理的批复》规定:一、信访工作机构是各级人民政府或政府工作部门授权负责信访工作的专门机构,其依据《信访条例》作出的登记、受理、交办、转送、承办、协调处理、监督检查、指导信访事项等行为,对信访人不具有强制力,对信访人的实体权利义务不产生实质影响。信访人对信访工作机构依据

接规定"行政机关针对信访事项作出的……行为"不属于行政诉讼的受案范围。这一司法解释的条款将上述最高人民法院文件中的规定合二为一,颇有将所有信访事项排除司法审查的意旨。南通市中级人民法院在一份判决书中也认为:

> 案涉协议是以息诉罢访为目的,是丁堰镇政府以"协议"的方式对信访事项作出的处理,本质上属于信访答复意见。虽然,案涉协议的一方是行政机关,协议也具有维护社会稳定、实现行政管理之目的,形式上颇具行政协议的特征,但能够纳入行政诉讼受案范围的行政协议,除了具备行政协议的基本特征外,还应当考察是否存在优先适用特别法规即《信访条例》相关规定的情形。[1]

上述南通市中院的论证逻辑代表了司法实践中相当多法院的论证逻辑。这一论证方式的核心在于虽然承认息诉罢访协议属于行政协议,但由于《信访条例》和最高人民法院司法解释中关于信访处理事项不属于受案范围的条款构成了"特殊法",因此,从本质上行政机关作出息诉罢访协议仅仅是手段或者形式,其本质上仍然是信访处理事项。以下笔者将通过对论述息诉罢访协议作为行政协议和对信访处理事项条款的体系解释,论证其可诉性。

三、息诉罢访协议作为行政协议中的和解协议

(一) 息诉罢访协议相较于基础事实的独立性

息诉罢访协议签订的前提在于存在一个基础的纠纷事实。在诉访分离[2]的前提下,这类纠纷事实之所以没有进入法院的渠道,很大程度上是由于客

(接上页)《信访条例》处理信访事项的行为或者不履行《信访条例》规定的职责不服提起行政诉讼的,人民法院不予受理。二、对信访事项有权处理的行政机关根据《信访条例》作出的处理意见、复查意见、复核意见和不再受理决定,信访人不服提起行政诉讼的,人民法院不予受理。这一批复设定了两个主体和两类行为。一是信访工作机构,其所作出的行为主要是程序性行为;二是有权处理信访事项的行政机关,其所作出的行为主要是实体性行为。

〔1〕《陈明华与如皋市丁堰镇人民政府二审行政裁定书》,(2018)苏06行终712号。该案入选"2018年度南通市中院行政审判十大典型案例"。

〔2〕《信访条例》第14条第2款规定:对依法应当通过诉讼、仲裁、行政复议等法定途径解决的投诉请求,信访人应当依照有关法律、行政法规规定的程序向有关机关提出。

观原因，如纠纷事实超过诉讼时效、历史遗留问题等。因此，即使基础事实存在合法性的疑问，行政机关也完全可以拒绝纠正或者补偿，因为长久以来已经形成了足够的法安定性。但在我国，由于一直以来存在有错必究、对人民负责的政法传统，即使法院将此类违法行为以起诉期限拒之门外，当事人仍然可以寻求行政机关，要求行政机关予以改变。这即是信访制度在中国存在的价值之一。[1]

就息诉罢访协议而言，行政机关通过进行一定的行政给付的方式，将无法查明的基础事实一并解决，对于当事人来说，即放弃了再次向行政机关寻求救济的机会，或者说，因此而不得向行政机关寻求救济。至于能否向司法机关寻求救济，即息诉罢访条款的约束性，其约束性的根本原因在于无法进入诉讼渠道，而非当事人放弃了起诉权。[2]因此，息诉罢访协议中的相关行政给付条款更可以作为是行政机关对原管理措施的变更或者补救补偿措施，这一措施可以完全独立于基础事实而存在。当事人单独对息诉罢访协议提起诉讼的，针对的是行政机关违法变更解除或者不履行协议的行为。法院的审查对象是一个新的行政行为或行政协议，这一行为的审查可以脱离原有的基础事实。

（二）息诉罢访协议符合行政协议的要件

1. 行政协议之判断要件

对于如何判断一个协议属于行政协议，在司法实践中，通说认为可以从"主体要件、目的要件、职责要件、内容要件等四个要件来判断民事合同还是行政协议"[3]。最高人民法院在"永佳公司诉大英县人民政府、回马镇人民政府不履行行政协议纠纷案"中则认为，判断是否构成行政协议主要包括以

---

[1] 信访制度的这一价值伴随着确认无效之诉的建构在未来将会逐渐限缩。参见王艳彬："对行政诉讼法新司法解释第162条的理解与适用"，载《法律适用》（司法案例）2018年第16期。亦可见最高人民法院行政裁定书（2018）最高法行申2496号：无效行政行为自始、绝对无效，不因时间的推移而具有合法效力，当事人可以随时对无效行政行为提起行政诉讼。因此，当事人针对新行政诉讼法实施之后作出的行政行为提起确认无效请求的，不受起诉期限的限制。

[2] 参见张璇："行政机关无权设定起诉权"，载《人民司法》2014年第10期。

[3] 程琥："审理行政协议案件若干疑难问题研究"，载《法律适用》2016年第12期。

下五个方面的要素,即主体、目的、职责、内容、意思。[1]其中意思要素是指行政协议的达成必须是双方协商,意思表示一致而达成的,这就表明了行政协议与具体行政行为的区别。

2. 息诉罢访协议与行政协议的关系

从签订主体来看,该协议的一方主体是行政主体,目的在于通过一定的方式解决行政纠纷。而在职责要素上,对于行政机关是否存在这样的职权,则可能存疑。上述论证可知息诉罢访协议并非法定的行政行为方式,法律法规也并未授权行政机关采取这种方式进行行政管理,似乎有违依法行政原则。但依法行政与契约自由之间并非是一种严格的非此即彼的关系。法律对行政之拘束,亦非全然否定缔结行政契约之自由。[2]如我国台湾地区行政法学者吴庚认为:在干涉保留体制下,得在给付行政范围内缔结行政契约……如不抵触法律,应亦可承认行政契约之自由。[3]因此,行政机关采取行政协议的形式处理信访事项符合依法行政原则。在内容要素上,双方约定一般是行政机关采取补偿措施,而当事人则放弃就此事再向行政机关寻求争议解决的机会,属于行政法上的权利义务关系。在意思表示要素上,息诉罢访协议作为双方约定的结果,体现出与一般行政处理的区别。因此,息诉罢访协议应当属于行政协议的范畴。

3. 比较法上和解协议概念作为论证补强

我国《行政诉讼法》确立了以类型化行政行为为基础的受案范围方式。法院面对不同的行政争议,需要首先将被诉行政行为类型化,然后再审查其是否属于受案范围。在大陆法系的行政诉讼中,规定了"和解契约"作为行政协议的一种,纳入行政诉讼的受案范围。如我国台湾地区"行政程序法"第136条即规定了行政机关通过和解的方式缔结行政契约,作为行政处分的替代。《德国行政程序法》第55条也规定了行政机关有权在合义务裁量的情况下,相互退让以排除所存在之不明。息诉罢访协议同样建立在解决争执、

---

[1] 参见《永佳公司诉大英县人民政府、回马镇人民政府不履行行政协议纠纷案再审裁定书》,(2017)最高法行申195号。

[2] 陈敏:《行政法学总论》,新学林出版有限公司2016年版,第569页。

[3] 吴庚:《行政法之理论与实用》,转引自陈敏:《行政法学总论》,新学林出版有限公司2016年版,第569页。

双方让步的基础上，正是和解协议的体现。

四、体系解释视角下的信访处理事项条款

在论证了息诉罢访协议作为行政协议后，似乎已经能够证明该协议是行政协议。但通过对司法实践的观察可以看出，很多法院秉持"息诉罢访协议作为行政机关进行信访行为的一种手段或者形式"，其本质仍然是信访处理事项，属于受案范围排除之外的。因此，我们还需要进一步探究该协议本身是否属于受案范围排除条款的范围。

（一）受案范围排除的行为类型

现代行政诉讼制度并非意味着所有的公法争议都可以通过行政诉讼的渠道解决。受案范围决定了某些事项的不可裁决性。本质上讲，不可裁决性关乎识别哪些主张应该在法庭上推进，哪些主张应当由议会的政治程序解决。[1]在我国的行政诉讼法中，不可裁决性的规定不仅关乎所谓的政治问题与行政争议的区分，同时设定了除政治问题不可审查以外的"行政保留"[2]的内容，体现为《行政诉讼法》第 13 条规定的"行政机关对行政机关工作人员的奖惩、任免等决定"和"法律规定由行政机关最终裁决的行政行为"，这两类本属于行政行为，可以被纳入行政诉讼的受案范围，但立法上却将其作为了行政权的自治范围。

那么，能否将行政诉讼法受案范围的排除理解为只有政治行为和行政保留两类才是不可诉的呢？并非如此。2018 年《司法解释》第 1 条即列举了包括内部行为、重复处理行为、过程性行为、指导行为等在内的，《行政诉讼法》本身未规定的受案范围排除事项。这一类行为为何被单独列举出来？司法解释是突破了《行政诉讼法》的规定吗？

（二）对 2018 年《司法解释》第 1 条第 2 款第 9 项的理解

2018 年《司法解释》第 1 条第 2 款第 9 项规定："下列行为不属于人民法院行政诉讼的受案范围：……（九）行政机关针对信访事项作出的登记、受

---

[1] Paul Anthony Mcdermott, "The Separation of Powers and the Doctrine of Non-Justiciability", *The Irish Jurist*, Vol. 35.

[2] 参见门中敬："论宪法与行政法意义上的法律保留之区分——以我国行政保留理论的构建为取向"，载《法学杂志》2015 年第 12 期。

理、交办、转送、复查、复核意见等行为……"从文义上看，对信访事项的解释可能使我们纠结于形式/实质、行政机关/信访机构等标准，而无法得出比较明确的答案。对于信访处理事项的理解及其范围包括哪些，应该将其置于司法解释受案范围排除条款之下进行整体理解，即"从方法论的视角出发对法律体系的讨论"。[1]

2018年《司法解释》第1条第2款列举了十类不属于人民法院受案范围的事项，但这十项规定并非基于同样的理由而列举。以下分述之：刑事诉讼法明确授权实施的行为性质本身不属于行政行为；法律规定的仲裁行为等属于法律设定的行政保留；行政指导、重复处理、外部法律效力、过程性行为、执行行为、内部层级监督行为都属于所谓的"对公民、法人或者其他组织的权利义务不产生实际影响的行为"。这一系列行为的列举并非意味着司法解释突破了《行政诉讼法》设定的不属于受案范围的范畴，更适当的解释是司法解释中的列举是对于司法实践中出现的有争议的"行政行为"的明示，即这类行为因为首先不符合《行政诉讼法》第2条的规定，而被排除出了受案范围之外。

通观2018年《司法解释》第1条，在第3项到第8项已经罗列了不产生实际影响的行为的情况下，第10项仍然重申"对公民、法人或者其他组织权利义务不产生实际影响的行为"。可以说，第10项的规定即是上述第3~8项规定的兜底性条款，也是实质性或限制性条款。之所以作为兜底性条款，是因为上述行为都不会对权利义务产生实际影响，但制度规定无法穷尽列举。因此，这一规定作为其他还未列举的不产生实际影响行为的兜底性规定。之所以作为实质性条款，也即意味着上述行为不作为行政诉讼的受案范围，但一旦超出上述行为的形式范畴，如内部行为产生外化影响，[2]过程性行为产生实际影响，[3]则该行为的性质即不再符合第10项规定的不产生实际影响，此时即进入了受案范围之内。这一形式条款加实质条款的约束，构成了司法

---

[1] 梁迎修："方法论视野中的法律体系与体系思维"，载《政法论坛》2008年第1期。
[2] 刘飞、谭达宗："内部行为的外部化及其判断标准"，载《行政法学研究》2017年第2期。
[3] 邓炜辉："行政批示可诉性：司法图景与标准判定——基于我国法院相关裁判文书的规范考察"，载《政治与法律》2019年第1期。

解释中对"不属于行政诉讼法意义上的行政行为"[1]的解释基础。这一规定表明了排除此类行为的司法审查并非因为其行为形式上的名称,而是因为其实质上的不产生实质影响。该设定方式更符合了最高人民法院作为司法实践者的一贯风格。法院在对行政行为可诉性的认定上"抛弃了形式性的学说框架,直接面对法律概念进行认定标准的建构,采用的是一种实质主义的解释框架……法院在对是或不是(具体)行政行为的判断中,不再以形式作为判断标准,而是看其内容,从权利义务的角度进行实质判断"。[2]

(三)信访处理事项与息诉罢访协议的关系

以上的分析为我们展示出一个清晰的行政诉讼受案范围排除的轮廓,我国行政诉讼对于受案范围的排除主要有以下三类:非行政行为(包括政治行为),行政保留,非行政诉讼法意义上的行政行为。非行政行为(包括政治行为)排除是因为权力分工的原因,行政保留必须有明确的法律授权。但通过对信访处理行为的规定来看,信访处理行为并非建立在权力分工的基础上,也不是法律设定的行政保留范围。同时,第9项的规定为"登记、受理、交办、转送、复查、复核意见",上述行为与第6项列举的"准备、论证、研究、层报、咨询"和第8项列举的"督促报告、执法检查、督促履责"等行为性质相似,更类似一种程序性行为,也是第10项所谓的不产生实际影响的行为。再者,2018年《司法解释》将这一规定置于第9项,即司法解释的原意为:信访处理事项与上述第3~8项规定的行政行为类似,都属于"行政诉讼法意义上的行政行为",也都同时受到第10项,即以是否产生实质影响而非形式化的判断这一标准的约束。

如上所述,司法解释中规定的信访处理行为主要针对行政机关就信访事项作出的程序性行为。这一列举的目的在于明确《行政诉讼法》第2条规定的"行政行为"的范围。如果行政行为超越了第10项设置的限制性规定,则

---

[1] 参见蔡小雪、甘文:《行政诉讼实务指引》,人民法院出版社2014年版。本书中,作者认为,行政诉讼法规定的可诉的具体行政行为与学理上的具体行政行为以及行政管理实践中的具体行政行为三者之间存在差异。因此,笔者认为,在我国《行政诉讼法》第2条中规定的"行政行为"指的是"行政诉讼意义上的行政行为",这一性质的识别标准即是"对公民、法人或者其他组织的权利义务产生实际影响"。

[2] 陈越峰:"中国行政法(释义)学的本土生成——以'行政行为'概念为中心的考察",载《清华法学》2015年第1期。

不再属于不可诉的行为。从本文第二部分来看，息诉罢访协议设定了相关的权利义务条款，如行政机关的给付义务，当事人的权利放弃的承诺等，这些条款都足可以构成所谓的通过行政行为（行政协议）为公民、法人或者其他组织设定权利义务的条件。这一特征构成了息诉罢访协议与信访处理事项的本质区别。

结　语

息诉罢访协议作为行政机关化解行政争议的特殊手段，其在产生之初就面临着一种合法性与正当性的拷问。似乎从严格的规范主义角度来看，这种协议不应当进入行政诉讼的受案范围甚至本身就是一种违法协议。但现实中的行政管理情况之复杂，却绝非简单的法律条文所能概括。在我国实体法未有明确授权的情况下，地方政府通过息诉罢访协议的方式解决纠纷不失为一种功能主义的创制。在此基础上，司法实践应当对此进行回应，将该协议纳入受案范围中，以防止行政机关借此侵害公民权益。但同时，息诉罢访协议本身事实基础复杂，在纳入受案范围的同时，其审查强度、审查依据等，都需要理论和实践的进一步回答。

行政黑名单的内涵、性质及合法性控制

——基于 27 部行政规范文件的分析

徐 浩[*]

【摘 要】 行政黑名单作为信用监管的工具之一,在推动社会诚信建设、维护市场秩序方面成效显著。但目前立法实践中存在黑名单内涵及法律属性不清、设定层级较低、对相对人的权利影响与设定目的不匹配、对相对人保护不足等问题。合理界定行政黑名单法律属性和内涵,推动行政黑名单的合法化控制是解决当前实践中问题的必由之路。

【关键词】 行政黑名单 信用监管 程序控制 合法性控制

引 言

现代市场经济条件下,信用不仅仅是单个人或组织的道德或品行的反映,也是市场经济有效运行、国家社会稳定发展的重要助推器。并且,在应对社会纷繁复杂的问题时,传统的秩序行政已难以应对,更多具有非强制性的行政行为、非形式化行为不断涌现,发展和扩大着行政行为基础理论的内在与外延,强调多元主体有效治理的新行政法也不断成长。在政府治理过程中,信用监管正通过诚实信用的道德蕴含和法律原则逐渐演化成为新型的社会治

---

[*] 徐浩,中国政法大学 2018 级宪法学与行政法学专业硕士。

理手段。[1]其中，作为信用监管工具的一种，行政黑名单在惩治失信行为、净化市场环境、保障市场主体公平交易、推动社会诚信建设等方面成绩斐然。国务院也曾在2014年提出"在各行业着手建立黑名单制度和市场退出机制"的政策主张。[2]其后又分别印发文件，在专注于行政许可制度改革之外，值得我们注意的是，文件中还主张面向13个监管对象着手建立行政黑名单。[3]这是政府治理方式的一次转变，也是从政策层面推动行政黑名单制度的现代化和法治化构建的一次伟大尝试。

笔者通过对27部法律规范的分析，发现实践中行政黑名单泛化和滥用、缺乏合法性控制、侵犯相对人合法权利等问题层出不穷，如何良性化解行政黑名单运行中的诸多问题，成为摆在学界面前的一项重大课题。本文即是从实践中存在的问题出发，致力于厘清行政黑名单的内涵与性质，并从正当程序和依法行政视角提出针对性建议，力求促进行政黑名单的合法性建设，发挥其作为信用监管工具的最大功效。

一、行政黑名单的内涵及法律属性

（一）27部法律规范下载说明[4]

以"黑名单"在"北大法宝"中进行检索操作，共有中央层面法规22部，其中部委层面规章19部，下载5部规范[5]以作研究，除去3部失效外，其余均为有关部委将某某对象纳入或移除黑名单的通知。行业规定3部，均是证券业协会关于股票配售黑名单有关事项的公告。地方层面法规共188部，其中地方规范性文件120部，地方工作文件67部，行政批复1部，多集中于拖欠农民工工资领域和市场经营主体领域，类型包括守信红名单和失信黑名单。以"行政黑名单"为关键词，无检索结果出现。以失信惩戒为关键词进

---

[1] 袁文瀚："信用监管的行政法解读"，载《行政法学研究》2019年第1期。
[2] 引自《社会信用体系建设规划纲要（2014—2020年）》（国发〔2014〕21号）。
[3] 国务院分别于2017年9月22日和2018年7月28日公布《关于取消一批行政许可事项的决定》（国发〔2017〕46号）和《关于取消一批行政许可等事项的决定》（国发〔2018〕28号）两项决定。
[4] 此次法律规范检索截至2019年3月12日。
[5] 具体规范如：《旅游市场黑名单管理办法（试行）》《体育市场黑名单管理办法》《拖欠农民工工资"黑名单"管理暂行办法》《文化市场黑名单管理办法（试行）》《国家食品药品监督管理局关于印发药品安全"黑名单"管理规定（试行）的通知》。

行检索，共有53部地方层级法律规范，其中地方规范性文件44部，地方司法文件3部，地方工作文件5部。〔1〕以"失信联合惩戒"为关键词，共有中央层面法规17部，地方层面法规134部。其中行政法规1部，〔2〕部门规章16部；〔3〕地方规范性文件63部，其中多为地市级政府或其办公室发文，下载6部规范〔4〕以作参考；地方工作文件71部，下载5部规范〔5〕等以作研究。

针对主题，共下载27部规范性文件作为研究对象。研究对象涵盖中央和地方两个层级，包括行政法规、部门和地方政府规章、地方规范性文件和地方工作文件，兼顾东部、中部和西部地区，基本覆盖行政黑名单当前适用的旅游、文化、安全监管、工商等领域，具有一定代表性。其中有3部行政法规〔6〕可以算作是关于行政黑名单制度的最高法律依据，其余的24部行政规范文件基本上可以说是上述三部行政法规在各个领域、各地的具体贯彻。

（二）行政黑名单的内涵及作用路径

首先，关于行政黑名单的含义界定，有的学者认为，行政黑名单就是行政机关对具有违法违规行为的主体设定的一种信息记载目录，并以特定方式

---

〔1〕 此条检索结果被"失信联合惩戒"关键词检索结果覆盖，故不在此部分下载。
〔2〕 此部规范为《国务院关于建立完善守信联合激励和失信联合惩戒制度加快推进社会诚信建设的指导意见》（国发〔2016〕33号）。
〔3〕 典型规范如：《交通运输守信联合激励和失信联合惩戒对象名单管理办法（试行）》《国家发展改革委、人民银行关于加强和规范守信联合激励和失信联合惩戒对象名单管理工作的指导意见》。
〔4〕 规范为：《中山市人民政府关于印发中山市建立完善守信联合激励和失信联合惩戒制度实施方案的通知》《合肥市人民政府关于印发合肥市建立完善守信联合激励和失信联合惩戒制度加快推进社会诚信建设工作方案的通知》《南充市建立完善守信联合激励和失信联合惩戒制度加快推进社会诚信建设实施方案》《贵阳市人民政府办公厅关于印发贵阳市建立完善守信联合激励和失信联合惩戒制度加快推进社会诚信建设工作方案的通知》《呼和浩特市守信激励与失信惩戒管理办法（暂行）》《连云港市社会法人和自然人失信惩戒办法（试行）》。
〔5〕 规范为：《辽阳市人民政府关于印发辽阳市建立完善守信联合激励和失信联合惩戒制度实施方案的通知》《山东省人民政府关于建立完善守信联合激励和失信联合惩戒制度加快推进社会诚信建设的实施意见》《安徽省人民政府关于建立完善守信联合激励和失信联合惩戒制度加快推进社会诚信建设的实施意见》《湖南省人民政府关于建立完善守信联合激励和失信联合惩戒制度加快推进社会诚信建设的实施意见》《漯河市工业企业守信激励和失信惩戒实施方案》。
〔6〕 具体是《国务院关于印发〈社会信用体系建设规划纲要（2014—2020年）〉的通知》《国务院关于建立完善守信联合激励和失信联合惩戒制度加快推进社会诚信建设的指导意见》《关于加快推进失信被执行人信用监督、警示和惩戒机制建设的意见》。

发布，进而对相对人行为或权利予以适当约束和限制的监管手段。[1]也有学者持认，行政黑名单是部分组织机构依据权限或者是法律法规的授权，面向实践中具有可能危害社会公共利益或他人受法律保护利益的违法、违规行为的公民、机构采取的向市场和社会进行公示或建立不良信息档案等方法对其进行相关资格限制或者不良信用揭示的一类规制行为。[2]上述两种定义表述相近，可以基本代表学界关于"行政黑名单"定义的主流观点。关于立法实践的看法，通过梳理可以发现，现有立法条文表述与学界观点基本一致。[3]

根据部分有关行政黑名单定义的表述，我们可以发现，"黑名单"的记录主体是行政机关或者法律、法规授权的组织，当然实践中行业组织也可以成为记录主体，如证券业协会发布的一系列"股票配售对象黑名单"的公告。记录的信息对象是公民、法人和有关组织，具体的可以包括商业组织、公民个体、企业负责人等主体；针对违反法律法规或行业规定的行为，[4]将其纳入名单内，以供机关内部、行业内部进行有关许可、评估等工作所用和社会公民查询以规避风险所用。黑名单记录的载体主要是公共信用信息，也即有关行政相对人的不良信息，行政主体根据自身负责领域对此类信息进行收集并建立一定的信息公布平台，以便利行政机关内部流通和普通民众进行信息收集与查询。关于黑名单适用的领域，通过对27部行政规范的梳理，我们发

---

[1] 参见范伟："行政黑名单制度的法律属性及其控制——基于行政过程论视角的分析"，载《政治与法律》2018年第9期。

[2] 刘平、史莉莉："行政'黑名单'的法律问题探讨"，载《法治论丛（上海政法学院学报）》2006年第2期。

[3] 例如《国家食品药品监督管理局关于印发药品安全"黑名单"管理规定（试行）的通知》第2条规定："省级以上食品药品监督管理部门应当按照本规定的要求建立药品安全'黑名单'，将因严重违反药品、医疗器械管理法律、法规、规章受到行政处罚的生产经营者及其直接负责的主管人员和其他直接责任人员（以下简称责任人员）的有关信息，通过政务网站公布，接受社会监督。"《体育市场黑名单管理办法》第2条规定："本办法所称体育市场黑名单管理，是指将严重违反法律、法规、规章的体育经营主体和体育从业人员列入体育市场黑名单，在一定期限内向社会公布，实施信用约束、联合惩戒等措施的统称。"

[4] 《国务院关于建立完善守信联合激励和失信联合惩戒制度加快推进社会诚信建设的指导意见》中对何种行为应该纳入黑名单有所规定，主要是严重危害人民群众身体健康和生命安全的行为、严重破坏市场公平竞争秩序和社会正常秩序的行为、拒不履行法定义务，严重影响司法机关、行政机关公信力的行为、拒不履行国防义务，拒绝、逃避兵役，拒绝、拖延民用资源征用或者阻碍对被征用的民用资源进行改造，危害国防利益，破坏国防设施等行为四大类，其余研究的部委规范性文件和地方规范均是结合本部门或本地实际予以细化。

现基本上都是应用于安全生产、工商税务、交通运输、食品药品、融资证券等领域。[1]

根据对27部行政法律规范中关于列入行政黑名单的后果的整理，我们发现，行政相对人一旦被纳入行政黑名单，基本上在招投标、行政许可、融资贷款、资格认定、政府物品采购和有关市场准入等方面都会受到限制。其中2016年中办、国办联合印发关于建立健全联合惩戒机制的文件，[2]文件中规定了11类多达100多项联合惩戒措施，具体措施包括对相对人在部分领域任职资格限制、市场或行业准入资格限制、对从事特定行业或参加特殊项目进行约束等方面，[3]甚至还包括关于黑名单个人子女入学就读资格的限制，以一个规范性文件去限制相对人的受教育权不仅涉及违法，还可能涉及违宪，更有可能遭致公众对其效仿古代"连坐"制度的质疑和批评。对于各部委和各地出台的有关行政黑名单的相关规范，在关于失信惩戒措施的设定和实施方面固然可以实现某些管理目标，但从法律保留和公民权益保障方面观察是否合法合理还有待商榷。

行政黑名单作为信用惩戒和社会防范的机制与工具，作用主要表现在：首先，黑名单具有失信惩戒的作用，其可以采取对相对人进行资质认定约束、入市约束等途径，对相对人的侵益行为进行规范。[4]立法上黑名单制度的惩戒措施正如上所述，基本可以涵盖从资格审查、评估申请、就业出行等各方面，以达到信用威慑、失信惩戒甚至违法惩罚的目的。再者，黑名单具有潜在风险警示、推动诚信社会建设的功能。在秩序行政时代，行政活动主要是对业已发生的行为作出反应，法律法规也可以列举出一些较为具体的事实来

---

[1] 突出表现为《国家食品药品监督管理局关于印发药品安全"黑名单"管理规定（试行）的通知》《国家发展改革委、国家能源局关于加强和规范涉电力领域失信联合惩戒对象名单管理工作的实施意见》《国家发展改革委、人民银行关于加强和规范守信联合激励和失信联合惩戒对象名单管理工作的指导意见》等规范文件的出台以及诸如《国家安全生产监督管理总局公告2017年第12号——2017年第二批安全生产失信联合惩戒的单位及其人员名单》《应急管理部公告2018年第1号——2018年第二批安全生产失信联合惩戒"黑名单"单位名单和移出安全生产失信联合惩戒"黑名单"单位名单》等系列公告的作出。

[2] 规范为《关于加快推进失信被执行人信用监督、警示和惩戒机制建设的意见》。

[3] 摘取自《关于加快推进失信被执行人信用监督、警示和惩戒机制建设的意见》。

[4] 参见兰皓翔："行政黑名单制度研究：个权利保护的视角"，载《山东行政学院学报》2017年第1期。

作为政府判断是否应该干预的考虑因素,并确定可以适用的措施,从而通过原则和规范来约束权力行使。而在现代社会中,规制主要面向未来,不仅传统行政管理活动需要变革,行为所涉及的平等主体或不平等主体之间的关系也呈现高度的复杂性和不确定性特点,严重依赖特定情景。特别是在行政管理活动中,对行政相对人来说,考虑其自身能力的不足以及风险评估可能产生的高成本,其难以对潜在风险进行事先评估和预防。典型的是在经济活动之中,交易者之间往往并不相识,很难掌握对方的具体情况,难以对交易过程可能出现的风险作出准确评估,一旦风险爆发极易造成利益的巨大损失。而在黑名单制度下,一方面,交易相对方会以黑名单的内容来对交易风险和对方信誉进行评估;另一方面,在信用经济建设的背景下,市场主体的信用作为其在交往过程中的一种无形资产,是在市场生活中所必须具备的素质。一旦交易主体被纳入行政黑名单并被向社会公布,则意味着作为企业立身之本的无形资产减少甚至灭失。以银行信贷领域为例,金融机构根据不同的信息考量以决定贷款量和抵押率。信誉良好的企业有形财产抵押率可能会相对比较低,并且企业信誉作为一种无形抵押资本,在贷款合同履行过程中,其与有形抵押物都属于企业的违约成本范畴,当企业的无形资本损失大于其贷款违约所获得的收益时,理性企业就会选择依法履约。[1]由此,黑名单制度不仅能够倒逼市场的诚信建设,也有助于降低交易风险,从而实现黑名单设立目的。

(三) 行政黑名单的法律属性

根据对行政黑名单主要功能的不同角度理解,关于黑名单的法律属性,我国学界观点不一,主要理论观点有:着眼于"惩罚行为"的"处罚说",主要是偏于声誉罚;关注黑名单"公布"行为的各类观点;关注于黑名单所产生的"现实功效"的"类型说"。[2]

"处罚说"理论主要注重纳入行政黑名单所对应的诸多失信惩戒措施对行政相对人产生的惩戒结果。持此种观点的学者普遍将"把相对人列入行政黑

---

[1] 贺学会、王海峰、王小曼:"企业信用行为与失信惩戒机制:一个基于信用资本的分析框架",载《金融研究》2008年第10期。

[2] 范伟:"行政黑名单制度的法律属性及其控制——基于行政过程论视角的分析",载《政治与法律》2018年第9期。

名单"认定应当属于《行政处罚法》第 8 条兜底条款包含的种类,同时具有处罚措施诸多类型里的声誉、资质和人身罚等多种性质,例如黑名单内容向社会公布造成黑名单企业或个人信誉的降低应当属于声誉罚的范畴;研究对象中的诸多规范中严格限制许可条件、企业融资贷款条件等条款就属于资格罚;[1]类似于限制被列入黑名单的相对人出行乘坐部分交通工具的条款属于人身罚。但也有学者坚持认为现有信用监管行为难以融入《行政处罚法》第 8 条兜底条款规定的内涵范畴。[2]并且,我国现有的法律、法规也未对信用监管究竟属于何种行政行为作出明确规定。[3]

还有关注于行政黑名单"公布"行为的学说,将黑名单的列入和公布都视作是对部分"违法事实的公布",认为行政黑名单的公布就是对应当公开的信息尤其是对违法违规的行为类信息进行公开以此保证公民的知情权。对此类属性的具体分类有:一是认为行政黑名单的公布对于行政相对人而言蕴含强制意味的"行政强制说",此部分强制属于一种间接强制或事实上的强制。[4]二是坚持认为是面向行政相对人引导和督促意义上的"行政指导说"。[5]三是面向行政相对人具有制裁意义上的"声誉处罚说"。[6]四是公共警告说,可以为行政相对人在进行交往活动时提供参考,以规避可能出现的风险。[7]

第三类关于行政黑名单法律属性的观点是着眼于黑名单的实际效果,这也是行政黑名单分类的主要理论依据。例如有的学者按照黑名单所呈现的不同功能,将其分为惩罚性、警示性、备案性和普法类这四类,并分别对应行

---

[1] 典型规范如:《国务院关于建立完善守信联合激励和失信联合惩戒制度加快推进社会诚信建设的指导意见》《交通运输守信联合激励和失信联合惩戒对象名单管理办法(试行)》。
[2] 《行政处罚法》第 8 条规定:"行政处罚的种类:……(七)法律、行政法规规定的其他行政处罚。"
[3] 参见袁文瀚:"信用监管的行政法解读",载《行政法学研究》2019 年第 1 期。
[4] 参见章志远:"作为行政强制执行手段的违法事实公布",载《法学家》2012 年第 1 期;王周户、李大勇:"公告违法行为之合理定位",载《法律科学(西北政法学院学报)》2004 年第 5 期。
[5] 刘平、史莉莉:"行政'黑名单'的法律问题探讨",载《法治论丛(上海政法学院学报)》2006 年第 2 期。
[6] 参见章志远、鲍燕娇:"作为声誉罚的行政违法事实公布",载《行政法学研究》2014 年第 1 期。
[7] 参见朱春华、罗鹏:"公共警告的现代兴起及其法治化研究",载《政治与法律》2008 年第 4 期。

政处罚、行政指导、内部行政行为和不构成事实行为四类。[1]除上述三种主要分类之外，也有学者主张将行政黑名单置入行政过程论的视角中去分析判断，行政黑名单实际上包括"拟列入""列入""公布""惩戒"四种过程行为，并分别对应准备型、具体型、事实型和处罚型四类行政行为。[2]

通过对学界主要观点和黑名单的内涵分析，笔者认为行政黑名单应属于行政处罚中的声誉罚。理由如下：其一，诚实守信不仅是我国的传统美德在实践中得到提倡，例如"国无信不立，人无信则亡"等谚语流传甚广，也时常映现在现有立法中。[3]并且，现代市场经济从本质上说也是信用型经济，对方是否具有良好的信用是市场交易主体在具体交易利益衡量中加以考量的因素之一。贝勒斯认为，许多给相对人增添负担或者损害利益的决定涉及一个使程序正义对它们比对增加权益和减少义务更为重要的一个因素，即一旦被停止某些权益或赋予某项负担，意味着对个人品格作出负面评判。[4]行政黑名单效果与此类似，一旦被纳入行政黑名单，则意味着官方对于行政相对人给予不良评价，虽不能直接产生类似于罚款、行政拘留等处罚效果，但对于行政相对人信用评价方面是一个否定，属于相对人名声的一种负担。其二，笔者通过对下载的行政规范的梳理，可以发现规范内容均包括倡导各部门和各行业协会要加强协调、有效利用行政黑名单、严格按照有关法律法规加强对失信行为的约束和惩戒，在行政许可、税务优惠、评优评奖、融资担保、个人出行等方面加强限制、严格条件。行政主体根据黑名单的内容，对相对人依法开展惩戒，可能会对相对人造成不利后果，故笔者认为行政黑名单应当被纳入《行政处罚法》第8条的兜底性条款规定范畴。其三，在上述提及的关于法律属性的诸多学说中，尤其是依据黑名单功能不同所作的性质界定，行为主体不仅包括被纳入黑名单的相对人，还包括可以获得黑名单信息的其

---

[1] 刘平、史莉莉："行政'黑名单'的法律问题探讨"，载《法治论丛（上海政法学院学报）》2006年第2期。

[2] 参见范伟："行政黑名单制度的法律属性及其控制——基于行政过程论视角的分析"，载《政治与法律》2018年第9期。

[3] 《民事诉讼法》第13条规定："民事诉讼应当遵循诚实信用原则。"《民法总则》第6条规定："民事主体从事民事活动，应当遵循公平原则，合理确定各方的权利和义务。"

[4] [美]迈克尔·D.贝勒斯：《程序正义——向个人的分配》，邓海平译，高等教育出版社2005年版，第184页。

他利益主体。但作为行政法律关系中行政机关和相对人最重要的两个主体，且相对人作为行政行为最直接的、关联最紧密的利害主体，对行政行为的法律评价应当着眼于行政行为对相对人产生的具体影响，而非是以其他主体甚至是不相关的主体视角观察之。故此在对行政黑名单的法律评价中，也应当坚持立足于黑名单对被纳入名单的主体的具体影响而加以判定。由于行政黑名单总体上属于对行政相对人声誉的一种负面评价，故黑名单的法律属性应该属于行政处罚中的声誉罚范畴。

二、我国现有立法关于行政黑名单的规定概览

在我国，行政黑名单的有关规范分散于中央文件、法规、规章及规范性文件中，且以大量的地方性规范和地方工作文件为主。在第一部分法规检索的介绍中，笔者统计发现：当以"黑名单"为关键词进行法规检索时，地方层面规范占全部规范的89.5%；以"失信联合惩戒"为关键词进行法规检索时，地方层面规范占比88.7%，由此可见关于行政黑名单我国现有立法层级普遍较低，与其可能对相对人产生的效果不相匹配。并且有权设立黑名单的层次多元，从文件发布主体来看，上至国务院，中间至各部委、省级人民政府、设区的市级人民政府，下到设区市的政府办公厅、县级行政机关，从行政机关到行政机关内部办事机构，基本上涵盖我国行政机关的多个层级和多种组织形态。

现有立法第二个典型特征是，关于法律责任的设定有违法律保留原则，普遍出现越位情形。例如，根据《立法法》第8条以及《行政处罚法》中关于处罚种类的设定权的规定，涉及税收事项的条款除法律外其他规范无权设定。部门规章也只有在无上位的法律、行政法规存在时，才可设定警告和一定数额罚款的行政处罚种类。地方政府规章也是如此。另外，根据梳理，行政黑名单的法律后果在现有规定中主要表现在行政相对人的行政许可权利、信贷融资权利、税收优惠权利、安全生产、评优评奖和任职资格等方面，而行政黑名单所依据的载体又多为地方规范性文件、地方工作文件，其最上位的规范依据也只是国务院的规范文件，规范权限不足，与其可能对关联主体的合法权益造成的重大损害并不相称。

第三点是关于现有规范针对相对人的权利特别是程序方面维护力度不足。

在下载的 27 部法律规范中对提前告知、听取申辩、陈述等相对人程序权利保护方式作出规定的只有 5 部规范性文件[1]的部分条文,通过对这部分条文内容的分析,我们发现即使有规定但也较为笼统,只是规定相对人具有此种权利,未对怎样行使作出详细规定。

第四是关于黑名单退出机制和救济机制缺乏规定,只有少数规范对退出途径作出明确规定,主要包括期限届至、认定标准发生改变、信用修复和经过异议程序出发予以纠正。[2]现有黑名单制度还存在其他问题,例如无论是列入还是移除决定主体多为县级政府组成部门,并秉持"谁处罚、谁列入"的原则,关于决定主体层面现有规范整体上呈现层级较低特点,典型体现如《文化市场黑名单管理办法(试行)》第 7 条的规定。[3]

除上述分析的问题外,还有学者认为"行政黑名单制度在设定主体层面上呈现泛化趋势,且信用规制程序过于粗略,缺乏统一性和民主性。"[4]"不仅仅大多数现存的规定对行政机关在纳入和管理黑名单上理应遵守的正当法律程序缺乏必要的规定,再加上现实生活中的黑名单门类庞杂,质量良莠不齐,同时又缺乏内在和谐一致标准和规范,这必然会引发黑名单在实际应用上的众多难题。"[5]通过对规范的分析,最终结果也与上述学者质疑不谋而合。

---

[1] 具体条文是《旅游市场黑名单管理办法(试行)》第 6 条、《国家发展改革委、国家能源局关于加强和规范涉电力领域失信联合惩戒对象名单管理工作的实施意见》第 22 条、《体育市场黑名单管理办法》第 13 条、《国家发展改革委、人民银行关于加强和规范守信联合激励和失信联合惩戒对象名单管理工作的指导意见》第 8 条、《交通运输守信联合激励和失信联合惩戒对象名单管理办法(试行)》第 10 条。

[2] 例如《国家发展改革委、国家能源局关于加强和规范涉电力领域失信联合惩戒对象名单管理工作的实施意见》第 27 条规定:"已被列入'黑名单'的市场主体,符合以下条件的,经认定部门(单位)确认,可以退出'黑名单':1. 市场主体自被列入'黑名单'之日起满 3 年,未再发生严重违法失信行为;2. 市场主体被列入'黑名单'的主要事实依据被撤销;3. '黑名单'认定标准发生改变,不符合新认定标准;4 按照有关规定和标准完成自主信用修复,经认定部门(单位)审核同意;5. 经异议处理,'黑名单'认定有误。"

[3] 此条文规定在决定主体方面,县级以上文化部门即可单方决定纳入黑名单的相关事宜。

[4] 参见徐晓明:"行政黑名单制度:性质定位、缺陷反思与法律规制",载《浙江学刊》2018 年第 6 期。

[5] 参见张蔓容:"'黑名单'制度的法律问题",载《天水行政学院学报》2018 年第 2 期。

三、行政黑名单的合法性控制

行政黑名单具有侵害相对人权益属性,故其不能游离于法治规范控制之外,不能被任意地创设和实施,在制度内容整体架构时应该严格遵循依法行政等基本原则。除从制度源头进行控制外,还可以从正当程序视角加以约束。

法律保留作为依法行政原则的核心组成部分,是指宪法中关于涉及公民人身权等权利的内容均属于专属事项,只能通过制定法律加以规定,行政机关无权以其自行制定的规范进行规定。并且,行政主体在进行活动时都必须要有法律上的明确授权,否则,其行为存在的合法性根基将会发生动摇。[1] 例如在黑名单惩戒措施中,按照规定,关于税收、人身等规定事项应属于法律保留事项,不能通过行政机关规范性文件加以规定。故此,第一步必须提高行政黑名单的依据层级,由于行政黑名单在性质上可以纳入行政处罚的范畴,故在设定的依据上也应该参照处罚措施的设定规则。当然,在层级较高的法律和法规已经作出规定的基础上,层级较低的规章和规范性文件也可以据此予以细化。其二,为防止黑名单设定主体的泛化,笔者认为在黑名单设定主体上,可以坚持以省级政府和国家部委为设立主体标准,对应该设立何种类型的黑名单进行规范;在列入和移除主体上,也可以对现有县级行政机关作为决定主体的模式进行层级提升改造,由市级以上行政机关或县级以上人民政府作出决定,以做到慎重考虑和体现对相对人合法权益的充分尊重。其三,在黑名单的管理主体上,可以坚持"一省一主体"的标准,由一个省级信用主管部门或其他具有类似职能的机关统一对省内的所有黑名单档案进行管理,统一收集、统一发布、统一利用,特殊情况下也可以委托由行业协会进行管理。毕竟一旦被列入一种"行政黑名单",在现有提倡各部门信息共享、加强协调、统一应用、积极建设失信联合惩戒机制的趋势下,行政相对人在进行一些活动时可能也会受到其他部门黑名单信息的影响。

此外,建立名单分级机制,可以根据实践的不同情节建立"关注""重点关注"和"行政黑名单"三个层级,每一层级分别对应不同强度的监管和惩戒措施。在列入标准上,可以参考刑事司法领域定罪量刑的标准,以违法行

---

[1] 此观点源于奥托·迈耶所著的《德国行政法》一书,转引自陈新民:《行政法学总论》,三民书局1995年版,第54页。

为的危害程度、违法行为的数量或者次数、主观恶性程度等作为考量因素,对于违法次数较少、损害较小、主观恶性低的可以列入"关注"名单;对违法次数较多、损害较大、具有一定的主观恶性的可以列入"重点关注"名单;对损害后果严重、违法次数多、主观恶性深的行政相对人可以列入"行政黑名单",并按照法律法规规定的方式坚决予以惩戒。现存立法也有部门规范体现此部分建议内容,如《体育市场黑名单管理办法》第5条中关于"一年之内受两次及以上行政机关处罚的即列入行政黑名单"的规定及其他规范。[1]

源起于英国的正当法律程序原则是指行政机关如果作出可能影响相对人合法权益的行为时,必须严格遵守正当法律程序,程序内容包括事先通知,向相对人说明行为作出的事实、依据和理由;悉心听取相对人的解释和申辩,对于其合理的意见应当采纳;在行为效果确定后还要为相对人供给现实可行的救济途径,保证行为能够形成完整闭环。[2] 贝勒斯认为权利需要正当程序,正当程序条款也并不是要求将法定程序、正当程序内容严格施加于公民个人行为之上,但立法机关可以要求公民、法人和其他组织服从程序正义的要求。相对于要求普通个人遵守,要求政府遵守正当程序则更为必要。[3] 毕竟政府是公共权力的掌控者,权力所具有的特点就使得其一旦滥用必然造成严重后果。在我国实践与理论均秉持"重实体、轻程序"的理念之下,突出正当程序的重要性、强调行政机关应严格遵循正当法律程序的要求对于维护相对人合法权益、社会有序秩序、规范行政权力有效行使至关重要且尤为可贵。考虑到行政黑名单可能给行政相对人带来的种种不利后果,故在黑名单制度运行的全过程必须贯彻正当法律程序理念。

首先在名单的列入准备阶段,行政机关应当事先将拟列入的认定事实和法律依据依法让相对人知晓,并听取其陈述与申辩,保障其知情权。对于可能影响行政相对人重大利益的名单种类,例如涉及人身自由、生命安全等重

---

[1] 例如《交通运输守信联合激励和失信联合惩戒对象名单管理办法(试行)》第22条第2款规定:"通过前两条途径移除的黑名单主体,应立即将其列入重点关注名单,如在重点关注名单有效期内再次出现同类失信行为,应直接纳入黑名单。重点关注名单有效期由相应领域的红黑名单制度确定。"

[2] 姜明安主编:《行政法与行政诉讼法》,北京大学出版社2015年版,第74页。

[3] [美]迈克尔·D.贝勒斯:《程序正义——向个人的分配》,邓海平译,高等教育出版社2005年版,第175~179页。

大利益方面应当允许其申请听证。"听证制度是指在政府决定行为中享有充分利益或者其权利因之处于危险之中的'个人'理应取得一个了解包括对自身不利的所有案件信息、并有权进行辩解和反驳以维护自身合法权益的机会。"[1]在笔者下载的27部行政规范文件中，没有一部对行政相对人可申请听证的权利进行规定。但根据笔者前期的整理发现，现有规范体系中仅有极少数规范对行政黑名单认定过程中的听证程序作出具体规定。[2]虽然，作为行政处罚的行政黑名单在现有立法规定中并不属于可以申请听证的处罚种类，但从学界观点来看，听证范围扩大是一个趋势。[3]在相对人表达异议的过程中，对其提出的有事实和法律基础的主张应当予以采纳；加之行政黑名单可能给相对人带来的潜在风险，故在黑名单资格认定的证据标准上不能一味坚持传统的优势证据标准，应当积极借鉴刑事司法领域的经验，建立并落实要求更高的排除合理怀疑的标准。另外，黑名单的纳入过程也可以参照行政处罚中止执行的相关规定，设定行政黑名单列入决定的"中止性"程序，特别是在涉及相对人重大利益的黑名单领域，对具有一定正当理由的申请或行政相对人已经开始进行弥补时，可以决定暂时中止黑名单的列入，待所有事实查明时再作决定，以避免发生不可挽回的严重后果。

其次，对于已决定被列入黑名单的行政相对人，黑名单决定机关应当将行政决定及时送达给相对人，并且告知其救济权利以及途径。对列入行为不服的，相对人可以依照一般的行政行为救济途径维护自身权益，比如向作出决定的行政主体申请复核、行为机关的上一级机关申请行政复议、依法向人民法院提起行政诉讼，对于引发侵害的错误或明显不合理的列入黑名单的决定，还可以申请国家赔偿。基于研究主题和篇幅所限，对此，笔者不作过多论述。

---

[1] [美]迈克尔·D. 贝勒斯：《程序正义——向个人的分配》，邓海平译，高等教育出版社2005年版，第73页。

[2] 例如《上海市食品药品严重违法单位及其责任人员名单重点监管办法（试行）》第10条规定："市食品药品监管局在按照本办法对单位或相关责任人员纳入重点监管名单并采取相关限制措施前，对该单位或相关责任人员发出《听证告知书》。该单位或相关责任人员有权在收到《听证告知书》之日起三个工作日内申请听证。"

[3] 有学者认为听证制度应当以"有可能严重侵犯个人合法权益和合理期待的不利行政行为、部分拒绝许可申请的行政行为为主要适用范围"。参见马怀德："论听证程序的适用范围"，载《中外法学》1998年第2期。

最后，关于行政黑名单的移除条件和程序应当予以明确，建立信用修复机制，目前对于移除的途径，在笔者研究的对象规范中，主要包括：交通部关于黑名单文件中规定的三种方式；[1]国家发改委等八部委联合出台的规范[2]中"移除机制"规定的三种方式，但均过于笼统概括，并未对如何操作进行细化。由于在行政黑名单的认定、移除程序中行政机关拥有幅度很大的裁量权，故也可以考虑制定黑名单领域内的行政裁量基准以规范在黑名单列入和公布的整个过程中行政权的合法行使。

四、余 论

面对复杂繁重的行政规制和实现市场社会有效治理的任务要求，政府相较于之前愈发信赖并采取简单有效的行政决策机制和推动公私协作的行政规制手段。[3]在推动公共行政、实现有效治理的过程中，行政黑名单作为一种新型的信用监管方式，承担着建设信用社会、信用经济的重任。当然，制度运行过程中也出现诸多问题，学界观点莫衷一是。本文仅仅是依据现有部分行政规范，对实践中黑名单存在的问题和相关的争议粗略地进行分析，并从法律保留和正当程序原则角度提出建议。其中选取规范的代表性及分析角度和方式可能还有待商榷，研究深度也有待加深，些许建议也有待细化和考虑，只盼此文能够促进读者对行政黑名单领域部分问题的理解和为相关规制机制的建立提供参考性建议。另外，界定行政黑名单的法律属性、如何实现黑名单的合法性和合理性、在失信惩戒和相对人权利保护两方面达致平衡以及不同主体在行政黑名单适用过程中的责任等问题仍有待学界作进一步研究！

---

[1] 具体方式是《交通运输守信联合激励和失信联合惩戒对象名单管理办法（试行）》第22条规定的惩戒期限届满且相对人未发生失信行为、信用已修复、列入黑名单依据的行政决定被撤销此三种。

[2] 规范为：《国家发展改革委、中央文明办、最高人民法院、财政部、人力资源社会保障部、税务总局、证监会、铁路总公司关于在一定期限内适当限制特定严重失信人乘坐火车推动社会信用体系建设的意见》。

[3] 参见王瑞雪："政府规制中的信用工具研究"，载《中国法学》2017年第4期。

资讯类媒体算法推荐的行政法规制

梁新意*

【摘　要】信息时代资讯分布零散、来源广泛、体量庞大的特征催生了资讯类媒体信息分发从共性化到个性化的变革。算法推荐技术通过分析大数据，已成为准确把握用户关注点、提高用户粘性的核心技术。但近年来算法推荐乱象丛生，侵犯到了个人权利和公共利益。服务型政府作为外部规制力量对其进行规制具有必要性及正当性。但是，面临公共利益与私人利益的平衡难题，解决技术创新与法律监管滞后性的固有矛盾，规制方案应当聚焦于合作治理模式与标准、约谈、指导等具体规制手段。

【关键词】资讯类媒体　算法推荐　合作治理　标准　约谈

一、引　言

传统资讯媒体设有"总编辑"，基于用户的共性需求进行新闻内容的共性分发。大数据时代的到来和算法推荐技术使个性化展示（personalized display）[1]成为可能。资讯类媒体的"算法推荐"技术通俗来讲是通过算法模型对用户行为数据进行分析和挖掘，捕捉用户的兴趣爱好、社交领域及阅读爱好，判

---

* 梁新意，中国政法大学2018级宪法学与行政法学专业硕士。

[1]《信息安全技术个人信息安全规范（草案）》第3.15条规定："个性化展示（personalized display）——基于特定个人信息主体的网络浏览历史、兴趣爱好、消费记录和习惯等个人信息，向该个人信息主体展示信息内容、提供商品或服务的搜索结果等活动。"

断出用户的信息需求，为其精准地推送下一条资讯，并通过后续的多次记录来分析用户所获取信息之间的关系从而强化这种"投其所好"式的信息推荐。[1]这种算法技术加持的新型媒介正在形成一种力量或者"权力"，通过操控信息市场的资源影响用户决策，当其发展到达群体层面，将从整个社会角度对群体性知识、公共聚焦、舆论导向产生极为深远影响。

由此，算法的公共性不可回避。由于具有公共性，即使资讯类媒体是商业私主体，也不能完全遵循私人自治原则，必须在更大程度上向公平、正当等公共价值负责。[2]

因此产生了一系列亟待讨论的问题：算法推荐的风险是否需要行政法介入进行规制？如何把握商主体的自治与行政机关公权力规制的边界？如何解决技术创新与法律监管滞后性的固有矛盾？

二、现状：规制必要性与挑战

（一）规制必要性分析

人工智能时代，算法的确代表着先进的生产力，但算法不是万能的。为提高用户粘性，资讯类媒体过度依赖算法推荐技术分发新闻，忽视对内容质量、价值观导向的把关，往往引发一系列问题与弊端。

1. 侵蚀受众知情权、选择权

凯斯·R. 桑斯坦提出了"信息茧房"[3]的概念，资讯类媒体通过算法对不同的用户进行画像，再依次向用户分发其感兴趣的内容。长此以往，"信息茧房"会使个人生活呈现固定化、模式化改变，使人沉浸在个人日报式的满足中，失去了解不同事物的机会和动力，从而阻碍个人客观全面地认识世界。

虽然新闻平台的信息是根据用户的喜好定制，并由计算机程序完成推送的，但是完成筛选过滤任务的算法本身却是由工程师设计控制的。无论以什么理念与形式设计完成的算法都没有权力去控制受众获取信息的范围。最终算法新闻螺旋式的追踪推荐会导致类似的内容反复出现，封闭受众触碰异类

---

[1] 冷亚军、陆青、梁昌勇："协同过滤推荐技术综述"，载《模式识别与人工智能》2014年第8期。

[2] 赵鹏："搜索引擎对信息传播的影响及其法律规制"，载《比较法研究》2018年第4期。

[3] 信息茧房是指信息传播中，因公众自身的信息需求并非全方位的，公众只注意自己选择的东西和使自己愉悦的通讯领域，久而久之就会将自身桎梏于像蚕茧一般的"茧房"内。

信息的路径。并且随着用户对常用的资讯类媒体获取信息的路径依赖，就会越来越难以逃脱这种循环的"拟态环境"，也就越来越难发现算法技术在信息获取中的干预，而掌握着大量用户数据的资讯分发平台，则会轻而易举地侵蚀用户的知情权和对信息的选择权。

2. 侵犯平等权

人工智能时代下的算法歧视与传统的歧视现象相比，在产生和表现形式上具有更开放性和隐蔽性的特征，但与以往的歧视在内涵上并无本质不同。人权事务委员会在《关于非歧视的第 18 号一般性意见》中针对传统意义上的"歧视"，强调了以下核心：一是客观上具有存在不合理的区别待遇，二是区别待遇的类型和理由是法律所禁止的，三是客观上造成不公正不平等的不良后果。主要的国际公约和大部分国内外学者都采用支持类似的观点并且承认歧视源于主观的偏见或偏好，但不以主观要素为必要条件，更注重客观上造成的不良社会后果。算法歧视不一定针对某类特定群体，其特点是在未知的事项或情形中，针对任何不特定的群体在任何不特定的时刻具有产生歧视的可能性和危险性，并且在这种歧视现象造成一定的危害结果之前，谁也不知道是基于什么样的共性，公众无法知晓自己的哪些信息提高了这种概率，这是难以预测和被发觉的。

平等的内涵经历了政治平等——经济平等——社会平等这一发展过程。1970 年，美国传播学家蒂奇诺提出关于大众传播与信息社会中阶层分化的"知沟理论"（Knowledge Gap Theory）。[1]知识、信息获得和掌握的不平等在当下人工智能时代成了新的不平等。知识、信息获得的不平等更加隐蔽和严重，甚至会转化为对人的发展、权利和地位造成实质性影响的认知不平等和能力不平等，从而加剧"知沟"。

建立在数据分析上的算法推荐本质上是通过大数据总结用户偏好，将此偏好延续，在延续的过程中歧视和偏见难免会在算法推荐的螺旋循环作用下固化并进一步深化，最终导致知识、信息获得和掌握的愈发偏离，从而侵害公民认知的平等权。

---

[1] 知沟理论（Knowledge Gap Theory）是指由于社会经济地位高者通常能比社会经济地位低者更快地获得信息，因此，大众媒介传送的信息越多，这两者之间的知识鸿沟也就越有扩大的趋势。

3. 操控用户选择

"心理学+大数据=颠覆世界",这句话毫不夸张。现代社会的复杂程度之下,个体的决定是否真的能不受其他因素的影响而保持"自治",非常值得怀疑。以美国大选为例,当时的总统候选人特朗普聘用了剑桥分析公司[1]服务于美国大选,这家 AI 公司非法将海量 Facebook 用户个人信息用于个人画像的大数据分析,在精准刻画这些用户的心理特征后,向他们推送定制广告、假新闻,以此来影响民众对美国大选不同候选人的投票倾向。Facebook 的报告[2]表明公民作出选择看似是个人自治的过程,但其实与其所接收到的信息息息相关。算法推荐技术基于通过分发新闻的数量、内容偏好、时间等改变或深化用户认知,从而诱导操控用户作出某些非独立判断的选择。

4. 威胁公共利益

公共性是任何新闻媒体与生俱来的性质,其独特的公共性要求媒体承担必要的社会责任,即使是商业资讯类媒体,也要以公共利益为优先目标。2018 年,"快手""火山小视频"上跟风出现的海量未成年妈妈视频遭遇官方点名批评。这正是人工智能时代,资讯类媒体通过采集用户浏览数据,利用"算法"追踪用户喜好,并不断向用户推荐该类内容的缩影。早在 2017 年,针对算法推荐引发的乱象,人民网连续发文,直指算法推荐因过分追求流量经济,不对内容进行把关,一味投用户所好带来的真假难辨、价值导向错乱、缺乏深度三个不良现象。[3]

个性化信息推荐利用大数据挖掘、算法模拟人类大脑神经元对用户势必感兴趣的新闻信息进行挑选与推荐,在对新闻价值的选择上完全依据用户的后台使用。这种种行为完全抛弃价值观的引导,一味追求流量效益、过度娱乐化,必将影响个人和社会多元价值观的建构,并对公共利益产生威胁。

---

[1] 剑桥分析(Cambridge Analytic),一家专门从事政治研究的人工智能公司。

[2] 信息操纵者通过娴熟运用社交媒体来扭曲公众情绪,招募支持者和金融家,或者影响政治或军事结果。这些活动有时可以在没有重大成本或风险的情况下完成。

[3] 羽生:"一评算法推荐:不能让算法决定内容",载人民网,http://opinion.people.com.cn/n1/2017/0918/c1003-29540709.html,最后访问时间:2017 年 9 月 18 日;羽生:"人民网二评算法推荐:别被算法困在'信息茧房'",载人民网,http://opinion.people.com.cn/n1/2017/0919/c1003-29544724.html,最后访问时间:2017 年 9 月 19 日;羽生:"人民网三评算法推荐:警惕算法走向创新的反面",载人民网,http://opinion.people.com.cn/n1/2017/0920/c1003-29545718.html,最后访问时间:2017 年 9 月 20 日。

（二）现有规制的局限性

我国当前形成了以内容规制和个人信息保护为路径的间接规制、以结果问责为抓手的反向规制，但现有规制在实现资讯类媒体算法推荐的规制目标和确保其在实施过程中不会背离规制的初衷上仍有较大难度。面对新兴技术应用带来的大量"既无法证实，又无法排除"的潜在危险，行政机关需要以风险预防原则为基础，扩张保护职责。但是，法律同样要求行政机关承担对风险性质进行初步证明、对风险预防措施进行合理解释、对各种风险进行权衡比较等责任，从而确保干预措施符合比例原则的要求。

1. 以内容规制和个人信息保护为路径的间接规制如"隔靴搔痒"

目前来看，我国尚未发布关于算法规制的专门性规范或指导意见。但算法本身不是孤立存在，其运行需要依托收集用户数据，目的在于向用户分发和输出内容，因此现行的信息内容规范和个人信息保护规范对算法的运作起到一定的间接规制作用。

在内容规制和个人信息保护方面，我国一直非常重视对网络信息服务提供者传播内容的监管。2000年通过的《互联网信息服务管理办法》，2015年通过的《互联网危险物品信息发布管理规定》，2017年通过的《互联网新闻信息服务管理规定》和《互联网信息内容管理行政执法程序规定》以及《网络安全法》都涉及针对平台信息内容的责任规定。虽然这些对于信息内容的要求并不指向算法本身，未对算法的合法性进行直接判断，但由于推荐类算法最终的输出结果直接导向内容本身，故对内容的严格要求将自然影响到算法的设计调整和运行。客观来说，从信息输入与输出两端对算法进行间接规制，在一定程度上能够回应与算法行相关的问题，但这种"隔靴搔痒"式的规制难以从源头上对算法应用产生的风险进行规制。

2. 以结果问责为抓手的反向规制如"亡羊补牢"

在算法责任的承担方面，我国目前主要是以算法运行所造成的结果为责任追究的关注点，也即主要采取的是以结果问责为抓手的反向规制模式。这一模式运行的优势在于，执法机关无须探寻算法导致不良后果的技术原因，也无须从法律上对算法运行的过程进行定义，而只需要在结果上判断算法自动化决策的结果是否导致了危害后果即可。这一模式规避了执法机关在专业知识和技术上的欠缺，不会因为执法资源和能力不足而陷入窘境。然而，此种模式也存在着一定的问题。首先,规制机关对于算法本身和违法结果之间的因果关系缺乏论证,导致责任分配并不明晰。主管机关却未能就内容生产与平台分发机制之间的责任关系进行明确。其次,这一规制模式更多是事后的"亡羊补牢",其主要目的在于解决个案所造成的不利后果,缺乏过程监控和风险管控。例如,2018年执法部门在督察"今日头条"整改工作中,因部分存在不良信息就责令永久关停"内涵段子"客户端软件及公众号。而互联网时代信息传播的量级和速度往往使得事后规制的效用被减弱。最后,由于规则不明确,且缺乏清晰的指引,平台所面临的法律责任无法具体化。这使得开发和使用算法的平台难以进行主动预测并适当调整和安排自己的行为,这不利于平台开展自我规制。

(三) 规制的挑战

1. 公共利益与私人利益的平衡

政府对某一群体某项基本权利的保护义务往往是建立在对另一类群体另一项权利限制的基础上的。[1]由于算法推荐资讯给社会公共利益[2]带来了多方面的负面影响,所以很多国家以"算法公开"的方式来进行监管。例如,美国针对算法推荐的规制研究主要聚焦于设立"算法透明化原则"和"追责措施"。目前,美国联邦贸易委员会消费者保护局、计算机协会公共政策委员会已经意识到"算法推荐"可能涉及的偏见歧视及其对社会和个人带来的潜在伤害,鼓励对算法推荐基于的数据和模型进行公共审查,通过常规测算以评价和决定模型是否产生歧视性损害,并鼓励执法机构将测算结果主动公开。德国出台了《数据保护法》,其规定数据收集及开发者必须在算法设计中向其用户披露其所权衡的因素,但不必披露给予每个因素的权重。

资讯类媒体经营者主动或被动地披露算法的设计,保障公众的知情权的确是一种有效的规制途径,但也具有很大的规制挑战。其中主动公开是指新闻生产者的个人行为,或出于行业道德或出于社会责任感,正如计算机科学家汉森曾经说过:"公开代码是社会的责任,这样的过程可以使得公众参与进来",而被动公开则是行政机关的强制性手段,即按照法律规定算法的全部或

---

[1] 赵鹏:"知识与合法性:风险社会的行政法治原理",载《行政法学研究》2011年第4期。
[2] 陈新民:《德国公法学基础理论》(上),山东人民出版社2001年版,第182~186页。

部分内容应当公开,一旦有关新闻平台没有依法公开而侵犯了社会公共利益,行政机关就会采取措施要求媒体披露该新闻算法运行的相关信息。这种被动的"算法公开"手段在维护社会公共利益的同时,却也侵犯了其他合法利益,没有认识到算法技术的特殊性质。算法是一种新型的新闻传播技术,也就意味着其是新闻行业的创新产物,另外算法技术的应用为某些资讯类媒体带来了突出效益的同时,也还代表着一种商业利益。根据我国《反不正当竞争法》中对"商业秘密"[1]的界定,算法推荐技术实则属于商业秘密中的技术信息,是企业的财产权利。算法推荐应用过程中涉及公共利益,但其本身又是一种商业秘密,所以在规制过程中如何平衡、把握边界是一大难题。即使走"透明化"道路,我们也要考虑到规制与保护企业技术创新、知识产权、商业利益之间的平衡。

2. 技术创新与法律规制滞后性的固有矛盾

社会的发展和产业的进步难以避免新矛盾和新问题的出现,科技和商业创新的同时必然会颠覆作为曾经的经济活动组织模式,随即便会出现现有法律规制结构与新兴产业不匹配现象。如果频繁就新问题新矛盾立法,那么相当于为了保护既得利益而惩罚创新,为了规制新型产业而破坏法律的稳定性。

目前我国有关互联网新闻信息管理的法律及行政法规并不在少数,与算法精准分发新闻密切相关的有两部,分别是《互联网信息服务管理办法》[2]和《互联网新闻信息服务管理规定》[3](以下简称《规定》)。但其中的漏洞与不合理之处也不容忽视:一是过度依赖平台监管。《规定》明确了平台审核义务、监测、应急处置,其作为一种私主体,与用户之间的核心是民事协议关系,故而其行使行政部门"转移"的部分权责的行为无法从传统的行政授权、行政委托理论上合理生成。表面上平台与用户之间是民事合同关系,一旦平台对用户的行为进行过度行政性质的处置,就会使其背后掺杂行政法律关系。但是由于平台并不是行政主体,等同于关闭了用户寻求行政救济的途径,因此只能寻求民事法律救济。行政性质的行为却只能用民法调节,使得

---

[1] 商业秘密(Trade Secrets)是指不为公众所知悉,能为权利人带来经济利益,具有实用性并经权利人采取保密措施的技术信息和经营信息。

[2] 《互联网信息服务管理办法》经 2000 年 9 月 20 日国务院第 31 次常务会议通过,2000 年 9 月 25 日公布施行。该办法共 27 条,自公布之日起施行。

[3] 《互联网新闻信息服务管理规定》,2017 年 5 月 2 日发布,2017 年 6 月 1 日施行。

法律关系混乱，用户的合法权利无法得到保障。同时，主管机关把针对用户的管制活动交给平台，间接控制平台使自身隐藏于幕后，由此将出现大量"看不见"的行政活动，而且即使其中产生错误行为，也无法对行政部门进行有效问责。二是"釜底抽薪"式的规制。一直以来国家网信办等部门对算法新闻平台上所出现的问题都是"釜底抽薪"式的规制，即链条上一个环节出了问题直接关闭整个新闻的传播链，如暂停算法推荐功能、封号甚至直接暂停平台的运营。这种执法方式虽然能在短时间能及时控制低俗信息的传播，但是过于粗暴的执法也同样会影响到其他网民正常获取信息的合法权利。所以目前我国有关行政部门所采取的管制措施难免有违反均衡原则之嫌。[1]

新兴产业的出现总是有其内在的技术规律和经济逻辑，也有大量不确定的因素，法律和规制体系很难预见。因此，将现行规范僵硬地适用于新的经济活动是不合理的，而针对具体新技术的立法也并不能完全顺应行业的变化。正如美国著名联邦法院法官伊斯特·布鲁克曾告诫过："立法出现错误是常见的，但是从来没有像今天技术飞速发展的时代那么多。我们不要试图用不完善的法律体系来生搬硬套我们尚不理解的正在处于演进中的世界。"

三、回应：合作治理模式及行政规制措施

（一）以合作治理为结构

聚焦互联网新经济模式的商业逻辑、用户流量、资本规制，通过行政法的法定程序、未类型化行政行为、行政组织法等，塑造一个具备民主性、开放性、包容性、效益性的合作治理生态圈。[2]

1. 公私合作

严格法治主义的精神要求"无法律则无行政"，但也应避免"无行政则无发展"现象。互联网新经济下民主、正当、合法、效益的行政法调控，需要从政府、资讯类媒体、用户三方立场出发，进行公私合作，设计行政法调控方案。

用户数量越多，平台的效益就会越好。如果在多个算法推荐的资讯类媒体相互竞争的市场环境下，市场这只手就会引导平台主动采取能够提升信息

---

[1] 张树义：《行政法学》，北京大学出版社 2005 年版，第 89~100 页。
[2] [美] 朱迪·弗里曼：《合作治理与新行政法》，毕洪海、陈标冲译，商务印书馆 2010 年版，第 319 页。

内容质量的治理措施，如果平台的经营有损于网络用户利益，就会引发网络用户在平台之间转换，市场的惩罚机制此时就要比政府机构的外部出发更为有效。但是需注意的是，这种市场环境必须是存在正确引导和充分竞争的，并且有一套保障公平竞争的法治环境。因此就行政规制和市场机制关系上，政府应适当权衡：首先，政府应当加强引导，鼓励算法新闻平台提高信息质量，树立正确的价值观，增强社会责任感，为整个网络新闻行业营造一个积极健康的信息环境；再者，政府应将能用市场和网络平台自身解决的问题交还给市场本身。用市场的激励和行业之间的良性竞争来代替政府统一强制的监管，可以更民主和高效地推动行业自律。

鼓励行业自律其基本在于政府鼓励资讯类媒体自愿采取对算法推荐进行限制的措施。以《美国通信正派法案》第230条"儿童保护"法律规定[1]为例，这种行业自律模式同样也可被适用于我国的资讯类媒体，以平台的自愿、自律为基础，自上而下，从政府到平台再到用户的体系。其一，制定统一的行业自律公约。资讯类媒体行业的自律公约需要针对该行业的信息获取和传播方式、技术标准、发展规律等制定相应的可操作性较强的细则，对于算法平台、友好链接网站以及其他信息提供方等责任分摊合理，必要时还可以分级分层地制定细则，以新闻信息内容规范为例，可划分为法律法规明令禁止的、未成年人不宜接触的、根据网站性质的特殊规定，等等。另外针对资讯类媒体的信息操控问题，该行业亦可制定相应的行规来约束平台在个性化推荐过程中信息的推送频率、内容和质量。最后为了提高行业公约的合理性和权威性，行政机关可通过法律途径来引导或确认该公约的可行性。其二，规范用户的平台协议。当用户违反法律规定或者平台公约的情况下，平台对用户直接采取警告、删除、封号等措施。实际就是政府有关机关为了减少直接对网络用户采取监管措施而选择提高平台间接对用户进行规范管理，既节约了监管资源，也降低了政府公权力对网络用户合法权利损害的风险。因此，政府应当积极鼓励算法新闻平台规范完善与用户之间协议，鼓励平台

---

[1]《美国通信正派法案》第230条"儿童保护"的规定中采取的规制方式并不是禁止色情、淫秽信息的传播或者课以网络新闻平台对其传播的信息内容进行审查的法律义务，而是通过为网络平台提供"避风港"的方式，鼓励平台资源进行信息内容规制。因此美国的网络信息过滤机制是建立在行业自律而非法律强制的基础上。

与用户通过民事途径，以协议协商的方式解决问题，减少公权力对用户的直接干涉。同时用户协议的内容、形式也应当接受行政机关合法合理性的审查监督。

2. 多部门合作

就资讯类媒体的行政规制而言，规制主体主要包括中国共产党中央网络安全和信息化委员会（国家互联网信息办公室）[1]、中国互联网络信息中心[2]、市场监管总局[3]、中国信息安全测评中心[4]等部门以及多个相关国家标准化组织[5]。目前，多部门合作治理主要存在的行政组织法难题，为此提出如下建议：

第一，明确行政主体法定权限。我国目前对于互联网信息内容及安全的管理部门较为全面，且各自工作重点不同，例如市场监督管理总局重点是为打击侵害消费者个人信息违法行为，营造安全放心消费环境。全国信息安全标准化技术委员会在针对资讯类媒体方面的规制上主要为信息标准的出台。目前众多执法部门能够基本实现对当下互联网信息治理的覆盖，但法定权限有待进一步厘清，方便于部门之间的协作与配合。

第二，开展联合执法、专项整治。权限法定和责任归属是联合执法的组织法依据，按照行政职权划分，"谁主管、谁负责"分别实现行政权能的联合与集结。为强化行政规制成效，行政执法实践中还应建立"谁牵头、谁问责"制度，对联合执法中的牵头行政职能部门先行问责。联合执法、专项整治在互联网平台规制中并不新鲜，将此移植到资讯类媒体算法推荐的规制过程中会有较快实效。

---

[1] 国家网信办依据《网络安全法》相继出台了《互联网新闻信息服务新技术新应用安全评估管理规定》和《具有舆论属性或社会动员能力的互联网信息服务安全评估规定》等法规性文件，对互联网新技术新功能新应用上线所应该履行的工作程序作了明确规定。

[2] 中国互联网络信息中心现为中央网络安全和信息化委员会办公室（国家互联网信息办公室）直属事业单位，负责国家网络基础资源的运行管理和服务，承担国家网络基础资源的技术研发并保障安全，开展互联网发展研究并提供咨询，促进全球互联网开放合作和技术交流。

[3] 国家市场监管总局目前对大数据及算法规制的重点为查处侵害个人信息的违法行为。

[4] 中国信息安全测评中心是我国专门从事信息技术安全测试和风险评估的权威职能机构。

[5] 全国信息安全标准化技术委员会是由国家标准化管理委员会领导，由中央网信办指导的从事全国标准化工作的技术工作组织，负责全国信息安全标准化的技术归口工作，其出台的《信息安全技术个人信息安全规范》（GB/T 35273—2017）就有专章用来规制互联网个性化推送。

第三，部门信息共享。我国曾围绕政务信息共享共建出台多个文件，如《政务信息资源共享管理暂行办法》（国发〔2016〕51号）、《政务信息系统整合共享实施方案》（国办发〔2017〕39号）等。目前制约"放管服"改革深入、"服务型政府"打造的重要原因之一就是"信息孤岛"，将各部门整合后的政务信息系统统一接入国家数据共享交换平台可以有效解决这一问题。具体而言，一是各部门内部信息系统数量大幅压缩，实现内部信息共享；二是各部门、各地区接入共享平台，实现跨部门信息系统基本联通；三是资讯类媒体规制中的重点数据共享初步实现，实现共享平台对跨部门业务应用的支撑。

（二）行政规制具体措施

单一的行政规制手段之所以造成执法效率低下原因有二：首先，传统的刚性行政规制手段带有明显的强制性、命令性和单方性，在第三方存在的时候容易波及第三方的合法权益，比如在对算法新闻平台的监管过程中，行政强制措施很可能会触及用户的合法权益，造成多方的矛盾阻碍执法进程；再者，资讯类媒体算法推荐是以互联网为媒介进行传播的，在如今的网络时代，这种新兴媒体产业发展所带来的问题是不断变化、纷繁复杂的，仅仅对表层现象的穷追猛打并不能从根本上解决矛盾。所以随着网络的发展，对其行政规制的手段也要趋向多元化和立体化，而不是简单的期望通过一蹴而就的传统执法手段遏制表面发展势头。

1. 标准规制

标准是一种客观中立的行政规制工具，在一定程度上标准甚至充当延伸法律规范的角色。行政标准是理性主义在行政法规范世界的体现，是法律规范明确性外观的内部构成。《"十三五"信息化标准工作指南》在第六部分"拓展国际标准化工作"中明确了标准化对于互联网新经济发展的重要作用。

《信息安全技术个人信息安全规范》（GB/T 35273—2017）修订草案的征求意见稿于2019年1月30日公布。值得注意的是，本次修订草案的征求意见稿的第7.4条明确规定了"个性化展示及退出"的相关内容。该规则为新闻、信息服务平台设定了两项义务。[1]其中，第二项义务被概括为"一键退出"，

---

[1] 第一项义务为：以显著方式标明"个性化展示"或"定推"等字样；第二项义务为：个人信息主体提供简单直观的退出个性化展示模式的选项。

即以简单选择的方式关闭个性化推荐,仅呈现非个性化推荐的结果。但这同样存在着两个方面的问题:其一,完全不存在个性化的内容在技术上很难彻底实现,如果摒弃了所有的个性化内容,内容平台所呈现出的信息将与传统的门户网站没有任何区别,这并非是用户本身喜闻乐见的结果,不符合用户对于信息的个性化诉求。其二,"一键退出"模式将对推荐算法本身造成伤害,因为当用户选择退出后,平台需要删除用户所有的标签、画像,从而实现非个性化的推送。即便用户重新切换回个性化推荐模式,平台也需要以"冷启动"的方式重新搜集用户的偏好,这不仅会影响向用户提供信息的效率,也将对整个算法的模型构建产生不利影响。总体来说,这一模式对于规制目标的助益有限,但对于信息推荐与分发机制的运行却有着较大影响。

目前来看,世界各国的专家学者们似乎更愿意主张以相对概括和软性的伦理标准来为算法的设计与使用进行引导。就新兴技术的标准而言,过于客观、细致、详尽的标准在某些议题上的功能并不一定优于概括性的标准。而某些场域下,概括性的标准往往能够提升规制过程的开放度。例如,在目前的自动驾驶规制实践中,部分地方的规制主体在驾驶安全性上仅提出概括性的安全要求,但如何达到这一要求则未设定详尽指标。企业多采用穷尽场景的方法训练汽车的决策机制,也取得了一定的效果。内容推荐类算法的标准制定也应当遵循类似逻辑,在以具有高度包容性的概括性标准确定基本导向与底线要求的同时,为算法的自主设计与使用留出空间。例如,标准可明确要求算法在设计时坚持多元化思路,对所采集的数据进行挖掘和学习时要自动汇入多元的信息和价值观,但并不干涉其具体训练过程。行政权力对于算法的规制深度应当停留在对明显违法情形的负面排除和问责之上,而不过多侵及算法内部自治。

其一,制定算法设计标准从源头上治理,即对所采集的数据进行挖掘时所模拟的人类大脑神经元作出提前设计,自动汇入多元信息和价值观;其二,制定推文回收标准,即加入"二道算法",对第一道算法的精准分发结果进行二次分析,如果发现价值观导向错误、信息回音壁现象,则进行二次算法分发;其三,公开各要素权重标准,这一点类似德国现在的做法,即不需要将作为商业秘密的算法进行透明化,但需要让人们知道自己的何种行为被算法捕捉并标记,例如在一个页面停留多久、反复搜索多少次会被算法认为是对此内容也感兴趣。总而言之，对于算法的规制应当放弃传统的技术标准规制模式，而是考虑采用一般性价值引导+负面清单等模式。

2. 行政约谈规制

应对互联网新经济模式，选择如行政约谈这种使用频率极高的非权力行政行为、未类型化行政行为往往更符合依法行政原则、行政法治精神。行政约谈作为一种"过程意义上的行政决定策略"，能够补强行政主体采取政策规制依据所引发的程序危机与民主危机。我国自2002年在税务执法领域正式引入行政约谈这一规制手段，但目前其已广泛运用于多种执法领域。互联网环境下的平台和用户都期望自己的合法利益得到最大化的保护，而不是为了整治某个违法乱象就毫无征兆、自上而下地强制管制。约谈恰恰是建立在平等基础上，给予相对人足够的尊重和保障，通过沟通、协商等手段向其渗透我国相关问题的政策，提高相对人的配合度同时也给予相对人足够的自我修正和适应的机会。其实针对我国的算法新闻平台的种种乱象，行政约谈已经有所渗透。国家网信办曾在2018年11月会同有关部门开展了针对自媒体账号的集中清理整治专项行动。此外，国家网信办还先后约谈了腾讯微信、百度、新浪微博、今日头条等客户端自媒体平台。约谈过后，涉及的自媒体平台纷纷拿出了自查自纠办法，例如调整账号注册数量、清理一批违规账号、优化审核系统。由于行政约谈是建立在平等基础上，也就是说资讯类媒体有配合执法和自我改正的意愿。如果经过有关部门的多次约谈，资讯类媒体依旧对低俗内容传播、信息价值操控等乱象视若无睹、消极应对的话，有关部门仍需要根据具体情况采取强制措施来避免情况的恶化。

3. 行政指导规制

行政指导具有非强制性的特点，通常表现为指导、建议等，行政相对人可以给予自由意志选择作为或不作为。其比传统行政柔和，反映了尊重市场规律与逻辑，是以市场管理市场的新规制思路。针对资讯类媒体的行政指导能够有效缓和资讯类媒体与行政规制主体之间的矛盾冲突，指导、建议方式更容易使资讯类媒体接受算法推荐过程出现问题时的解决方案，可以有效平衡各方利益，实现规制目的。

以近日国家网信办指导组织"抖音""快手""火山小视频"等短视频平台试点上线青少年防沉迷系统为例，此次行政指导就是在意识到"青少年沉迷网络短视频危害大"的风险之后,将"青少年防沉迷系统"内置于短视频应用中,用户每日首次启动应用时,系统将进行弹窗提示,引导家长及青少年选择"青少年模式"。进入"青少年模式"后,用户使用时段、服务功能、在线时长都会受到限制——每天使用时间不能超过 40 分钟;晚上 10 点开始到早上 6 点之前都无法使用;无法开启直播与同城浏览页面;无法进行充值、提现、打赏等一系列操作。正如赵鹏教授所言:"保障和自由从来都充满矛盾,政府对风险的干预必然要求限制",[1] 无论是对青少年观看互联网平台短视频的限制,还是对资讯类媒体过度依赖算法推荐"投其所好"的限制,都是行政规制主体在风险面前扩张保护职责。在保护职责扩张过程中,行政指导无疑更符合合法原则、比例原则。

四、结　语

算法推荐技术的发展为资讯类媒体创造了巨大的经济效益,也给人们的资讯获取方式带来了更新和便利。精准的信息分发与投放引发了"信息茧房""知沟"、选择操控公共决策、侵害公共利益等隐患。一方面,人类不得不依赖技术进步以改善生活,而且算法推荐技术在资讯类媒体中的应用的确显著提高了信息传播效率从而快速拥有大量用户而具备公共性,正如十年前搜索引擎"百度"在我国的快速发展;另一方面,公众日益觉醒的风险意识要求政府将风险控制植入政治议程的核心,以强化对个人利益和公共利益保护的职责,例如"魏则西事件"爆发后人们对规制的呼吁。正是这种政治议程的改变揭示了从法律特别是行政法角度研究风险的意义。

科技创新与商业模式创新不可避免对既有法律体系产生制度冲击力,政府因信息不对称、专业技术不足、规制成本高等不可避免出现行政规制失败现象,具体表现为合法性缺失、违反比例原则。因此,为确保规制措施符合实质法治、比例原则的要求,应对风险性质进行初步证明、对风险预防措施进行合理解释、对各种风险进行权衡比较,在互联网经济新时代构建"合作治理"模式,通过刚柔并济的约谈、标准、指导进行规制,这也昭示行政法必将承载前所未有的新治理功能。

---

〔1〕 赵鹏:《风险社会的行政法回应:以健康、环境风险规制为中心》,中国政法大学出版社 2018 年版,第 14 页。

参考文献

一、著作类

[1] 吴军：《智能时代：大数据与智能革命重新定义未来》，中信出版社 2016 年版。

[2] [英] 休·柯林斯：《规制合同》，郭小丽译，中国人民大学出版社 2014 年版。

[3] 沈岿：《平衡论——一种行政法任职模式》，北京大学出版社 1999 年版。

[4] 熊文钊：《现代行政法原理》，法律出版社 2000 年版。

[5] 朱维究、王成栋：《一般行政法原理》，高等教育出版社 2005 年版。

[6] 张树义：《行政法与行政诉讼法学》，高等教育出版社 2007 年版。

[7] 刘萍：《行政管理学》，经济科学出版社 2008 年版。

[8] [德] 哈贝马斯：《在事实与规范之间：关于法律和民主法治国家的商谈理论》，童世骏译，生活·读书·新知三联书店 2003 年版。

[9] Dana Remus and Frank Levy, "Can Robots Be Lawyers? Computers, Lawyers, and the Practice of Law", in Dana Remus and Frank Levy, *Information Technology and Lawyers*, Berlin: Springer Netherland, 2015.

二、期刊类

[1] 周汉华："论互联网法"，载《中国法学》2015 年第 3 期。

[2] 高秦伟："社会自我规制与行政法的任务"，载《中国法学》2015 年第 5 期。

[3] 赵鹏："平台、信息和个体：共享经济的特征及其法律意涵"，载《环球法律评论》2018 年第 4 期。

[4] 赵鹏："搜索引擎对信息传播的影响及其法律规制"，载《比较法研究》2018 年第 4 期。

[5] 李晟："略论人工智能语境下的法律转型"，载《法学评论》2018 年第 1 期。

[6] 陈明："算法推荐的'歧途'及规制之策"，载《视听》2018 年第 10 期。

[7] 李振利、李毅："论算法共谋的反垄断规制路径"，载《学术交流》2018 年第 7 期。

[8] 吴汉东："人工智能时代的制度安排与法律规制"，载《法律科学》2017 年第 5 期。

[9] 张凌寒："商业自动化决策的算法解释权研究"，载《法律科学》2018 年第 3 期。

[10] Jacob Sherkow, "Protecting Products Versus Platforms", *Nature Biotechnology*, Vol. 34, No. 5, 2016.

[11] Elena Rusconi and Timothy Mitcheener-Nissen, "Prospects of Functional Magnetic

Resonance Imaging as Lie Detector", *Human Neuroscience*, Vol. 7, No. 53, 2003.

[12] Edith Weiner and Arnold Brown, "Sarkar's Spiritual Dialectics", *Futures*, No. 1, Vol. 20, 1988.